高职高专“十二五”规划教材

汽车电工电子技术

QICHE DIANGONG DIANZI JISHU

主　编　宋　宇　钱海月
副主编　王海浩　刘　伟　马莹莹　董　括
参　编　杨继宏　邹玉清　张晓娟　李俊涛　陈　静
　　　　杨欣慧　于秀娜　王留洋　张立娟
主　审　于　钧

内 容 提 要

本书为高职高专“十二五”规划教材。本书共11章，主要内容包括直流电路、单相正弦交流电路、三相交流电路、磁路和变压器、汽车直流电动机和交流发电机、半导体二极管和整流电路、半导体三极管和基本放大电路、集成运算放大器、门电路、触发器和传感器在汽车中的应用。同时还加入了大量的应用实例，注重加强学生在汽车维修等方面实践能力的培养。为满足教学及学生自学的需要，每一章均附有大量的习题。

本书可作为高职高专汽车专业的教材，也可作为成人专科教育和中等职业学校教材，还可作为汽车维修电工的参考书。

图书在版编目（CIP）数据

汽车电工电子技术/宋宇，钱海月主编．—北京：中国电力出版社，2014.7

高职高专“十二五”规划教材

ISBN 978-7-5123-6380-9

Ⅰ.①汽…　Ⅱ.①宋…②钱…　Ⅲ.①汽车—电工技术—高等职业教育—教材②汽车—电子技术—高等职业教育—教材
Ⅳ.①U463.6

中国版本图书馆CIP数据核字（2014）第204884号

中国电力出版社出版、发行
（北京市东城区北京站西街19号　100005　http://www.cepp.sgcc.com.cn）
汇鑫印务有限公司印刷
各地新华书店经售
*
2014年7月第一版　　2014年7月北京第一次印刷
787毫米×1092毫米　16开本　17.5印张　422千字
定价**35.00**元

前言

本书是根据教育部高等职业教育汽车类专业教学改革精神，结合高等职业教学特色、结合高等职业教育培养目标及汽车类专业飞速发展的新形势编写而成的。在编写思路设计上力求突出专业特色，以汽车为载体，把电工电子技术充分融合到汽车应用中，通过引入大量汽车应用实例来激发学生的学习兴趣，达到深入浅出的教学效果。

汽车电工电子技术课程是汽车类专业的基础课程，通过本课程的学习，可使学生掌握应用型工程技术人才必须具备的电工与电子技术理论知识，具有较强的实践能力，为学习后续课程及从事实际工作奠定良好的基础。本书不仅可作为汽车类专业的基础课程，也可作为非电类专业学习电工电子技术的基础教材、汽车行业电工电子技术的培训教材，经适当取舍，还可以作为成人专科教育和中等职业学校教材及企业工程技术人员的培训教材。

本书共分为11章，主要介绍直流/交流电路、汽车直流电动机和交流发电机、模拟电路和数子电路等内容。同时还加入了大量的应用实例，注重加强学生在汽车维修等方面实践能力的培养。为满足教学及学生自学的需要，每一章的课后都附有大量的习题，以供其检验教学和学习成果。

本书由吉林电子信息职业技术学院机电技术学院的老师组织编写。在编写过程中，力求做到文笔流畅、语言精练、重点突出、图文并茂、深入浅出、适应性强。参与教材编写的人员有宋宇、钱海月、王海浩、刘伟、马莹莹、董括、杨继宏、邹玉清、张晓娟、李俊涛、陈静、杨欣慧、于秀娜、王留洋、张立娟。本书由宋宇、钱海月任主编，王海浩、刘伟、马莹莹、董括任副主编，全书由宋宇教授统稿，于钧教授主审。

尽管编者对本教材的编写工作高度重视，态度认真，但书中难免会出现错误和不妥之处，诚恳希望使用本书的广大师生和读者批评指正。

编　者

2014.7

目　　录

1 直 流 电 路

人们的日常生活和各种生产实践中都广泛使用着种类繁多的电路。按照电路中通过电流的性质不同分为直流电路和交流电路。本章介绍的是直流电路，首先通过实例来了解电路构成及电路的基本概念，并通过万用表测量掌握电路元器件的特性；在此基础上，分析电路的工作状态、元件特性方程、基本定律、功率平衡等基本理论知识。电路的基本概念与基本定律是分析与计算电路的基础。

实例引入：汽车照明电路

电路是电流的通路，是由一些电气设备（如发电机、电动机、电灯等）或电子器件（如晶体管、集成电路等）按一定方式连接而成的。电路的种类繁多，用途各异，但其基本作用可以概括为两大类，下面通过实例进行说明。

实例一： 汽车照明电路

汽车照明电路如图 1-1（a）所示。当开关合上后，电路中就有直流电流流过。由于电池将化学能变为电能输出，小灯泡则发光发热而消耗电能，这就实现了由电能向热能、光能的转化。当开关断开后，电路便切断，电流不能流通，灯泡便不亮了。

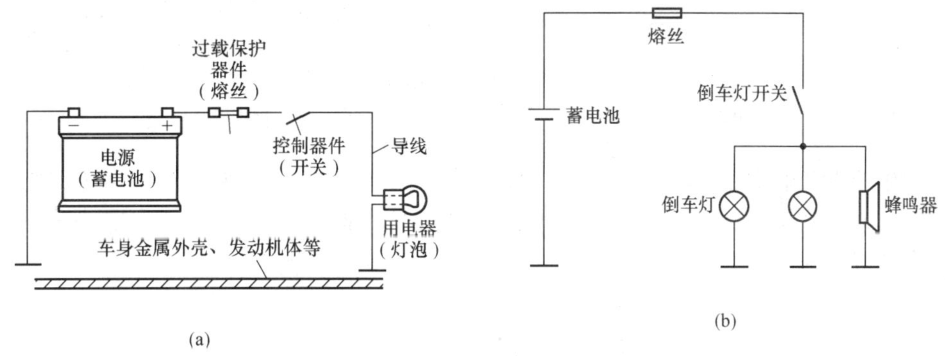

图 1-1 电路示意

（a）汽车照明电路；（b）倒车信号系统的工作电路

实例二： 倒车信号系统的工作电路

倒车信号系统的工作电路如图 1-1（b）所示。倒车信号器件包括倒车灯和倒车蜂鸣器。倒车灯安装在汽车后的组合灯内，倒车灯开关安装在变速器盖上，而倒车蜂鸣器则单独安装。倒车灯和倒车蜂鸣器均由倒车灯开关统一控制。

当变速器挂入倒挡时，倒车灯开关将倒车灯和倒车蜂鸣器电路接通，使倒车灯点亮，蜂鸣器鸣叫。蜂鸣器鸣叫过程中实现了电-声信号的放大、传输和转换作用。

由以上两例可见，电路是电流的通路，它的基本作用有以下两大类：①能量的传输和转换；②信号的传递和处理。

在任何一种电路中，能量的传输和转换及信号的传递和处理都同时存在。但在电力技术（也称强电）中，能量的传输、转换和效率是重点；而在电子技术（也称弱电）中，信息的传递和处理是重点。

从以上两例还可看出，电路主要由四个要素组成。

（1）电源。电源是供应电能的设备，如电池、发电机等。它们能把化学能、热能、水能、原子能、光能、机械能等转换为电能。

（2）负载。负载是消耗电能的设备，如电灯、电动机、电炉等。它们分别能把电能转换为光能、机械能、热能等。

（3）控制元（器）件。它是控制电路中的电流和电压的元（器）件，如开关、电阻、电容、电感、二极管、三极管等。电力电路中常用的控制元件是开关。电子线路中最重要的控制器件是三极管。

（4）回路。导线将电源、负载和控制元（器）件三者连成回路。

实际电路比较复杂并由很多电路部件按不同方式连接而成，如图 1-1（a）所示。为了便于对电路进行分析，常将实际电路部件突出其主要的电磁性质，抽象为理想电路元件。理想的无源器件有电阻、电容、电感等，理想的有源器件有电压源和电流源，对应的图形符号如图 1-2 所示。

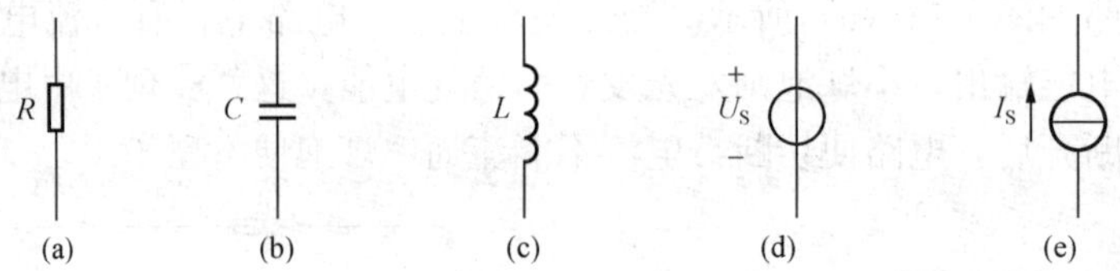

图 1-2 理想元件

（a）电阻；（b）电容；（c）电感；（d）理想电压源；（e）理想电流源

上面提到的汽车照明电路可等效为如图 1-3 所示的电路，即电路由蓄电池（电源）灯泡（负载）和开关及导线组成。其中，电源用电源电动势 E 及其内阻 r_0 串联来表示，灯泡用电阻 R_L 表示。

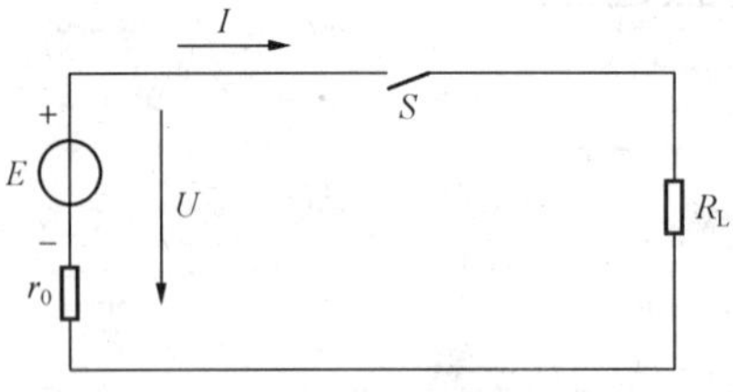

图 1-3 汽车照明电路的组成

1.1 电路的基本物理量

电路的基本物理量有电流、电压、电位、电动势、功率和电能。

1.1.1 电流

电荷的定向移动形成电流。电流在数值上等于单位时间内通过某一导体横截面的电荷

量。设在极短时间 dt 内通过某一导体横截面 A 的微小电荷量为 dq，则该瞬时的电流为

$$i = \frac{\mathrm{d}q}{\mathrm{d}t} \tag{1-1}$$

电流的大小和方向不随时间的变化而变化，则这种电流称为恒定电流，简称直流。常用大写的字母 I 表示。

在国际单位制中，电流的单位是安培（简称安），用符号 A 表示。如果每秒钟有 1 库仑（C）的电荷量通过导体某一横截面，此时的电流为 1A。

电流的方向是客观存在的，习惯上规定正电荷运动的方向或负电荷运动的反方向为电流的实际方向。但在分析较为复杂的直流电路时，往往难以事先判断某支路中电流的实际方向，对于交流电路而言，其方向更是随时间变化。因此，在电路分析中，常常任意选定一个参考方向，当电流的实际方向与参考方向一致时，则电流为正值；反之，电流为负值。本书中电路图上所标的电流方向都是选定的参考方向。

电流参考方向的表示方法有两种：箭头表示法和字母顺序表示法，如图 1 - 4 所示。

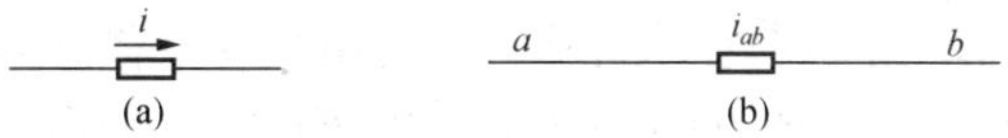

图 1 - 4 电流参考方向

1.1.2 电压与电位

1. 电压

单位正电荷在电场力的作用下从一点移动到另一点，电场所做的功为这两点之间的电压差，也称为电压。如果电场力把正电荷 dq 从一点移到另一点所做的功为 dW，则电场中两点间的电压为

$$U_{ab} = \frac{\mathrm{d}W}{\mathrm{d}q} \tag{1-2}$$

电场力把 1 库仑（C）的电荷量从 a 点移到 b 点，如果所做的功为 1 焦耳（J），那么 a、b 两点之间的电压就是 1 伏特（简称伏），用字母 V 表示。

瞬时电压用小写字母 u 表示，恒定电压用大写字母 U 表示。

通常定义由高电位指向低电位，即电位降低的方向为电压的实际方向。在分析和计算电路时，可任意设置电压的参考方向，可以用“+”、“−”号表示电压极性，“+”极对应假定的高电位端，“−”极对应低电位端；也可以用双脚标表示电压的方向，如 U_{ab}，a 表示假定的高电位端，b 表示低电位端，如图 1 - 5 所示。

在图中一般标注的是电压参考方向。当电压的实际方向与参考方向相同，则为正值；反之为负。在分析电路时，某一段电路上电流的参考方向与电压的参考方向一致，即电流从电压正极端流入，负极端流出时，称为关联方向，如图 1 - 6（a）所示；当参考方向相反时，称为非关联方向，如图 1 - 6（b）所示。

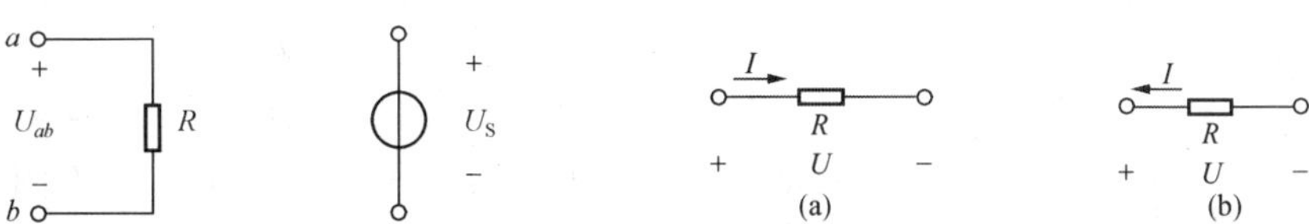

图 1 - 5 电压参考方向

图 1 - 6 电压、电流参考方向的关系

（a）关联方向；（b）非关联方向

2. 电位

通常将电路中的某点选为电位参考点，并设该点电位为零，则系统中任一点与参考点之间的电位差称为该点的电位，用字母 V 表示，其单位与电压相同，也为伏特（V）。所以 A 点的电位为

$$V_A = U_{AO} \tag{1-3}$$

电路中各点的电位随参考点的选择不同而不同，但是任意两点之间的电位差是不变的，虽然在电路中，电位参考点可以任意选定，但在电力工程中，常取大地作为参考点，并令其电位为零。因此，凡是外壳接地的电气设备，其机壳都是零电位。参考点用符号⏚表示。

1.1.3 电动势

在电路中，正电荷是从高电位流向低电位的，因此要维持电路中的电流，就必须有能把正电荷从低电位移至高电位的非电场，电源的内部就存在非电场力。非电场力（即局外力）把单位正电荷在电源内部由低电位 b 点移到高电位 a 点所做的功，称为电动势，用字母 $e(E)$ 表示；电动势的实际方向在电源内部从低电位指向高电位。在图 1-7 中，电压 u_{ab} 是电场力把单位正电荷由外电路从 a 点移到 b 点所做的功，由高电位指向低电位的方向，是电压的实际方向。在图 1-8 中，直流电源在没有与外电路连接的情况下，电动势与两端电压大小相等、方向相反。

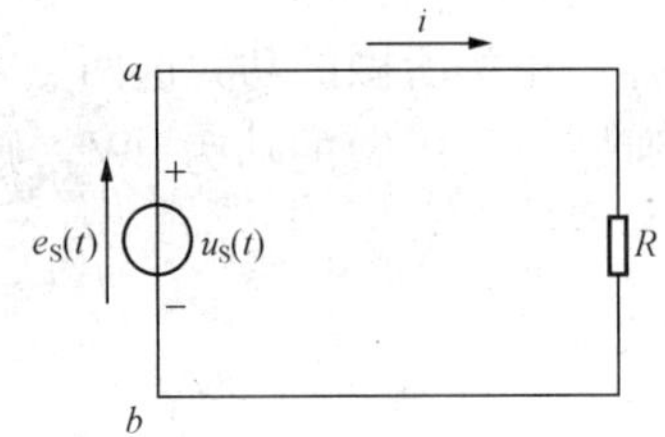

图 1-7 交流电压与电动势的关系

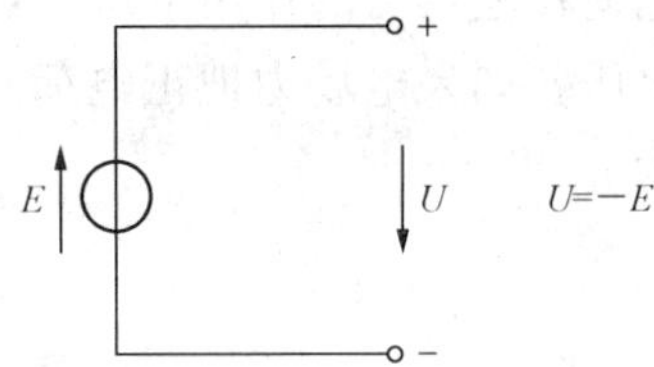

图 1-8 直流电压与电动势的关系

设在电源内部非电场力，把正电荷 dq 从低电位端移至高电位端所做功为 dW，则电源的电动势为

$$e(E) = \frac{dW}{dq} \tag{1-4}$$

电动势的单位与电压相同，也用伏特（V）表示。

1.1.4 功率和电能

1. 功率

电场力在单位时间内所做的功，称为功率。设电场力在 dt 时间内所做功为 dW，则功率表示为

$$P = \frac{dW}{dt} \tag{1-5}$$

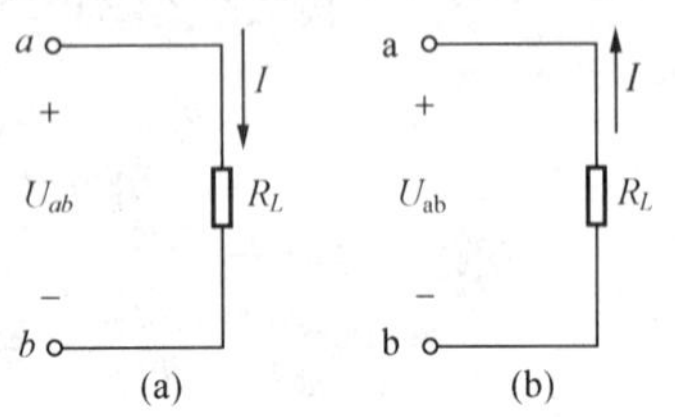

图 1-9 电阻两端功率的计算

（a）关联方向取正；（b）非关联方向取负

在图 1-9 中，电阻两端的电压是 $U(u)$，流过的电流是 $I(i)$，若它们是关联参考方向，则电阻吸收的功率为

直流功率 $P = UI$

瞬时功率 $P' = ui$

当负载两端电压、电流的参考方向相反时，则

$$直流功率 \quad P=-UI$$

$$瞬时功率 \quad P'=-ui$$

元件两端电压和流过它的电流的参考方向为关联时，有

$$P=UI>0 \quad 元件吸收功率$$

$$P=UI<0 \quad 元件发出功率$$

如果元件两端电压和流过的电流的参考方向为非关联时，有

$$P=-UI>0 \quad 元件吸收功率$$

$$P=-UI<0 \quad 元件发出功率$$

总之，对任意电路元件，当流经元件的电流实际方向与元件两端电压实际方向一致时，则元件吸收功率；当电流与电压的实际方向相反，则元件发出功率。

在国际单位制中，功率的单位为瓦特，简称瓦，用字母 W 表示。

【例 1-1】 计算图 1-10 所示各电源的功率，分别说明它是吸收功率还是发出功率。

解 在图 1-10（a）中，U 与 I 为关联参考方向，且 $U=15V$，$I=2A$，故

$$P=UI=15\times2=30(W)>0$$

为吸收功率，此时电源处于充电状态。

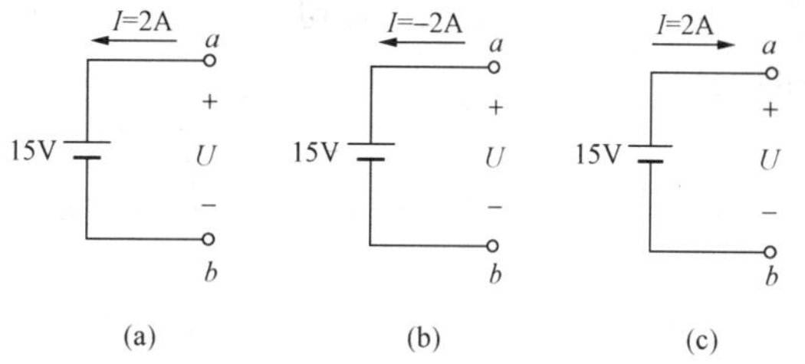

在图 1-10（b）中，U 与 I 为关联参考方向，故

$$P=UI=15\times(-2)=-30(W)<0$$

为发出功率，电源处于对外供电状态。

图 1-10 ［例 1-1］图

在图 1-10（c）中，U 与 I 的参考方向不一致，故

$$P=-UI=-(15\times2)=-30(W)<0$$

为电源发出功率。

2. 电能

功率是指单位时间电流所做的功，而电能量是指一段时间内电流所做的功。如果某用电设备的功率为 P，使用时间为 t，对关联方向则消耗的电能为

$$W=Pt=UIt \tag{1-6}$$

式（1-6）中，若 P 的单位为 W，t 的单位为 s，则电能 W 的单位为 J。若 U 与 I 为非关联方向，则

$$W=-UIt \tag{1-7}$$

电能的常用单位是千瓦时（kWh），有

$$1度=1kWh=3.6\times10^6J$$

1.2 电路基本元件

1.2.1 电阻元件

1. 电阻的有关概念

电阻元件简称为电阻，用字母 R 表示。电阻是汽车电气和电子设备中应用较多的基本

元件之一，其作用是控制和调节电路中的电流和电压，或用作消耗电能的负载。电阻元件是一个耗能元件，从电源吸收的电能全部转化为热能，是不可逆的能量转换过程。

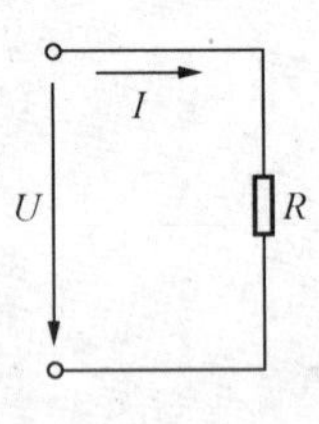

图 1-11 电阻元件

通过电阻元件的电流 I 和两端电压 U 之间的关系可用欧姆定律表示，当 U、I 的参考方向一致时，如图 1-11 所示，有

$$I=U/R \quad 或 \quad U=IR \tag{1-8}$$

其中，R 表示电阻元件的电阻值，它是一个与电压、电流无关的常数，国际单位是欧姆，用字母 Ω 表示，常用单位有千欧（kΩ）、兆欧（MΩ），它们之间的关系是

$$1\text{M}\Omega=10^3\text{k}\Omega=10^6\Omega$$

实际应用中，电阻的连接方式有串联、并联或串、并联的组合。分析这类电路时，要根据电路的具体结构，运用电阻的串、并联关系简化电路。

2. 电阻的串、并联

在图 1-12 中，假定有 n 个电阻 R_1、R_2、…、R_n，顺序相接，称为 n 个电阻串联，u 代表总电压，i 代表电流。此电路的特点是通过每个电阻的电流相同。根据基尔霍夫电压定律，有

$$\begin{aligned}u&=u_1+u_2+\cdots+u_n\\&=R_1i+R_2i+\cdots+R_ni\\&=(R_1+R_2+\cdots+R_n)i\\&=Ri\end{aligned}$$

其中等效电阻

$$R=R_1+R_2+\cdots+R_n=\sum_{k=1}^{n}R_k$$

各串联电阻的电压与电阻值成正比，即

$$u_k=R_ki=\frac{R_k}{R}u$$

在图 1-13 中，假定有 n 个电阻 R_1、R_2、…、R_n，并排连接，承受相同的电压，称为 n 个电阻并联，i 代表总电流，u 代表电压。此电路的特点是加在每个电阻两端的电压相同，则

$$\begin{aligned}i&=i_1+i_2+\cdots+i_n\\&=\left(\frac{1}{R_1}+\frac{1}{R_2}+\cdots+\frac{1}{R_n}\right)u=\frac{1}{R}u\end{aligned}$$

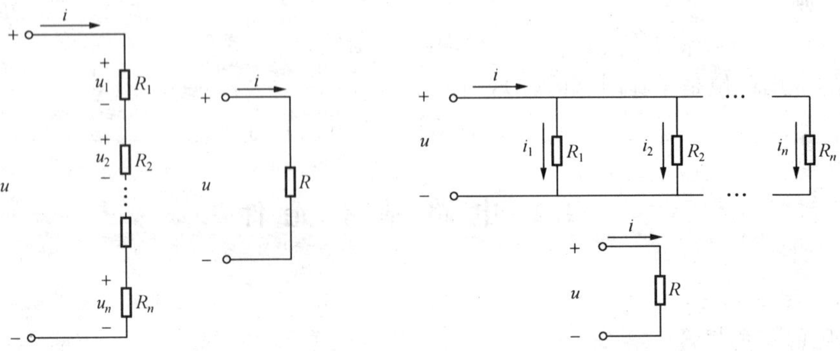

图 1-12 电阻串联电路

图 1-13 电阻并联电路

其中等效电阻

$$\frac{1}{R}=\frac{1}{R_1}+\frac{1}{R_2}+\cdots+\frac{1}{R_n}=\sum_{k=1}^{n}\frac{1}{R_k}$$

并联电阻中，各电阻流过的电流与电阻值成反比，即

$$i_k=\frac{u}{R_k}$$

两个电阻的并联（见图 1-14）有以下关系：

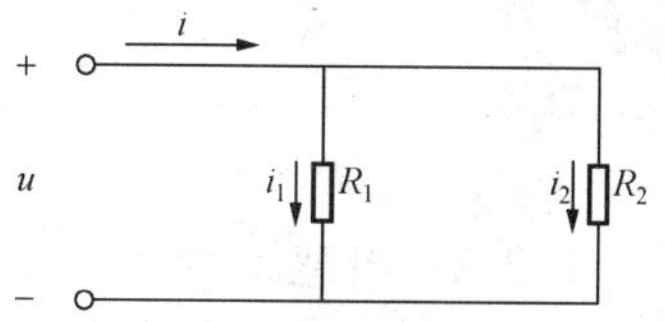

等效电阻 $$R=\frac{R_1R_2}{R_1+R_2}$$

图 1-14 两电阻并联电路

支路电流

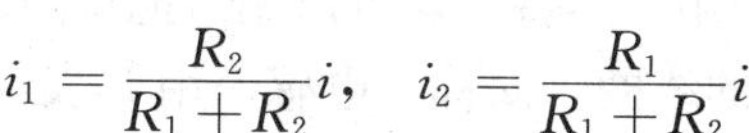
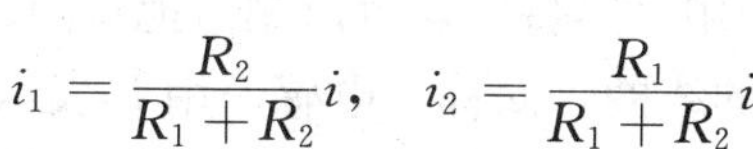

$$i_1=\frac{R_2}{R_1+R_2}i,\quad i_2=\frac{R_1}{R_1+R_2}i$$

3. 电阻的分类

电阻器的种类形状很多，如图 1-15 和图 1-16 所示。按用途可分为限流电阻器、降压电阻器、分压电阻器、取样电阻器、保护电阻器、热敏电阻器、压敏电阻器、光敏电阻器等；按阻值能否调节可分为固定电阻器、可变电阻器（电位器）；按制作材料可分为碳膜电阻器、金属膜电阻器、线绕电阻器、有机实心电阻器等；按结构形状不同可分为圆柱型电阻器、圆盘型电阻器和贴片型电阻器等；按精确度可分为普通电阻器（±5%、±10%、±20%等）和精密电阻器（±0.1%、±0.2%、±0.5%、±1%、±2%等）；按功率可分为 1/16W、1/8W、1/4W、1/2W、1W、2W 等额定功率的电阻。

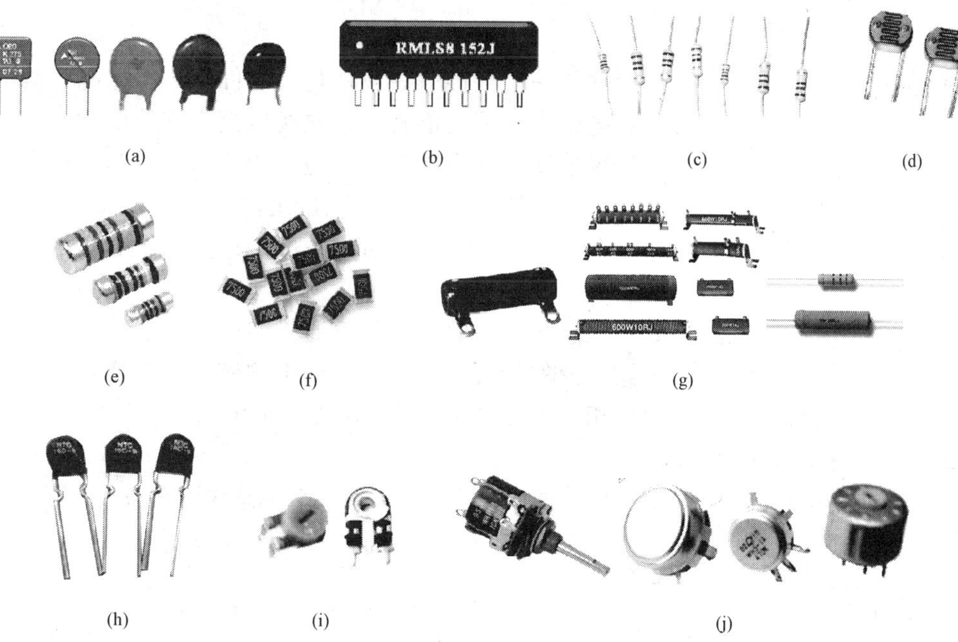

图 1-15 常用电阻和电位器外形图

(a) 压敏电阻；(b) 排电阻；(c) 引线电阻；(d) 光敏电阻；(e) 圆柱型电阻；(f) 贴片型电阻；(g) 绕线电阻；(h) 热敏电阻；(i) 微调电位器；(j) 电位器

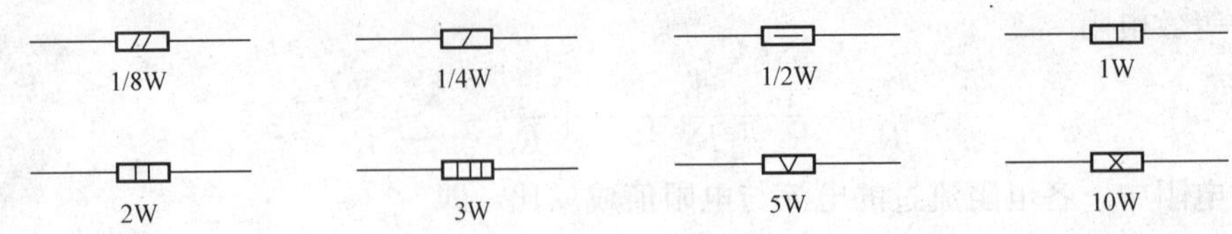

图 1-16　电阻的标称功率符号

1.2.2　电感元件

1. 电感的有关概念

电感主要用于滤波、储能、缓冲反馈、谐振等电路，经常与电容一起工作，构成 LC 滤波器、LC 振荡器等。此外，利用电感特性还可以制造扼流圈、变压器和继电器等电磁器件。

电感器是指用导线绕制成的线圈，简称为电感，用 L 表示。当电流 i 通过线性电感元件时，在元件内部将产生磁通 Φ。若磁通 Φ 与线圈的 N 匝都交链，则磁链 $\psi=N\Phi$，ψ 和 Φ 都是由元件的电流所产生，且与电流成正比，即

$$L=\frac{\psi}{i} \tag{1-9}$$

电感单位为亨利，简称亨，用 H 表示，另外常用单位有毫亨（mH）和微亨（μH）。它们的关系是

$$1\text{H}=1000\text{mH},\quad 1\text{mH}=1000\mu\text{H}$$

在电感元件中电流随时间变化时，磁链也随之变化。元件两端感应有电压，此感应电压等于磁链的变化率，在电压和电流的关联参考方向下，如图 1-17 所示，感应电压为

$$e_{\text{L}}=u_{\text{L}}=\frac{\mathrm{d}\psi}{\mathrm{d}t}=L\frac{\mathrm{d}i}{\mathrm{d}t} \tag{1-10}$$

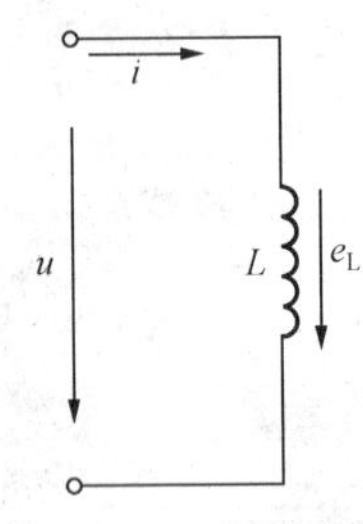

图 1-17　电感元件

电感元件是一个储能（磁场能量）元件。当通过电感线圈的电流增加时，电感线圈将电能转变成磁场能储存在线圈中；而当电流减小时，磁场能转变成电能送回到电路中。若忽略其电阻，则不消耗能量。在直流电路中，由于电流恒定，产生的磁场不发生变化，则线圈中不产生感应电动势，故电感 L 在直流电路中相当于短路（线圈电阻很小）。

常识：电感线圈是储能元件，通过的电流不能发生突变；具有通直流、阻交流的特性，只有当线圈中的磁场发生变化时才在线圈中产生感应电动势。在直流电路中相当于短路（不考虑线圈的电阻时）。

2. 电感的串、并联

在实际使用中，若单个电感线圈不能满足要求时可将几个电感线圈串联或并联使用。如果不考虑线圈间的互感，两个电感元件串联的等效电感为 $L=L_1+L_2$；并联时的等效电感为 $\frac{1}{L}=\frac{1}{L_1}+\frac{1}{L_2}$。

3. 电感的分类

按照电感的结构，可将其分为空心电感与实心电感；按照电感量，可将电感分为固定电感和可调电感；按照封装形式，可将电感分为普通电感、色环电感、贴片电感等。收音机、电视机等电子产品中有不少电感线圈，如振荡线圈、天线线圈、中频变压器、贴片式电感线

圈等。常用电感外形如图 1-18 所示。

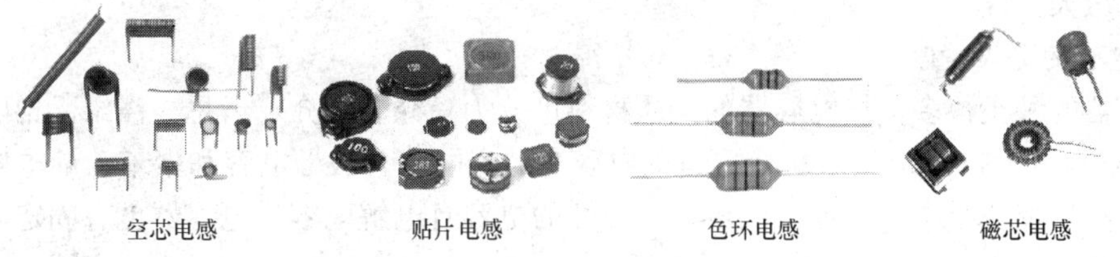

图 1-18 常用电感外形

1.2.3 电容元件

1. 电容的有关概念

电容元件简称为电容，用字母 C 表示。当电容元件两端加有电压 u 时，它的极板上储存有电荷量 q。当电容元件两端的电压 u 随时间变化时，极板上储存的电荷量也随之变化，与极板相连接的导线中就有电流 i，如图 1-19 所示。

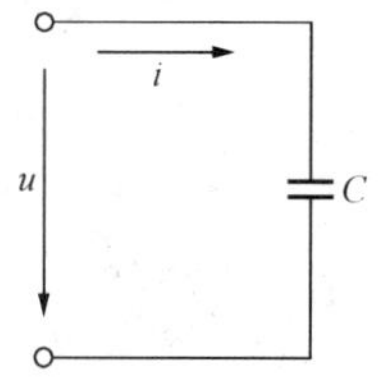

电容器极板上储存的电量 q 与其极板上的电压 u 成正比，即

$$q = uC \tag{1-11}$$

其中，C 为电容元件的电容量，它表示电容器储存电荷的能力，简称容量，其单位为法拉，用字母 F 表示。由于法拉这个单位太大，实际应用中常用微法（μF）、皮法（pF）作单位。它们的关系是

$$1\text{F} = 10^6\mu\text{F}, \quad 1\mu\text{F} = 10^6\text{pF}$$

图 1-19 电容元件

电容 C 的电容量与极板的尺寸、介质的介电常数等有关。

当电压 u、电流 i 的参考方向一致时，则

$$i = \frac{\mathrm{d}q}{\mathrm{d}t} = C\frac{\mathrm{d}u}{\mathrm{d}t} \tag{1-12}$$

式（1-12）表明，通过电容 C 的电流 i 与其端电压 u 对时间的变化率成正比。当电容元件两端的电压是恒定电压时，通过电容元件的电流等于零，所以电容元件对直流电路来说相当于开路。

与电感元件相类似，电容元件也不消耗电源的能量，是个储能（电场能量）元件，即将电能变成电场能量储存在电容器极板之间。当电容两端的电压 u 减小时，储存的电场能量将释放出来送还给电源。

常识：电容器是一个储能元件，具有通交流、隔直流的特性，电容器两端的电压不能突变，只能逐渐变化。

2. 电容的串并联

在实际使用中，如果仅用单个电容器不能满足要求时，可以将几个电容元件串联或并联使用。

电容并联使用时的等效电容为

$$C = C_1 + C_2$$

电容串联使用时的等效电容为

$$\frac{1}{C} = \frac{1}{C_1} + \frac{1}{C_2}$$

电容串联时其等效电容小于每个电容值，但电容串联时其电压与电容成反比，电容小的分得的电压大。

3. 电容的分类

电容器的种类很多，按电容器的介质材料可分为瓷介、纸介、云母、涤纶、铝电解、钽电解等类型，如图1-20所示。小容量的电容有陶瓷电容、云母电容和聚苯乙烯电容；中容量的电容有聚酯薄膜电容、油浸电容；有极性的电容有电解电容。电容器也有固定电容和可调电容之分。

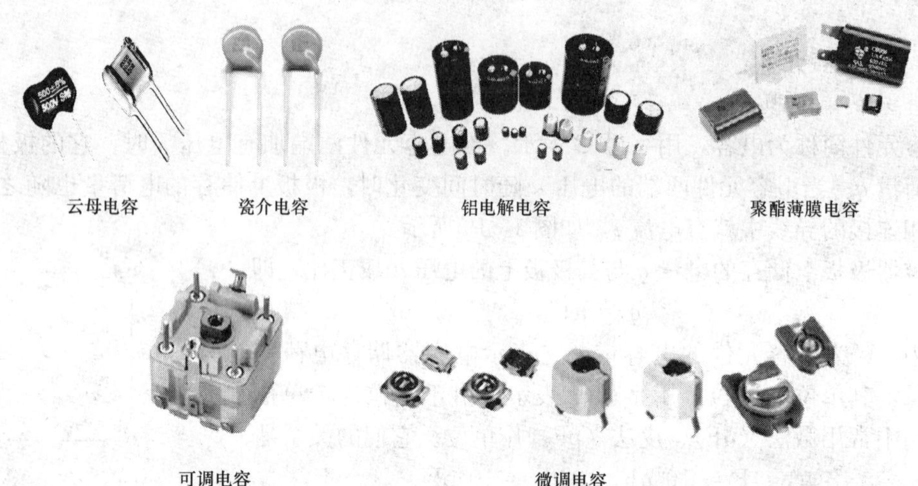

图1-20 常用电容外形图

1.2.4 电路基本元件在汽车上的应用

1. 电阻元件在汽车上的应用

电阻在电路中可作为分流器、分压器及用作消耗能量的负载电阻。

图1-21所示为惠斯通电桥电路，ab 支路中接一电流计，若 V_a 与 V_b 相等，则电流计中没有电流通过，即为电桥平衡。即电路中 I_1 和 I_2 相等，I_3 和 I_4 相等，故电桥平衡的条件是

$$R_1R_4 = R_2R_3$$

若令 R_4 为未知电阻 R_X，R_3 为一固定精密电阻 R_S，则 R_X 可表示为

$$R_X = \frac{R_2}{R_1} \times R_S$$

R_2 与 R_1 被称为电桥的比率臂，称为测量臂。

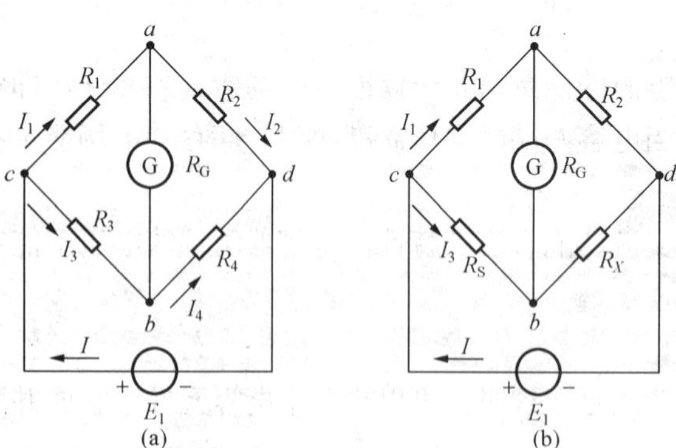

图1-21 惠斯通电桥电路

(a) 电桥电路图；(b) 利用电桥

惠斯通电桥电路在汽车上得到广泛应用，如汽车热线式温度传感器、电阻应变式碰撞传感器等。

2. 电容元件在汽车上的应用

(1) 电容在发动机转速表的应用。如图 1-22 所示桑塔纳轿车电子式转速表电路原理图，当初级电路导通时，三极管 VT 截止，电容 C2 被充电，充电电流由蓄电池正极→点火开关→电阻 R3→电容 C2→二极管 VD2→蓄电池负极。当初级电路截止时，三极管 VT 导通，电容器 C2 放电，放电电流通过三极管 VT→电流表→二极管 VD1。当发动机工作时，点火系初级电路不停地导通与截止，电容 C2 不停地充放电。因为初级电路通断的次数与发动机转速成正比，所以电流表中电流平均值与发动机转速成正比，从而可用电流平均值标定发机的转速。$R_1=R_2=R_3=1\text{k}\Omega$，$C_1=0.1\mu\text{F}$，$C_2=0.7\mu\text{F}$，VT 为 3DG12，VD1、VD2 为 IN4007，VS 为 8V，电流表 50mA，且电流表的正极接到蓄电池负极上。

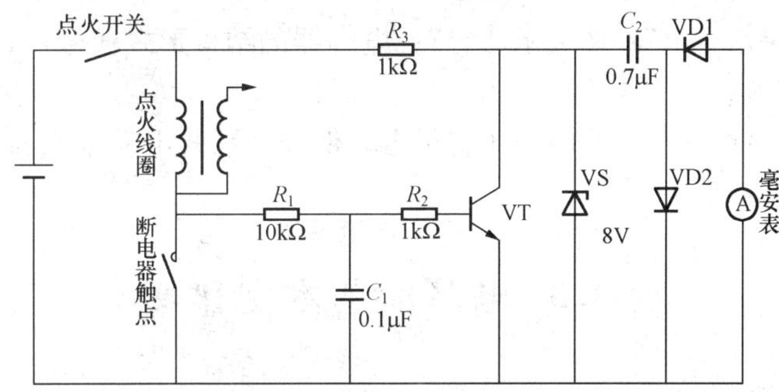

图 1-22 桑塔纳轿车电子式转速表电路原理

(2) RC 充、放电电路在汽车上的应用。在汽车电气系统中，电容器用来储存电荷，它本身不消耗电能，其储存的电荷会在放电时送回电路中。由于电容器两端的电压不能突然变化，故它能吸收电路中的电压变化。例如汽车点火系统中分电器壳体上的电容器，它与分电器断电器触点并联，其结构如图 1-23 所示。它是在两条铝箔或锡箔之间夹以绝缘蜡纸，然后卷成筒状，在真空中抽去层间的空气，再经浸蜡处理后装于金属外壳内，其中一条箔带的底部与外壳紧密接触，另外一条箔带则通过与外壳绝缘的导电片由导线引出。电容器的容量一般为 0.15～0.25μF。工作时要承受 200～300V 的自感电动势，因此要求其耐压为 500V，绝缘电阻值不低于 20MΩ。

当触点张开切断低压电路的电流时，在点火线圈一次绕组（低压绕组）中产生 200～300V 的自感电动势。若没有电容器与触点并联，该自感电动势就会在触点间形成火花，易使触点烧坏。同时该自感电动势的方向与原来低压电流的方向相同，使低压绕组回路内的电流不能迅速消失，致使磁场消失减慢，因而二次绕组的感应电动势大大降低。当在触点间并联一只电容器，触点张开时，一次绕组中所产生的自感电动势向电容器迅速充电，触点间不会形成强烈的火花，延长了触点的使用寿命。同时触点打开后，一次绕组和电容器形成振荡回路，充电的电容器通过一次绕组进行振荡放电。当电容器第一次放电时，电流以相反的方向通过一次绕组，使磁场

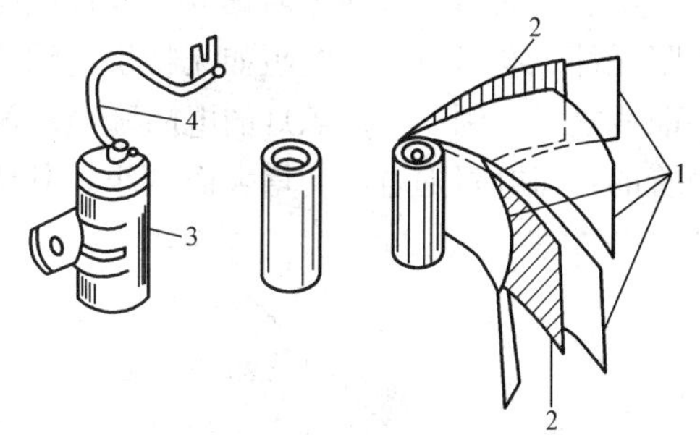

图 1-23 分电器上的电容器的结构示意

1—绝缘蜡纸；2—铝箔；3—外壳；4—引线

加速消失，在次级绕组产生的感应电动势大大提高，有利于点燃汽缸内的可燃混合气。即电容器与触点并联后起到减小触点火花、延长触点的使用寿命和增强点火线圈次级绕组的高压电的作用。

汽车用电容器的型号在 QC 173—1993《汽车设备产品型号编制方法》中已有统一规定，其型号组成为

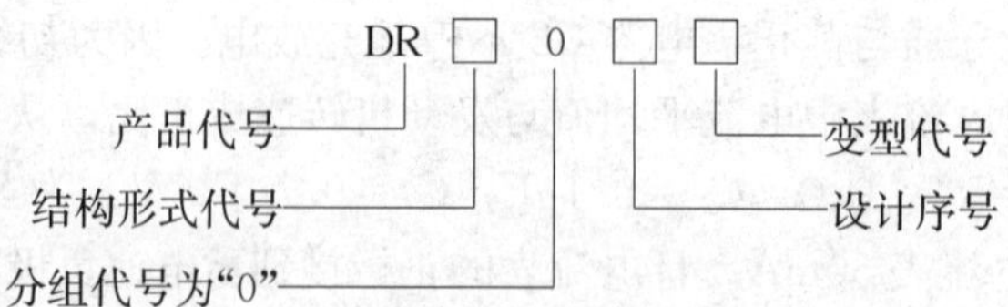

产品代号中 D 表示“电”；R 表示“容”；电容器的结构形式代号，1 为中心式，2 为单接线式，3 为双接线式。

RC 充、放电电路在汽车上的应用还有很多，例如间歇式电动刮水器、无触点电子闪光器等。

1.3 电路的基本定律

1.3.1 欧姆定律

德国物理学家欧姆在实验中发现，电阻中电流的大小与加在电阻两端的电压成正比，而与其电阻值成反比。如图 1 - 24 所示，在电压、电流的关联方向下，一段简单电阻电路的欧姆定律表达式为

$$u = Ri \tag{1-13}$$

图 1 - 24 电阻元件

当电压和电流的参考方向相反时，上述欧姆定律的数学形式应加负号，即

$$u = -Ri \tag{1-14}$$

在国际单位制中，当电阻两端的电压为 1V，流过电阻的电流为 1A 时，电阻为 1Ω。

满足欧姆定律的电阻称为线性电阻，即电阻两端的电压与通过的电流成正比，其电阻是一个常数。线性电阻的伏安特性是一条通过坐标原点的直线。

不满足欧姆定律的电阻称为非线性电阻，例如电子电路中的晶体二极管就是一个非线性电阻元件。本书讨论的电阻如无特别说明均为线性电阻。非线性电阻的特性往往通过伏安特性曲线描述。例如，白炽灯的电阻随电压的增大而增大，其伏安特性如图 1 - 25 所示；而二极管的正向电阻随电压的增大而减小，其伏安特性如图 1 - 26 所示。

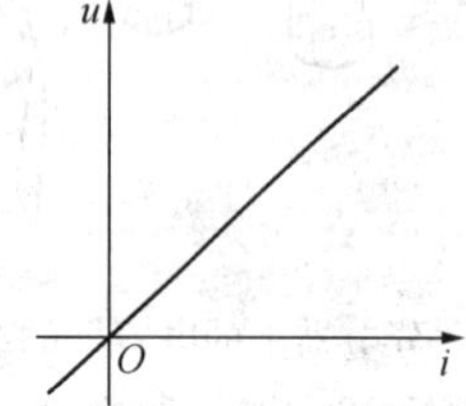

图 1 - 25 线性元件伏安特性曲线

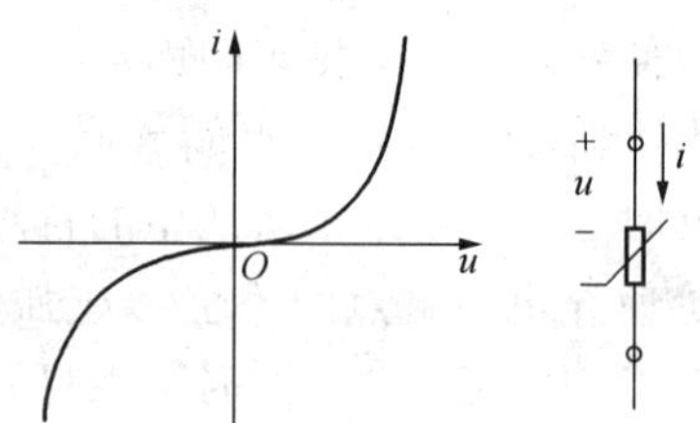

图 1 - 26 非线性元件伏安特性曲线

1.3.2 基尔霍夫定律

基尔霍夫定律是电路中电压或电流关系的普遍规律。它是德国物理学家古·基尔霍夫于1845年在实验的基础上总结出来的。任何电路（包括线性电路和非线性电路）的电压或电流，在任意瞬间都满足基尔霍夫定律。

1. 电路中的名词术语

为便于介绍基尔霍夫定律，先介绍几个有关的名词术语。

（1）支路。电路中的某一分支称为支路。支路可以是一个二端元件或几个元件的组合。同一支路上流过的电流相同。图1-27所示电路图中有三条支路，其中两条含电源的支路称为有源支路，不含电源的支路称为无源支路。

（2）结点。三条或三条以上支路的汇集点称为结点。图1-27中有两个结点a、b。

（3）回路。电路中任意闭合路径称为回路。图1-27中有三个回路。

（4）网孔。它是回路的特例，凡内部不含有支路的回路称为网孔。图1-27中有两个网孔。

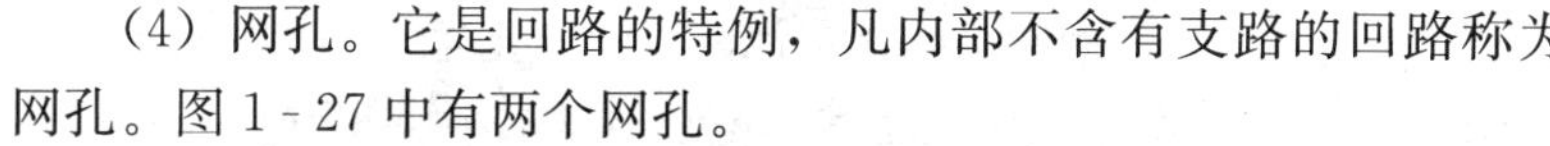

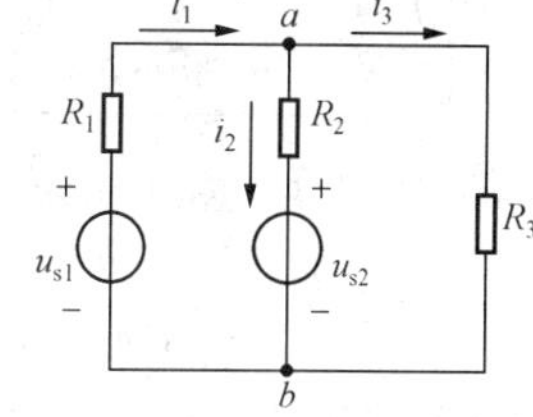

图1-27 三条支路电路

2. 基尔霍夫电流定律（KCL）

基尔霍夫电流定律是反映电路中，对任一结点相关联的所有支路电流之间的相互约束关系。表述如下：

在电路中，任一瞬时，对任一结点所有支路电流的代数和等于零。通常规定流入结点的电流为正，流出结点的电流为负，则

$$\sum i = 0 \tag{1-15}$$

即在电路中对任一结点，在任一时刻流进该结点的电流等于流出该结点的电流，有

$$\sum i_{\mathrm{i}} = \sum i_{\mathrm{o}} \tag{1-16}$$

在图1-27中，对结点a有

$$-i_1 + i_2 + i_3 = 0 \tag{1-17}$$

对结点b有

$$-i_3 - i_2 + i_1 = 0 \tag{1-18}$$

下面举例说明推广的KCL的用法，它和直接采用KCL所得结果应是一致的。如图1-28所示的电路中，封闭面包围着一个三角形电路，只有i_1、i_2、i_3穿过封闭面与外界联系。若在某一瞬间，已知$i_1=2\text{A}$，$i_2=3\text{A}$，则按推广的KCL，可立即得到

$$i_3 = -i_1 - i_2 = -5\text{A}$$

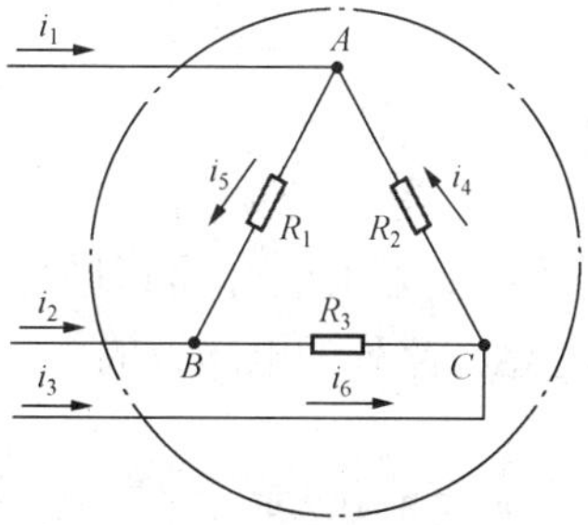

若分别按A、B、C三个结点列KCL方程，有

结点A $\quad i_1 + i_4 - i_5 = 0$

结点B $\quad i_2 + i_5 - i_6 = 0$

结点C $\quad i_3 - i_4 + i_6 = 0$

将上述三个方程式相加，有

$$i_1 + i_2 + i_3 = 0$$

上述结果与把封闭面看成一个结点，与应用推广的KCL定律所得结果完全相同。

图1-28 KCL定律的推广

3. 基尔霍夫电压定律（KVL）

基尔霍夫电压定律是反映电路中对组成任一回路的所有支路的电压之间的相互约束关系。表述如下：

在电路中任何时刻，沿任一闭合回路的所有支路电压的代数和恒等于零。

$$\sum u = 0 \tag{1-19}$$

在图 1-29 中，假定回路绕行方向为顺时针，有

$$u_{R1} + u_{R2} + u_{R3} + u_{S2} - u_{S1} = 0 \tag{1-20}$$

元件上的电压方向与绕行方向一致时取正，相反时取负。

把欧姆定律公式代入式（1-20）得

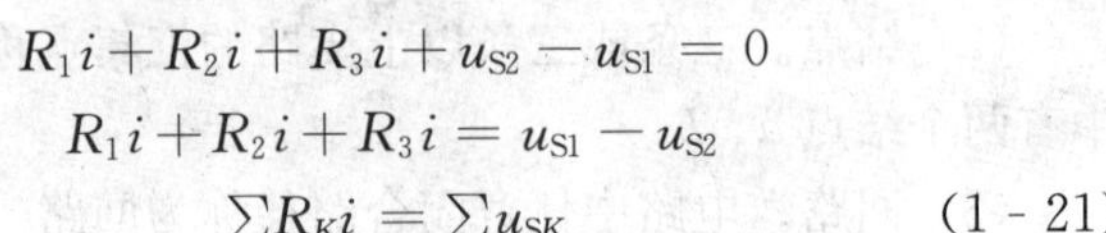

$$R_1 i + R_2 i + R_3 i + u_{S2} - u_{S1} = 0$$

$$R_1 i + R_2 i + R_3 i = u_{S1} - u_{S2}$$

$$\sum R_K i = \sum u_{SK} \tag{1-21}$$

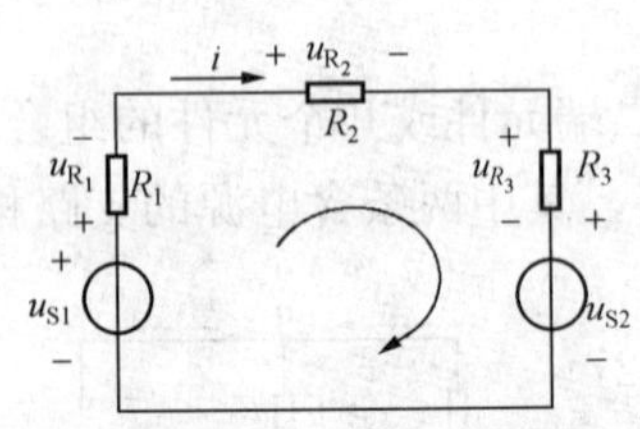

图 1-29 KVL 定律

式（1-21）中流过电阻的电流与绕行方向一致，$R_K i$ 前取正，否则取负。电压源电压方向与绕行方向一致（从“+”极性向“-”极性）u_{SK} 前取负，否则取正。

注意：一般对独立回路列电压方程，网孔一般是独立回路。在电路中，设有 b 条支点，网孔为 $b-(n-1)$。

【例 1-2】 求图 1-30 所示电路的开路电压 U_{ab}。

解 先把图 1-30 改画成图 1-31，求电流。

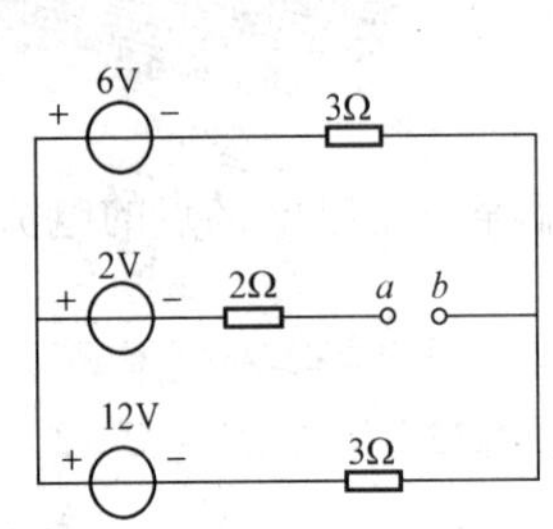

图 1-30 ［例 1-2］图

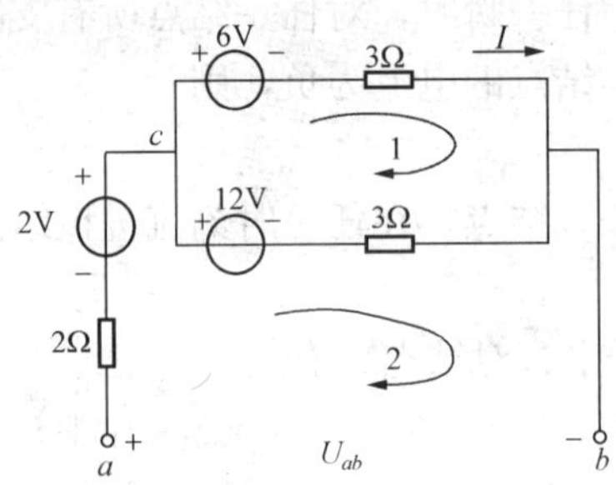

图 1-31 部分电路的 KVL

在回路 1 中，有

$$6I = 12 - 6$$

$$I = 1\text{A}$$

根据基尔霍夫电压定律，在回路 2 中，得

$$U_{ac} + U_{cb} - U_{ab} = 0$$

$$-2 + 12 - 3 \times 1 - U_{ab} = 0$$

$$U_{ab} = 7\text{V}$$

从［例 1-2］可看出，基尔霍夫电压定律不但适用于闭合回路，对不闭合回路同样适用，但需在开路处假设电压（例中 U_{ab}）。在列电压方程时，要注意开路处的电压方向。

1.3.3 电路的工作状态

电路的工作状态有有载（负载）、开路（断路）与短路三种，如图 1-32 所示。

电路的三种工作状态对应的电压、电流和功率关系见表 1-1。

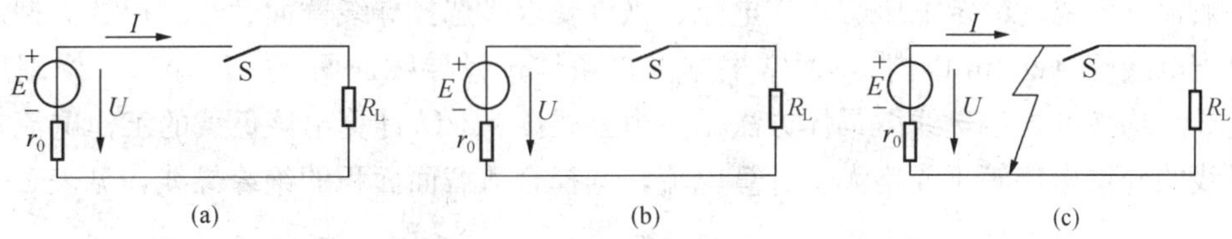

图 1-32 电路的工作状态

(a) 有载状态；(b) 开路状态；(c) 短路状态

表 1-1 电路的三种工作状态对应的电压、电流和功率关系

电路状态	负载电阻	电源电流	电源端电压	电源的功率	负载的功率
空载（开路、断路）	$R_L \to \infty$	$I=0$	$U=E$	$P_E=0$	$P=0$
负载	$R_L=$常数	$I=\frac{E}{R_L+r_0}$	$U=E-Ir_0$ $=IR_L<E$	$P_E=0$	$P=I^2R_L$
短路	$R_L \to 0$	$I_S=\frac{E}{r_0}$	$U=0$	$P_E=I^2r_0$	$P=0$

在一个电路中，电源产生的功率＝负载耗用的功率＋电源内阻上所损耗的功率。

由上表可看出，当电源短路时，电流不经负载，此电流称为短路电流 I_S，这时的电流很大，将烧坏导线和电源，应尽力避免。为了防止电路短路引起的不良后果，通常在电路中串联有熔丝（保险丝）或自动断路器。

1.4 负载的额定值及导线的选择

1.4.1 负载的额定值

各种电气设备的电压、电流和功率都有额定值，一般将其标在铭牌上或写在说明书中。额定值是制造厂为了使电气设备能在给定的工作条件下正常运行而规定的正常容许值，在使用时应特别注意要按照规定的条件正确使用，一般不应超过额定值，以免损坏元器件或设备。由于使用中受到外界的影响，如电源电压波动时可能低于或高于额定电压，则设备的电压、电流和功率的实际值就不一定等于它们的额定值。当实际值小于额定值时称为欠载，反之称为过载或超载；当实际值等于额定值时，称为额定运行。

1.4.2 常用导线的分类

常用导线材料有铜线、铝线等。铜线电阻率小，机械强度大；铝线质量小，价格便宜，但机械强度小。汽车上电路的接线通常用铜线。

导线按其外面有无绝缘可分为裸线和绝缘线。裸线外面没有保护层，绝缘线外面有绝缘保护层。绝缘线按绝缘材料不同可分为聚氯乙烯（塑料）绝缘线、橡胶绝缘线等。

导线按额定电压不同可分为低压导线和高压导线。

1.4.3 导线的选择

我国的导线规格是以其截面面积作为标称值。导线标称截面是经过换算的线芯截面面积，而不是实际几何面积。

一般根据电路的额定电压、工作电流、绝缘要求等选择导线截面、绝缘层的类型。对于短距离配电线路（200m 以内），通常根据发热条件选择导线截面。一般家庭、修理厂和汽车上的导线均按此方法选线。具体方法是：由公式 $I=P/U$ 计算出该负载的工作电流，然后根据导线的允许电流等于或略大于计算电流，选择合适截面面积的绝缘导线，见表 1-2。

表 1-2 部分 500V 橡胶与塑料绝缘电力电缆载流量表 (A)

导线截面面积（mm^2）	成品外截面积（mm^2）	铜芯橡胶或塑料绝缘电力电缆				铝芯橡胶或塑料绝缘电力电缆			
		明敷（25℃）		穿塑料管（25℃）		明敷（25℃）		穿塑料管（25℃）	
		橡胶	塑料	2 根（橡胶）	2 根（塑料）	橡胶	塑料	2 根（橡胶）	2 根（塑料）
1.5	4.6	27	24	17	16				
2.5	5.0	35	32	25	24	27	25	19	18
4	5.5	45	42	33	31	35	32	25	24
6	6.2	58	55	43	41	45	42	33	31
10	7.8	85	75	59	56	65	59	44	42
16	8.8	110	105	76	72	85	80	58	55
25	10.6	145	138	100	95	110	105	77	73

常识：

家庭用电总负载电流

=（用电最大的一台家用电器的额定电流＋其余用电设备的额定电流）×同时用电率

一般家庭的同时用电率为 0.5～0.8，家用电器越多，同时用电率越小。

住宅电路用电线通常使用耐压为 500V 的两芯塑料护套线，住宅用的铜芯塑料绝缘电线截面面积有 1.5、2.5、4、6、10mm^2等。导线截面面积越大，允许通过的安全电流就越大。选择导线截面面积时，主要根据导线的安全载流量来选择，家用电器电路导线截面面积通常可按铜芯绝缘导线为 3～4A/mm^2 选取。一般照明线路用 1.5mm^2 铜芯线，插座线路用 2.5mm^2铜芯线，空调线路用 4mm^2铜芯线。

家庭用漏电保护器应选用二极的电流型。额定工作电流为 16～32A，灵敏度为 15～30mA，保护动作时间小于 0.1s。

插座可根据所接家电负载电流的大小选择，一般按不小于 2 倍负载电流来选。普通家用电器可用额定电流为 10A 的插座，空调器等大功率电器选用额定电流为 16A 或更大的插座。

1.4.4 汽车上导线的使用情况

汽车上的导线通常外层由聚氯乙烯绝缘或聚氯乙烯-丁腈复合绝缘、内层由多股细铜丝绞制成。启动电缆连接在蓄电池正极与起动机开关的接线柱之间，其导线的截面面积大，允许通过的电流达 500～1000A，要求电缆每通过 100A 的电流时电压下降不超过 0.1～0.15V；而蓄电池的搭铁电缆通常采用由铜丝编织成的扁型软铜线或用启动电缆线，搭铁要可靠，以满足启动时大电流的要求。

汽车电路系统中常用的导线规格见表 1-3。

表 1-3 汽车电路系统中常用的导线规格

各个电路系统名称	标称截面面积（mm^2）	各个电路系统名称	标称截面面积（mm^2）
电源电路	4～25	3A 以上的电喇叭电路	1.5
启动电路	16～95	前照明、3A 以下的电喇叭等电路	1.0
柴油发电机电热塞电路	4～6	转向灯、制动灯、停车灯、分电器等电路	0.8
5A 以上的电路	1.3～4.0	仪表灯、指示灯、牌照灯、燃油灯、刮水器、电子设备等电路	0.5

汽车点火系统的高压线，其工作电压通常在 15kV 以上，电流小，要求高压线的绝缘包层厚，耐高压性能好，线芯截面较小。同产汽车用高压导线分为铜芯线和阻尼线两种。高压阻尼线的线芯采用聚氯乙烯树脂等有机材料配制而成，具有一定电阻值，并具有电磁辐射低的特点，以减少点火系统的电磁波危害。

1.5 常用仪表及测量

在电气维修和汽车维护保养中，常用到电工仪表进行测量。本节主要讲述如何正确运用电工仪表来测量各种电量，如电压、电流、电阻等。

1.5.1 万用表的使用

万用表是使用最广泛的多功能电工测量仪表。它不仅可以测量电压、电流、电阻，还可以测量其他电路参数，如电容、电感等。虽然准确度不高，但是使用简单，携带方便，特别适用于检查线路和修理电气设备。万用表有指针式万用表和数字式万用表两种。图 1-33 所示为常用的 MF-30 型万用表的面板图。下面介绍各种电量的测量方法。

1. 电流的测量

测电流时最重要的是量程的选择，如果用小量程去测量大电流，则会有打坏指针的危险，如果用大量程去测量小电流，指针有可能偏转太小，无法读数。量程的选择，应尽量使指针偏转到满刻度的 2/3 左右。如果对被测电流的大小不了解，应先由最大量程试测，以防指针被打坏，然后再选用适当的量程，以减小误差。测量电流时，电流表与被测电路串联，如图 1-34（a）所示，测量直流电流时，常选用磁电式电流表，测量交流电流时主要采用电磁式电流表。

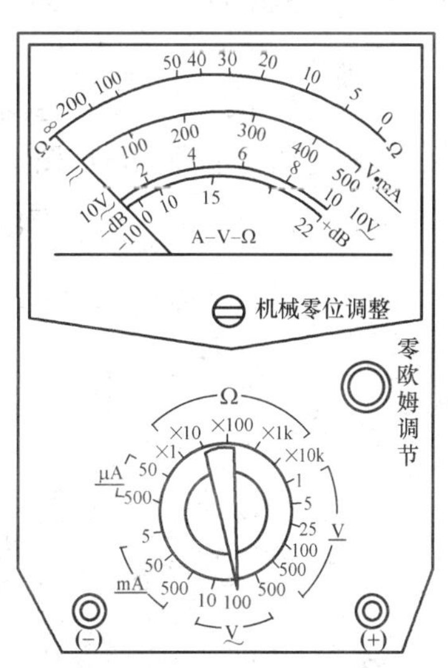

图 1-33 MF-30 型万用表的面板

（1）测量方法。测量直流电流时，万用表转换开关置于“mA”或“μA”挡的合适量程上。测量时必须先断开电路，然后按照电流从正到负的方向，将万用表串联到被测电路中。如图 1-34（b）所示，“+”表笔插孔的红表笔接到电路的正极，“−”表笔插孔的黑表笔接到电路的负极。如果误将万用表电流挡与负载并联，因表头的内阻很小，会造成短路烧毁仪表。

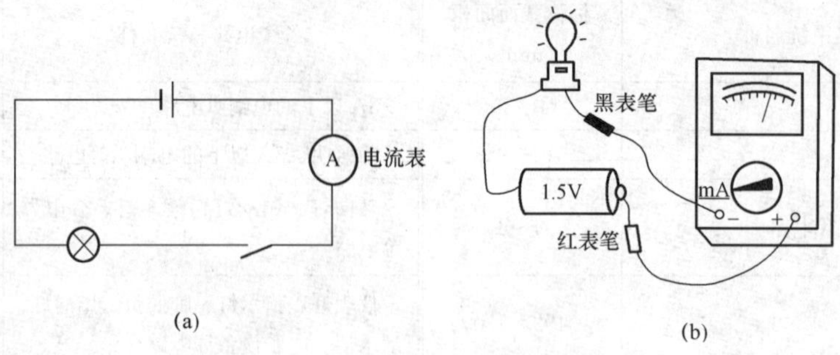

图 1-34 直流电流的测量方法
(a) 原理图；(b) 实际测量方法

(2) 读数方法。MF-30 型万用表的直流电流量程有 50μA、500μA、5mA、50mA 和 500mA 五挡，将转换开关置于其中一挡，就可按此量程测量直流电流。指针偏转时按面板上第二条标有“mA”的刻度尺读数，但要注意此量程为最大量程 500mA 的刻度，其他量程应按比例读数。例如，当转换开关置于 5mA 挡时，读取的刻度值应除以 100；当转换开关置于 5μA 挡时，读取的刻度值应除以 1000。

2. 电压的测量

测量电压时量程的选择和测量电流时一样。测电压时，万用表两表笔应跨接在被测电压的两端之间，即和被测电压的电路或负载并联，如图 1-35 (a) 所示。

(1) 直流电压的测量。万用表转换开关置于“V”的合适量程上，“+”表笔插孔的红表笔接到被测电压的正极，“−”表笔插孔的黑表笔接到被测电压的负极，如图 1-35 (b) 所示。若表笔接反，表头指针会反方向偏转，容易撞弯指针。

直流电压的量程有 1、5、25、100、500V 五挡，读数时仍按面板上第二条刻度尺读数，刻度尺的右端除标有“mA”外，还标有“V”，表示这条刻度尺为电流、电压共用。各挡量程同样按比例读数。

(2) 交流电压的测量。万用表转换开关置于“V”的合适量程上，两个表笔直接接到所要测量的电压两端即可，如图 1-36 所示，因为交流没有正负之分，读数时同样按面板上第二条刻度尺读数，因为在其左端标有“≂”符合，表示该刻度尺为交、直流共用。各挡量程同样按比例读数。

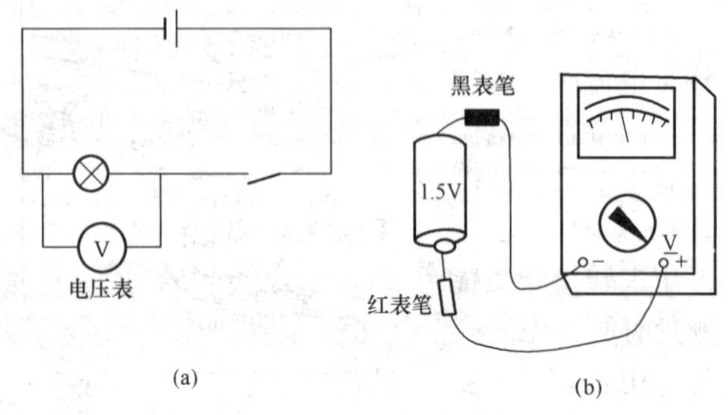

图 1-35 直流电压的测量方法
(a) 原理图；(b) 实际测量方法

注意：如果测量结果显示电源电压大大超过或低于正常电压值，说明电源有问题。

3. 电阻的测量

测量电阻时，将转换开关置于“Ω”的合适量程上，并把两个表笔直接接到所要测量的电阻两端即可，如图 1-37 所示。

万用表电阻的量程有×1、×10、

×100、×1k 和×10k 五挡，每次测量的结果为刻度尺上所标的数值×1 量程的欧姆数，当使用×10、×100、×1k 和×10k 等量程时，其阻值数等于读数乘以该量程的倍数。例如，把转换开关置于×100 的位置上，则读数乘以 100 才等于被测电阻的欧姆数，依次类推。

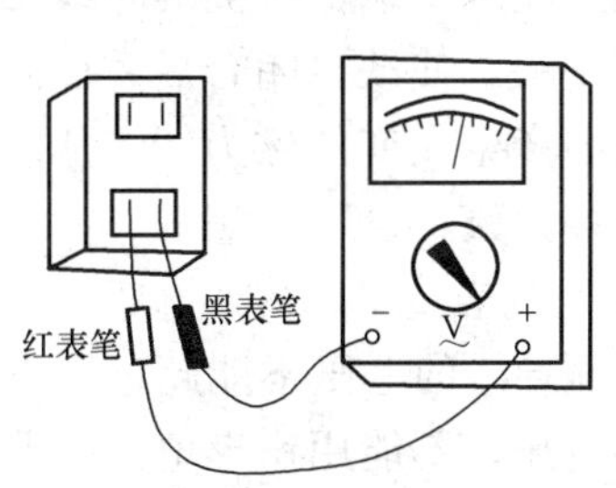

图 1-36 测量交流电源的电压

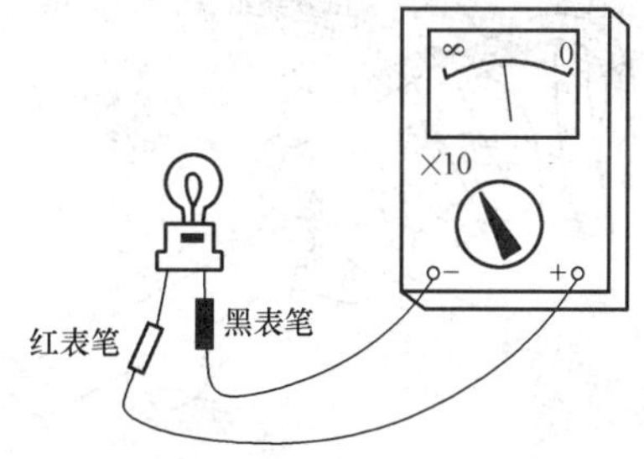

图 1-37 测量灯泡电阻的方法

使用万用表的电阻挡测量电阻时，需要注意以下事项：

(1) 选择合适的倍率挡。万用表欧姆挡的刻度线是不均匀的，如图 1-38 所示，所以为了提高测量电阻的准确度，要选择合适的量程，尽量使用刻度尺的中间段（在全刻度的 20%～80%范围内）。

(2) 欧姆挡调零。在实际测量电阻时，需要先进行欧姆挡调零。调零时先将转换开关置于所选的欧姆挡，将两支表笔短接，同时转动“调零”旋钮，使指针刚好指在欧姆刻度线右边的零刻度上，然后再将两表笔分开去测量待测电阻，如图 1-39 所示。每换一挡量程，都要重新调零，以保证测量准确。如果指针不能调到零位，说明表内电池电压不足或仪表内部有问题。

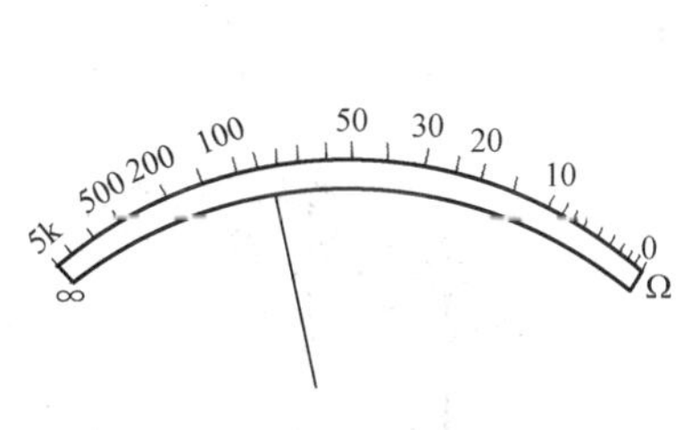

图 1-38 欧姆挡刻度线

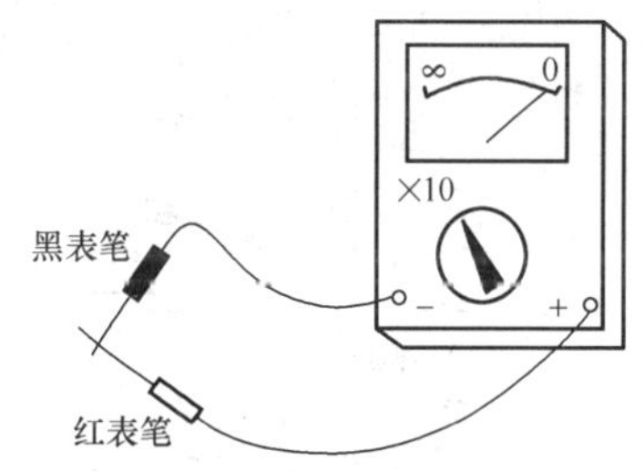

图 1-39 欧姆挡调零方法

(3) 不能带电测量电阻。在测量电路中的某一电阻时，应将电路中的电源除去，不许在带电的线路上测量电阻，否则不但测量无效，还会损坏表头。如果被测电路中有并联支路，则应将被测电阻的一端与电路分开后再测量。

(4) 在测量高电阻（>10kΩ）时，应注意不要用手同时接触两表笔的导电部分，以免形成人体的并联电阻。

1.5.2 钳形电流表的使用

大家都知道，工业用电和民用电都是交流电，在实际工作中，交流电路的电流是如何检测的呢？

钳形电流表就是一种用于测量正在运行的电气线路中交流电流大小的仪表。它在不需要停电、不断开电路的前提下，就能测量交流电路中的电流，所以在电气设备维修中经常使

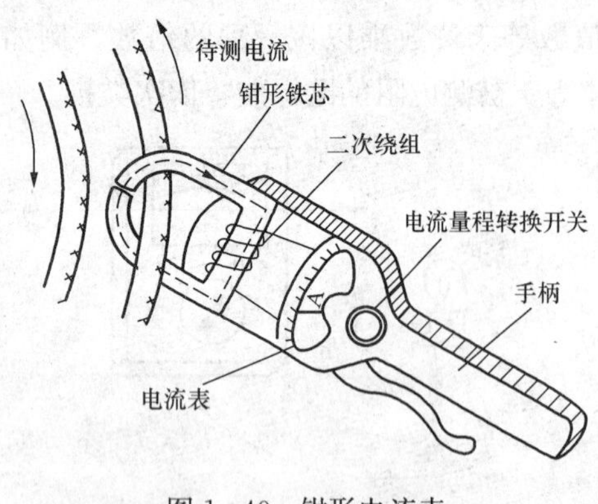

图 1-40 钳形电流表

用。钳形电流表的结构如图 1-40 所示。

1. 钳形电流表的使用

在使用钳形电流表时，应将量程开关转到合适位置，手持胶木手柄，将被测导线从铁芯缺口引入到铁芯中央，使缺口闭合后，被测导线的电流就在铁芯中产生交变的磁力线，从表上感应出电流，可直接读数。

2. 钳形电流表使用时的注意事项

(1) 被测导线的电压不能超过钳形电流表所规定的使用电压，不能用钳形电流表测高压线路的电流，以防击穿绝缘，造成触电事故。

(2) 测量时应选择合适的量程，不能用小量程去测量大电流。

(3) 每次测量只能钳入一根导线，并将导线置于钳口中央，以提高测量的准确性；测量结束后，应将量程开关扳到最大测量挡位置，以便下次安全使用。

1.5.3 兆欧表的使用

通电线路必须具有良好的绝缘，才能保证设备正常运行和人体不致接触带电部分而触电。例如对于新装和大修后的低压电力和照明线路，要求线路的绝缘电阻不应低于 0.5MΩ，而在潮湿地区（如广东），线路的绝缘电阻要大于 0.22MΩ。室内布线完成后，如何知道线路的绝缘是否符合上述要求，可以安全通电呢？以下介绍的兆欧表可以解决这个问题。

兆欧表又称摇表，是用来检查电机、电器及线路的绝缘情况和测量高值电阻的仪表，其构造和外形如图 1-41 所示。在永久磁铁的磁极间放置着固定在同一轴上的两个线圈。一个线圈与电阻 R 串联，另一个线圈与被测电阻 R_x 串联，然后将两者并联于直流电源。电源安置在仪表内，是一个手摇直流发电机，其端电压为 u。

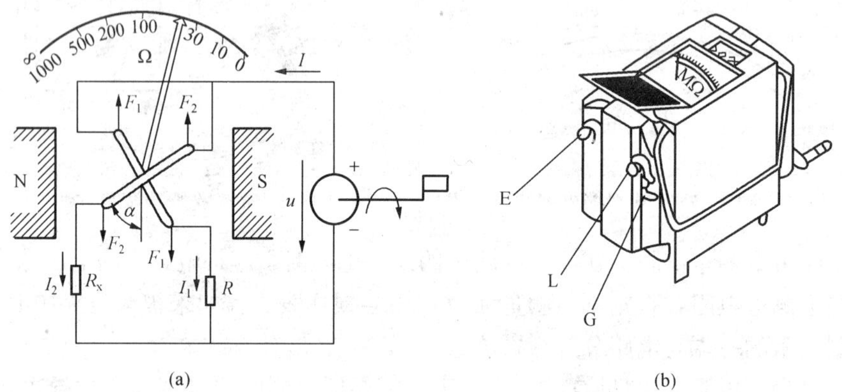

图 1-41 兆欧表

(a) 兆欧表的结构；(b) 兆欧表的外形

1. 兆欧表的选择

(1) 额定电压等级的选择。兆欧表的额定电压等级就是内部手摇发电机的额定电压。选用时，其额定电压要与被测电气设备或线路的工作电压相适应，测量高压设备的绝缘电阻时，必须选用电压等级高的绝缘电阻表，不能用电压过高的绝缘电阻表测量低电压电气设备的绝缘电阻，以免设备的绝缘受到损坏。为此，在测量时，要合理选择绝缘电阻表。表 1-4 列举了一些在不同情况下的选择要求。

表 1-4　不同额定电压的兆欧表使用范围 (V)

测量对象	被测对象的额定电压	所选兆欧表的额定电压
线圈	<500 ≥500	500 1000
电力变压器和电机绕组	≥500	1000～2500
发电机绕组	≤380	1000
电气设备	<500 ≥500	500～1000 2500
绝缘子	—	2500～5000

（2）电阻量程范围的选择。兆欧表的表盘刻度线上有两个小黑点，小黑点之间的区域为准确测量区域，如图 1-42 所示。在选用时应注意使所需的绝缘电阻值在准确测量区域的范围内。

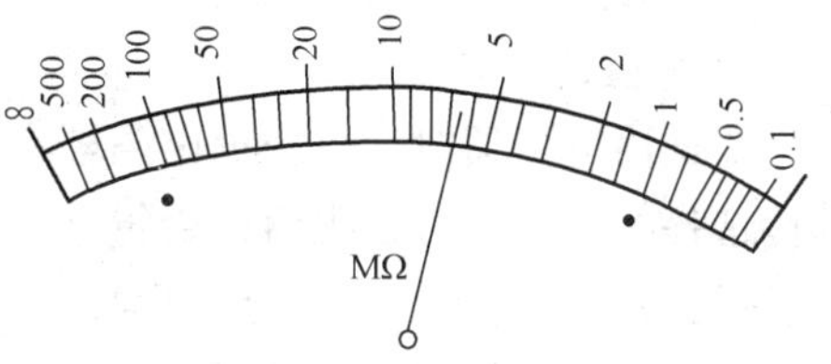

图 1-42　兆欧表的刻度线

2. 兆欧表的使用方法

（1）使用前检查。测量前应将兆欧表进行一次开路和短路实验，检查兆欧表性能是否良好。兆欧表使用时要平稳放置，同时检查偏转情况；先将“L”和“E”端开路，使手摇发电机的转速达到额定转速，观察指针是否指向“∞”；然后将“L”和“E”端短接，观察指针是否指向“0”，如果不是，则需调整兆欧表。

（2）兆欧表的接线。兆欧表有三个接线柱，如图 1-41（b）所示，相线 L、地线 E 和屏蔽 G。在一般测量时，如测量照明线路或电力线路对地绝缘电阻时，要把被测绝缘电阻接在“L”和“E”端，如图 1-43（a）、（b）所示。当绝缘电阻本身表面不干净或潮湿时，为了测量绝缘电阻的内部电阻值，就必须使用屏蔽“G”接线柱，如图 1-43（c）所示。

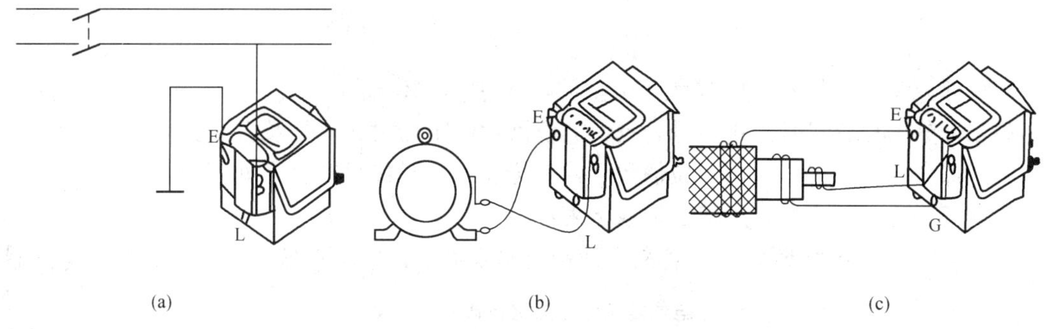

图 1-43　兆欧表接线图

（a）测量照明线路绝缘电阻；（b）测量电动机绕组绝缘电阻；（c）测量电缆绝缘电阻

(3) 兆欧表的读数。线路接好后，可按顺时针方向转动兆欧表的发电机摇把。摇动的速度应由慢而快。当转速达到额定转速 120r/min 时，保持转速均匀稳定，1min 后读数。表针指示的数值就是所测得绝缘电阻值。

3. 兆欧表使用中的注意事项

(1) 绝缘电阻的测量必须在停电状态下进行，对含有大电容的设备，测量前和测量后都要及时放电，以防止发生触电事故。

(2) 测量电解电容器的介质绝缘电阻时，要根据电容器的耐压等级选用兆欧表，并注意其极性，电解电容正极接兆欧表“L”，负极接“E”，否则会使电容器击穿。

(3) 注意使用时不能超过兆欧表的额定转速 120r/min。

(4) 兆欧表未停止转动之前，切勿用手触及设备的测量部分或兆欧表的接线柱。

1.6 技能训练

1.6.1 电阻的识别与检测

1. 电阻的识别

在选用电阻器时，应根据电阻器在电路中的具体要求（从电气性能、经济价值等方面）进行选择。不但要考虑阻值是否符合要求，而且还要考虑该电阻器在使用中实际消耗的功率（或通过的电流）不能超过其额定功率（或额定电流），否则会使电阻器损坏。通常应选择可靠性、精确性和稳定性符合要求的电阻器，其额定功率是实际功率的 1.5～2 倍。例如，一般电路采用普通的合成电阻、碳膜电阻；对可靠性要求高的可采用金属膜电阻。而需要可变电阻进行一般调节时，可采用价格便宜的碳膜电位器；需要做精确调节时，可采用多圈电位器或精密电位器，使用时要注意电位器的寿命较短，且容易造成接触不良。

(1) 电阻器的型号。电阻的型号由以下四部分组成：

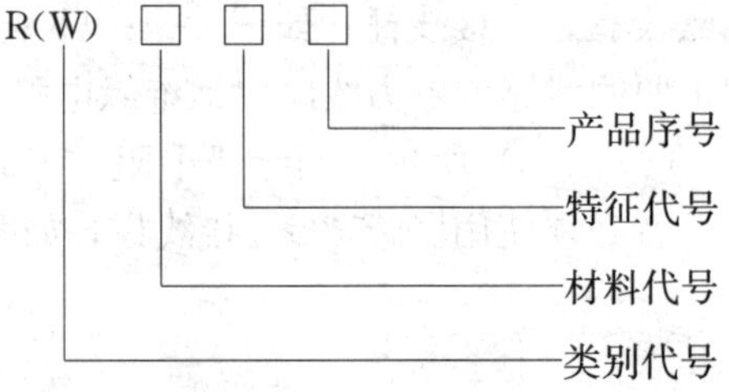

第一部分为类别代号，如 R 表示电阻器，W 表示电位器。

第二部分为材料代号，用字母表示，电位器和电阻器材料代号及含义见表 1-5。

第三部分为特征代号，用阿拉伯数字或字母表示，其代号及含义见表 1-6。

第四部分为产品序号，用阿拉伯数字表示。

例如某电阻型号为 RJ73，其含义为精密金属膜电阻；WXD3 的含义为多圈线绕电位器。

表 1-5　　电位器和电阻器材料代号及含义

材料代号	J	T	Y	H	I	S	X
含义	金属膜	碳膜	氧化膜	合成膜	玻璃釉膜	有机实芯	线绕

表 1-6 电位器和电阻器特征代号及含义

特征代号	1	2	3	4	5	6	7	8	W	G	T	D
电位器	普通	普通	—	—	—	—	精密	特殊函数	微调	—	—	多圈
电阻器	普通	普通	超高频	高温	高温	—	精密	高压	微调	高功率	可调	—

常识：电阻的类别可以通过外观标记识别。

操作：选几个常用的电阻进行识别。

一般普通电路所用的电阻采用合成电阻、碳膜电阻；对电阻的可靠性能要求高时，可选用金属膜电阻。

电位器使用时易产生接触不良现象，其寿命较短。碳膜可变电阻（电位器）价格便宜，当需要精确调节时应采用多圈电位器或精密电位器。

（2）电阻器的标称阻值。电阻器的标称阻值见表 1-7（或是表中数值再乘以 10^n，其中 n 为整数）。

表 1-7 电阻器的标称数值

电阻系列	允许偏差	标称阻值系列											
E24	Ⅰ(±5%)	1.0	1.1	1.2	1.3	1.5	1.6	1.8	2.0	2.2	2.4	2.7	3.0
		3.3	3.6	3.9	4.3	4.7	5.1	5.6	6.2	6.8	7.5	8.2	9.1
E12	Ⅱ(±10%)	1.0	1.2	1.5	1.8	2.2	2.7	3.3	3.9	4.7	5.6	6.8	8.2
E6	Ⅲ(±20%)	1.0	1.5	2.2	3.3	4.7	6.8						

（3）电阻的色码元件识别法。通常有直标法、色标法和文字符号法等。

1）直标法：在电阻元件表面直接标出它的主要参数和性能。例如，3Ω3 Ⅰ 表示其阻值为 3.3Ω 允许偏差为±5%。5M1 Ⅱ 表示其阻值为 5.1MΩ，允许偏差为±10%。

2）色标法：用颜色表示元件的各种参数值，直接标示在产品上，如图 1-44 所示。色标法中的颜色代表的数值见表 1-8。

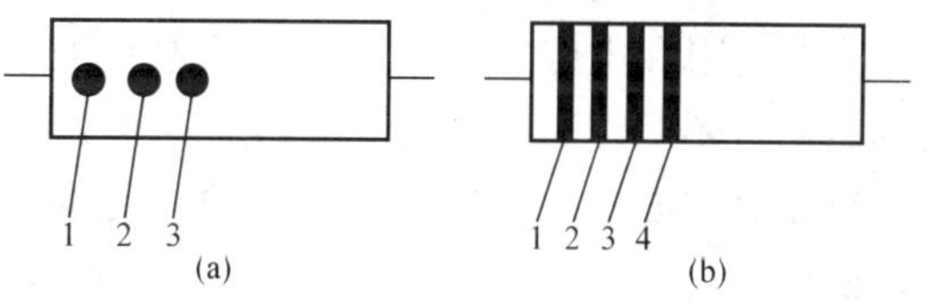

图 1-44 电阻器阻值的色标法

(a) 三点色标法；(b) 环带色标法

1—有效数字高位；2—有效数字低位；3—乘数；4—允许偏差

表 1-8 色标法中的颜色代表的数值

位置 \ 颜色	银	金	黑	棕	红	橙	黄	绿	蓝	紫	灰	白	无
有效数字	—	—	0	1	2	3	4	5	6	7	8	9	—
乘数	10^{-2}	10^{-1}	10^0	10^1	10^2	10^3	10^4	10^5	10^6	10^7	10^8	10^9	—
允许偏差(%)	±10	±5	—	±1	±2	—	—	±0.5	±0.2	±0.1	—	+50 −20	±20

3）文字符号法：是用文字、数字有规律地组合起来直接标注在电阻器的表面，表示出电阻器的阻值，如图1-45所示。例如3M3K表示阻值为3.3MΩ，偏差为±10%。电阻器的允许偏差标志符号见表1-9。

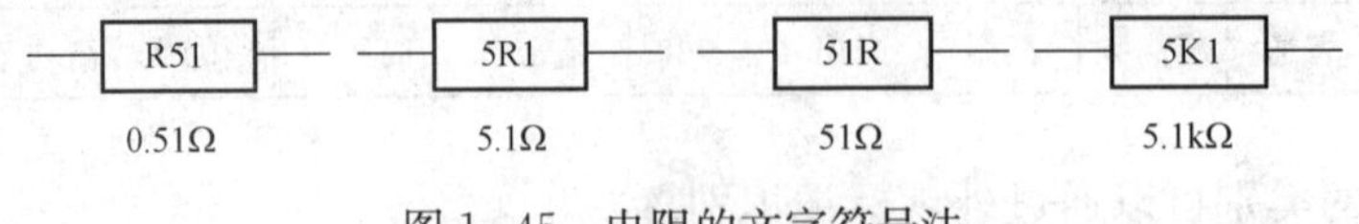

图1-45 电阻的文字符号法

表1-9 电阻器的标称数制

标志符号	允许偏差（%）	标志符号	允许偏差（%）	标志符号	允许偏差（%）
E	±0.001	W	±0.05	G	±2
Z	±0.002	B	±0.1	J	±5
Y	±0.005	C	±0.2	K	±10
H	±0.01	D	±0.5	M	±20
U	±0.02	F	±1	N	±30

注意：选择电阻时不但要考虑阻值，还要考虑功率、误差等。汽车点火线圈的附加电阻功率为数十瓦，而控制组件中电阻的功率约为1/4、1/8W等。

操作：选几个色环电阻并读出其阻值，并用万用表电阻挡进行测量，分析两者的误差。

2. 电阻的检测

对电阻和电位器的检测，主要是使用万用表的欧姆挡测量其标称阻值。如果要求精度较高，可使用电桥进行阻值的测量。

进行电阻和电位器的检测时，要选择合适的量程，以提高阻值测量的精度。对于阻值较大的电阻，还要注意避免人体接触电阻的引线，以避免人体电阻对测量结果产生影响。

测量固定电阻的阻值时，将万用表的两个表笔（不分正负）分别与电阻的两端引脚接触，即可测出其电阻值。如果万用表显示的实际阻值超出电阻的误差范围，则说明该电阻阻值已经变化，不能继续使用。

检测电位器时，用万用表的两个表笔分别接电位器的两个固定接线端，可测量电位器的标称值，如果测得的阻值与标称值相差很大，说明电位器已损坏。用万用表的两个表笔分别接电位器的活动触点接线端和任意一个固定接线端，缓慢旋转电位器转轴，应能够观察到电位器阻值平滑变化，如果阻值跳动变化，说明电位器活动触点接触不良。

对特殊用途电阻的检测，如热敏电阻、光敏电阻、压敏电阻等，需查阅厂家提供的元器件资料，并采用合适的仪表和电子设备完成。

1.6.2 电容的识别与检测

1. 电容的识别

电容的识别主要是指对型号、标称容量、耐压、误差等级、温度范围、封装形式等参数的识别，电解电容还需识别极性。

(1) 国产电容的型号识别。国产电容的型号命名由4部分组成，其国家标准定义见表1-10。

表 1-10　　电容的型号定义

第一部分：主称		第二部分：材料		第三部分：特征分类					第四部分：序号
符号	含义	符号	含义	符号	含义				含义
					瓷介	云母	电解	有机	
C	电容	C	高频瓷介	1	圆片	非密封	箔式	非密封	外形、结构和尺寸
		Y	云母	2	管形	非密封	箔式	非密封	
		I	玻璃釉	3	叠片	密封	烧结粉非固体	密封	
		O	玻璃膜	4	独石	密封	烧结粉固体	密封	
		Z	纸介	5	穿心	—	—	穿心	
		J	金属化纸介	6	支柱	—	—	—	
		B	聚苯乙烯	7	—	—	无极性	—	
		L	涤纶	8	高压	高压	—	高压	
		Q	漆膜	9	—	—	特殊	特殊	
		S	聚碳酸酯	J	金属膜				
		H	复合介质	W	微调				
		D	铝电解	T	铁电				
		A	钽电解	X	小型				
		N	铌电解	S	独石				
		G	合金电解	D	低压				
		T	低频瓷介	M	密封				
		E	其他材料	Y	高压				
				C	穿心式				

(2) 贴片电容的型号识别。部分厂家生产的贴片电容的型号命名由 8 部分组成，其参数代码和定义见表 1-11。

表 1-11　　贴片电容的型号定义

电容类型	尺寸	温度特性	容量	容量偏差	额定电压	包装形式	端头特性
S：贴片电容	0805 1206 1210 1812	N：NPO±5% W：X7R±10% Z：Z5U±20% Y：Y5V，−80%～+20%	两位有效数字加零的个数，单位 pF，小数点用 R 表示	B：±0.1pF C：±0.25pF D：±0.5pF F：±1% G：±2% J：±5% K：±10% M：±20% Z：+80%，−20%	1E：25V 1H：50V 2A：100V 2E：250V 2H：500V 2J：630V	B：散装 R：编带卷装	N：银、镍、锡电镀 P：钯电镀 S：银

(3) 直标法标称容量识别。直标法是用数字和字母把电容的规格参数直接标示在外壳上。下面列举部分厂家的标示方法示例：

1）省略单位法拉（F），例如10p代表10pF，4.7μ代表4.7μF。

2）用容量单位符号代替小数点，例如3p3代表3.3pF，8n2代表8200pF，2μ2代表2.2μF。

3）小于1的数字省略整数位的“0”，例如.01μF代表0.01μF。

4）有些用R表示小数点，例如R47μF表示0.47μF。

5）有时直接用小于1的数字表示单位为μF的电容，例如0.1表示0.1μF；直接用大于1的数字表示单位为pF的电容，例如3300表示3300pF。

6）对于容量较大的电解电容，有时将容量的单位“μF”省略，直接用数字表示容量，例如100表示100μF。

（4）数码法标称容量识别。数码法是指在元器件和电路图上用3位数字来表示元器件标称值。在3位数字中，第一、二位为电容值的两位有效数字，第三位表示有效数字后所乘10的幂次，单位为pF。例如223代表22×10^3pF=0.022μF。此外，如果第三位数是9，则其表示10^{-1}，而不是10的9次方，例如479代表47×10^{-1}pF=4.7pF。

（5）色标法标称容量识别。电容的色标法与电阻相似，单位一般为pF。靠近电容一端的色环为第一色环，以后依次为第二色环、第三色环，以此类推。色环电容也分四环和五环系列，四环电容的第一、二色环是有效数字，第三色环是后面加“0”的个数，第四色环是误差。有些产品还会再增加一个色环，代表电容的耐压。采用色标法标示电容的各色环含义见表1-12。

表1-12　色标法标示电容的各色环含义

颜色	数字	倍数	误差（%）	耐压（V）
黑	0	10^0	—	—
棕	1	10^1	1	100
红	2	10^2	2	200
橙	3	10^3	3	300
黄	4	10^4	4	400
绿	5	10^5	5	500
蓝	6	10^6	6	600
紫	7	10^7	7	700
灰	8	10^8	8	800
白	9	10^9	9	900
金	—	—	5	1000
银	—	—	10	2000
无色	—	—	20	—

（6）电容的耐压识别。电容的耐压值通常会在元件上直接标示出来，有时也会采用数字+字母的形式来表示，数字表示10的幂次，字母表示数值，单位是伏特（V）。耐压值的定义见表1-13。

表 1-13 电容的耐压值识别 (V)

数字＼字母	A	B	C	D	E	F	G	H	I	J
0	1	1.25	1.6	2	2.5	3.15	4	5	6.3	8
1	10	12.5	16	20	25	31.5	40	50	63	80
2	100	125	160	200	250	315	400	500	630	800
3	1000	1250	1600	2000	2500	3150	4000	5000	6300	8000

一些立式瓷片电容表面上未标示耐压，可根据下列经验判定耐压大小：在电容表面容量值标示下有一条横线的，表示耐压为 50V；电容表面既无横线又无耐压标示的，表示耐压为 500V。

(7) 电容的误差等级识别。误差等级的标示方法通常有以下三种：

1) 将容量的误差等级直接标示在电容上。

2) 用罗马数字或阿拉伯数字标示电容的误差等级，标示方法见表 1-14。

3) 用英文字母标示电容的误差等级，标示方法与电阻相同，见表 1-9。

表 1-14 罗马数字标示的电容误差等级

级别	01	02	Ⅰ	Ⅱ	Ⅲ	Ⅳ	Ⅴ	Ⅵ
误差等级	1%	2%	5%	10%	20%	+20%～−30%	+50%～−20%	+100%～−10%

(8) 电容的工作温度范围识别。电容的工作温度范围采用字母和数字表示，温度范围的负端用字母表示，正端用数字表示，表示方法见表 1-15。例如标示为 682JD4 的电容，其参数为 6800pF，±5%，工作温度范围为−55～+125℃。

表 1-15 电容的工作温度范围

符号	温度（℃）	符号	温度（℃）
A	−10	2	+85
B	−25	3	+100
C	−40	4	+125
D	−55	5	+155
E	−65	6	+200
0	+55	7	+250
1	+70		

(9) 电解电容的极性识别。通常引线电解电容较长的引脚为其正极，较短的引脚为其负极，并用“−”符号表示负极引脚；贴片电解电容用一条白色色带或者一条较窄的暗条表示正极端子。使用电解电容时，应特别注意极性的正确连接，必须正极接高电位，负极接低电位，否则电容会击穿损坏，严重时电容会爆裂。

2. 电容的检测

电容的检检测通常要使用电容表或具有电容测量功能的数字式万用表。

用数字式万用表测量电容的操作方法如下：如果电容容量较大，首先应注意短路电容两个引脚进行放电，然后根据容量选择合适的电容测量挡位；对于电解电容，红表笔应与电容正极相连，黑表笔应与负极相连；对于普通电容，连接方法无限制；此时从屏幕上即可读出电容值。

用指针式万用表也可以大致判断电容质量的优劣：选用 R×100 挡或 R×1k 挡，黑表笔接电容正极，红表笔接电容负极，此时表针可能出现以下几种情况：

(1) 指针迅速向右摆动然后慢慢返回到接近∞，则说明该电容正常，且指针摆动幅度较大，说明电容容量较大。

(2) 若指针摆动幅度较小，说明电容容量较小，应换用高阻挡并对电容放电后重测。

(3) 若指针返回时不能回到∞处，说明电容漏电，且万用表显示数即为被测电容的漏电阻（铝电解电容漏电较大）。

(4) 若指针不动，说明电容内部开路或已失效。

(5) 若指针不返回，且指示电阻较小，则说明电容已击穿损坏。

1.6.3 电感的识别与检测

1. 电感的识别

电感的识别主要是指对标称电感量、误差等级、封装形式等参数的识别。

(1) 直标法标称电感识别。直标法是将电感的标称电感量以数字和字母的形式直接标示在电感的外壁上，如 560μH。

有的厂家采用以下标示方法：

1) 省略单位亨利（H），例如 10μ 代表 10μH，4.7m 代表 4.7mH。

2) 单位为 μH 时，用 R 表示小数点，例如 2R2 代表 2.2μH。

3) 单位为 nH 时，用 n 或 N 表示小数点，例如 4N7 代表 4.7nH。

(2) 色标法标称电感识别。色标法是指在电感表面涂上各种颜色的色环代表电感量，通常用三色环或四色环表示法，其中紧靠电感一端的色环为第一色环。

采用色标法标示电感的各色环含义见表 1-16。

表 1-16 色标法标示电感的各色环含义

颜色	数字	倍率	误差（%）
黑	0	10^0	20
棕	1	10^1	1
红	2	10^2	2
橙	3	10^3	3
黄	4	10^4	4
绿	5	10^5	
蓝	6	10^6	
紫	7	10^7	
灰	8	10^8	
白	9	10^9	
金	—	10^{-1}	5
银	—	10^{-2}	10

(3) 数码法标称电感识别。数码法是指在元器件和电路图上用3位数字来表示电感量标称值，该方法常见于贴片电感。在3位数字中，第一、二位为电感量的两位有效数字；第三位表示有效数字后所乘10的幂次，单位为μH。如果电感标称值中有小数点，则用R表示，并占1位有效数字，例如223代表 $22\times10^3\mu H=22mH$。

(4) 电感的误差等级识别。通常在电感量单位后面用一个英文字母标示电感的误差等级，字母与其他对应的误差等级标示方法与电阻相同，详见表1-9。

2. 电感的检测

电感的检测通常要使用电感表或具有电感测量功能的数字万用表。

用数字万用表测量电感的操作方法如下：根据标称值选择合适的电感测量挡位；将电感的两个引脚与两个表笔相连，此时从屏幕上即可读出电感值。

用万用表的欧姆挡也可大致判断电感的好坏：若电感电阻为∞，说明电感开路损坏；若电阻比正常值小很多，说明有局部短路。

本 章 小 结

本章应着重理解和掌握的以下几个问题：

1. 电压、电流的参考方向是任意假定的一个方向，在电路的分析中，引入参考方向后，电压、电流是个代数量。电压、电流大于零表示电压、电流的参考方向与实际方向一致，电压、电流小于零，表示电压、电流的参考方向与实际方向相反。

2. 电阻串联时，流经每个电阻的电流相同；电阻并联时，并联电阻两端电压相同。

在两个电阻并联时，电流的分配公式为

$$i_1=\frac{R_2}{R_1+R_2}i,\quad i_2=\frac{R_1}{R_1+R_2}i$$

3. 基尔霍夫电流定律是反映电路中，对任一结点相关联的所有支路电流之间的相互约束关系；基尔霍夫电压定律是反映电路中，对组成任一回路的所有支路电压之间的相互约束关系；欧姆定律主要是讨论电阻元件两端电压与通过电流的关系。

4. 电路基本元件的有关概念，电阻元件是一个耗能元件，从电源吸收的电能全部转化为热能，是不可逆的能量转换过程。通过电阻元件的电流 I 和两端电压 U 之间的关系可用欧姆定律表示，当 U、I 的参考方向一致时：$I=U/R$ 或 $U=IR$。电感器是指用导线绕制成的线圈，简称为电感，用字母L表示。在电感元件中电流随时间变化时，元件两端感应有电压，此感应电压等于磁链的变化率，在电压和电流的关联参考方向下，感应电压为 $e_L=u_L=\frac{d\psi}{dt}=L\frac{di}{dt}$。电容元件简称为电容，用字母C表示，当电容元件两端加有电压 u 时，与极板相连接的导线中就有电流 i 通过，当电压 u 电流 i 的参考方向一致时，$i=\frac{dq}{dt}=C\frac{du}{dt}$。

5. 额定值是制造厂为了使电气设备能在给定的工作条件下正常运行而规定的正常容许值，一般不应超过额定值，以免损坏元器件或设备。导线的选择一般根据电路的额定电压、工作电流、绝缘要求等选择导线截面、绝缘层的类型。对于短距离配电线路（200m以内），通常根据发热条件选择导线截面。一般家庭、修理厂和汽车上的导线均按此方法选线。

6. 常用电工仪表，万用表、钳形电流表、兆欧表的使用方法。基本电路元件的识别和检测方法。

习 题

1-1 填空题。

(1) 电路有______、______、______三种工作状态。

(2) 电路由______、______、______三部分组成。

(3) 当电压、电流的参考方向为关联参考方向时，欧姆定律的表达式为______。

(4) KCL是______定律，电路中任一回路上的电压都满足方程______。

(5) 电路中某点电位是指该点与______之间的电压。

(6) 电压的单位是______；电流的单位是______；电感的感抗 $X_L=$______，单位是______；电容的容抗 $X_C=$______，单位是______。

(7) 某人用电水壶烧水，电水壶沸水功率为1500W，每天用3h，1月、2月两个月电费______元，已知电费0.55元/度。

1-2 电路如图1-46所示，试求各电路的电压 U 和电流 I。

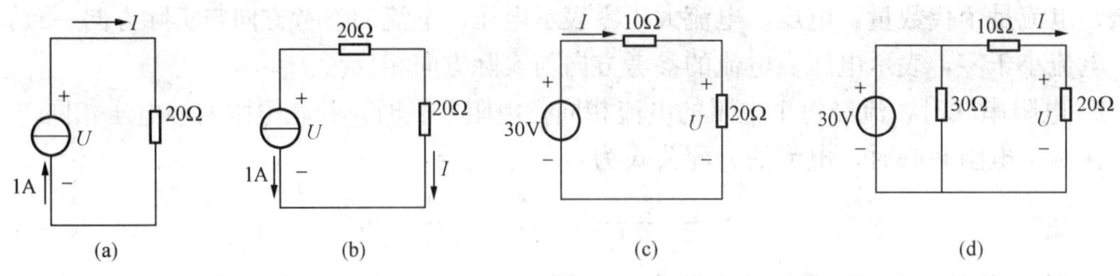

图1-46 题1-2图

1-3 在图1-47所示电路中，求各点的电位。若选择 b 点为参考点，电路中各点的电位有何变化?

1-4 在图1-48中，已知 $U_2=2\text{V}$，求 I、U_1、U_3、U_4、U_{ac}，并比较 a、b、c、d、e 各点电位的高低。

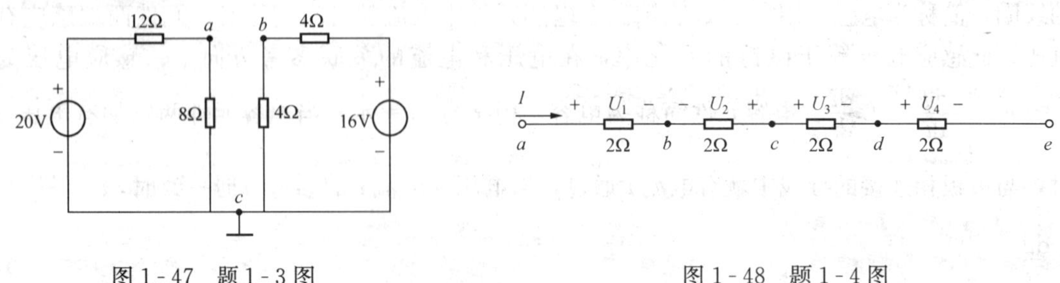

图1-47 题1-3图　　图1-48 题1-4图

1-5 在如图1-49所示的电路中，分别以 D、C 为参考点，试求电路中各点的电位及 U_{AB}。

1-6 在图 1-50 中，以下两种情况下，试问哪个元件吸收功率？哪个元件输出功率？为什么？(1) $U=10V$，$I=2A$；(2) $U=10V$，$I=-2A$。

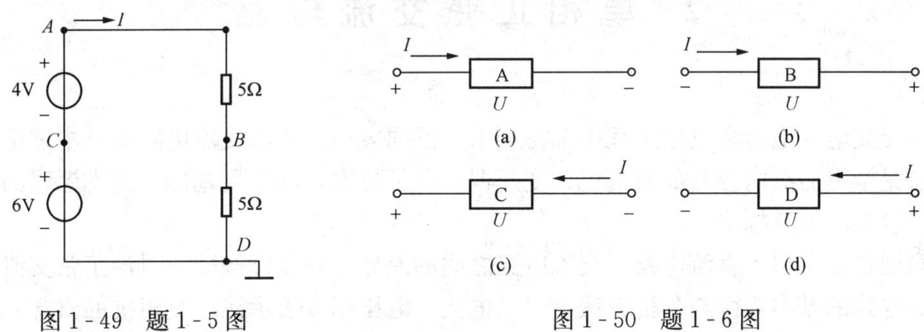

图 1-49 题 1-5 图　　图 1-50 题 1-6 图

1-7 求图 1-51 所示电路的等效电阻 R_{ab}。

1-8 现有额定电压 110V，功率为 40W 和 15W 的两只灯泡并连接在 110V 的直流电源，问：(1) 每只灯泡的电阻和额定电流为多大？(2) 能否将它们串联在 220V 的电源上使用？为什么？(3) 若有一只 220V、40W 和一只 220V、15W 的灯泡串联后接到 220V 的电源上使用，会发生什么现象？

1-9 多量程直流电流表如图 1-52 所示，计算 0～1，0～2，0～3 各端点间的等效电阻，即各挡的电流表。已知表头等效电阻 $R_A=1.5k\Omega$，各分流电阻 $R_1=100\Omega$，$R_2=400\Omega$，$R_3=500\Omega$。

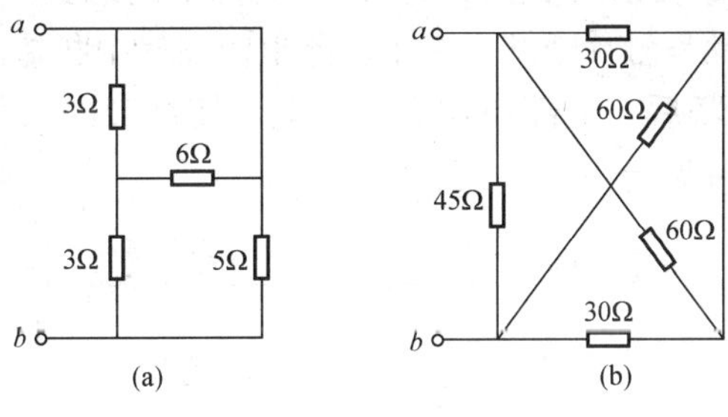

图 1-51 题 1-7 图

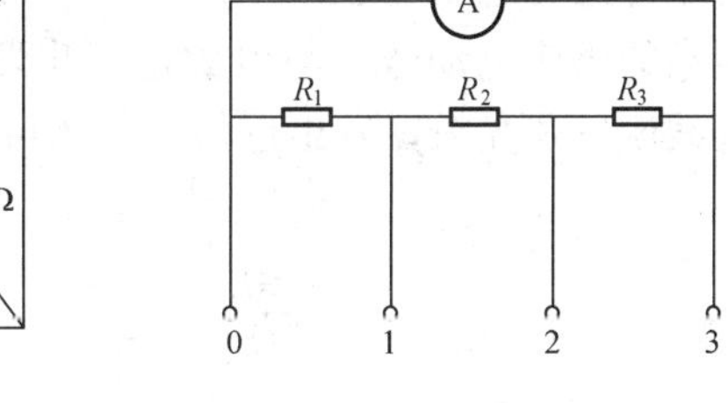

图 1-52 题 1-9 图

1-10 电路如图 1-53 所示，已知：$u_S=100V$，$R_1=4k\Omega$，$R_2=8k\Omega$。在下列 3 种情况下，分别求电压 u_2 和电流 i_2、i_3。(1) $R_3=8k\Omega$；(2) $R_3=\infty$（开路）；(3) $R_3=0$（短路）。

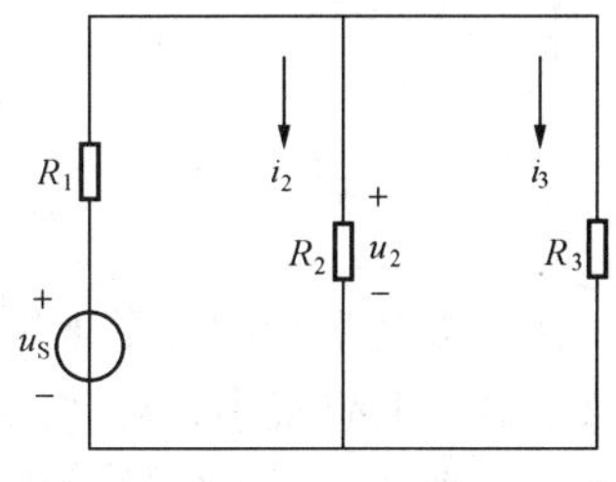

图 1-53 题 1-10 图

1-11 用万用表测量电压和电流时，怎样选择合适的量程？

1-12 电阻上的色环代表什么含义？

2 单相正弦交流电路

正弦交流电在电力和电信工程中都得到了广泛的应用。正弦交流电路的基本理论和基本分析方法是学习后续内容（如发电机、变压器及电子技术）的重要基础，是本课程的重要内容之一，应很好地掌握。

本章通过实例引入直流电路与交流电路之间的差异，并在此基础上讨论正弦交流电路基本概念、电路的基本规律与分析方法，引入电流、电压相量表示法、复阻抗的概念，分析正弦交流电路在串联和并联情况下，发生谐振的条件、特点，以及如何提高功率因数。

实例引入：日光灯电路

在日常生活中最常见的电路便是照明电路。如图 2-1（a）所示的白炽灯电路，L 表示交流电的火线，N 表示交流电的零线，用开关 K 控制白炽灯的关或断。白炽灯的额定电压为 220V，可以认为是一个纯电阻负载。

图 2-1（b）所示为家庭日常所用的日光灯电路图，除了灯管外，它还有两个附件，分别是镇流器和启辉器。镇流器串联在电路中，它的作用是帮助灯管启动，灯管正常发光时稳定电流；启辉器并联在灯管两端，它是帮助灯管启动的。其发光原理简单叙述如下：开关闭合，电源接通；此时灯管未发光，电压全加在启辉器上，启辉器动静触片接触，使电路接通，灯管中灯丝有电流通过；此时启辉器动静触片断开，整个电路电流突然中断，镇流器此时产生很高的感应电动势，与电源电压串联后，全部加在灯管两端，使灯管内汞气弧光放电，紫外线激发荧光粉，发出近似日光的可见光。

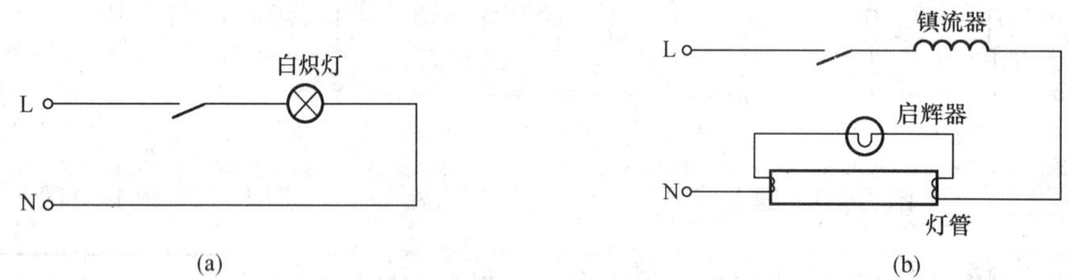

图 2-1　照明电路图

（a）白炽灯电路；（b）日光灯电路

在分析电路时可以简化日光灯电路的模型，一般把日光灯看作纯电阻，而镇流器看作纯电感负载（电阻很小，可忽略），在日光灯电路中，灯管与镇流器的瓦数必须严格相符。但是由于日光灯管属于气体放电，它还不是真正的纯电阻，在实际电路测量波形时，它会影响镇流器两端的电压波形，使之严重失真，无法观察到真正、准确的现象，所以下面我们用白炽灯串联镇流器电路来代替日光灯电路（见图 2-2），做一个简单的实验，从而分析交流电路与直流电路之间的区别。具体的操作步骤如下：

（1）闭合开关，使白炽灯点亮。

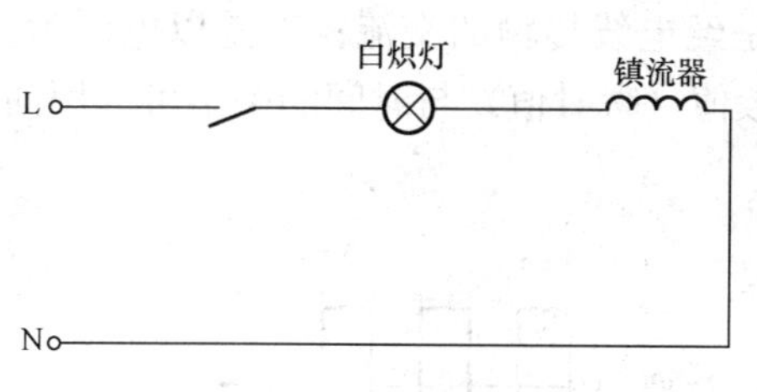

图 2-2 白炽灯串联镇流器调光电路

（2）用万用表分别测量输入电压 U、镇流器两端的电压 U_1 和白炽灯两端的电压 U_2，将结果填入表 2-1 中。注意比较三者之间在数值上的关系。

表 2-1 调光灯电路的电压测量结果 （V）

输入电压 U	镇流器电压 U_1	白炽灯电压 U_2
220	123	184

（3）用示波器的两个通道同时观察镇流器两端电压 u_1 和白炽灯两端电压 u_2 波形，测试结果如图 2-3 所示。测量时要注意示波器两个探头的接到端必须同时接在 B 点，两个探针分别接于 A 点和 C 点，如图 2-4 所示。否则将造成镇流器短路，这是因为两个接地端在示波器内部是连在一起的。

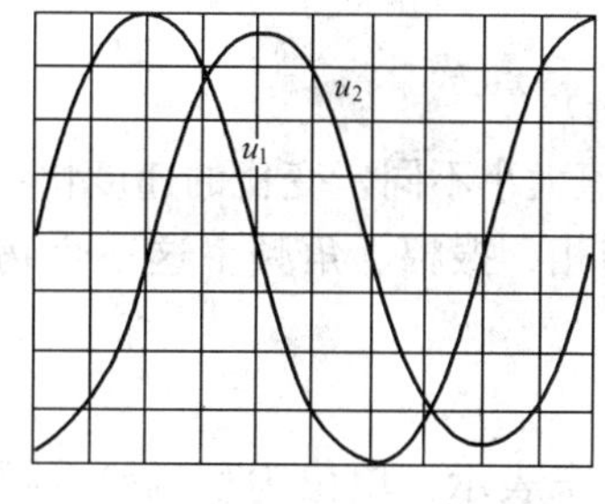

图 2-3 u_1 与 u_2 波形

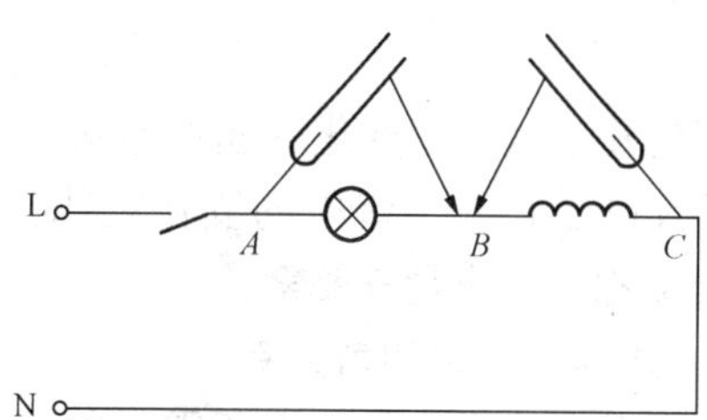

图 2-4 示波器正确测量法

分析以上数据和波形，可以看到以下现象，并根据具体的现象思考相应的问题。

（1）在步骤（3）中观察到镇流器两端电压 u_1 和白炽灯两端电压 u_2 波形是按正弦规律变化的，称为正弦交流电。仔细观察波形，思考正弦交流电的特征是什么。

（2）分析表 2-1 所记录的数据，存在一个令人费解的现象：电路大端电压不等于各分电压之和，即 $U \neq U_1 + U_2$，且 $U < U_1 + U_2$。显然，直流电路分析与计算电路的方法不能完全照搬交流电路。之所以会出现上述现象，是因为电路中出现了电感性与电容性负载。那么在由电阻、电感、电容组成的交流电路中，如何分析电路特性和计算电路参数呢?

（3）在观察波形时，电压 u_1 和 u_2 存在一定的相位差。相位在交流电路是一个十分重要的物理量。当同一个电流流过不同类型的负载时，负载上电压的相位不同。

（4）从表 2-1 中还可以看出，u_1 和 u_2 之间的相位差接近于 $\pi/2$，也就是说，镇流器（电感）上电压超前白炽灯（电阻）上的电压 $\pi/2$，这是一个十分重要的现象。

由此可见，在分析交流电路时，必须了解交流电路与直流电路的区别，掌握交流电路的特点与应用，找出适用于交流电路分析与计算的方法来。

2.1 正弦交流电的基本概念

通过对上面的实例，我们对正弦量有了初步的认识。即凡是随时间做正弦规律变化的电压、电流或电动势都称为正弦交流电。

电的形式大致分三种：一是电池类的直流；二是经电线传输的交流；三是以电话为例，是拨号产生的脉冲（数字信号）形式。每一瞬时的数值（瞬时值）与时间的关系可以用曲线来表示，称为波形图，如图 2-5 所示。

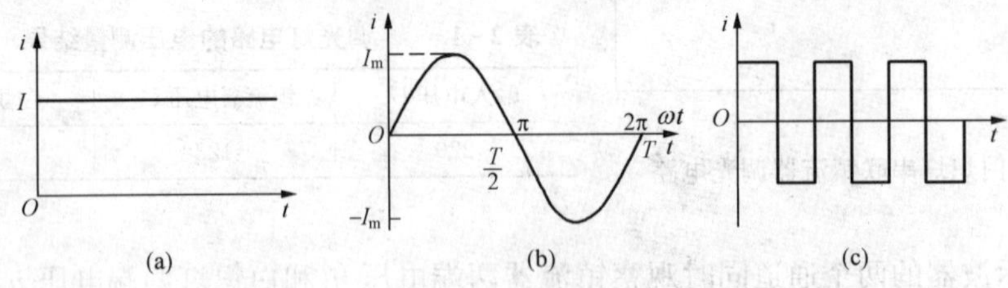

图 2-5　电流波形

(a) 直流电流；(b) 交流电流；(c) 脉冲电流

在图 2-3 中示波器所显示的是两个随时间做正弦规律变化的正弦交流电压 u_1 和 u_2，其数学表达式为

$$u = U_m \sin(\omega t + \varphi)$$

它们在变化过程中，变化的起点不同，变化的幅值大小不同，变化的速度快慢不同。以上三个方面反映了正弦交流电的变化规律，分别用初相、振幅、角频率这三个物理量来表示，这三个量称为正弦量三要素。

2.1.1　周期、频率和角频率

周期是正弦交流电变化一周所需要的时间，用 T 来表示，单位为秒（s）。频率 f 是每秒变化的周数，单位用赫兹（Hz）来表示，因此有

$$f = \frac{1}{T}$$

我国采用 50Hz 作为电力系统的供电频率，有些国家（如美国、日本等）采用 60Hz，这种频率称为工业频率，简称工频。一个周期所对应的电角度为 360°，用 2π 弧度（rad）表示。若正弦交流电的频率为 f，则每秒内所变化的电角度为 $2\pi f$，称为角频率，用 ω 表示。

$$\omega = 2\pi f$$

由此可见，周期、频率、角频率都能用来表示正弦交流电变化的快慢，知道其中一个量就可以确定出另外两个量。

2.1.2　瞬时值、振幅和有效值

正弦交流电在变化过程中任一瞬间所对应的数值，称为瞬时值。用小写字母 u、i 表示。

瞬时值中最大的数值称为正弦交流电的最大值或幅值，用大写字母加下标 m 表示，即 U_m、I_m。

交流电的瞬时值在使用中不方便，因此在使用中常用它的有效值来表示。交流电的有效值就是同它的热效应相等的直流电的数值。例如对同一个电阻 R，在相同的时间内，交流电通过它所产生的热量与另一直流电通过它所产生的热量相等，则这一直流电的数值就是该交流电的有效值。有效值用 U、I 表示。

下面分析正弦量的有效值。

有两个相同的电阻 R，其中一个电阻通以周期电流 i，另一个电阻通以直流电流 I，在

一个周期内电阻消耗的电能分别为

$$W_{周} = \int_0^T Ri^2 \mathrm{d}t$$

$$W_{直} = RI^2 T$$

令消耗的电能相等，则

$$RI^2 T = \int_0^T Ri^2 \mathrm{d}t$$

$$I = \sqrt{\frac{1}{T}\int_0^T i^2 \mathrm{d}t}$$

式中：I 为周期电流 i 的有效值，又称均方根值。

当周期电流为正弦量时，$i=I_{\mathrm{m}}\sin\omega t$，则

$$I = \sqrt{\frac{1}{T}\int_0^T i^2 \mathrm{d}t} = \sqrt{\frac{1}{T}\int_0^T I_{\mathrm{m}}^2 \sin^2 \omega t \mathrm{d}t}$$

$$= \sqrt{\frac{I_{\mathrm{m}}^2}{T}\int_0^T \frac{1-\cos 2\omega t}{2}\mathrm{d}t} = \frac{I_{\mathrm{m}}}{\sqrt{2}}$$

$$I_{\mathrm{m}} = \sqrt{2} I$$

同理

$$U_{\mathrm{m}} = \sqrt{2} U$$

得到正弦量最大值（振幅）是有效值的$\sqrt{2}$倍。

2.1.3 初相、相位差

在图 2-3 中示波器所显示的两个正弦交流电压 u_1 和 u_2 的表达式为

$$u_1 = U_{1\mathrm{m}}\sin\omega_1 t$$

$$u_2 = U_{2\mathrm{m}}\sin\left(\omega_2 t - \frac{\pi}{2}\right)$$

其中，$\omega_1 t$、$\omega_2 t-\frac{\pi}{2}$为电压 u_1、u_2的相位。$t-0$ 时的相位称为初相，初相决定了正弦量的初始值。一般规定初相位用小于或等于 180°的电角度来表示。

在对正弦交流电路进行分析、计算时，时常要对两个同频率正弦量的相位进行比较。假设两正弦量 u、i，其函数表达式如下：

$$u= U_{\mathrm{m}}\sin(\omega t + \varphi_u)$$

$$i= I_{\mathrm{m}}\sin(\omega t + \varphi_i)$$

如图 2-6 所示。

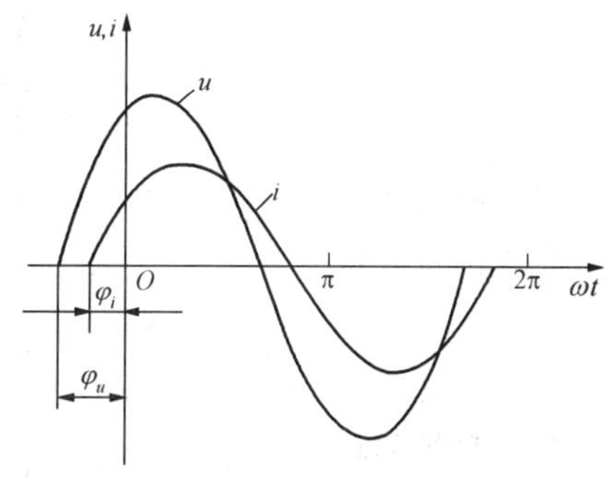

图 2-6 相位差

两个同频率正弦量的相位角之差称为相位差，用 φ 表示。这里 u、i 的相位差为

$$\varphi = (\omega t + \varphi_u) - (\omega t + \varphi_i)$$

$$= \varphi_u - \varphi_i$$

即两个同频率正弦量的相位差等于它们的初相之差。

如果，则电压 u 比电流 i 先达到正的最大值，就说电压 u 在相位上比电流 i 超前 φ 角，或者说电流 i

在相位上比电压u滞后φ角，图2-6所示即为该种情况。如果$\varphi<0$，则相反。

如果$\varphi=0$，则电压u在相位上与电流i同时达到最大值或零值，就说u与i同相，如图2-7所示。

如果$\varphi=\pm\pi$，则电压u在相位上与电流i的变化方向正好相反，一个达到正的最大值时，另一个正好达到负的最大值，此时就说u与i反相，如图2-8所示。

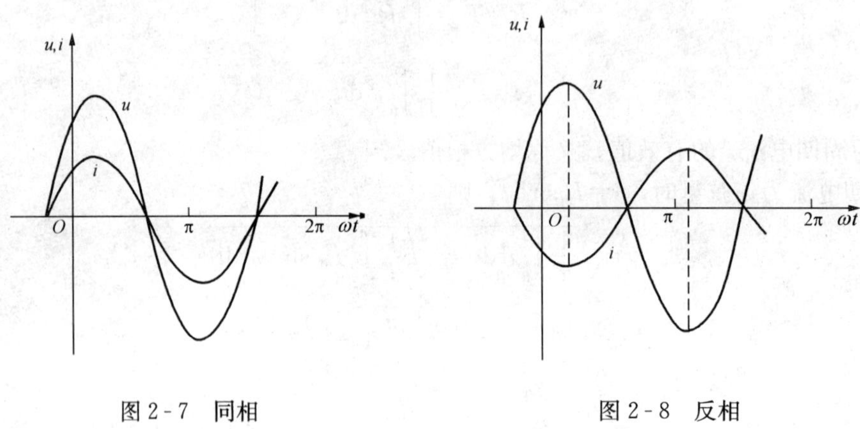

图2-7　同相　　　　图2-8　反相

2.2　正弦量的相量表示法

用相量来表示相对应的正弦量称为相量表示法，由于相量本身就是复数，下面将对复数及其运算进行简要的复习。

2.2.1　复数

一个复数A可用下面四种形式来表示：

(1) 代数式。

$$A=a_1+\mathrm{j}a_2$$

其中，$\mathrm{j}=\sqrt{-1}$，为虚单位。

(2) 三角函数式。

令复数A的模等于α，其值为正。φ角为复数A的辐角。

$$A=a(\cos\varphi+\mathrm{j}\sin\varphi)$$

$$a=\sqrt{a_1^2+a_2^2},\quad \tan\varphi=\frac{a_2}{a_1},\quad \varphi=\arctan\frac{a_2}{a_1}$$

(3) 指数式。

根据欧拉公式

$$\mathrm{e}^{\mathrm{j}\varphi}=\cos\varphi+\mathrm{j}\sin\varphi$$
$$A=a\mathrm{e}^{\mathrm{j}\varphi}$$

(4) 极坐标式。

$$A=a\angle\varphi$$

极坐标式是复数指数式的简写，以上讨论的复数四种表示形式可相互转换。复数可以用复平面上的有向线段——向量表示，如图2-9所示。

在一般情况下，复数的加减运算用代数式进行。

设有复数

$$A = a_1 + \mathrm{j}a_2$$
$$B = b_1 + \mathrm{j}b_2$$
$$A \pm B = (a_1 \pm b_1) + \mathrm{j}(a_2 \pm b_2)$$

复数的加减运算也可在复平面上用平行四边形法则作图完成。图 2 - 10 所示为复数的加法运算。

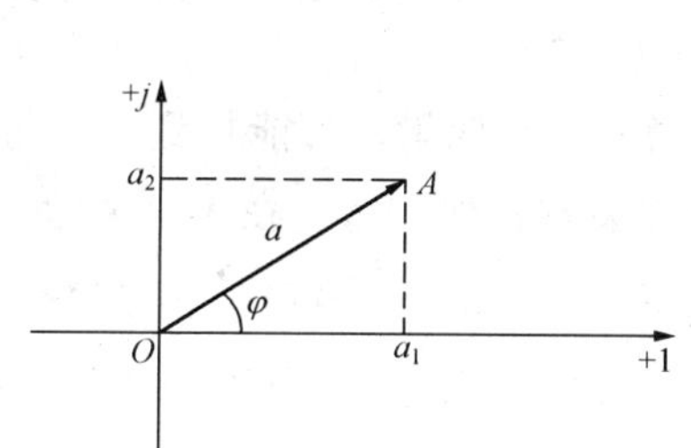

图 2 - 9 复平面上的复数图

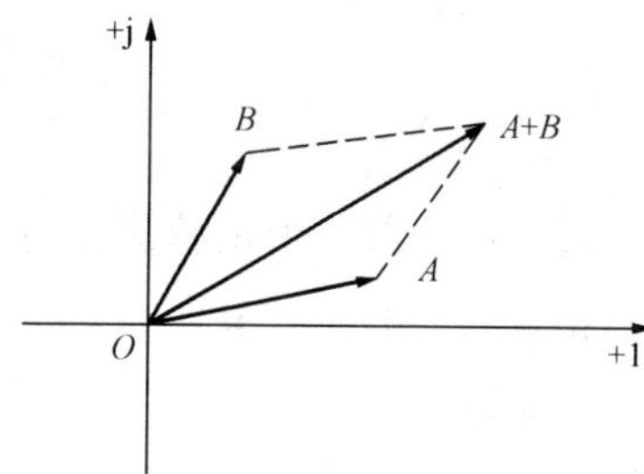

图 2 - 10 复数的加法运算

在一般情况下，复数的乘除运算用指数式或极坐标式进行。

设有复数

$$A = a\mathrm{e}^{\mathrm{j}\varphi_a}, \quad 令|A| = a$$
$$B = b\mathrm{e}^{\mathrm{j}\varphi_b}, \quad 令|B| = b$$
$$A \cdot B = a\mathrm{e}^{\mathrm{j}\varphi_a} \cdot b\mathrm{e}^{\mathrm{j}\varphi_b} = a \cdot b\mathrm{e}^{\mathrm{j}(\varphi_a + \varphi_b)}$$
$$A \cdot B = a\angle\varphi_a \cdot b\angle\varphi_b = a \cdot b\angle(\varphi_a + \varphi_b)$$
$$\frac{A}{B} = \frac{a\mathrm{e}^{\mathrm{j}\varphi_a}}{b\mathrm{e}^{\mathrm{j}\varphi_b}} = \frac{a}{b}\mathrm{e}^{\mathrm{j}(\varphi_a - \varphi_b)}$$
$$\frac{A}{B} = \frac{a\angle\varphi_a}{b\angle\varphi_b} = \frac{a}{b}\angle(\varphi_a - \varphi_b)$$

复数相乘除的几何意义如图 2 - 11 所示。

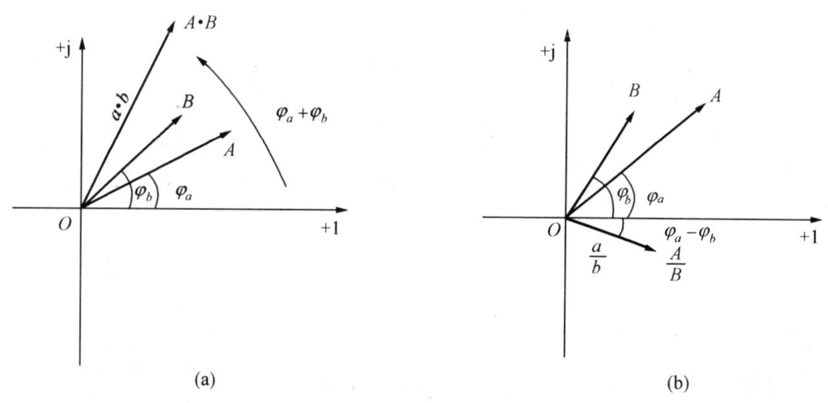

图 2 - 11 复数的乘除运算

(a) 乘法运算；(b) 除法运算

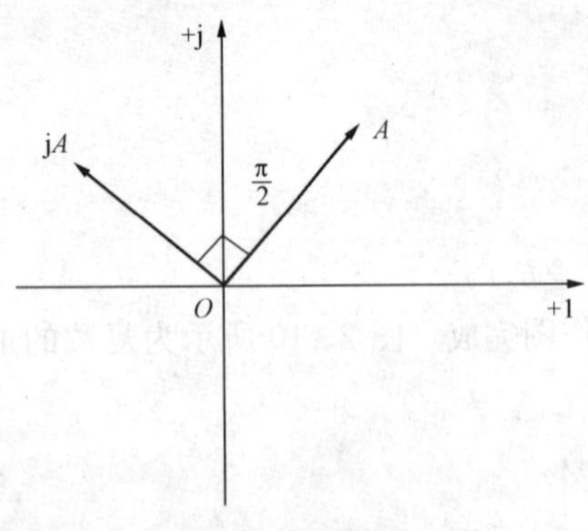

图 2-12 旋转因子

把模等于 1 的复数（如 $e^{j\varphi}$、$e^{j\pi}$等）称为旋转因子，例如把任意复数 A 乘以 j 就等于把复数 A 在复平面上逆时针旋转$\frac{\pi}{2}$（见图 2-12），表示为 jA，故把 j 称为旋转因子。

2.2.2 相量

正弦交流电用三角函数式及其波形图表示很直观，但不便于计算。对电路进行分析与计算时经常采用相量表示法。

对于任意一个正弦量，都能找到一个与之相对应的复数，由于这个复数与一个正弦量相对应，把这个复数称作相量。在大写字母上加一点来表示正弦量的相量，如电流、电压，最大值相量符号为 $\dot{I}_m$、$\dot{U}_m$，有效值相量符号为 $\dot{I}$、$\dot{U}$。

例如对于正弦电压 $u=U_m\sin(\omega t+\varphi_u)$，构成这样一个复数，它的模为$U_m$，辐角为 φ_u。这个复数就称为电压的幅值相量，即

$$\dot{U}_m=U_m\angle\varphi_u$$

实际工程应用中，广泛采用正弦量的有效值，而且幅值与有效值之间有着固定的关系，所以常采用有效值相量。它等于幅值相量除以$\sqrt{2}$，即

$$\dot{U}=\frac{\dot{U}_m}{\sqrt{2}}$$

值得注意的是，相量可以表示正弦量，它和正弦量有一一对应的关系，但相量不等于正弦量。

【例 2-1】 已知 $i_1=3\sqrt{2}\sin(\omega t+60°)$A，$i_2=4\sqrt{2}\sin(\omega t-30°)$A，求总电流 i。

解 i_1、i_2 有效值相量为

$$\dot{I}_1=3\angle 60°\text{A}$$

$$\dot{I}_2=4\angle -30°\text{A}$$

所以

$$\begin{aligned}\dot{I}&=\dot{I}_1+\dot{I}_2=3\angle 60°+4\angle -30°\\&=1.5+j2.6+3.46-j2\\&=4.96+j0.6\\&=5\angle 6.9°\text{A}\end{aligned}$$

总电流为

$$i=i_1+i_2=5\sqrt{2}\sin(\omega t+6.9°)\text{A}$$

通过［例 2-1］可知：

(1) 只有对同频率的正弦量，才能应用对应的相量来进行代数运算。

(2) 在应用相量分析法时，先将正弦量变换为对应的相量，通过复数的代数运算求得所求正弦量对应的相量，再由该相量写出对应正弦量的瞬时表达式。

(3) 同样可推广到多个同频率的正弦量运算，转换成对应相量的代数运算，如基尔霍夫

定律表达形式

$$\sum i = 0 \rightarrow \sum \dot{I} = 0$$

$$\sum u = 0 \rightarrow \sum \dot{U} = 0$$

2.3 单一参数的正弦交流电路

2.3.1 电阻元件的交流电路

在正弦交流电路中，假定在任一瞬时电压 u_R 和电流 i_R 在关联参考方向下，如图 2-13 所示。

设电阻中流过的正弦电流

$$i_R = \sqrt{2} I_R \sin(\omega t + \varphi_i)$$

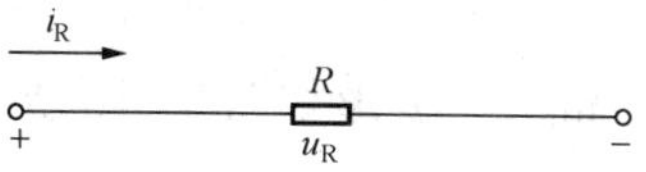

根据欧姆定律

$$u_R = R i_R = \sqrt{2} R I_R \sin(\omega t + \varphi_i) = \sqrt{2} U_R \sin(\omega t + \varphi_u) \quad (2-1)$$

图 2-13 电阻电路

从式（2-1）看出 u_R、i_R 正弦量频率相同，初相相同，即 $\varphi_u = \varphi_i$，电压与电流的相位差 $\varphi = \varphi_u - \varphi_i = 0$。$u_R$、$i_R$ 波形如图 2-14 所示，并得到电压与电流有效值之间的正比关系：

$$U_R = R I_R$$

下面用相量来分析，如图 2-15 所示。电阻的电流、电压相量形式分别为

$$\dot{I}_R = I_R \angle \varphi_i$$

$$\dot{U}_R = U_R \angle \varphi_u$$

$$\dot{U}_R = R \dot{I}_R = R I_R \angle \varphi_i$$

$$U_R \angle \varphi_u = R I_R \angle \varphi_i$$

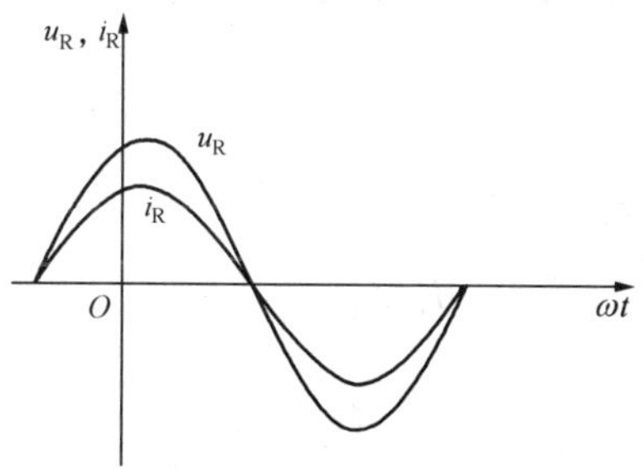

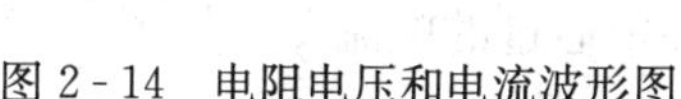

图 2-14 电阻电压和电流波形图

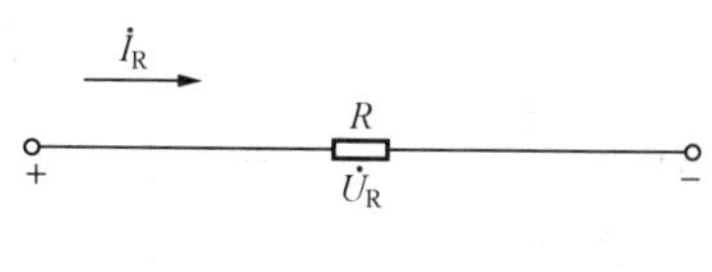

图 2-15 电阻相量图

同样得到

$$U_R = R I_R, \quad \varphi_u = \varphi_i$$

用相量图 2-16 表示 $\dot{I}_R$、$\dot{U}_R$。

2.3.2 电感元件的交流电路

电感元件通过的电流 i_L，与电感元件两端的电压 u_L，在关联参考方向下如图 2-17 所示。

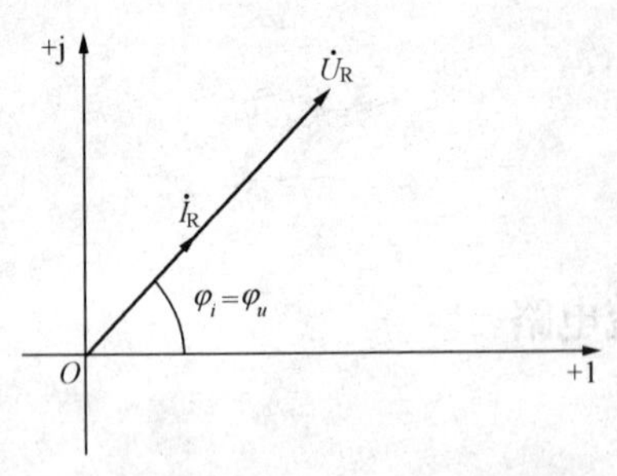

图 2-16 电阻电压和电流相量图

设正弦电流

$$i_L = \sqrt{2}I_L\sin(\omega t+\varphi_i)$$

根据关系式

$$u_L = L\frac{di_L}{dt}$$

得

$$u_L = \sqrt{2}\omega LI_L\sin\left(\omega t+\varphi_i+\frac{\pi}{2}\right)$$
$$= \sqrt{2}U_L\sin(\omega t+\varphi_u)$$

得到电压和电流是同频率的正弦量，对电感来说，电压相位超前电流相位$\frac{\pi}{2}$，$\varphi_u=\varphi_i+\frac{\pi}{2}$，$u_L$、$i_L$ 波形如图 2-18 所示。

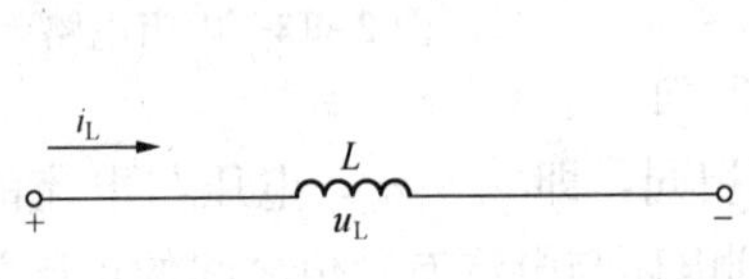

图 2-17 电感电路

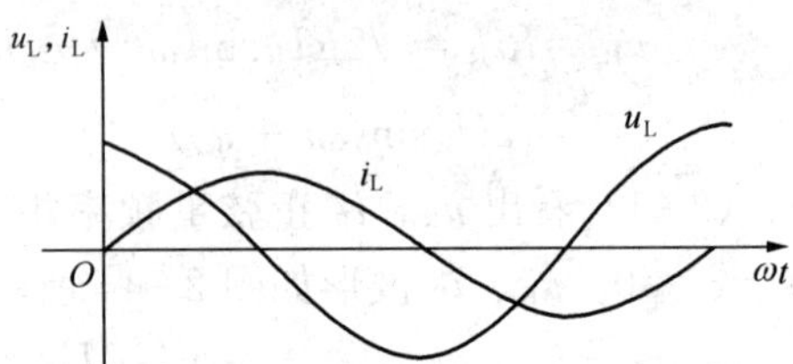

图 2-18 电感电压和电流波形图

电压和电流有效值的关系式为

$$U_L = \omega LI_L = X_LI_L$$
$$X_L = \frac{U_L}{I_L} = \omega L = 2\pi fL$$

其中，X_L 称为感抗，感抗与频率成正比。当频率的单位为 Hz、电感的单位为 H 时，感抗的单位为 Ω。

如图 2-19 所示，电感电压、电流相量分别为

$$\dot{I}_L = I_L\angle\varphi_i \tag{2-2}$$

$$\dot{U}_L = \omega LI_L\angle\varphi_i+\frac{\pi}{2} = \omega L\angle\frac{\pi}{2}\cdot I_L\angle\varphi_i$$
$$= j\omega L\dot{I}_L$$

由上述分析可知，电感两端的电压超前电感元件中通过的电流$\frac{\pi}{2}$，如图 2-20 所示。

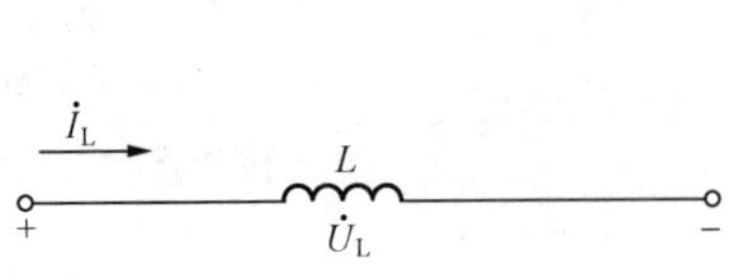

图 2-19 电感相量图

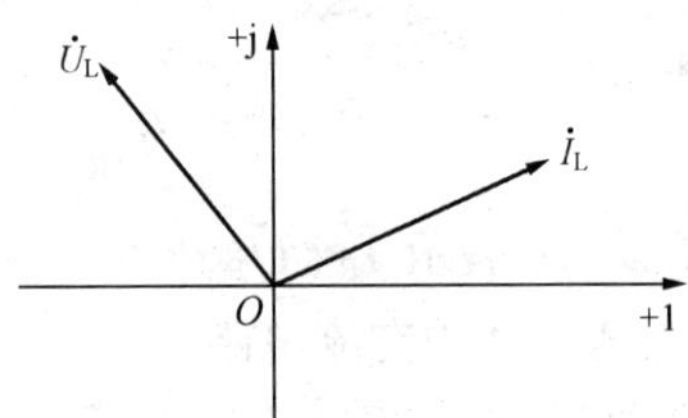

图 2-20 电感电压和电流相量图

2.3.3 电容元件的交流电路

电容元件通过的电流 i_L 与电容元件两端的电压 u_L，在关联参考方向下，设电压

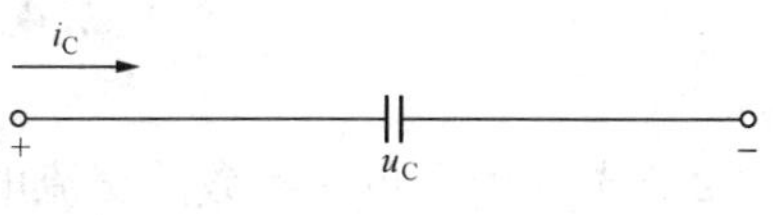

图 2-21 电容电路

$$u_C=\sqrt{2}U_C\sin(\omega t+\varphi_u)$$

电容电路图如图 2-21 所示。

根据关系式

$$i_C=C\frac{du_C}{dt}$$

得
$$i_C=\sqrt{2}\omega CU_C\sin\left(\omega t+\varphi_u+\frac{\pi}{2}\right)=\sqrt{2}I_C\sin(\omega t+\varphi_i)$$

得到电压和电流是同频率的正弦量。对电容来说，电流相位超前电压相位$\frac{\pi}{2}$，$\varphi_i=\varphi_u+\frac{\pi}{2}$，$u_L$、$i_L$ 波形如图 2-22 所示。

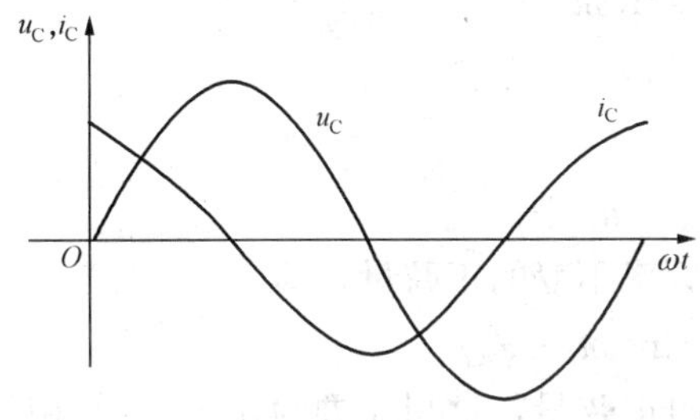

图 2-22 电容电压和电流波形图

电压和电流有效值的关系式为

$$I_C=\omega CU_C$$

$$X_C=\frac{U_C}{I_C}=\frac{1}{\omega C}=\frac{1}{2\pi fC}$$

其中，X_C 称为容抗，容抗与频率成反比。当频率的单位为 Hz、电感的单位为 F 时，容抗的单位为 Ω。

如图 2-23 所示，电感电压、电流相量分别为

$$\dot{U}_C=U_C\angle\varphi_u$$

$$\dot{I}_C=\omega CU_C\angle\varphi_u+\frac{\pi}{2}=\omega C\angle\frac{\pi}{2}\cdot U_C\angle\varphi_u$$

$$=j\omega C\dot{U}_C \tag{2-3}$$

$$\dot{U}_C=\frac{1}{j\omega C}\dot{I}_C$$

$$\dot{U}_C=-j\frac{1}{\omega C}\dot{I}_C$$

由上述分析可知，电容元件中通过的电流超前电容两端的电压$\frac{\pi}{2}$，如图 2-24 所示。

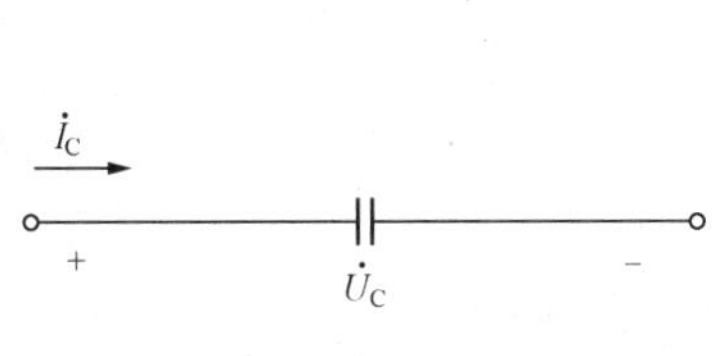

图 2-23 电容相量图

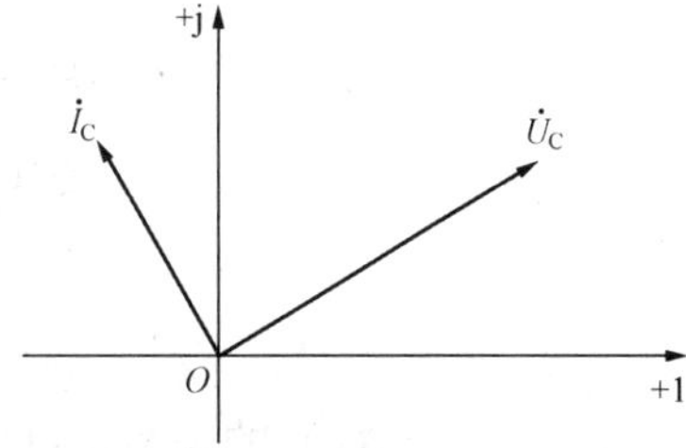

图 2-24 电容电压和电流相量图

2.4 RLC 串联的交流电路

2.3 节讨论了单一参数的交流电路，明确了每种参数的伏安性质及其在交流电路中的作用。本节讨论电阻、电感、电容元件串联电路的电压电流关系和功率计算。

2.4.1 RLC 串联电路的电压电流关系

R、L、C 串联电路如图 2-25 所示，图中标出了各电压电流的参考方向。对串联电路一般选择电流为参考正弦量（设电流的初相为零）。

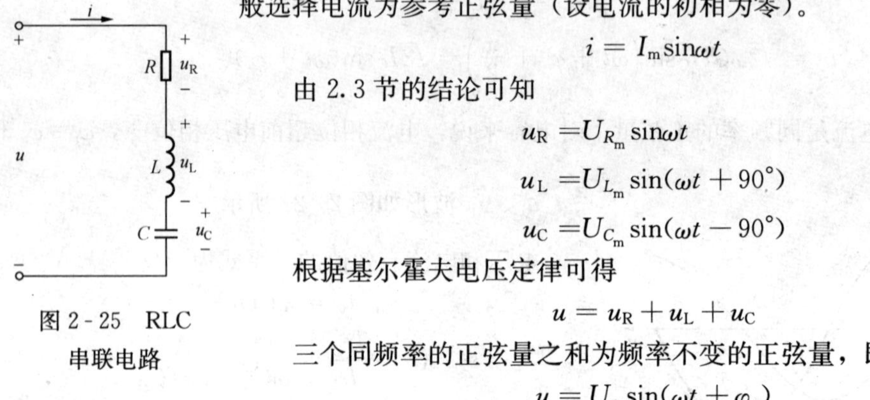

图 2-25 RLC 串联电路

$$i = I_m \sin\omega t$$

由 2.3 节的结论可知

$$u_R = U_{R_m} \sin\omega t$$

$$u_L = U_{L_m} \sin(\omega t + 90°)$$

$$u_C = U_{C_m} \sin(\omega t - 90°)$$

根据基尔霍夫电压定律可得

$$u = u_R + u_L + u_C$$

三个同频率的正弦量之和为频率不变的正弦量，即

$$u = U_m \sin(\omega t + \varphi_u)$$

由此可见，电路中 i、u、u_R、u_L、u_C 都是同频率的正弦量，这里主要讨论 u、i 的相位关系和有效值关系。

根据基尔霍夫电压定律相量形式，有

$$\dot{U} = \dot{U}_R + \dot{U}_L + \dot{U}_C$$

已知

$$\dot{U}_R = R\dot{I}_R, \quad \dot{U}_L = j\omega L\dot{I}_L, \quad \dot{U}_C = \frac{1}{j\omega C}\dot{I}_C$$

在串联电路中，通过 R、L、C 元件中的正弦电流 $\dot{I}$ 相同，有

$$\dot{U} = R\dot{I} + j\omega L\dot{I} + \frac{1}{j\omega C}\dot{I}$$

$$= \left[R + j\left(\omega L - \frac{1}{\omega C}\right)\right]\dot{I}$$

$$\dot{U} = Z\dot{I} \tag{2-4}$$

式中：Z 为 RLC 串联电路的复阻抗，Ω。

$$Z = R + j\left(\omega L - \frac{1}{\omega C}\right)$$

$$= R + j(X_L - X_C)$$

$$= R + jX$$

$$|Z| = \sqrt{R^2 + (X_L - X_C)^2}$$

阻抗 $|Z|$、R、$(X_L - X_C)$ 的关系也可用直角三角形表示，称为阻抗三角形，如图 2-26 所示。$(X_L - X_C)$ 称为电抗，用符号 X 表示，即

$$X = X_L - X_C$$

由图 2-27 可知，电压相量 $\dot{U}$ 与相量 $\dot{U}_R$、$(\dot{U}_L+\dot{U}_C)$ 构成了直角三角形，称为电压三角形。

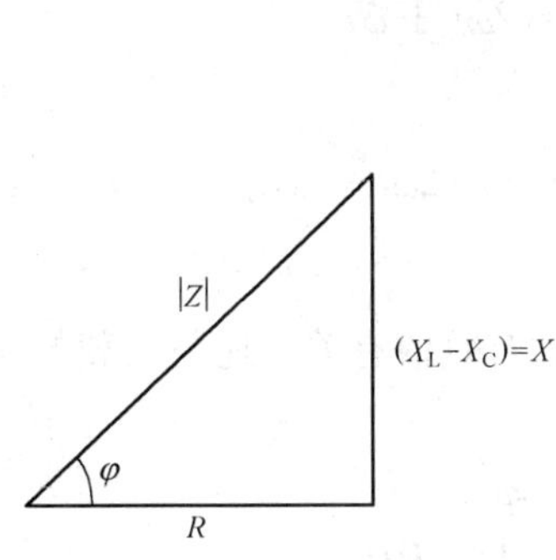

图 2-26 阻抗三角形

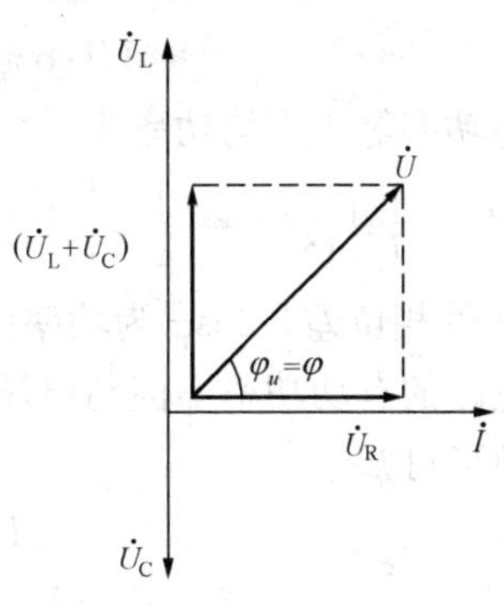

图 2-27 电压三角形

由图 2-26 可知

$$|Z|=\sqrt{R^2+(X_L-X_C)^2}=|Z|\angle\varphi$$

$$\tan\varphi=\frac{X_L-X_C}{R}$$

$$Z=\frac{\dot{U}}{\dot{I}}=|Z|\angle\varphi$$

当 $X_L=X_C$ 时，$\varphi=0$，$Z=R$，电路呈电阻性。

当 $X_L>X_C$ 时，$\varphi>0$，电路呈感性。

当 $X_L<X_C$ 时，$\varphi<0$，电路呈容性。

【例 2-2】 RL 串联电路如图 2-28 所示，已知 $R=30\Omega$，$X_L=40\Omega$，$u=220\sqrt{2}\sin(\omega t+20^\circ)$V，求电流 i。

解 用相量 $\dot{U}$、$\dot{I}$ 的关系求解。

电压相量

$$\dot{U}=220\angle 20^\circ \text{V}$$

复阻抗

$$Z=R+jX_L=30+j40=50\angle 53.1^\circ\Omega$$

电流相量

$$\dot{I}=\frac{\dot{U}}{Z}=\frac{220\angle 20^\circ}{50\angle 53.1^\circ}=4.4\angle -33.1^\circ \text{A}$$

$$i=4.4\sqrt{2}\sin(\omega t-33.1^\circ)\text{A}$$

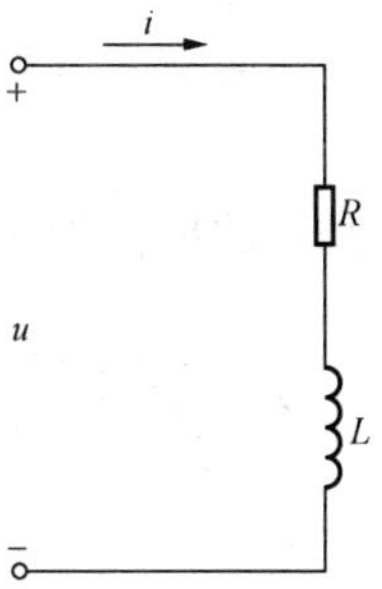

图 2-28 ［例 2-2］图

2.4.2 RLC 串联电路的功率

1. 有功功率 P

在 RLC 串联的正弦交流电路中，若 u、i 参考方向一致，设 $i=I_m\sin\omega t$，则

$$u=U_m\sin(\omega t+\varphi)$$

因此，电路的瞬时功率为

$$p = ui = U_m I_m \sin\omega t(\omega t + \varphi)$$
$$= \frac{U_m I_m}{2}[\cos\varphi - \cos(2\omega t + \varphi)]$$
$$= UI\cos\varphi - UI\cos(2\omega t + \varphi)$$

电路的有功功率等于平均功率为

$$P = \frac{1}{T}\int_0^T p\mathrm{d}t = \frac{1}{T}\int_0^T [UI\cos\varphi - UI\cos(2\omega t + \varphi)]\mathrm{d}t = UI\cos\varphi$$

式中：φ 为 u、i 的相位差；$\cos\varphi$ 为功率因数。

正弦交流电路的有功功率不但与电压、电流的有效值有关，还与负载的功率因数有关。

由电压三角形可知

$$U_R = U\cos\varphi$$
$$P = UI\cos\varphi = U_R I = RI^2 \qquad (2-5)$$

式（2-5）说明 RLC 串联电路的有功功率就等于电阻元件的有功功率，这是由于电感元件和电容元件的有功功率均为零的缘故。有功功率的单位为 W。

2. 无功功率 Q

无功功率 Q 定义为

$$Q = UI\sin\varphi$$

单个电感元件，$\varphi = \frac{\pi}{2}$，则

$$Q_L = U_L I_L \sin\varphi = U_L I_L > 0$$

单个电容元件，$\varphi = -\frac{\pi}{2}$，则

$$Q_C = U_C I_C \sin\varphi = -U_C I_C < 0$$

即电容性无功功率取负值，而电感性无功功率取正值。

无功功率表示为 RLC 串联电路与电源之间能量交换的瞬时功率幅值，无功功率的单位为 var（乏）。

3. 视在功率 S

在正弦交流电路中，把电压电流有效值的乘积定义为视在功率，用 S 表示，即

$$S = UI$$

视在功率的单位为 VA。

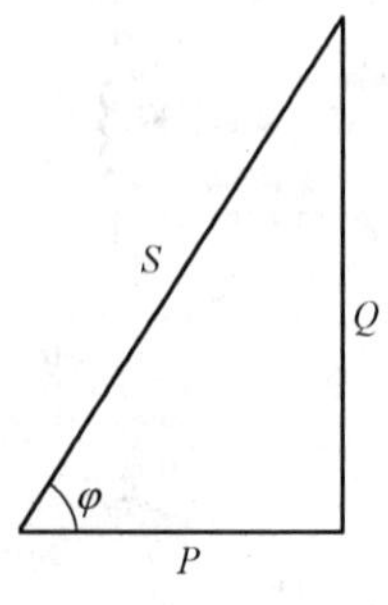

图 2-29 功率三角形

由上述分析可得以下各式

$$P = S\cos\varphi$$
$$Q = S\sin\varphi \qquad (2-6)$$
$$S = \sqrt{P^2 + Q^2}$$

因此，由 P、Q、S 三者构成的直角三角形称为功率三角形，如图 2-29所示。功率三角形、阻抗三角形都与电压三角形相似，这三个三角形有助于了解和记忆 RLC 串联电路中阻抗、电压、功率之间的关系。

一般情况下，我们规定了电气设备使用时的额定电压 U_N 和额定电流 I_N，我们把 $S_N = U_N I_N$ 称为额定视在功率，也称为电气设备的容量。

【例 2-3】 一个线圈可用电阻 R 和电感 L 串联作为其电路模型，如图 2-30 所示。若线圈接于频率为 50Hz，电压有效值为 100V 的正弦电源上，测得流过线圈的电流 $I=2A$，功率 $P=40W$。试计算线圈的参数 R、L 及功率因数 $\cos\varphi$。

解

电阻
$$R=\frac{P}{I^2}=\frac{40}{2^2}=10(\Omega)$$

阻抗
$$|Z|=\frac{U}{I}=\frac{100}{2}=50(\Omega)$$

$$X_L=\sqrt{|Z|^2-R^2}=\sqrt{50^2-10^2}=48.99(\Omega)$$

电感
$$L=\frac{X_L}{2\pi f}=\frac{48.99}{2\times 3.14\times 50}=0.156(H)$$

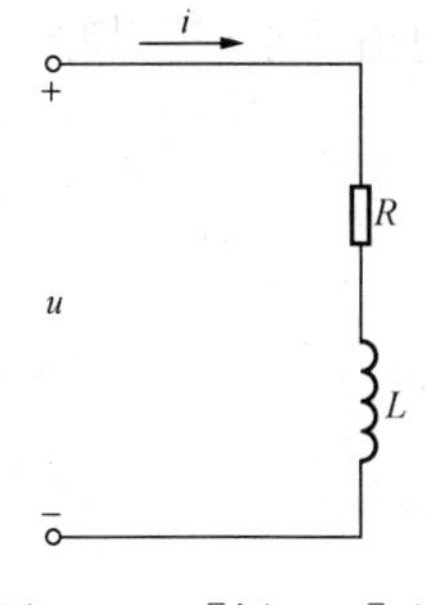

图 2-30 [例 2-3] 图

功率因数
$$\cos\varphi=\frac{P}{S}=\frac{P}{IU}=\frac{40}{2\times 100}=0.2$$

2.5 阻抗的串联和并联

阻抗的串联和并联的分析方法与电阻的串联和并联的分析方法相同。

2.5.1 阻抗的串联

在图 2-31 中，有 n 个阻抗串联，等效阻抗 Z 等于 n 个串联的阻抗之和。
$$Z=Z_1+Z_2+\cdots+Z_n$$
推导过程与电阻的串联相同。

2.5.2 阻抗的并联

在图 2-32 中，有 n 个阻抗并联，等效阻抗 Z 的倒数等于 n 个并联的阻抗倒数之和，即
$$\frac{1}{Z}=\frac{1}{Z_1}+\frac{1}{Z_2}+\cdots+\frac{1}{Z_n}$$

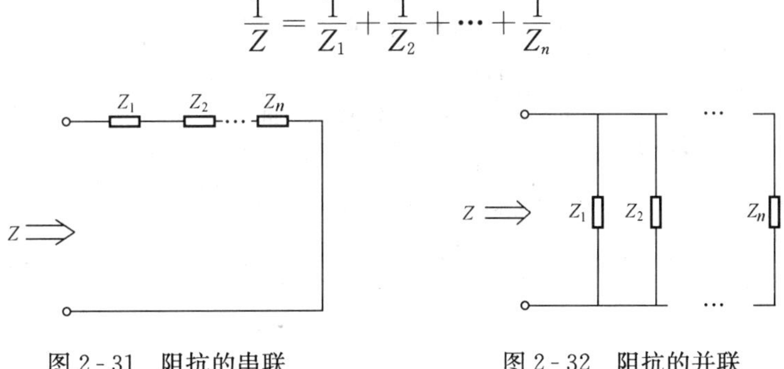

图 2-31 阻抗的串联　　图 2-32 阻抗的并联

推导过程与电阻的并联相同。在两个阻抗并联的情况下，有如下关系式（见图 2-33）：

等效阻抗
$$Z=\frac{Z_1Z_2}{Z_1+Z_2}$$

电流分配关系

$$\dot{I}_1=\frac{Z_2}{Z_1+Z_2}\dot{I},\quad \dot{I}_2=\frac{Z_1}{Z_1+Z_2}\dot{I}$$

对于一个不含独立电源由 RLC 构成的二端网络 N，复阻抗 Z 可以通过电压 $\dot{U}$ 和端线上的电流 $\dot{I}$ 求得，如图 2-34 所示

$$Z=\frac{\dot{U}}{\dot{I}}$$

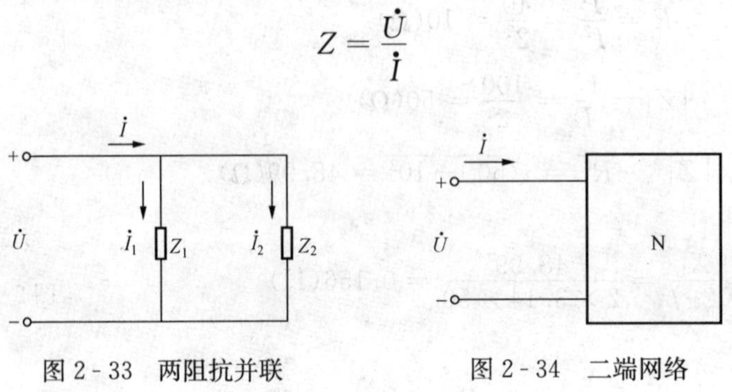

图 2-33 两阻抗并联　　图 2-34 二端网络

2.6 电路中的谐振

由电容器和电感线圈组成的电路中，在某一频率的正弦激励下，当端口电压与通过电路的电流同相位时，电路呈电阻性，通常把此时电路的工作状态称为谐振。发生在串联电路中的谐振称为串联谐振，发生在并联电路中的谐振称为并联谐振。我们着重分析电路发生谐振的条件及其特征。

2.6.1 串联谐振

如图 2-35 所示的 RLC 串联谐振电路，在角频率为 ω 的正弦电压作用下，该电路得复阻抗为

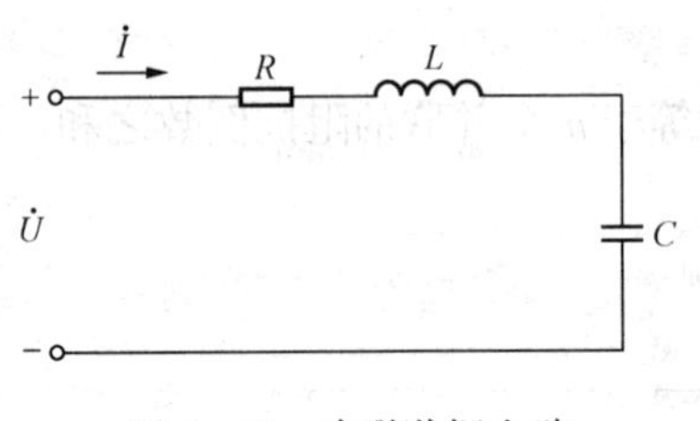

图 2-35 串联谐振电路

$$Z=R+\mathrm{j}\left(\omega L-\frac{1}{\omega C}\right)$$

如前所述，谐振时 $\dot{U}$、$\dot{I}$ 同相，$\varphi=0$，电路呈电阻性。

则虚部为零，即

$$\omega_0 L-\frac{1}{\omega_0 C}=0$$

谐振角频率

$$\omega_0=\frac{1}{\sqrt{LC}}$$

谐振频率

$$f_0=\frac{1}{2\pi\sqrt{LC}}$$

谐振频率只与电路的 L、C 参数有关，与 R 无关。

谐振时电路的电抗 $X=0$，复阻抗 $Z=R$，阻抗最小，当外加电压不变时，电流最大。

电路谐振时的感抗 X_L 容抗 X_C 相等，称为特性阻抗 ρ，单位为 Ω。

$$\rho=\omega_0 L=\frac{1}{\omega_0 C}=\sqrt{\frac{L}{C}}$$

把特性阻抗与电阻的比值称为谐振电路的品质因数 Q，则

$$Q=\frac{\omega_0 L}{R}=\frac{1}{R\omega_0 C}=\frac{1}{R}\sqrt{\frac{L}{C}}$$

在实际电路中，Q 的取值范围从几十到几百，谐振时，电感电压和电容电压大小相等，相位相反，其大小为电源电压的 Q 倍。

【例 2 - 4】 收音机接收信号部分的等效电路如图 2 - 36 所示，已知 $R=20\Omega$，$L=300\mu\text{H}$，调节电容 C 收听中波 630kHz 电台的节目，问此时的电容值为多少？

解 由

$$f_0=\frac{1}{2\pi\sqrt{LC}}$$

$$C=\frac{1}{4\pi^2 L f_0^2}$$

$$=\frac{1}{4\pi^2\times 300\times 10^{-6}\times(630\times 10^3)^2}$$

$$=\frac{1}{4.696\times 10^9}(\text{F})=212.9(\text{pF})$$

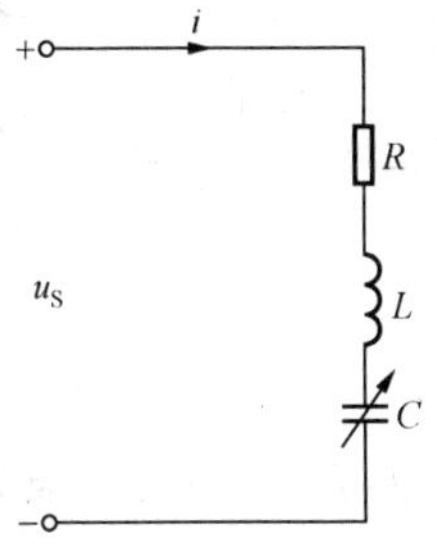

图 2 - 36 ［例 2 - 4］图

2.6.2 并联谐振

并联谐振电路是由电感线圈和电容器并联组成，电路如图 2 - 37 所示，R 和 L 分别是电感线圈的电阻和电感。

线圈和电容的复阻抗分别为

$$Z_L=R+j\omega L,\quad Z_C=\frac{1}{j\omega C}$$

电路的复阻抗

$$Z=\frac{(R+j\omega L)\frac{1}{j\omega C}}{R+j\omega L+\frac{1}{j\omega C}}$$

在一般情况下，线圈本身的电阻很小，特别是在频率较高时，$\omega L\gg R$ 有

$$Z=\frac{\frac{L}{C}}{R+j\omega L+\frac{1}{j\omega C}}=\frac{1}{\frac{RC}{L}+j\left(\omega C-\frac{1}{\omega L}\right)}$$

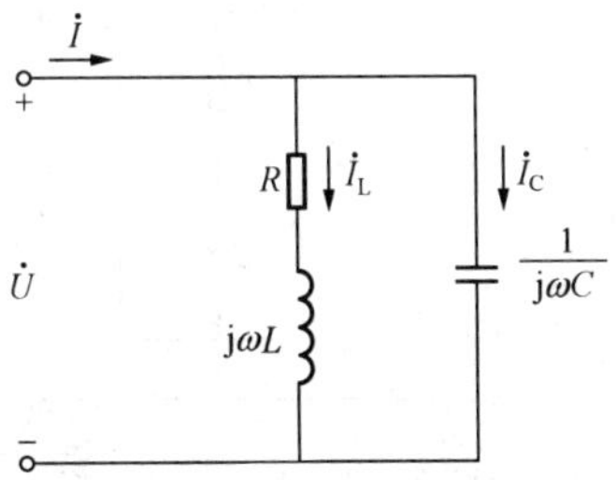

谐振时，复阻抗的虚部为零，得到

$$\omega_0 C-\frac{1}{\omega_0 L}=0$$

$$\omega_0=\frac{1}{\sqrt{LC}},\quad f_0=\frac{1}{2\pi\sqrt{LC}}$$

在 $\omega L\gg R$ 情况下，得到并联谐振电路与串联谐振电路的谐振频率相同。

图 2 - 37　并联谐振电路

并联谐振时，$\varphi=0$，电压、电流同相位，阻抗最大。

阻抗为 $Z_0=\dfrac{L}{RC}$，电路的总电流达到最小值。

电感支路与电容支路的电流近似相等，$I_L=I_C=QI$。正因为这两支路的电流比电源供给的电流大 Q 倍，出现过电流现象，所以在电力系统中也应避免出现并联谐振。

并联谐振电路与晶体管配合可以实现选频放大，这在无线电技术中得到极为广泛的应用。此外并联谐振电路也能起到滤波的作用。

【例 2-5】 如图 2-37 所示电路中，已知 $R=10\Omega$，$L=0.1\text{mH}$，$C=100\text{pF}$。求谐振频率 f_0 和谐振阻抗 $|Z_0|$。

解 $$f_0=\frac{1}{2\pi\sqrt{LC}}=\frac{1}{2\times3.14\times\sqrt{0.1\times10^{-3}\times100\times10^{-12}}}=1.59(\text{MHz})$$

$$|Z_0|=\frac{L}{RC}=\frac{0.1\times10^{-3}}{100\times10^{-12}\times10}=100(\text{k}\Omega)$$

2.7 技 能 训 练

2.7.1 功率因数的提高

在电力系统中，大多数负载是感性负载，一般功率因数比较低，功率因数低的危害主要有两个方面：首先电源设备的容量不能充分利用。在电源设备容量 $S_N=U_N I_N$ 一定的情况下，功率因数越低，P 越小，设备越得不到充分利用；其次，功率因数低会增加输电线路的功率损耗。由于 $P=UI\cos\varphi$，在 P、U 一定的情况下，$\cos\varphi$ 越低，I 越大，线路损耗越大。

我国电力行政法规中对用户的功率因数有明确的规定，一般为 0.85 以上，但在生产和生活中大量使用着功率因数较低的感性负载。例如，工厂中大量使用的异步电动机，满载工作（电流达额定值）时功率因数为 0.7～0.85，轻载时更低，空载时只有 0.2～0.3；电焊变压器的功率因数为 0.35～0.45。其他如电风扇、日光灯等负载的功率因数也都较低，日光灯上由于镇流器的感抗较大，功率因数也较低，一般为 0.5 左右。过低的功率因数不利于电能的充分利用和负载的稳定运行，这就有必要采取措施提高电路的功率因数。

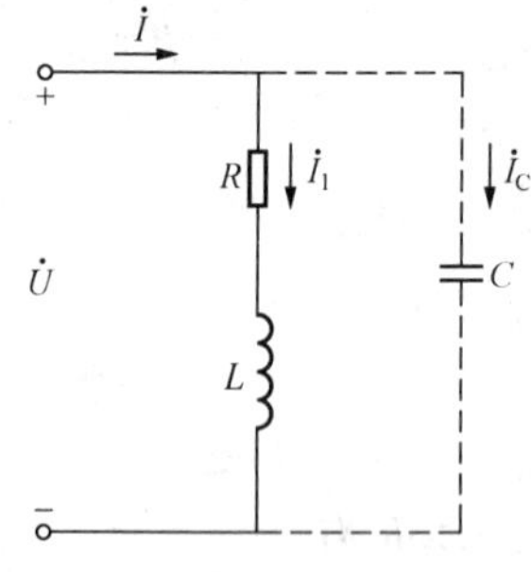

图 2-38 提高功率因数方法

提高功率因数的主要方法之一是把感性负载并联电容补偿的方法，如图 2-38 所示。

【例 2-6】 当把一台功率 $P=1.1\text{kW}$ 的感应电动机，接在 220V，$f=50\text{Hz}$ 的电路中，电动机需要的电流为 10A。求：

（1）电动机的功率因数。

（2）若在电动机的两端并联一只 $C=79.5\mu\text{F}$ 的电容器，如图 2-39 所示，电路的功率因数为多少？

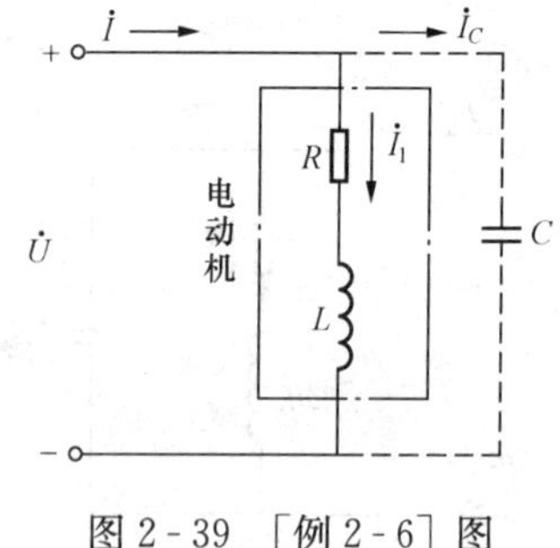

图 2-39 ［例 2-6］图

解 $P=UI\cos\varphi$

电动机的功率因数为

$$\cos\varphi=\frac{P}{UI}=\frac{1.1\times1000}{220\times10}=0.5$$

$$\varphi = 60°$$

在并联电容前 $\dot{I}_1 = \dot{I}$

在并联电容后 $\dot{I} = \dot{I}_1 + \dot{I}_C$

以电压 $\dot{U}$ 为参考相量，画出电流相量图，如图 2-40 所示。

电容的电流

$$I_C = \frac{U}{X_C} = \omega CU$$

$$= 314 \times 220 \times 79.5 \times 10^{-6} = 5.5(\text{A})$$

$$I_L = 10\sin 60° = 8.66(\text{A})$$

$$I_R = 10\cos 60° = 5(\text{A})$$

$$\tan\varphi' = \frac{I_L - I_C}{I_R} = \frac{3.16}{5}, \quad \varphi' = 32.3°$$

$$\cos\varphi' = \cos 32.3° = 0.844$$

图 2-40 ［例 2-6］相量图

可见电动机在并联电容器后，整个电路的功率因数从 0.5 提高到 0.844。注意：电动机本身的功率因数没有改变。我们可以通过并联电容，减小阻抗角来提高整个电路的功率因数。

2.7.2 日光灯电路的组装与测试

1. 日光灯电路的组成及工作原理

日光灯电路是应用较为普遍的一种照明电路，其照明线路由电源、灯管、启辉器、镇流器、开关等组成。

(1) 灯管：由玻璃管、灯丝和灯丝引出脚组成，玻璃管内抽成真空后充入少量汞、氩等惰性气体，管壁涂有荧光粉，在灯丝上涂有电子粉。

(2) 启辉器：由氖管、纸介质电容、出线脚、外壳等组成，氖管内装有。U 形动触片和静触片。

(3) 镇流器：主要由铁芯和线圈等组成。使用时注意镇流器功率必须与灯管功率相符。

(4) 灯架：有木制和铁制两种，规格应配合灯管长度。

(5) 灯座：灯座有开启式和弹簧式两种。

日光灯的原理接线图如图 2-41 所示，当日光灯接入电路后，电源电压经过镇流器、灯丝，在启辉器的 U 形金属片和静触头之间，引起辉光放电。放电时产生的热量使双金属片膨胀并向外伸张，与静触头接触，接通电路，使灯丝受热并发射出电子。与此同时，由于双金属片与静触头相接触而停止辉光放电，双金属片逐渐冷却并向里弯曲，脱离静触头。触头断开的瞬间，在镇流器两端会产生一个比电源电压高得多的感应电动势。这个感应电动势加在灯管两端，使大量电子在灯管中流过，电子在运动中冲击管内的气体，发出紫外线，紫外线激发灯管内壁的荧光粉后，发出近似日光的可见光。

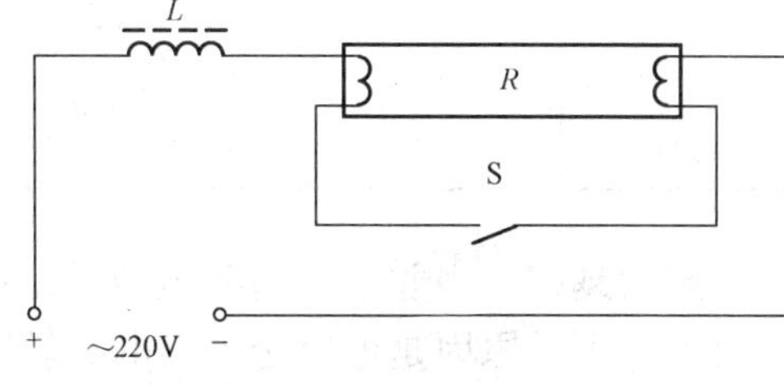

图 2-41 日光灯的原理接线图

为了提高日光灯的功率因数，一般常用的方法在负载两端并联一个大小合适的电容器，抵消负载电流的一部分无功分量。实训中，在

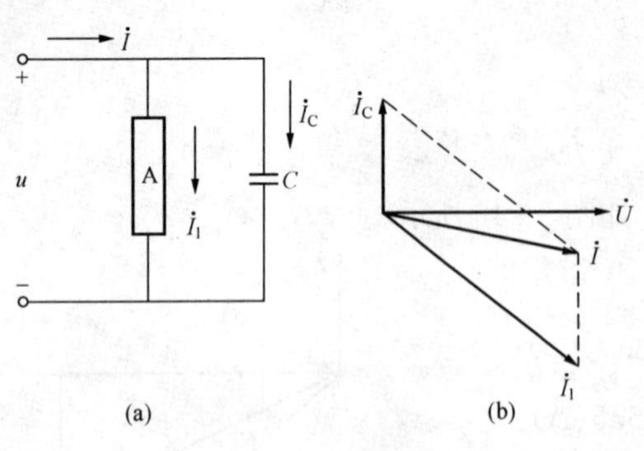

图 2-42 相量图

荧光灯接电源两端并联一个电容器组，当电容器的容量逐步增加时，电容支路的电流 I_C 也随之增加。由于电路的总电流 $\dot{I}=\dot{I}_C+\dot{I}_1$，所以随着 I_C 的增加，电路的总电流反而逐渐减小，相量图如图2-42所示。

2. 日光灯电路的接线

(1) 检查日光灯组件。用万用表欧姆挡检查镇流器、灯管是否开路，启辉器、镇流器是否短路，更换不合格的配件。

(2) 接线。按如图 2-43 所示日光灯实训电路接线。

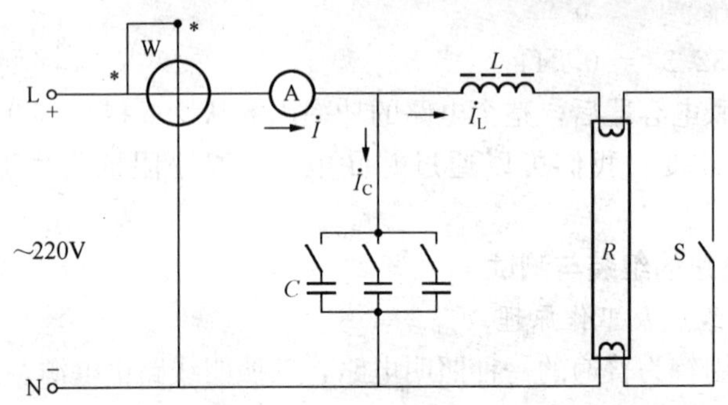

图 2-43 功率因数提高的接线图

(3) 功率因数的提高。维持电源电压 U 为 220V，合上电容支路开关，逐渐增加电容量，使电路由感性变到容性。记录数据见表 2-2。

表 2-2 并联电容功率因数分析

补偿电容	P(W)	I(A)	I_C(A)	I_L(A)	$\cos\varphi$
未补偿电容	38.0	0.339	0	0.345	0.510
1μF	38.0	0.297	0.062	0.346	0.582
2μF	37.9	0.246	0.135	0.346	0.702
4μF	37.9	0.185	0.277	0.347	0.934
4.6μF	37.9	0.179	0.351	0.348	0.965
4.7μF	37.8	0.176	0.352	0.347	0.981
4.8μF	37.8	0.178	0.353	0.347	0.970
6μF	37.8	0.192	0.420	0.348	0.900

通过表 2-2 数据分析得到结论，并不是并联电容越大越好。当并联 4.7μF 电容时，功率因数达到最大；并联电容再增大时，功率因数反而下降了。原因是电容越大，电路呈容性，无功率增加。

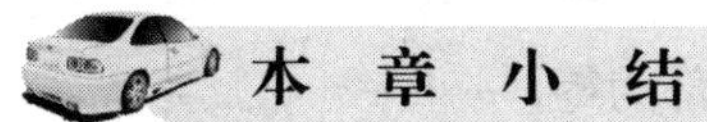

本 章 小 结

本章着重掌握和理解以下几个问题：

1. 设正弦电流为 $i=I_m\sin(\omega t+\varphi_i)$，把 I_m、ω、φ_i 称为正弦量的三要素，频率 f 与周期 T、角频率 ω 的关系为

$$\omega=\frac{2\pi}{T}=2\pi f$$

有效值与振幅的关系为

$$I_m=\sqrt{2}I,\quad U_m=\sqrt{2}U$$

2. 相位差 φ 是两个同频率正弦量的和相位之差，经常表示为电压和电流之间的初相之差 $\varphi=\varphi_u-\varphi_i$。

3. 正弦量与相量之间是相互对应的关系，不是相等的关系，正弦量的运算可转换成对应的相量代数运算。在相量的运算中，可借助相量图分析，以简化计算。

4. R、L、C 元件相量形式的伏安关系总结见表 2-3（电压和电流取关联参考方向）。

表 2-3　　R、L、C 元件相量形式的伏安关系

电路元件	电压和电流相量形式	复阻抗	相量图
电阻元件	$\dot{U}_R=R\dot{I}_R$	$Z_R=\frac{\dot{U}_R}{\dot{I}_R}=R$	$\dot{I}_R$ $\dot{U}_R$
电感元件	$\dot{U}_L=j\omega L\dot{I}_L$	$Z_L=\frac{\dot{U}_L}{\dot{I}_L}=jX_L$，$X_L=\omega L$	$\dot{U}_L$ $\dot{I}_L$
电容元件	$\dot{U}_C=-j\frac{1}{\omega C}\dot{I}_C$	$Z_C=\frac{\dot{U}_C}{\dot{I}_C}=-jX_C$，$X_C=\frac{1}{\omega C}$	$\dot{I}_C$ $\dot{U}_C$
RLC 串联电路	$\dot{U}=R\dot{I}+j\omega L\dot{I}+\frac{1}{j\omega C}\dot{I}$	$Z=R+j\left(\omega L-\frac{1}{\omega C}\right)=R+j(X_L-X_C)$	$\dot{U}$ φ $\dot{I}$

5. RLC 串联电路谐振的条件、特征：

谐振条件：谐振时复阻抗虚部为零，$\omega_0 L=\frac{1}{\omega_0 C}$。

谐振频率：
$$\omega_0=\frac{1}{\sqrt{LC}},\quad f_0=\frac{1}{2\pi\sqrt{LC}}$$

特征：串联谐振时，电路阻抗最小，$Z=R$，如果外施电压不变，电流最大，$\dot{I}=\frac{\dot{U}}{R}$，电压、电流同相，$\varphi=0$。

并联谐振时，$\varphi=0$，电压、电流同相位，阻抗最大，阻抗为 $Z_0=\frac{L}{RC}$，电路的总电流达到最小值。

6. 正弦交流电路的功率：

有功功率：$P=UI\cos\varphi$，是电路实际消耗的功率，即电路中所有电阻消耗的功率之和。

无功功率：$Q=UI\sin\varphi$。

视在功率：$S=UI$。

有功功率、无功功率、视在功率存在如下关系：
$$S^2=P^2+Q^2$$

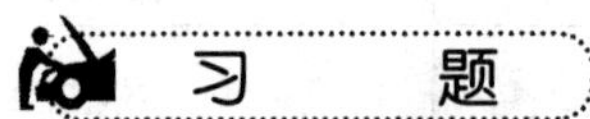

习　　题

2-1　填空题。

(1) 正弦量的三要素是__________、__________、__________。

(2) 在纯电感电路中，电感元件上的电压__________于电流 90°。

(3) 在 RLC 串联电路中，当__________时，$\varphi>0$，电路呈感性；当__________时，$\varphi=0$，电路呈电阻性；当__________时，$\varphi<0$，电路呈容性。

(4) 在纯电容电路中，电容元件上的电压__________于电流 90°。

(5) 若电路发生谐振，则__________，此式是 RLC 电路发生串联谐振的条件。

(6) 我国的国家电力工业标准频率（工频）是__________ Hz。

2-2　写出下列正弦电压和电流的解析式：

(1) $U_m=311\text{V}$，$\omega=314\text{rad/s}$，$\varphi=-30°$；

(2) $I_m=10\text{A}$，$\omega=10\text{rad/s}$，$\varphi=60°$。

2-3　画出下列正弦 i、u 波形，并指出其振幅、频率和初相各为多少？

(1) $u=20\sin(314t-30°)\text{V}$；

(2) $i=100\sin(100t+70°)\text{A}$。

2-4　已知正弦电流 $i_1=70.7\sin(314t-30°)\text{A}$，$i_2=60\sin(314t+60°)\text{A}$，求两者的相位差。

2-5　已知 $u=311\sin\omega t\text{V}$，$i=1.41\sin(\omega t+30°)\text{A}$，求电压与电流的有效值。

2-6　将下列复数写成代数形式：

(1) $10\angle 60°$；(2) $5\angle -90°$；(3) $10\angle 126.9°$；(4) $20\angle -30°$。

2-7　将下列复数写成极坐标式：

(1) 3+j4；(2) 2+j；(3) 12−j16；(4) 5−j8.66。

2-8 把下列各正弦量化为相对应相量，并画出相量图：

(1) $u=100\sqrt{2}\sin(\omega t+30°)\text{V}$；

(2) $i=3\sqrt{2}\sin(100t-70°)\text{A}$。

2-9 如图 2-44 所示的电路中，电压表 V1 和 V2 的读数都是 5V，试求两图中电压表 V 的读数。

2-10 已知各并联支路中电流表的读数分别为第一只 40mA，第二只 80mA，第三只 50mA，求如图 2-45 所示电路中电流表 A 的读数。

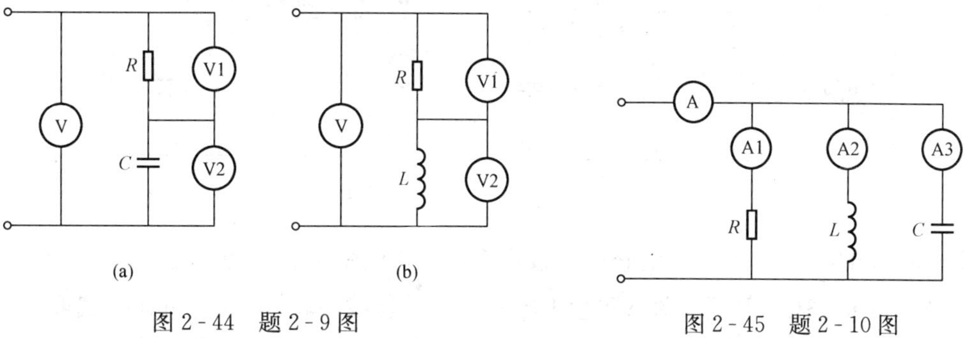

图 2-44 题 2-9 图　　图 2-45 题 2-10 图

2-11 有一个 RC 串联电路如图 2-46 所示，已知 $R=10\text{k}\Omega$，$C=5100\text{pF}$，电压 $u=\sqrt{2}\sin\omega t\text{V}$，$f=1\text{kHz}$，试求电路的 Z、$\dot{I}$、$\dot{U}_R$、$\dot{U}_C$。

2-12 如图 2-47 所示的电路中，已知 $u=220\sqrt{2}\sin 314t\text{V}$，$R=5.4\Omega$，$L=12.7\text{mH}$，试求电路的 $|Z|$、阻抗角 φ、电流 I、功率 P。

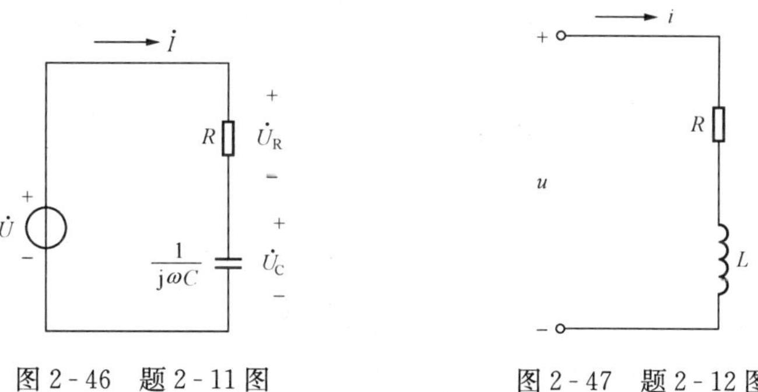

图 2-46 题 2-11 图　　图 2-47 题 2-12 图

2-13 如图 2-48 所示，已知 $\dot{U}=100\angle 50.1°\text{V}$，$R=8\Omega$，$X_L=6\Omega$，$X_C=3\Omega$。试求：(1) 各支路电流的相量；(2) 求电路的有功功率、无功功率和视在功率、功率因数。

2-14 在 RLC 串联电路中，$R=10\Omega$，$L=0.2\text{H}$，$C=100\mu\text{F}$，$U=200\text{V}$，$f=50\text{Hz}$ 求感抗 X_L、容抗 X_C、复阻抗 Z 及电流 I。

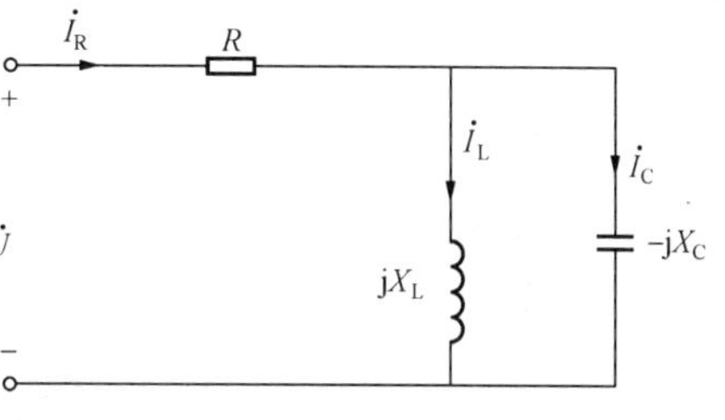

图 2-48 题 2-13 图

2-15 将一个电感性负载接于 110V、50Hz 的交流电源时，电路中的电流为 10A，消耗功率为

$P=600\text{W}$，求负载的 $\cos\varphi$、R、X。

2-16　一台电动机的额定电压 220V，额定功率 $P=13.2\text{kW}$，$\cos\varphi=0.75$（感性），接在电压为 220V 的工频电源上，求电路的等效复阻抗和电流。如果将功率因数提高到 0.85，应并联多大的电容？

2-17　如图 2-49 所示的电路中，求电流 $\dot{I}$，试问电路发生了什么变化？

2-18　如图 2-50 所示的电路中，当调节 C，使电流 $\dot{I}$ 与端电压 $\dot{U}$ 同相位时，测出 $U=100\text{V}$，$U_C=180\text{V}$，$I=1\text{A}$，电源的频率 $f=50\text{Hz}$，求电路中的 R、L、C。

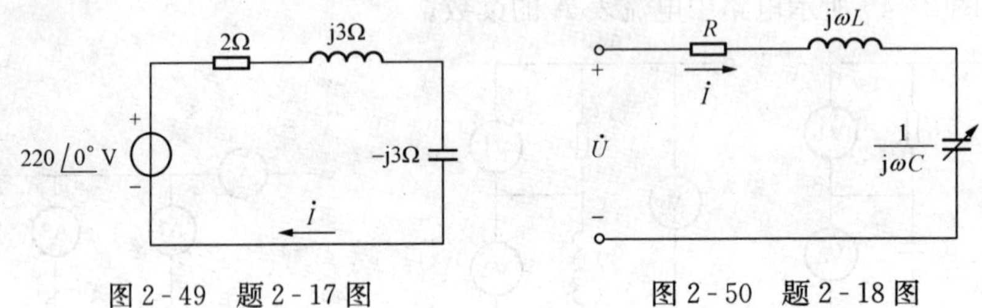

图 2-49　题 2-17 图　　　图 2-50　题 2-18 图

2-19　如图 2-51 所示的电路中，接于 50Hz 的正弦交流电源，已知 $U=220\text{V}$，$R=100\Omega$，$X_L=100\sqrt{3}\Omega$，利用开关 S 可使电容 C 与感性负载并联，$C=11.6\mu\text{F}$。试求：(1) 开关 S 断开时，电流表 A 的读数，以及功率因数 $\cos\varphi_1$、功率 P；(2) 开关 S 闭合时，电流表 A 的读数，以及功率因数 $\cos\varphi$、功率 P。

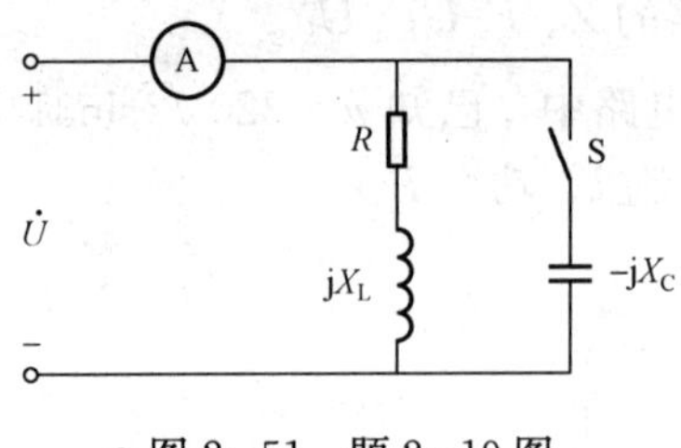

图 2-51　题 2-19 图

3 三相交流电路

日常生活中，家用电器用电都是220V的单相交流电，而工厂车间、实验室等动力用电却几乎都是380V的三相交流电，这是为什么呢？从负载方面看，世界上75%的电动机都是三相交流异步电动机，三相交流电动机需要三相交流电作为电源产生旋转磁场，来带动电动势转动；从电源方面看，三相输电比单相输电节省导线的材料；三相电路能提供380V和220V两种电压。因此，在生产实际中，动力用电普遍是三相交流电。那么三相交流电是怎么产生的？三相电路的特点是什么？这就是本章要介绍的内容。

实例引入：某大楼照明系统电路

三相交流电由三相发电机发出，并且由三相输电系统输送给用户。用输电线把三相交流电源和负载正确地连接起来就构成了三相交流电路，如图3-1所示。图3-1中，G为三相发电机，L为各类单相交流负载（如电灯、电扇等），FU为熔断器。

以某大楼为例，每层楼每个房间用的都是220V交流电，这是三相电路提供的相电压。若三相电以U、V、W相称，如果大楼有6层，则可能是1、2层楼为U相，3、4层楼为V相，5、6层楼为W相，力求三相平衡工作。

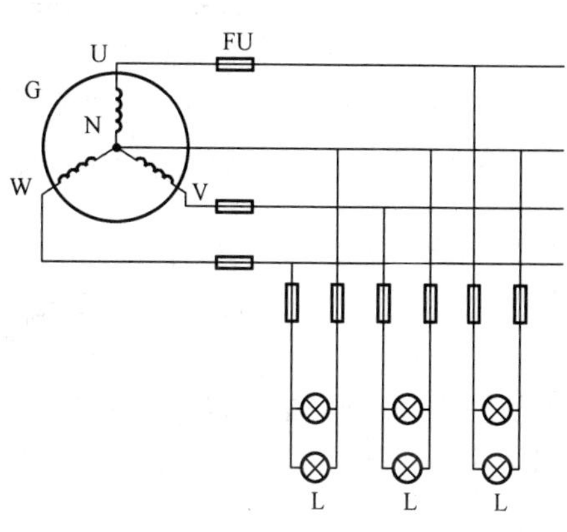

图3-1 三相交流电路示意

3.1 三相对称电动势的产生

三相交流发电机主要由电枢（定子）和磁极（转子）组成。三相交流发电机的原理如图3-2所示。在发电机定子（固定不动的部分）中放三个结构完全相同的线圈UX、VY、WZ（通称为绕组），空间位置上各相差120°电角度，分别称为U相、V相和W相。其中，U、V、W称为首端，X、Y、Z称为末端。工厂或企业配电站或厂房内的三相电源线（用裸铜排时）一般用黄、绿、红分别代表U、V、W三相。

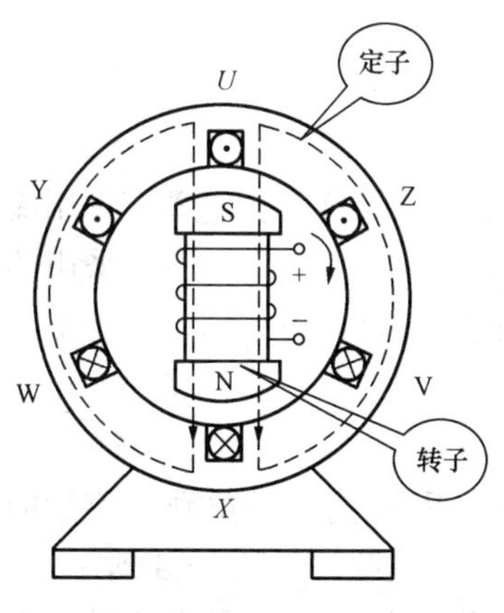

图3-2 三相交流发电机的原理图

图3-2中，⊙表示绕组中电流方向由里向外流出，⊗表示电流方向由外向里流进。三相交流电的产生过程如下：给转子通入直流电以产生磁场，当转子由原动机拖动以ω的角速度匀速旋转时，三相定子绕组切割磁力线而感应出各相差120°电角度的三个单相交流电动势，并且这个三个交流电动势的幅值（即大小）相等、频率

相同，相位也互差 120°。这三个电动势的数学表达式为

$$\begin{aligned} e_U &= E_m \sin\omega t \\ e_V &= E_m \sin(\omega t - 120°) \\ e_W &= E_m \sin(\omega t - 240°) = E_m \sin(\omega t + 120°) \end{aligned} \tag{3-1}$$

式（3-1）中以 U 相作为参考正弦量，它们对应的相量形式为

$$\begin{aligned} \dot{E}_U &= E\angle 0° \\ \dot{E}_V &= E\angle -120° \\ \dot{E}_W &= E\angle 120° \end{aligned} \tag{3-2}$$

其波形图如图 3-3（a）所示，相量图如图 3-3（b）所示。

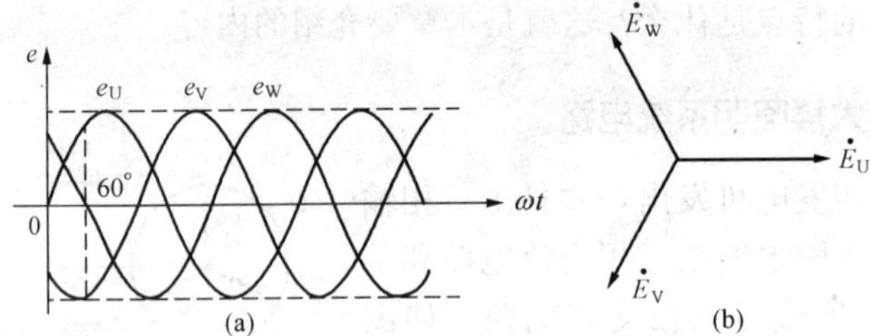

图 3-3 三相交流电动势波形图和相量图

（a）波形图；（b）相量图

从图 3-3（a）中可以看出，三相交流电动势在任一瞬间其三个电动势的代数和为零。我们用式（3-2）也可以证明出这一结论，即

$$e_U + e_V + e_W = 0 \tag{3-3}$$

在图 3-3（b）中还可看出三相正弦交流电动势的相量和也等于零，即

$$\dot{E}_U + \dot{E}_V + \dot{E}_W = 0 \tag{3-4}$$

我们把这种幅值相等，频率相同、相为互差 120°的三个电动势称为三相对称电动势，规定每相电动势的正方向是从线圈的末端指向首端（或由低电位指向高电位）。

上述三相电动势的相序 U、V、W 称为正序，与此相反，如 V 相超前 U 相 120°，W 相超前 V 相 120°，这种相序称为逆序。电力系统一般采用正序。

3.2 三相电源的连接

我们知道，三相交流发电机实际有三个绕组，六个接线端，如果这三相电源分别用输电线向负载供电，则需六根输电线（每相用两根输电线），这样很不经济，我们目前采用的是将这三相交流电按照一定的方式，连接成一个整体向外送电的。连接的方法通常为星形和三角形。

3.2.1 星形连接

将电源的三相绕组末端 X、Y、Z 连在一起，首端 U、V、W 作为与外电路相连接的端点，这种连接方式就称为电源的星形连接方式，简称星形或 Y 形电源。如图 3-4 所示。

三相绕组末端相连的一点称中性点或零点，一般用 N 表示。从中性点引出的线称为中

性线（简称中线），由于中线一般与大地相连，通常又称为地线，俗称零线。从首端U、V、W引出的三根导线称相线（或端线），俗称火线。工厂或企业配电站或厂房内的三相电源线（用裸铜排时）一般用黄、绿、红分别代表U、V、W三相；零线用黑色线；地线用黄绿双色线。注意，地线与零线不要混淆，地线是由接到装置引出的线，对人身或设备起保护作用。

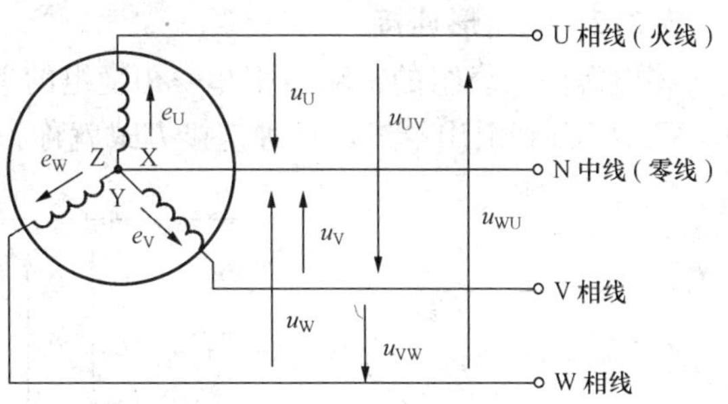

图3-4 对称三相电源星形接法

这样的连接方式，在导线间存在着两种电压，即相电压和线电压。相电压是相线与中线之间的电压，相电压的有效值用U_U、U_V、U_W表示；线电压是相线与相线之间的电压，线电压的有效值用U_{UV}、U_{VW}、U_{WU}表示。相电压的参考方向从发电机绕组的首端指向末端（即从相线指向中性线，U→N、V→N和W→N）；线电压的参考方向，例如U_{UV}，则是U端指向V端。具体如图3-3所示，根据KVL，有线电压的瞬时值表达式为

$$\begin{cases} u_{UV} = u_U - u_V \\ u_{VW} = u_V - u_W \\ u_{WU} = u_W - u_U \end{cases}$$

由此可见，当相电压对称时，线电压也对称。其相量表达式为

$$\begin{cases} \dot{U}_{UV} = \dot{U}_U - \dot{U}_V \\ \dot{U}_{VW} = \dot{U}_V - \dot{U}_W \\ \dot{U}_{WU} = \dot{U}_W - \dot{U}_U \end{cases} \tag{3-5}$$

根据式（3-5），应用平行四边形法则相量求和的方法作出相量图，如图3-5所示。根据相量图上的几何关系可求得各线电压分别为

$$\begin{cases} \dot{U}_{UV} = \sqrt{3}\,\dot{U}_U\angle 30^\circ \\ \dot{U}_{VW} = \sqrt{3}\,\dot{U}_V\angle 30^\circ \\ \dot{U}_{WU} = \sqrt{3}\,\dot{U}_W\angle 30^\circ \end{cases} \tag{3-6}$$

上述说明，三相电路中线电压的大小是相电压的$\sqrt{3}$倍，相位超前于相应的相电压30°。

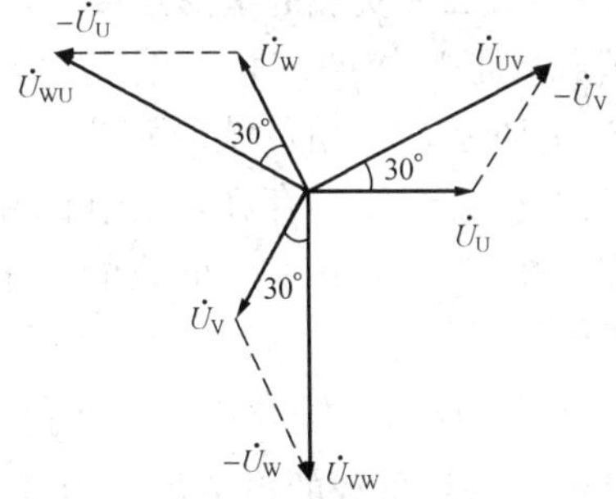

图3-5 三相电源各电压相量之间的关系

线电压的有效值用U_L表示，相电压的有效值用U_P表示，它们的大小关系为

$$U_L = \sqrt{3}U_P \tag{3-7}$$

一般低压供电系统中，经常采用的供电线电压为380V，对应相电压为220V。生活和办公设备所用电器的额定电压一般均为220V，因此应接在火线和零线之间，这就是我们常说的单相电源。显然，单相电源实际上引自于三相电源的火线和零线之间。必须注意，不加说明的三相电源和三相负载的额定电压通常都是指线电压的数值。

3.2.2 三角形连接

将电源一相绕组的末端与相邻一相绕组的首端依次相连（接成一个三角形），再从首端U、V、W分别引出端线，这种连接方式就称为三角形连接，如图3-6所示。

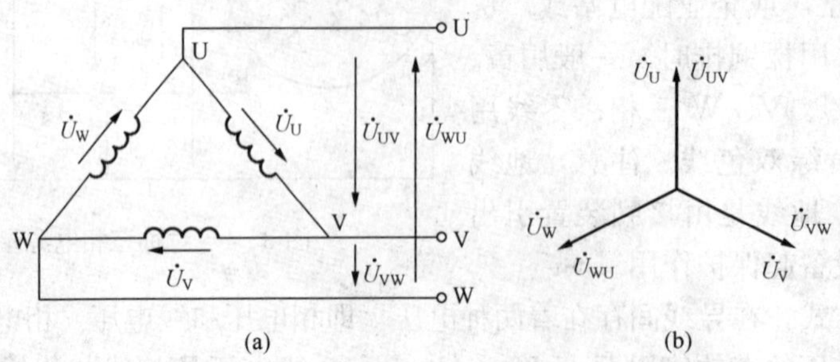

图3-6 三相电源的三角形接法

（a）电路图；（b）相量图

从图3-6可知，电源连接成三角形时，线电压也就是相电压，即

$$U_L = U_P \quad (3-8)$$

注意：电源做三角形连接时，必须把始、末端依次正确连接。由相量图3-6（b）可看出，三个线电压之和为零，即

$$\dot{U}_{UV} + \dot{U}_{VW} + \dot{U}_{WU} = 0$$

因此，在空载时，电源内部无环路电流。如果有一相接反了，假定W相接反，此时三角形回路内总电压不为零，而为

$$\dot{U}_U + \dot{U}_V - \dot{U}_W = -2\dot{U}_W$$

因电源内阻抗很小，在电源内部有很大环行电流，可烧毁电源。

我们把这种由三根火线所组成的输电方式称三相三线制，在高压输电时采用较多。

3.3 三相负载连接

三相交流电路中负载的连接方式也有两种，星形连接（Y接）和三角形连接（△接），而负载的连接方式由负载的额定电压而定。

3.3.1 三相负载的星形连接

负载星形连接的三相四线制电路如图3-7所示，三相负载分别为Z_U、Z_V、Z_W，由于中线的存在，负载的相电压即为电源的相电压，负载的线电压即为电源的线电压，故有

$$U_L = \sqrt{3}U_P \quad (3-9)$$

且流过每相负载的电流即线电流，分别为

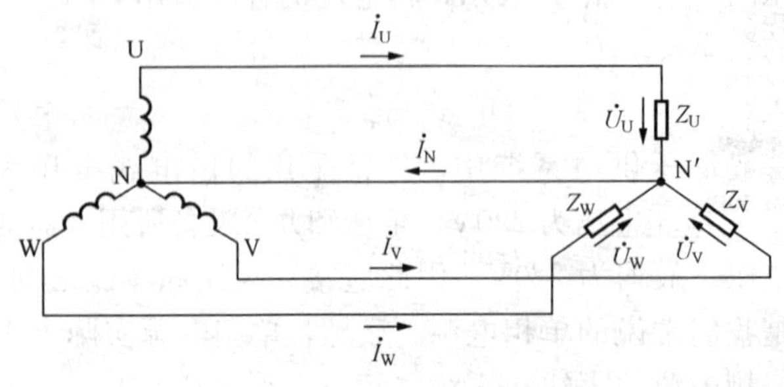

图3-7 三相负载的星形连接

$$\begin{cases}\dot{I}_{U}=\dfrac{\dot{U}_{U}}{Z_{U}}\\ \dot{I}_{V}=\dfrac{\dot{U}_{V}}{Z_{V}}\\ \dot{I}_{W}=\dfrac{\dot{U}_{W}}{Z_{W}}\end{cases}$$

列 N'点 KCL 方程有

$$\dot{I}_{N}=\dot{I}_{U}+\dot{I}_{V}+\dot{I}_{W}$$

下面分负载对称与不对称两种情况进行讨论。

1. 对称负载的星形连接

所谓对称负载，即三相阻抗完全相同，即

$$Z_{U}=Z_{V}=Z_{W}=|Z|\angle\varphi \tag{3-10}$$

各相中的电流可分成三个单相电路分别计算，即

$$\begin{cases}\dot{I}_{U}=\dfrac{\dot{U}_{U}}{Z_{U}}=\dfrac{\dot{U}_{U}}{|Z_{U}|\angle\varphi_{U}}=\dfrac{\dot{U}_{U}}{|Z_{U}|}\angle-\varphi_{U}\\ \dot{I}_{V}=\dfrac{\dot{U}_{V}}{Z_{V}}=\dfrac{\dot{U}_{V}}{|Z_{V}|\angle\varphi_{V}}=\dfrac{\dot{U}_{V}}{|Z_{V}|}\angle-\varphi_{V}\\ \dot{I}_{W}=\dfrac{\dot{U}_{W}}{Z_{W}}=\dfrac{\dot{U}_{W}}{|Z_{W}|\angle\varphi_{W}}=\dfrac{\dot{U}_{W}}{|Z_{W}|}\angle-\varphi_{W}\end{cases} \tag{3-11}$$

可见，相电流（或线电流）也是对称的，显然，在对称情况下三相电路的计算可归纳到一相来计算，即 $I_{L}=I_{P}=U/|Z|$，则中线电流 $\dot{I}_{N}=\dot{I}_{U}+\dot{I}_{V}+\dot{I}_{W}=0$。

因此，在三相对称电路中，当负载采用星形连接时，由于流过中性线的电流为零，取消中性线也不会影响到各相负载的正常工作，这样三相四线制就可以变成三相三线制供电，如三相异步电动机及三相电炉等负载；当采用星形连接时，电源对该类负载就不需接中性线。通常在高压输电时，由于三相负载都是对称的三相变压器，所以都采用三相三线制供电。

2. 不对称负载的星形连接

三相负载不完全相同时，称为不对称负载。若中线牢固，则每个单相满足式（3-11），但显然三个电流不再对称，且 $\dot{I}_{N}=\dot{I}_{U}+\dot{I}_{V}+\dot{I}_{W}\neq0$，此时中线不可省去。

负载不对称而无中线的情况，属于故障现象。下面的例题可以进一步说明中线的作用。

【例 3-1】 在图 3-8 的电路中，$U_{L}=380V$，三相电源对称，$R_{U}=22\Omega$，$R_{V}=R_{W}=11\Omega$。

（1）求负载的相电流与中线电流；

（2）若中线因故断开，求负载的相电压与相电流；

（3）中线断开，求 U 相短路时的相电压与相电流。

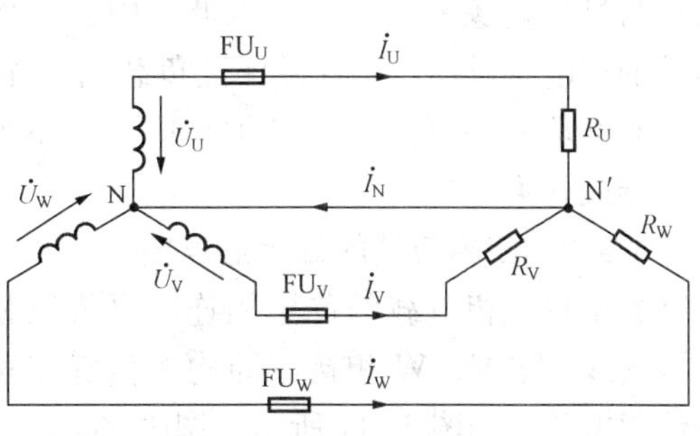

图 3-8 ［例 3-1］电路图

解 (1) 因有中线，则负载相电压即电源相电压，并对称，即

$$U_P = \frac{U_L}{\sqrt{3}} = 220V$$

则 $$I_U = \frac{U_P}{R_U} = 10(A), \quad I_V = I_W = \frac{U_P}{R_P} = 20(A)$$

以 $\dot{U}_U$ 为参考，则

$$\dot{I}_U = 10\angle 0°A, \quad \dot{I}_V = 20\angle -120°A, \quad \dot{I}_W = 20\angle 120°A$$

$$\dot{I}_N = \dot{I}_U + \dot{I}_V + \dot{I}_W = 10\angle 0° + 20\angle -120° + 20\angle 120° = 10\angle 0°(A)$$

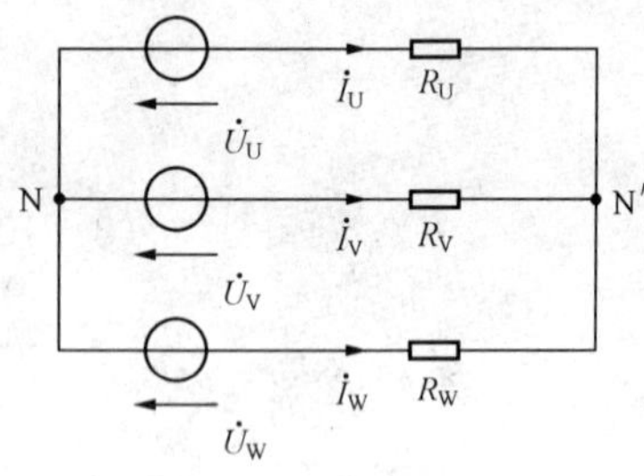

图 3-9 [例 3-1] 求解图

(2) 中线断开时，N 与 N′不再等电位，其等效电路如图 3-9 所示。可求得各负载的相电压 $\dot{U}_{RU}$、$\dot{U}_{RV}$、$\dot{U}_{RW}$。

根据 KCL 有 $\dot{I}_U + \dot{I}_V + \dot{I}_W = 0$，再根据 KVL 有

$$\frac{\dot{U}_U - \dot{U}_{N'N}}{R_U} + \frac{\dot{U}_V - \dot{U}_{N'N}}{R_V} + \frac{\dot{U}_W - \dot{U}_{N'N}}{R_W} = 0$$

$$\frac{220\angle 0° - \dot{U}_{N'N}}{11} + \frac{220\angle -120° - \dot{U}_{N'N}}{22} + \frac{220\angle 120° - \dot{U}_{N'N}}{22} = 0$$

解得 $$\dot{U}_{N'N} = 55\angle 0°V$$

由 KVL 可见，各相负载的相电压为

$$\dot{U}_{RU} = \dot{U}_U - \dot{U}_{N'N} = 220\angle 0° - 55\angle 0° = 165\angle 0°(V)$$

$$\dot{U}_{RV} = \dot{U}_V - \dot{U}_{N'N} = 220\angle -120° - 55\angle 0° = 252\angle -130.9°(V)$$

$$\dot{U}_{RW} = \dot{U}_W - \dot{U}_{N'N} = 220\angle 120° - 55\angle 0° = 252\angle 130.9°(V)$$

从而 $$I_U = \frac{U_U}{R_U} = 7.5(A), \quad I_V = I_W = \frac{U_V}{R_V} = 22.9(A)$$

可见，此时负载相电压与电源相电压发生偏离，若原来各相负载均工作在额定电压下，现在已出现欠压与过压故障，负载不仅不能正常工作，而且将受到损害。

(3) U 相负载被短路，又无中线，则 $U'_U=0$，由图 3-10 所示的电路可见，B、C 两相负载均承受电源的线电压，即 $U'_V=U'_W=380V$。这是负载不对称、无中线时最严重的过压事故，也是三相对称负载严重失衡。不难证明，负载的不平衡情况越严重，无中线时产生的欠压与过压现象就越严重。因此，中线的作用是为了保证负载的相电压对称，或者说保证负载均工作在额定电压下。故不对称负载的电路中线必须牢固，决不允许在中线上接熔断器或开关。

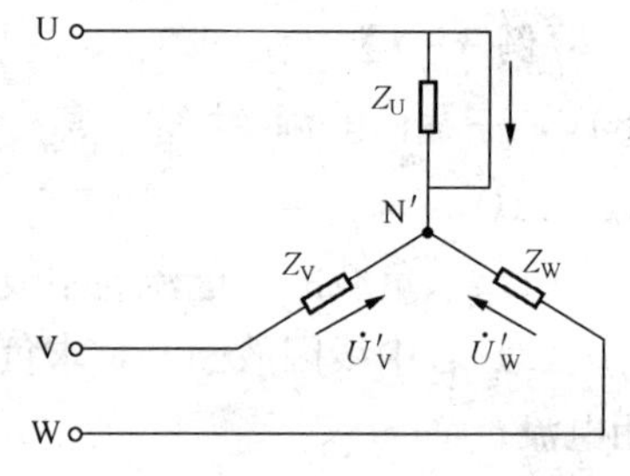

图 3-10 [例 3-1] (3) 电路图

3.3.2 三相负载的三角形连接

如果将三相负载的首尾相连，再将三相连接点与三相电源端线 U、V、W 相接，即构成负载三角形连接的三相三线制电路，如图 3-11 所示。图中 Z_{UV}、Z_{VW}、Z_{WU}分别是

三相负载的复阻抗，各电量的参考方向按习惯标出，则电路具有以下基本关系：

（1）三相负载的电压即为电源的线电压，且无论负载对称与否，电压总是对称的，即

$$U_L = U_P \tag{3-12}$$

（2）各相电流可分三个单相电路分别计算，即

$$\begin{cases} \dot{I}_{UV} = \dfrac{\dot{U}_{UV}}{Z_{UV}} = \dfrac{\dot{U}_{UV}}{|Z_{UV}|\angle\varphi_{UV}} = \dfrac{\dot{U}_{UV}}{|Z_{UV}|}\angle-\varphi_{UV} \\ \dot{I}_{VW} = \dfrac{\dot{U}_{VW}}{Z_{VW}} = \dfrac{\dot{U}_{VW}}{|Z_{VW}|\angle\varphi_{VW}} = \dfrac{\dot{U}_{VW}}{|Z_{VW}|}\angle-\varphi_{VW} \\ \dot{I}_{WU} = \dfrac{\dot{U}_{WU}}{Z_{WU}} = \dfrac{\dot{U}_{WU}}{|Z_{WU}|\angle\varphi_{WU}} = \dfrac{\dot{U}_{WU}}{|Z_{WU}|}\angle-\varphi_{WU} \end{cases} \tag{3-13}$$

（3）各线电流由两相邻相电流决定。如图 3-11 所示，根据 KCL，有

$$\begin{cases} \dot{I}_U = \dot{I}_{UV} - \dot{I}_{WU} \\ \dot{I}_V = \dot{I}_{VW} - \dot{I}_{UV} \\ \dot{I}_W = \dot{I}_{WU} - \dot{I}_{VW} \end{cases} \tag{3-14}$$

1. 负载对称时的三角形连接

三相负载对称时，$Z_{UV}=Z_{VW}=Z_{WU}=Z$，则相电流也是对称的，且相位互差 120°，如图 3-12 所示。显然，这时电路计算也可归结到一相来进行计算，即

$$I_{UV} = I_{VW} = I_{WU} = I_P = \frac{U_P}{|Z|} \tag{3-15}$$

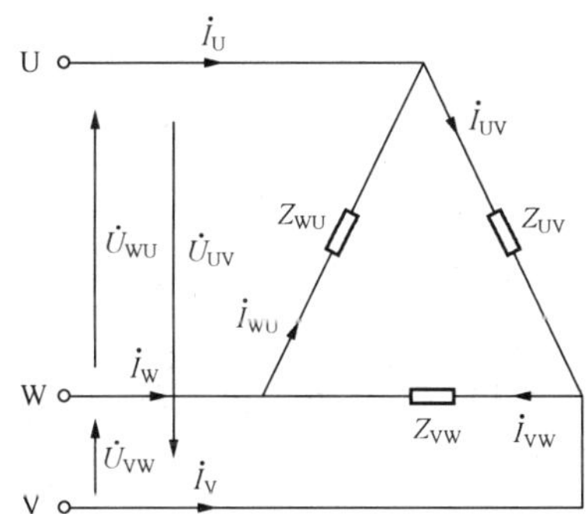

图 3-11 负载的三角形连接

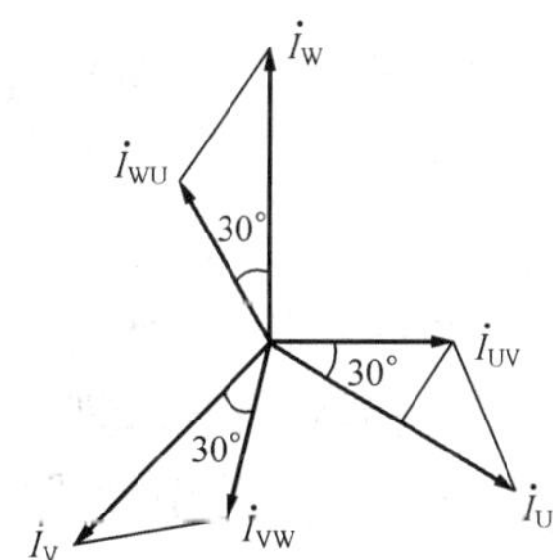

图 3-12 负载对称时电流相量图

由图 3-12 可见，三个线电流也是对称的。显然，线电流比相应的相电流滞后 30°，且

$$I_L = \sqrt{3} I_P \tag{3-16}$$

综合负载对称时星形与三角形连接的情况与特征可见，只要计算其中一相，再利用对称性便可得到其他的两个量。

2. 负载不对称时的三角形连接

负载不对称时，尽管三个相电压对称，但三个相电流因阻抗不同而不再对称，式（3-15）和式（3-16）的关系不再成立，只能逐相计算。

由上述可知，在负载三角形连接时，相电压对称。若某一相负载断开，并不影响其他两相的工作。如 VW 相负载断开时，UV 和 WU 相负载承受的电压仍为线电压，接在两相上

的单相负载仍正常工作。

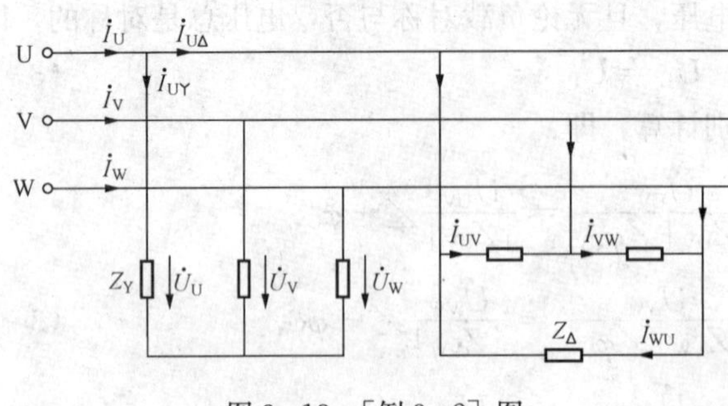

图 3-13 [例 3-2] 图

【例 3-2】 如图 3-13 所示的三相对称电路中，电源线电压为 380V。负载 $Z_Y=22\angle-30°\Omega$ 负载 $Z_\triangle=20\angle60°\Omega$，求：

(1) 星形接法时的负载相电压；

(2) 三角形接法时的负载相电流；

(3) 线路电流 $\dot{I}_U$、$\dot{I}_V$、$\dot{I}_W$。

解 (1) $U_U=U_V=U_W=\dfrac{U_L}{\sqrt{3}}=220(V)$

(2) $I_{UV}=I_{VW}=I_{WU}=\dfrac{U_L}{|Z_\triangle|}=19(A)$

(3) 设 $\dot{U}_{UV}=380\angle0°V$，由于对称，计算一相便可。

注意到星形连接时相电压滞后线电压 30°，则

$$\dot{I}_{UY}=\frac{\dot{U}_U}{Z_Y}=\frac{220\angle-30°}{22\angle-30°}=10(A)$$

而 $\dot{I}_{UV}=\dfrac{\dot{U}_{UV}}{Z_\triangle}=\dfrac{380\angle0°}{20\angle60°}=19\angle-60°(A)$，$\dot{I}_{U\triangle}$ 比 $\dot{I}_{UV}$ 又滞后 30°，则

$$\dot{I}_{U\triangle}=19\sqrt{3}\angle-90°A$$

故 $I_U=\sqrt{I_{UY}^2+I_{U\triangle}^2}=34.4(A)$， 或 $\dot{I}_U=34.4\angle-90°\ A$

根据对称性，有

$$\dot{I}_V=34.4\angle-210°A,\quad \dot{I}_W=34.4\angle30°A$$

【例 3-3】 大功率三相电动机启动时，由于启动电流较大而采用降压启动，其方法之一是启动时将电动机三相绕组接成星形，而在正常运行时改接为三角形。试比较当绕组星形连接和三角形连接时相电流的比值及线电流的比值。

解 当绕组按星形连接时

$$U_{YP}=\frac{U_L}{\sqrt{3}}$$

$$I_{YL}=I_{YP}=\frac{U_{YP}}{|Z|}=\frac{U_L}{\sqrt{3}|Z|}$$

当绕组按三角形连接时

$$U_{\triangle P}=U_L$$

$$I_{\triangle P}=\frac{U_{\triangle P}}{|Z|}=\frac{U_L}{|Z|}$$

$$I_{\triangle L}=\sqrt{3}I_{\triangle P}=\frac{\sqrt{3}U_L}{|Z|}$$

所以，两种接法相电流的比值为

$$\frac{I_{YP}}{I_{\triangle P}}=\frac{\frac{U_L}{\sqrt{3}|Z|}}{\frac{U_L}{|Z|}}=\frac{1}{\sqrt{3}}$$

线电流的比值为

$$\frac{I_{YL}}{I_{\triangle L}}=\frac{\frac{U_L}{\sqrt{3}|Z|}}{\frac{\sqrt{3}U_L}{|Z|}}=\frac{1}{3}$$

由［例 3-3］可知，同一个对称三相负载接于同一电路，当负载做三角形连接时的线电流是星形连接时线电流的三倍。

3.4 三相功率的计算

3.4.1 三相电路的功率

1. 有功功率

不论负载是星形负载或是三角形负载连接，总的有功功率必定等于各项有功功率之和，即

$$P=P_U+P_V+P_W=U_UI_U\cos\varphi+U_VI_V\cos\varphi+U_WI_W\cos\varphi \tag{3-17}$$

当三相负载对称时

$$P=3P_P=3U_PI_P\cos\varphi \tag{3-18}$$

其中，φ 是 U_P 与 I_P 间的相位差，即负载的阻抗角。

负载对称时，星形连接的相电压与三角形连接时的相电流均难以测得，故三相负载铭牌上标的额定值一般均为线电压与线电流，也便于测量。无论是星形连接，还是三角形连接的对称负载，都有 $3U_PI_P=\sqrt{3}U_LI_L$，所以式（3-18）常表示为

$$P=\sqrt{3}U_LI_L\cos\varphi \tag{3-19}$$

应注意，式（3-19）中的 φ 角仍是相电压 U_P 与相电流 I_P 之间的相位差。

2. 无功功率与视在功率

与有功功率的研究方法类似，三相无功功率也有

$$Q=3U_PU_P\sin\varphi=\sqrt{3}U_LI_L\sin\varphi \tag{3-20}$$

$$S=3U_PU_P=\sqrt{3}U_LI_L \tag{3-21}$$

【例 3-4】 有一对称三相负载，每相阻抗 $Z=80+j60\Omega$，电源线电压 $U_L=380V$。求当三相负载分别连接成星形和三角形时电路的有功功率和无功功率。

解 （1）负载为星形连接时

$$U_P=\frac{U_L}{\sqrt{3}}=220(V),\quad I_L=I_P=\frac{U_P}{|Z|}=\frac{220}{\sqrt{80^2+60^2}}=2.2(A)$$

$$\cos\varphi_P=\frac{80}{\sqrt{80^2+60^2}}=0.8,\quad \sin\varphi_P=0.6$$

$$P=\sqrt{3}U_LI_L\cos\varphi_P=\sqrt{3}\times380\times2.2\times0.8=1.16(kW)$$

$$Q=\sqrt{3}U_{L}I_{L}\sin\varphi_{P}=\sqrt{3}\times 380\times 2.2\times 0.6=0.87(\text{kvar})$$

(2) 负载为三角形连接时

$$U_{L}=U_{P}=380\text{V},\quad I_{L}=I_{P}=\sqrt{3}\frac{380}{\sqrt{80^{2}+60^{2}}}=6.6(\text{A})$$

$$P=\sqrt{3}U_{L}I_{L}\cos\varphi_{P}=\sqrt{3}\times 380\times 6.6\times 0.8=3.48(\text{kW})$$

$$Q=\sqrt{3}U_{L}I_{L}\sin\varphi_{P}=\sqrt{3}\times 380\times 6.6\times 0.6=2.61(\text{kvar})$$

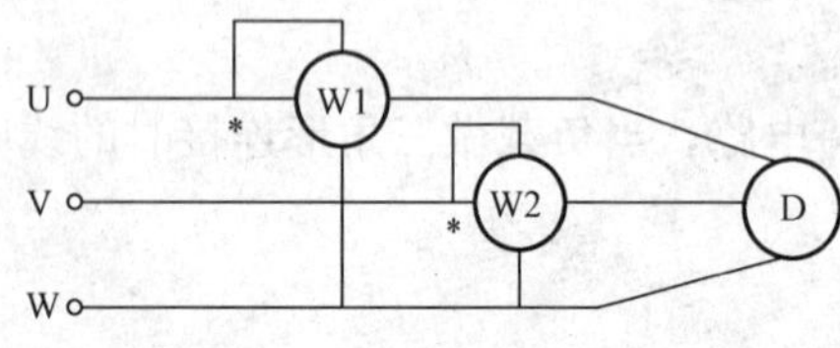

图 3-14 对称三相电路功率的测量

3.4.2 对称三相电路功率的测量

在三相三线制电路中，不论对称与否，测量三相电路中负载的总功率，常用“二瓦计”法，如图 3-14 所示。两只功率表的电流线圈分别串接于任意两根端线中，而电压线圈分别并联在本端线与第三根端线之间，则两块功率表的读数的代数和就是三相电路的总功率。证明如下：

图 3-14 中，有

$$P_{1}=U_{UW}I_{U}\cos\varphi_{P},\quad P_{2}=U_{VW}I_{V}\cos\varphi_{P}$$

$$\begin{aligned}P_{1}+P_{2}&=U_{UW}I_{U}\cos\varphi_{P}+U_{VW}I_{V}\cos\varphi_{P}=[(U_{U}-U_{W})I_{U}+(U_{V}-U_{W})I_{V}]\cos\varphi_{P}\\&=(U_{U}I_{U}-U_{W}I_{U}+U_{V}I_{V}-U_{W}I_{V})\cos\varphi_{P}=[U_{U}I_{U}+U_{V}I_{V}-U_{W}(I_{U}+I_{V})]\cos\varphi_{P}\\&=(U_{U}I_{U}+U_{V}I_{V}-U_{W}I_{W})\cos\varphi_{P}=P_{U}+P_{V}+P_{W}\end{aligned}$$

两块功率表的读数的代数和就是三相电路的总功率。

【例 3-5】 如图 3-14 所示的电路中，三相电动机的功率为 2.5kW，$\cos\varphi=0.866$，电源的线电压为 380V，求图中两功率表的读数。

解 由 $P=\sqrt{3}U_{L}I_{L}\cos\varphi_{P}$，可求得线电流为

$$I_{L}=\frac{P}{\sqrt{3}U_{L}\cos\varphi_{P}}=\frac{2.5\times 10^{3}}{\sqrt{3}\times 380\times 0.866}=4.386(\text{A})$$

$$\varphi=\arccos 0.866=30^{\circ}$$

令 $\dot{U}_{U}=220\angle 0^{\circ}\text{V}$，则图中功率表相关的电压、电流相量为

$$\dot{I}_{U}=4.386\angle -30^{\circ}\text{A},\quad \dot{U}_{UW}=380\angle -30^{\circ}\text{V}$$

$$\dot{I}_{V}=4.386\angle -150^{\circ}\text{A},\quad \dot{U}_{VW}=380\angle -90^{\circ}\text{V}$$

则功率表的读数为

$$P_{1}=U_{UW}I_{U}\cos\varphi_{P}=4.386\times 380\times\cos 0^{\circ}=1666.68(\text{W})$$

$$P_{2}=U_{VW}I_{V}\cos\varphi_{P}=4.386\times 380\times\cos 60^{\circ}=833.34(\text{W})$$

【例 3-6】 某三相异步电动机每相绕组的等值阻抗 $|Z|=27.74\Omega$，功率因数 $\cos\varphi=0.8$，正常运行时绕组做三角形连接，电源线电压为 380V。试求：(1) 正常运行时相电流，线电流和电动机的输入功率；(2) 为了减小启动电流，在启动时改接成星形，试求此时的相电流，线电流及电动机输入功率。

解 (1) 正常运行时，电动机做三角形连接，则

$$I_{P}=\frac{U_{L}}{|Z|}=\frac{380}{27.74}=13.7(\text{A}),\quad I_{L}=\sqrt{3}I_{P}=\sqrt{3}\times 13.7=23.7(\text{A})$$

$$P=\sqrt{3}U_L I_L\cos\varphi_P=\sqrt{3}\times380\times23.7\times0.8=12.51(\text{kW})$$

（2）启动时，电动机星形连接，则

$$I_P=\frac{U_P}{|Z|}=\frac{380/\sqrt{3}}{27.74}=7.9(\text{A}),\quad I_L=I_P=7.9(\text{A})$$

$$P=\sqrt{3}U_L I_L\cos\varphi_P=\sqrt{3}\times380\times7.9\times0.8=4.17(\text{A})$$

由［例 3-6］可知，同一个对称三相负载接于同一电路，当负载做三角形连接时的线电流是星形连接时线电流的三倍，做三角形连接时的功率也是做星形连接时功率的三倍。

3.5 安全用电

电能造福人类，但是如果用法不当，又会给人类造成巨大损失，轻者短路起火，重者会夺去人的性命。所以大家除了掌握电的基本知识以外，还要学习必要的用电安全措施，做到安全用电。

3.5.1 触电方式

为了安全用电，应该了解人体的触电原因和触电方式，在日常生活中我们就可以根据具体可能发生触电的危险性进行防范。

1. 人为什么会触电

人体本身就是一个导体，有一定的电阻。当人触及带电体并且没有防护措施的情况下，电流就会对人体造成伤害。如果电流通过人体内部，破坏人的心肺与神经系统，就会引起人体心室颤动或窒息，从而导致电击死亡。而在某些情况下电流只对人体外部造成局部伤害，如电灼伤、电烙印和皮肤金属化。

对于工频交流电，按照人体对所通过大小不同的电流所呈现的反应，可将电流划分为感知电流、摆脱电流和致命电流三级。这三种电流对人体的影响见表 3-1。

表 3-1　　三种电流对人体的影响

名称	定　义	大　小	
		成年男子	成年女子
感知电流	引起感知的最小电流	1.1mA	0.7mA
摆脱电流	人触电后能自主摆脱电源的最大电流	9mA	6mA
致命电流	在较短时间内引起心室颤动、危及生命的电流	与通电时间有关	

2. 触电有哪几种

按照人体触及带电体的方式和电流通过人体的途径，人体触电方式有单相触电、两相触电和跨步电压触电。

（1）单相触电。单相触电是指人站在地面或其他接地导体上，人体某一部分触及相带电体的触电事故。带电体、人体和大地形成一个回路，有电流通过。

对于中性点接地系统，发生单相触电时，人体处于相电压作用下，如图 3-15（a）所示，触电电流经过人体、大地和中性点的接地电阻形成通路。对于中性点不接地系统单相触电，形成触电电流的通路是人体、大地和线路对大地的分布电容，如图 3-15（b）所示。由

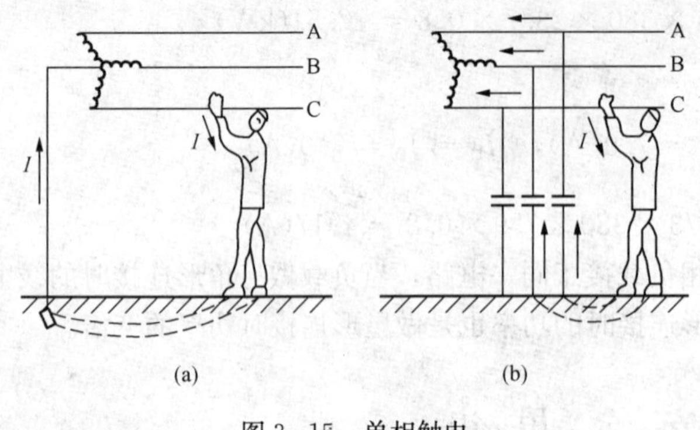

图 3-15　单相触电

于中性点接地系统的接地电阻阻值甚小，所以中性点接地系统的单相触电较后者危险性更大。

（2）两相触电。两相触电是指人体两处同时触及两相带电体的触电事故，如图 3-16 所示，人体处在线电压作用下，所以两相触电是最危险的触电。

（3）跨步电压触电。跨步电压触电是指人在接地点附近，由两脚之间的跨步压引起的触电事故。当带电体接地时，人站在接地点附近的一定范围内，如图 3-17 所示，两脚之间承受一定的电位差而引起人体触电。人站的位置离接地体越近，跨步距离越大，跨步电压就越大。

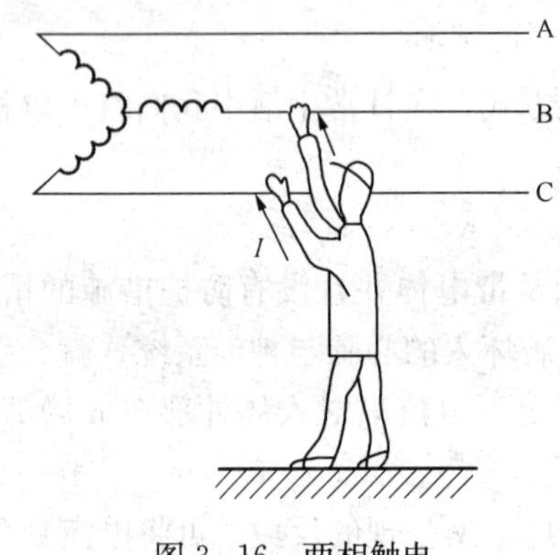

图 3-16　两相触电

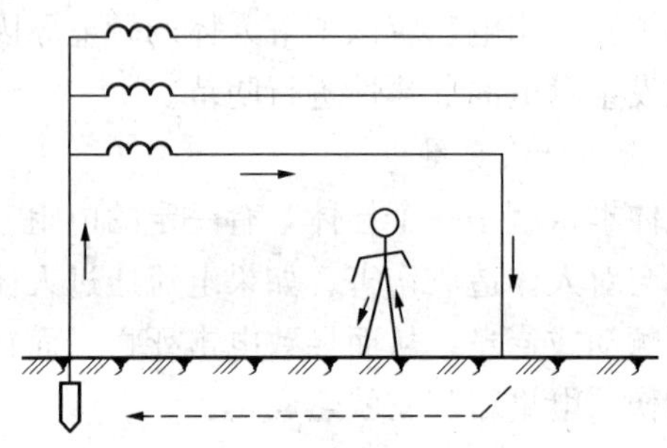

图 3-17　跨步电压触电

3.5.2　怎样预防触电

人们的生活中处处离不开电，如何预防触电，保证正常的生产、生活就显得尤为重要。对电工来说，最重要的是如何根据各类安全规程保证电路设备的正常运行，具体要求可参照有关规程。下面介绍与日常生活息息相关的安全防范措施。

1. 要有必要的安全知识

（1）电气设备应防潮。所有的电气设备都应防止因雨雪的侵袭而受潮，若电气设备受潮，其绝缘电阻便会下降或接地电阻增大，造成金属外壳带电。这也是人体触电最常见的原因之一。

（2）在一个插座上不可引接过多或功率过大的用电设备。

（3）不可用金属线（如铅丝）绑扎电源线。

（4）不可用潮湿的手触及开关、插座、灯座等电气装置，更不可用湿布去擦拭电气装置和用电设备。

（5）在搬运可移动电气设备（如电焊机、电炉、电风扇等）时，必须先切断电源。

（6）安全电压的应用。我国安全电压额定值的等级有 42、36、24、12、6V 五个等级。在潮湿的环境中使用移动电器时，应采用额定电压为 36V 以下的低压电源，或采用 1∶1 隔离变压器。

(7) 在雷雨时，不可走近高压电杆、铁塔和避雷针的接地装置周围，至少要相距 10m，以防雷电入地时周围存在跨步电压而造成触电。

2. 安装保护设备

(1) 使用自动空气开关。自动空气开关是一种具有短路、过载、欠压、失压等多种保护功能的开关。如果自动开关与漏电装置组装在一起，则称为漏电自动开关，同时具有漏电保护功能。

(2) 接熔断器。为防止负载短路或过流，单相电气设备的开关必须通过熔断器接到相线上，如图 3-18 所示。

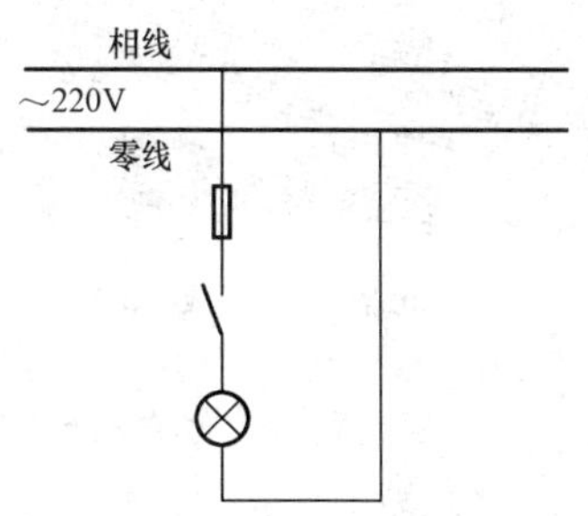

图 3-18 单相电气设备的接线

3. 创造不导电环境

(1) 绝缘。为了避免因带电体互相接触或带电体与人体接触而发生短路、触电等事故，必须将带电体绝缘。常见的绝缘材料有瓷、玻璃、云母、橡胶、木材、胶木、塑料、布、纸、矿物油等。常见的低压基本绝缘安全用具有绝缘手套、装有绝缘柄的工具、低压试电笔。它们的绝缘程度足可以抵抗电气设备运行电压，并且能够直接接触电源。绝缘靴、绝缘垫、绝缘台属于低压辅助安全绝缘工具，它们不能够直接接触电源。

(2) 屏护。当电气设备不便于绝缘或绝缘不足以保证安全时，应采取屏护措施。屏护是采用遮栏、护罩、护盖、隔板、箱匣等把带电体同外界隔绝开来。例如，开关电器的可动部分一般不能包以绝缘，而需要屏护；除防止触电的作用外，有的屏护装置还起到防止电弧伤人，防止弧光短路，以及便于检修工作的作用。屏护装置不能与带电体相接触，所用的材料应有足够的机械强度和良好的防火性能。

(3) 间距。间距就是保持一定间隔距离以防止无意或过分接近带电体而发生触电事故。凡易于接近的带电体，应保持在手臂触及范围之外。正常工作中需使用较长工具时，间隔距离应适当加大。

3.5.3 触电的急救措施

如果现场发生人身触电事故，首先切记要镇定，千万不能惊慌失措，然后按照以下步骤进行救护。

1. 迅速切断电源

一旦发现有人触电，应首先迅速切断电源，如断开开关、拔下插头或熔断器等。如果事故现场离电源太远，应使用非导电体，如木棒、竹竿、塑料棍等，去拨开电源，具体做法如图 3-19 所示。如果触电者脱离电源后有摔跌的可能，还应做好防止摔伤的措施。

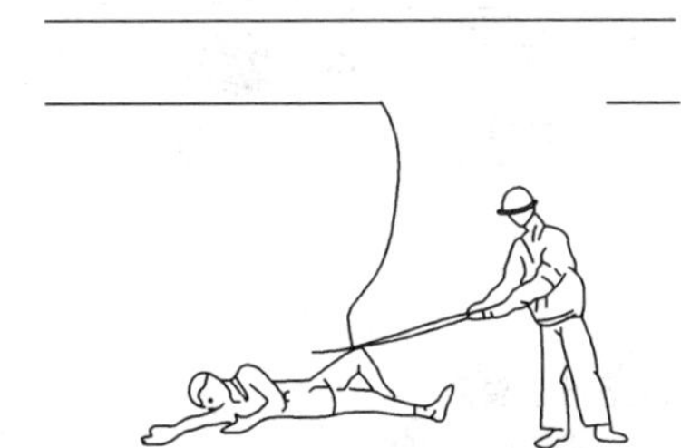
图 3-19 触电者脱离电源的方法

2. 触电程度轻重的判断

触电者一经脱离电源，应立即进行检查。若是已经失去知觉，便着重检查触电者的双目瞳孔是否已经放大，呼吸是否停止，以及心脏的跳动情况如何。应在现场就地抢救，打开窗户，使触电者仰天平卧，松开衣服和腰带，但要注意触电者的保暖，并及时通知医务人员前来抢救。检查方法如图 3-20 所示。

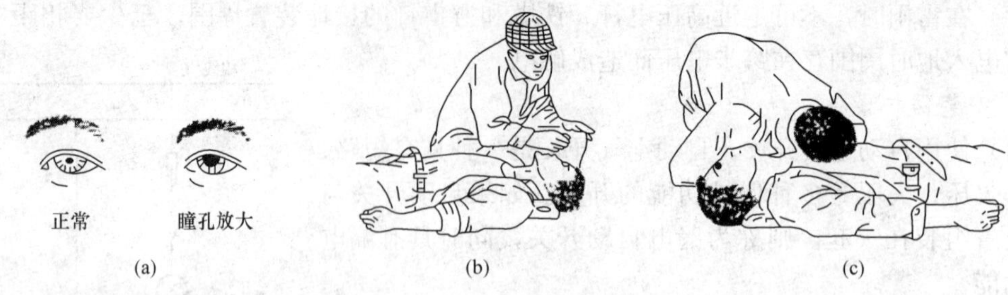

(a) (b) (c)

图 3-20 对触电者的检查
(a) 检查瞳孔；(b) 检查呼吸；(c) 检查心跳

3. 急救措施

根据检查结果，立即采取相应的急救措施：

对神志清醒，触电程度较轻者，应让其充分休息，尽量少移动，只要经过适当护理，一般无生命危险。

对昏迷不醒但仍有呼吸和脉搏者，最好马上送往就近医院，在护送过程中应密切注意呼吸心跳情况。一旦发现停止，便需立刻进行人工呼吸法和胸外心脏按压法进行抢救。

对呼吸和心跳都已停止的严重触电者，应立刻采用口对口人工呼吸法和胸外心脏按压法进行抢救，具体施行步骤和方法如下：

(1) 口对口（或口对鼻）人工呼吸法。

1) 将有心跳而无呼吸的触电者仰天平卧，颈部枕垫软物，头部稍后仰，同时松开其衣服腰带。

2) 清除触电者口腔中血块、痰唾或口沫，取下假牙等杂物。

3) 急救者深深吸气，捏紧触电者鼻子，大口地向触电者口中吹气，大约 2s，然后放松触电者鼻子，使之自身呼气，大约 5s；同时，急救者又大口吸气，再向触电者吹气，每次重复，应保均匀的间隔时司，以每 5s 一次为宜，人工呼吸要坚持连续进行，不可间断，直至触电者苏醒，或经医生确认死亡为止。口对口人工呼吸法，如图 3-21 所示。

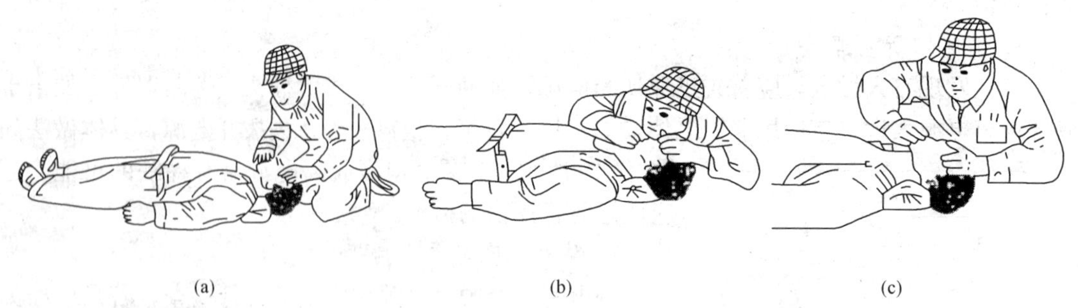
(a) (b) (c)

图 3-21 口对口人工呼吸法
(a) 触电者平卧姿势；(b) 急救者吹气方法；(c) 触电者呼气姿态

(2) 胸外心脏按压法。

1) 使有呼吸而无心跳的触电者仰天平卧，颈部枕垫软物，头部稍后仰，急救者按图 3-22 (a) 所示跪跨在触电者臀部位置，右手掌按如图 3-22 (b) 所示的位置安放在触电者胸上，左手掌覆压在右手背上。

2）急救者向触电者胸下按压 3～4cm 后，突然放松，如图 3-22（c）、（d）所示。按压与放松的动作要有节奏，每秒钟进行一次。必须坚持连续进行，不可中断，直到触电者苏醒为止。急救者在按压时，切忌用力过猛，以防造成触电者内伤，但也不可用力过小，而使按压无效。

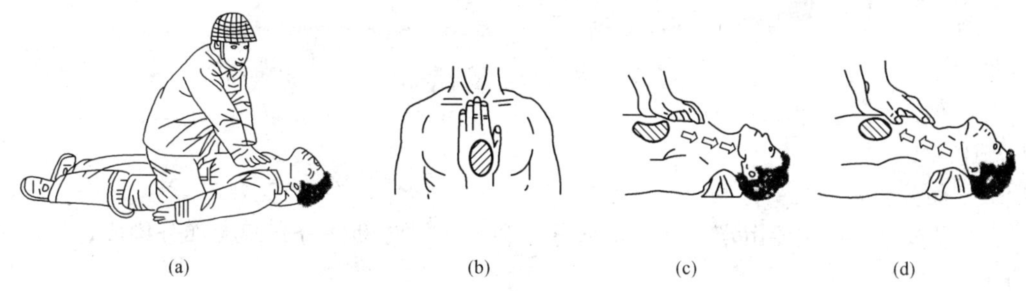

(a) (b) (c) (d)

图 3-22 胸外心脏按压法

（a）急救者跪跨位置；（b）急救者左胸的手掌位置；（c）按压方法示意；（d）突然放松示意

（3）对心跳和呼吸都停止的触电者的急救，可同时采用口对口呼吸法和胸外心脏按压法。如果现场无其他人，可采用单人操作。单人进行抢救时，先给触电者吹气 3～4 次，然后再按压 3～8 次，如图 3-23（a）所示；接着交替重复进行，直到触电者苏醒为止。如果由两人合作进行抢救更为适宜，方法是上述两种方法的组合，但在吹气时应将其胸部放松，按压只可在换气时进行，如图 3-23（b）所示。

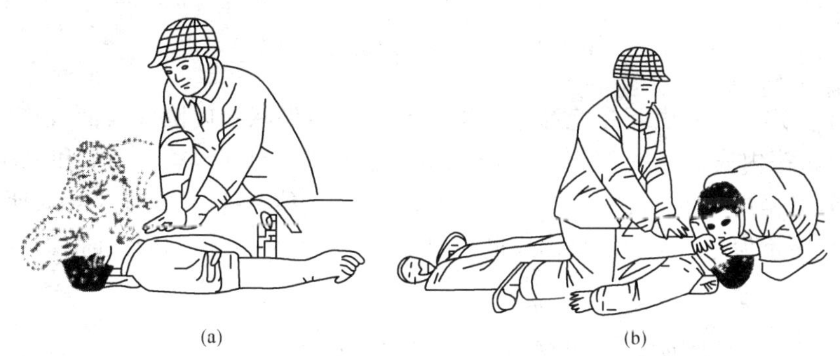

(a) (b)

图 3-23 对心跳和呼吸均停止者的急救

（a）单人操作法；（b）双人操作法

3.6 三相交流电路在汽车上的应用

实际中汽车保养与维护常要用到汽车举升设备（见图 3-24），其控制电路需要采用三相交流电的控制电路。

3.6.1 三相异步电动机

三相异步电动机是应用极为广泛的动力电气设备。它的结构简单、价格便宜、运行可靠、维护方便。在这里主要介绍三相异步电动机的结构，其工作原理与发电机基本相似，在

图 3 - 24　汽车举升设备

此不赘述。

1. 三相异步电动机的结构

三相异步电动机主要由定子（固定部分）和转子（转动部分）两大部分构成，如图 3 - 25 所示。

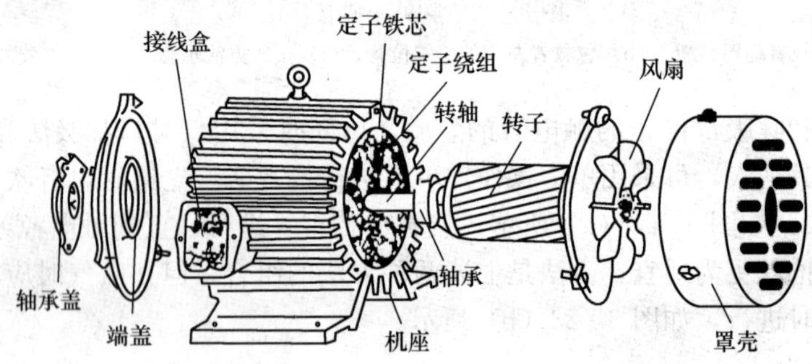

图 3 - 25　三相异步电动机的构造

（1）定子。定子铁芯由互相绝缘的硅钢片叠成圆筒形状，内圆周表面有均匀分布的槽（见图 3 - 26），槽内安放三相绕组。定子绕组的三个首端 U1、V1、W1 和三个末端 U2、V2、W2 分别引至电动机机座上的出线盒中的六个接线柱上，如图 3 - 27 所示。其中，图 3 - 27（b）所示为定子绕组的星形连接，图 3 - 27（c）所示为三角形连接。

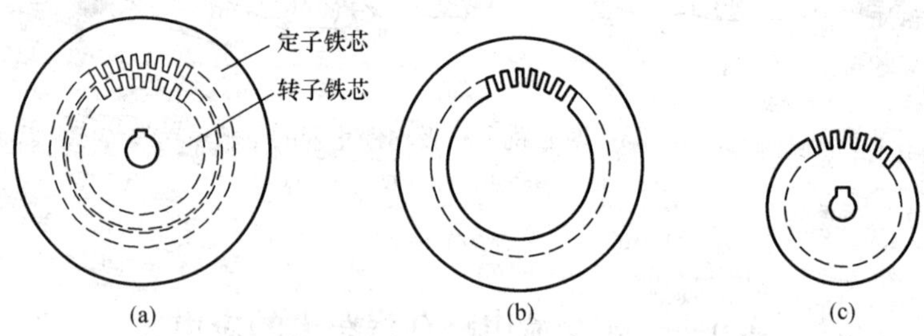

图 3 - 26　定子和转子铁芯结构

（a）定子和转子的铁芯；（b）定子铁芯；（c）转子铁芯

（2）转子。三相异步电动机的转子根据构造上的不同分为两种形式：鼠笼式和绕线式。转子由转子铁芯、转子绕组、转轴等部分构成。转子铁芯是圆柱状，也用硅钢片叠成，表面冲有槽，如图 3 - 26（c）所示。铁芯装在转轴上，轴上加机械负载。

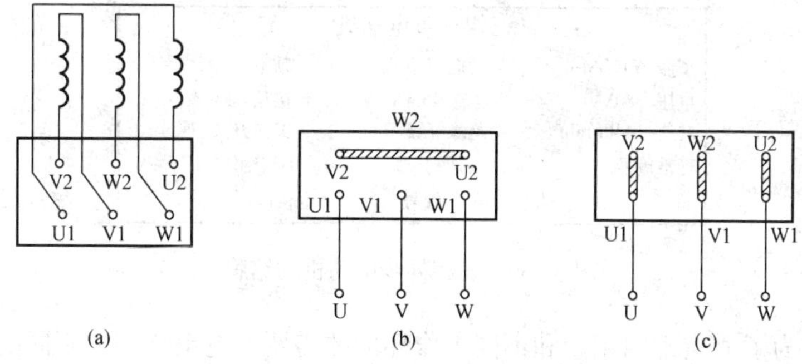

图 3-27　定子绕组的接线方法

(a) 接线端子；(b) 星形连接；(c) 三角形连接

1）鼠笼式。鼠笼式的转子绕组做成鼠笼状，就是在转子铁芯的槽中放铜条，其两端用端环连接如图 3-28 所示；或者在槽中浇铸铝液，铸成一个鼠笼，如图 3-28（c）所示，这样便可以用比较便宜的铝来代替铜，同时制造也快。因此，目前中小型鼠笼式电动机的转子很多是铸铝的。鼠笼式异步电动机的“鼠笼”是它的构造特点，易于识别。由于构造简单，价格低廉、工作可靠、使用方便，鼠笼式异步电动机已成为生产上应用最广泛的一种电动机。

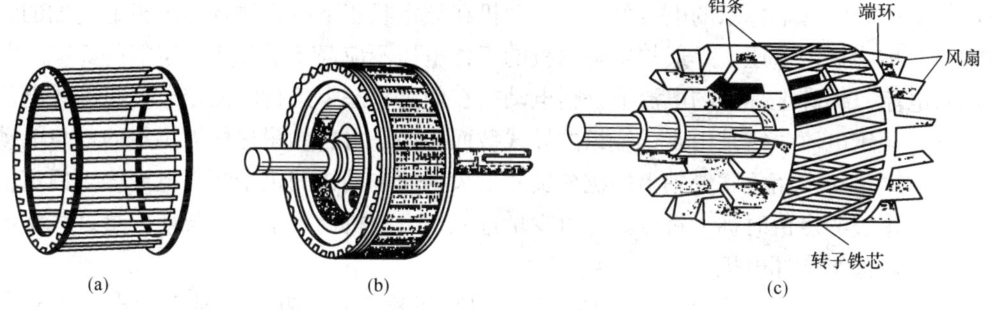

图 3-28　鼠笼式转了结构图

(a) 鼠笼式绕组；(b) 转子外形；(c) 铸铝转子

2）绕线式。绕线式异步电动机的构造如图 3-29 所示，它的转子绕组同定子绕组一样，也是三相的，并连成星形。每相的始端连接在三个铜制的滑环上，滑环固定在转轴上。环与环、环与转轴之间都互相绝缘。在环上用弹簧压着碳质电刷。启动电阻和调速电阻是借助于电刷同滑环和转子绕组连接的，如图 3-29 所示。通常就是根据绕线式异步电动具有三个滑环的构造特点来辨认它的。

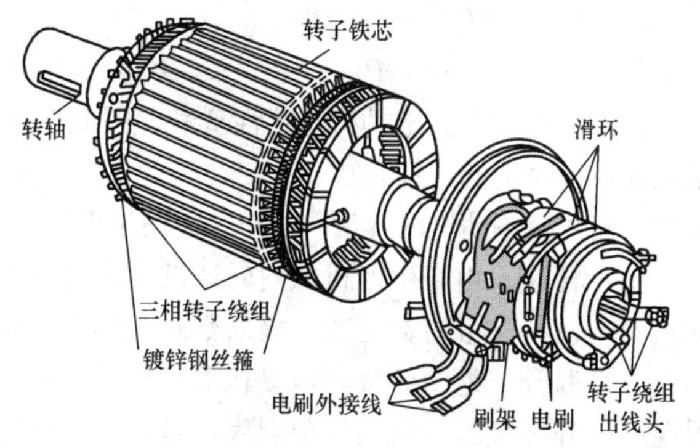

图 3-29　绕线式异步电动机的构造

2. 三相异步电动机的铭牌数据

要正确使用电动机，必须看懂铭牌，现以 Y132M-4 型电动机的铭牌为例加以说明，如图 3-30 所示。

三相异步电动机		
型号 Y132M-4	功能 7.5kW	频率 50Hz
电压 380V	电流 15.4A	接法 △
转速 1440r/min	绝缘等级 B	工作方式 连续
标准编号	工作制 S1	B级绝缘
年 月 编号 ××电机厂		

图 3-30 三相异步电动机的铭牌

(1) 型号。为了适应不同用途和不同工作环境的需要，电动机制成不同的系列，每种系列用各种型号表示。型号说明如下：

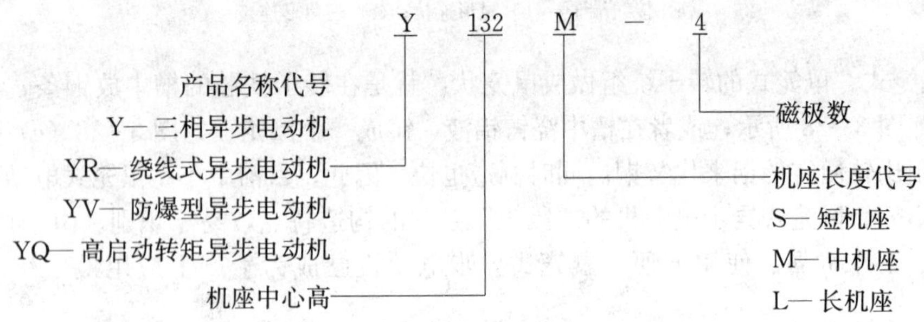

(2) 电压。铭牌上标示的电压值是指电动机在额定状态下运行时定子绕组上应加的线电压有效值，称为额定电压。一般规定电动机的工作电压不应高于或低于额定值的5%。

(3) 电流。铭牌上标示的电流值是指电动机在额定状态下运行时的定子绕组的线电流有效值，称为额定电流。它是由定子绕组的导线截面和绝缘材料的耐热能力决定的，与电动机轴上输出的额定功率相关联。轴上的机械负载增大到使电动机的定子绕组电流等于额定值时称为满载，超过额定值时称为过载。短时少量过载，电动机尚可承受，长期大量过载将影响电动机寿命，甚至烧坏电机。

(4) 功率与效率。铭牌上标示的功率值是电动机额定运行状态下轴上输出的机械功率值，称为额定功率。电动机输出的机械功率 P_2 与它输入的电功率 P_1 是不相等的，输入的电功率减掉电动机本身的铁损耗 P_{Fe}、铜损耗 P_{Cu} 及机械损耗后才等于 P_2，额定情况下的 $P_2=P_N$。输出的机械功率与输入的电功率之比，称为电动机的效率 η。以 Y132M-4 为例，有

输入功率 $P_1=\sqrt{3}U_1I_1\cos\varphi=\sqrt{3}\times 380\times 15.4\times 0.85=8.6(\text{kW})$

输出功率 $P_2=7.5\text{kW}$

效率 $\eta=P_2/P_1=(7.5/8.6)\times 100\%=87\%$

(5) 功率因数。电动机是感性负载，因此功率因数较低，额定负载时，为0.7～0.9；在空载和轻载时更低，只有0.2～0.3。因此，异步电动机不宜运行在空载和轻载状态下，使用时必须正确选择电动机的容量，防止“大马拉小车”的浪费现象，并力求缩短空载的时间。

(6) 转速。由于生产机械对转速的要求各有差异，因此需要生产不同转速的电动机。电动机的转速与磁极对数有关，极对数越多的电动机转速越低。

(7) 温升与绝缘等级。电动机的绝缘等级是按其绕组所用的绝缘材料在使用时允许的极限温度来分等级的。所谓极限温度，是指电动机绝缘结构中最热点的最高容许温度。其技术数据见表3-2。

表 3-2 **绝缘等级及其最高允许温度**

绝缘等级	Y	A	E	B	F	H	C
最高允许温度（℃）	90	105	120	130	155	180	180 以上

（8）接法。这是指定子三相绕组（U1U2，V1V2，W1W2）的接法。如前所述，电动机机座的出线盒中有三相绕组的六个接线柱，具体的连接方法有星形（Y）连接和三角形（△）连接两种，如图 3-27 所示。

3.6.2 常用低压控制电器

1. 低压开关

低压开关主要用作隔离、转换，以及接通和分断电路用，大多作为机床电路的电源开关、局部照明电路的控制，有时也可用于小容量电动机的启动、停止和正反转控制。

低压开关一般为非自动切换电器，常用的主要类型有刀开关、转换开关、自动空气开关等。

（1）刀开关。刀开关也称闸刀开关。主要作为电源引入开关或不频繁接通与分断容量不太大的负载。

根据工作原理、使用条件和结构形式的不同，刀开关可分为刀开关、刀形转换开关、开启式负荷开关（胶盖瓷底刀开关）、封闭式负荷开关（铁壳开关）、熔断器式刀开关、组合开关等。

根据刀的极数和操作方式，刀开关可分为单极、双极和三极。常用的三极开关额定电流有 100、200、400、600、1000A 等。通常，除特殊的大电流刀开关有电动机操作外，一般都是采用手动操作方式。

刀开关的外形结构如图 3-31（a）、（b）所示；图 3-30（c）所示为刀开关的符号，其文字符号为 QS。

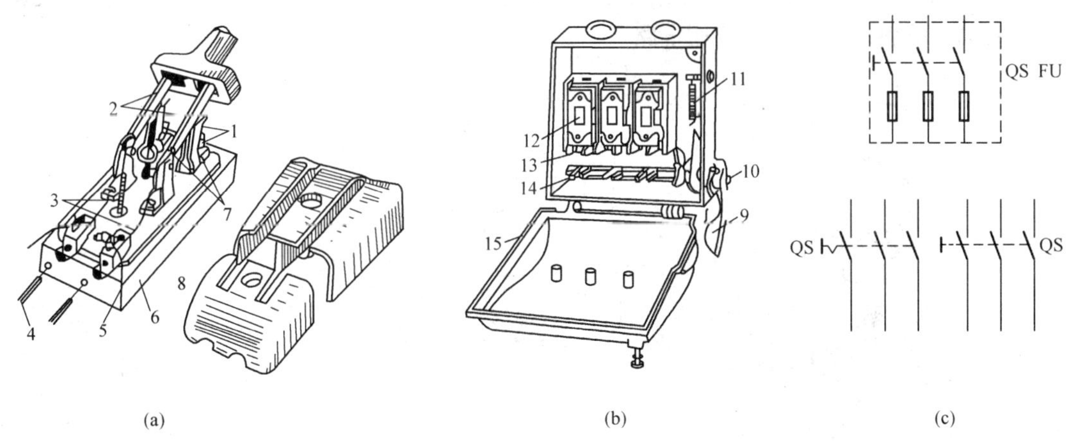

图 3-31 刀开关外形结构及符号

（a）开启式负荷开关；（b）封闭式负荷开关；（c）符号

1—电源进线座；2—刀片；3—熔丝；4—负载线；5—负载接线座；6—瓷底座；7—静触点；8—胶木片；9—手柄；10—转轴；11—速断弹簧；12—熔断器；13—夹座；14—闸刀；15—外壳前盖

刀开关的接通操作是用手握住手柄，使触刀绕铰链支座转动，推入插座内即完成。分断操作与接通操作相反，即向外拉动手柄，使触刀脱离静插座。

刀开关可靠工作的关键之一是触刀与静插座之间有着良好的接触，这就要求它们之间有一定的接触压力。对于额定电流较小的刀开关，静插座使用硬紫铜制成，利用材料的弹性来产生所需的接触压力；对于额定电流较大的刀开关，可另外在静插座两侧加弹簧的方法进一步增大接触压力。

刀开关安装时，手柄要向上，不得倒装或平装。如果倒装，则拉闸后手柄可能因自重下落引起误合闸而造成人身和设备安全事故。接线时，应将电源进线接在上端，负载出线接在下端。

刀开关有 HD（单投）系列和 HS（双投）系列，它们都适用于交流 50Hz、额定电压至 500V，直流额定电压至 440V、额定电流至 1500A 的成套配电装置中，作为非频繁地手动接通和分断电路使用，或作为隔离开关使用，其型号含义如下：

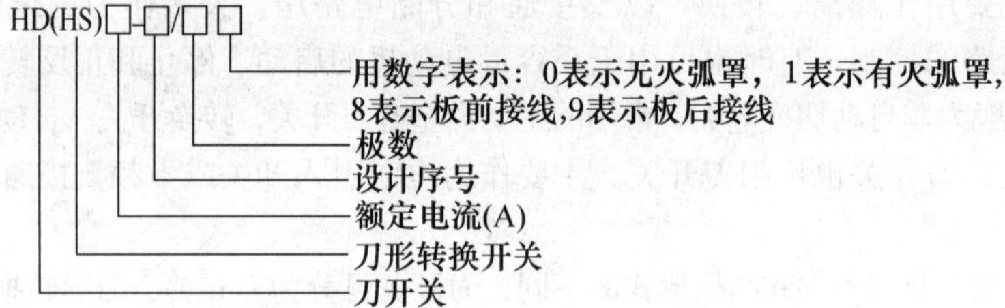

（2）组合开关。组合开关又称转换开关，也是一种刀开关。不过它的刀片（动触片）是转动式的，比刀开关轻巧而且组合性强，能组成各种不同的线路。

组合开关有单极、双极和三极之分，由若干个动触点及静触点分别装在数层绝缘件内组成，动触点随手柄旋转而变更其通断位置。组合开关主要由动触片、静触片、转轴、凸轮、弹簧、手柄等零件构成，结构如图 3-32（a）所示。由于该机构采用了弹簧储能结构从而能快速闭合及分断开关，使开关闭合和分断的速度与手动操作无关，提高了产品的通断能力。其结构示意如图 3-32（b）所示。由图可知，静止时虽然触点位置不同，但当手柄转动 90°时，三对动、静触点均闭合，接通电路。

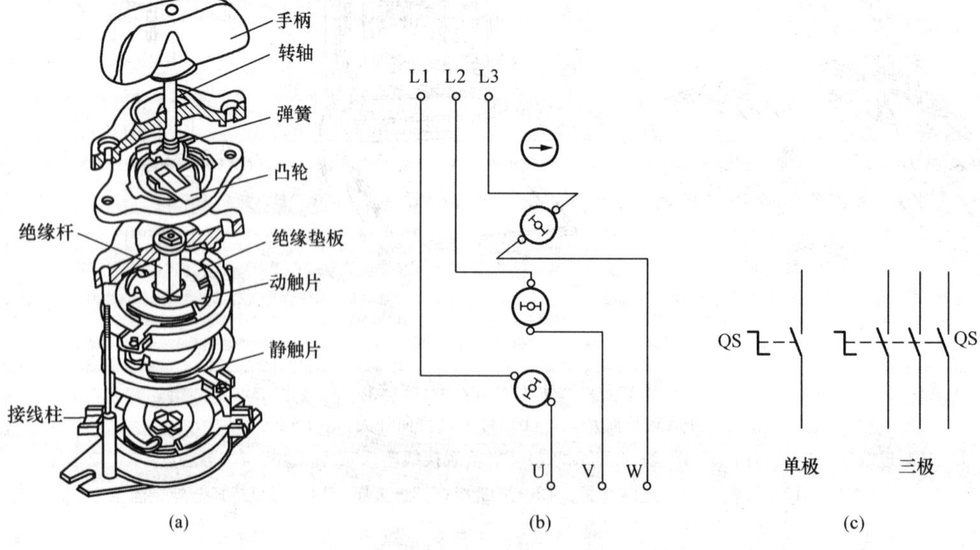

图 3-32　组合开关外形结构及符号

（a）结构图；（b）示意图；（c）图形和文字符号

在机床电气控制回路中，组合开关常用来作为电源引入开关，也可用它来直接启动和停止小容量三相交流笼型电动机或使电动机正反转。组合开关是根据电源种类、电压等级、所需触点数、接线方式进行选用，在用它控制异步电动机启停时，每小时接通次数一般不超过15～20次，开关的额定电流也应选得略大一些，一般取电动机额定电流的1.5～2.5倍。组合开关的图形和文字符号如图3-32（c）所示。

组合开关的型号含义如下：

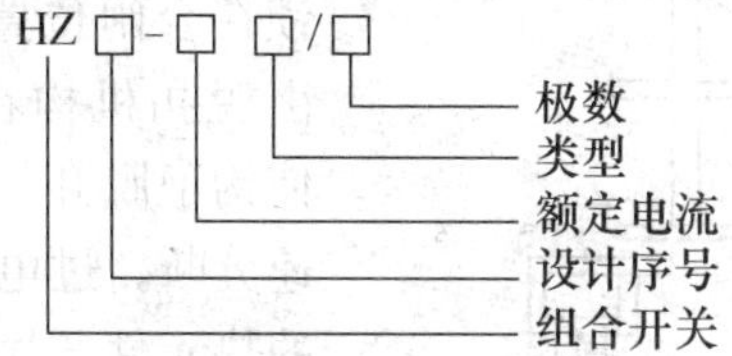

其中，类型是指凡不标出类型代号（拼音字母）者，是同时通断或交替通断的产品；有P代号者，是二位转换的产品；有S代号者，是三位转换的产品；有Z代号者，是供转接电阻用的产品；有X代号者，是控制电动机做星形-三角形降压启动用的产品。

交替通断的产品，其极数标志部分有两位数字：前一位表示在起始位置上接通的电路数；第二位表示总的通断电路数。两位转换的产品，其极数标志前无字母代号者，是有一位断路的产品；极数标志前有字母代号B者，是有两位断路的产品；极数标志前有数字代号0者，是无断路的产品。

（3）低压断路器。低压断路器又称自动空气开关或自动空气断路器，其作用是不仅可以正常工作时接通或断开电路，而且可以在电路发生过载、短路、失压或欠压等故障时自动切断电路。从功能上，它相当于刀开关、熔断器、热继电器和欠压继电器的组合，集控制与多种保护于一身，并具有操作安全、使用方便、工作可靠、安装简单、分断能力高等优点，主要用于低压配电线路中。

空气断路器外形结构如图3-33（a）所示。图3-33（b）所示为空气断路器的符号，其文字符号为QF。

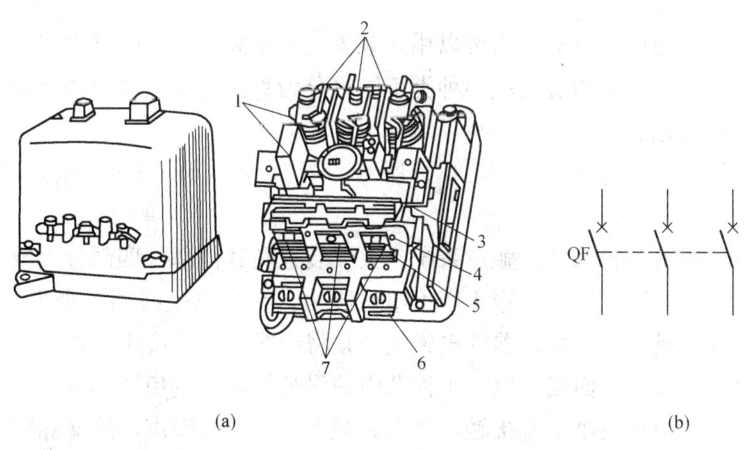

图3-33 空气断路器外形结构及符号

（a）外形结构；（b）符号

1—按钮；2—电磁脱扣器；3—自由脱扣器；4—动触点；5—静触点；6—接线柱；7—热脱扣器

低压断路器主要由触点系统、操作机构和保护元件三部分组成。主触点由耐弧合金制成，采用灭弧栅片灭弧；操作机构较复杂，其通断可用操作手柄操作，也可用电磁机构操作，故障时自动脱扣，触点通断瞬时动作与手柄操作速度无关。

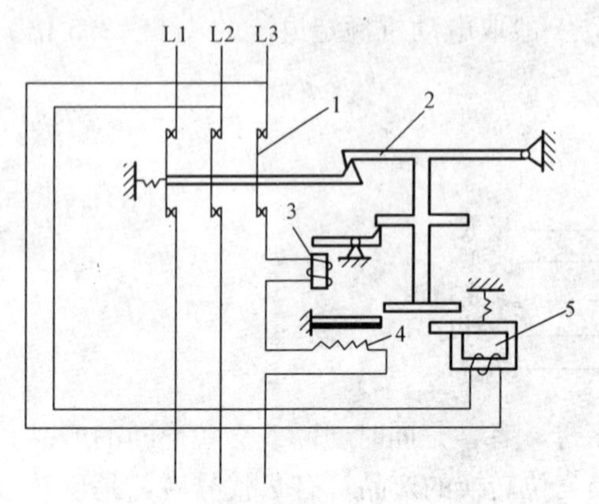

图 3-34 低压断路器动作原理示意

1—主触点；2—自由脱扣机构；3—过电流脱扣器；4—热脱扣器；5—失压脱扣器

低压断路器的动作原理示意如图 3-34 所示。开关的主触点是靠操作机构手动或电动合闸的，并且自由脱扣机构将主触点锁在合闸位置上。如果电路发生故障，自由脱扣机构在有关脱扣器的推动下动作，使钩子脱开。于是主触点在弹簧作用下迅速分断。过电流脱扣器的线圈和热脱扣器的热元件与主电路串联，失压脱扣器的线圈与电路并联。当电路发生短路或严重过载时，过电流脱扣器的衔铁被吸合，使自由脱扣机构动作。当电路过载时，热脱扣器的热元件产生的热增量加，使双金属片向上弯曲，推动自由脱扣机构动作。当电路失压时，失压脱扣器的衔铁释放，也使自由脱扣机构动作。

空气断路器的型号含义为

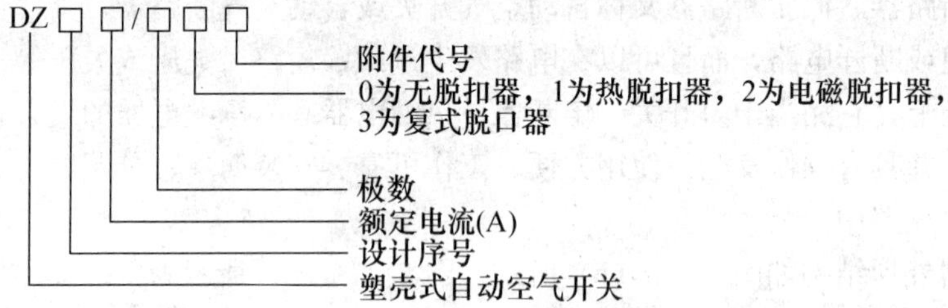

2. 接触器

接触器是一种自动控制电器，它可以用来频繁地远距离接通或断开大容量的交、直流负载电路。接触器按其主触点通过电流的种类不同可分为直流和交流接触器两种，目前在控制系统中多采用交流接触器。

交流接触器的外形结构如图 3-35（a）所示，图 3-35（b）所示为接触器的图形符号，其文字符号为 KM。

交流接触器主要由电磁系统、触点系统、灭弧装置及其他部件四部分组成。

（1）电磁系统。电磁系统主要用于产生电磁吸力，它由电磁线圈（吸力线圈）、动铁芯（衔铁）、静铁芯等组成。交流接触器的电磁线圈是将绝缘铜导线绕制在铁芯上制成的。交流接触器的铁芯由硅钢片叠压而成，以减小铁芯中的涡流损耗，避免铁芯过热。在铁芯上装有一个短路铜环，其作用是减小交流接触器吸合时产生的振动和噪声，故又称减振环，其材料为铜或镍铬合金等。

（2）触点系统。触点系统主要用于通断电路或传递信号，分为主触点和辅助触点。主触点用以通断电流较大的主电路，一般由三对动合触点组成；辅助触点用以通断电流较小的控

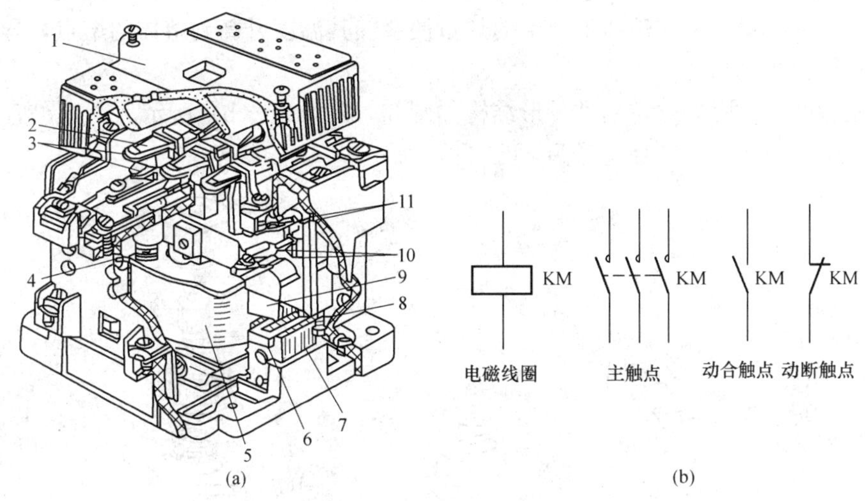

图 3-35 交流接触器外形结构及符号

(a) 外形结构；(b) 符号

1—灭弧罩；2—触点压力弹簧片；3—主触点；4—反作用弹簧；5—线圈；6—短路环；7—静铁芯；8—弹簧；9—动铁芯；10—辅助动合触点；11—辅助动断触点

制电路，一般有动合和动断各两对触点，常在控制电路中起电气自锁或互锁作用。

(3) 灭弧装置。灭弧装置用来熄灭触点在切断电路时所产生的电弧，保护触点不受电弧灼伤。在交流接触器中常采用的灭弧方法有电动力灭弧和栅片灭弧。

(4) 其他部件。包括反作用弹簧、缓冲弹簧、传动机构、接线柱、外壳等。

交流接触器动作原理如图 3-36 所示。线圈得电以后，产生的磁场将铁芯磁化，吸引动铁芯，克服反作用弹簧的弹力，使它向着静铁芯运动，拖动触点系统运动，使得动合触点闭合、动断触点断开。一旦电源电压消失或者显著降低，以致电磁线圈没有激磁或激磁不足，动铁芯就会因电磁吸力消失或过小而在反作用弹簧的弹力作用下释放，使得动触点与静触点脱离，触点恢复线圈未通电时的状态。

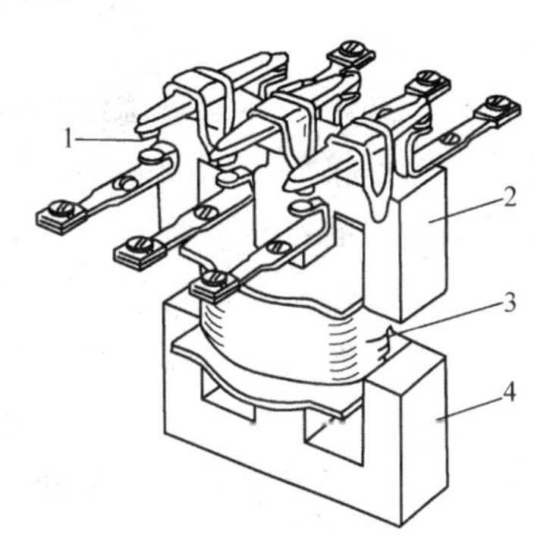

图 3-36 交流接触器动作原理

1—主触点；2—衔铁；3—电磁线圈；4—静铁芯

接触器型号含义为

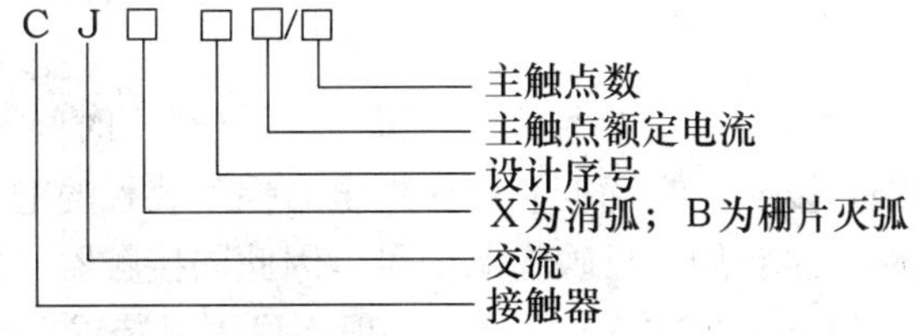

3. 熔断器

熔断器是一种应用广泛的简单而有效的保护电器。在使用中，熔断器中的熔体（也称为保险丝）串联在被保护的电路中，当该电路发生过载或短路故障时，如果通过熔体的电流达到或超过了某一定值，则在熔体上产生的热量便会使其温度升高到熔体的熔点，导致熔体自行熔断，达到保护的目的。

瓷插式熔断器、螺旋式熔断器外形结构如图 3-37（a）、（b）所示。图 3-37（c）所示为熔断器的图形符号，其文字符号为 FU。

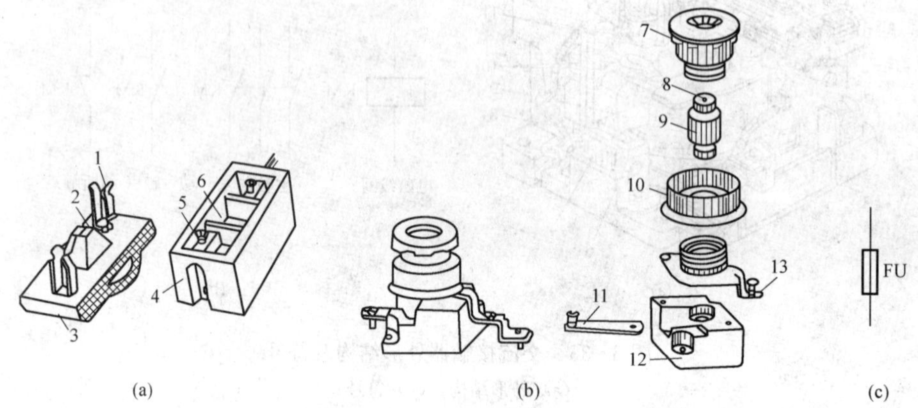

图 3-37　熔断器外形结构及符号

（a）瓷插式熔断器；（b）螺旋式熔断器；（c）符号

1—动触片；2—熔体；3—瓷盖；4—瓷底；5—静触点；6—灭弧室；7—瓷帽；8—小红点标志；9—熔断管；10—瓷套；11—下接线端；12—瓷底座；13—上接线端

瓷插式熔断器的电源线和负载分别接在瓷底座两端静触点的接线柱上，瓷盖中间凸起部分的作用是将熔体熔断产生的电弧隔开，使其迅速熄灭。较大容量熔断器的灭弧室中还垫有熄灭电弧用的石棉织物。

螺旋式熔断器电源线应当接在瓷底座的下接线端，负载线接到金属螺纹壳的上接线端。

熔体一般由熔点低、易于熔断、导电性能良好的合金材料制成。在小电流的电路中，常用铅合金或锌做成的熔体（熔丝）。对大电流的电路，常用铜或银做成片状的熔体。

熔断器型号表示方法及含义为

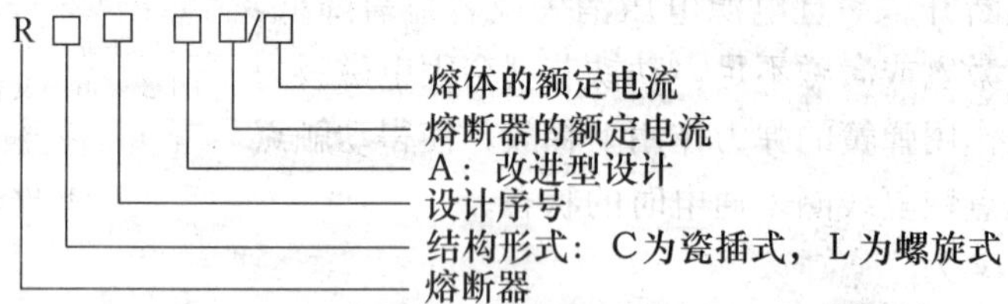

4. 继电器

继电器是一种根据电量（电压、电流等）或非电量（热、时间、速度、压力等）的变化，接通或断开控制电路，以实现自动控制和保护电力拖动装置的电器。它一般不是用来直接控制较强电流的主电路，主要用于反映控制信号。因此同接触器比较，继电器触点的分断能力小，其触点容量（额定电流）在 5A 以下，一般不设灭弧装置。

继电器的种类很多，按输入信号的不同可分为电压继电器、电流继电器、时间继电器、热继电器、速度继电器，压力继电器、温度继电器等。下面主要介绍常用的电磁式（电流、电压、中间）继电器、时间继电器、热继电器、速度继电器。

（1）电磁式继电器。电磁式继电器是使用最多的一种继电器，其基本结构和工作原理与电磁式接触器相似。也是由电磁机构、触点系统、释放弹簧等部分组成。但其主要用于切换小电流的控制和保护电器，其触点种类和数量较多，体积较小，动作灵敏，无需灭弧装置。

1）电磁式电流继电器。触点的动作与否与通过线圈的电流大小有关的继电器称为电流继电器。主要用于电动机、发电机或其他负载的过载及短路保护、直流电动机磁场控制或失磁保护等。电流继电器的线圈串联在被测量电路中，其线圈匝数少、导线粗、阻抗小。电流继电器除用于电流型保护的场合外，还经常用于按电流原则控制的场合。电流继电器有过电流和欠电流继电器两种。

过电流继电器在电路正常工作时，衔铁是释放的；一旦电路发生过载或短路故障时，衔铁才吸合，带动相应的触点动作，即常开触点闭合，常闭触点断开。

欠电流继电器在电路正常工作时，衔铁是吸合的，其常开触点闭合，常闭触点断开；一旦线圈中的电流降至额定电流的10％～20％以下时，衔铁释放，发出信号，从而改变电路的状态。

2）电磁式电压继电器。触点的动作与加在线圈上的电压大小有关的继电器称为电压继电器，它用于电力拖动系统的电压保护和控制。电压继电器反映的是电压信号，它的线圈并联在被测电路的两端，所以匝数多、导线细、阻抗大。电压继电器按动作电压值的不同，分为过电压和欠电压继电器两种。

过电压继电器在电路电压正常时，衔铁释放，一旦电路电压升高至额定电压的110％～115％以上时，衔铁吸合，带动相应的触点动作；欠电压继电器在电路电压正常时，衔铁吸合，一旦电路电压降至额定电压的5％～25％以下时，衔铁释放，输出信号。

3）电磁式中间继电器。中间继电器实质也是一种电压继电器。只是它的触点对数较多，容量较大，动作灵敏。主要起扩展控制范围或传递信号的中间转换作用。

电磁式继电器型号的含义和电气符号如图3-38所示。

（2）时间继电器。在自动控制系统中，有时需要继电器得到信号后不立即动作，而是要顺延一段时间后再动作并输出控制信号，以达到按时间顺序进行控制的目的。时间继电器就可以满足这种要求。

时间继电器按工作原理分可分为直流电磁式、空气阻尼式（气囊式）、晶体管式、电动式等。按延时方式分可分为通电延时型和断电延时型。下面主要以空气阻尼式时间继电器为例加以介绍。

空气阻尼式时间继电器利用空气通过小孔时产生阻尼的原理获得延时。其结构由电磁系统、延时结构和触头三部分组成，如图3-39所示。电磁机构为双E直动式，触头系统为微动开关，延时机构采用气囊式阻尼器。

空气阻尼式时间继电器既有通电延时型，也有断电延时型。只要改变电磁机构的安装方向，便可实现不同的延时方式：当衔铁位于铁芯和延时机构之间时为通电延时，如图3-39（a）所示；当铁芯位于衔铁和延时机构之间时为断电延时，如图3-39（b）所示。

如图3-39（a）所示的通电延时型时间继电器，当线圈1通电后，铁芯2将衔铁3吸合，活塞杆6在塔形弹簧的作用下，带动活塞12及橡皮膜10向上移动，由于橡皮膜下方气室空气稀薄，形成负压，因此活塞杆6不能上移。当空气由气孔14进入时，活塞杆6才逐

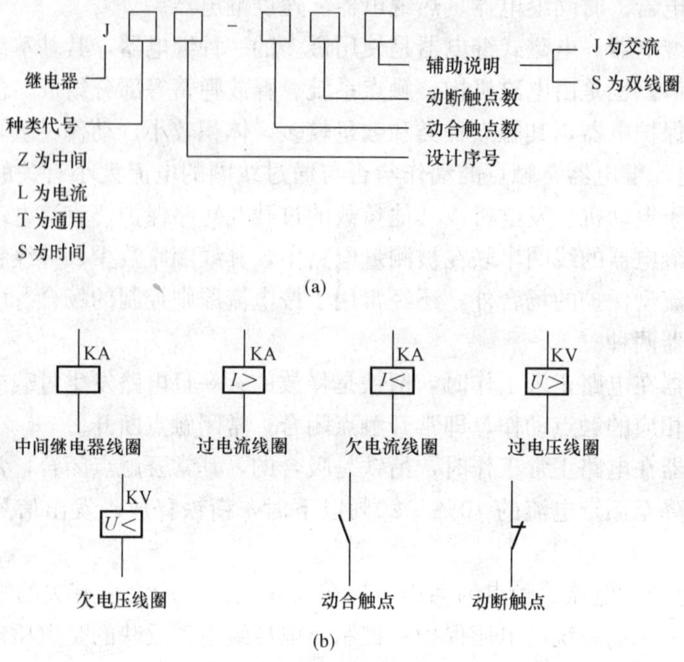

图3-38 电磁式继电器型号的含义和电气符号

(a) 型号意义；(b) 电气符号

渐上移。移到最上端时，杠杆7才使微动开关动作。延时时间即为自电磁铁吸引线圈通电时刻起到微动开关动作时为止的这段时间。通过调节螺钉13调节进气口的大小，就可以调节延时时间。

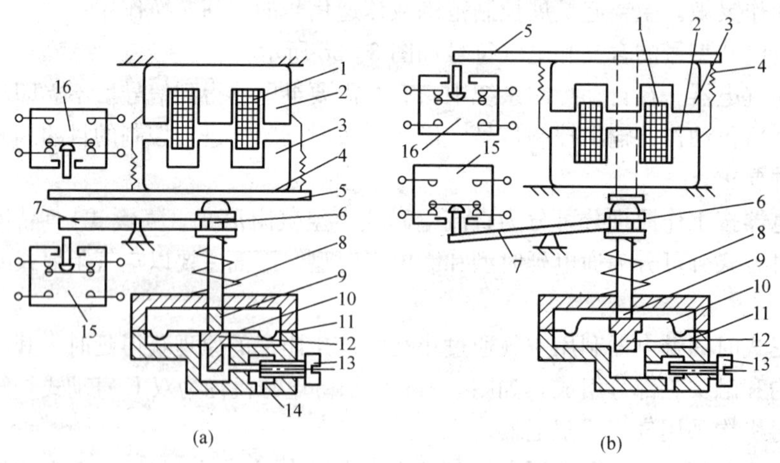

图3-39 空气阻尼式时间继电器的动作原理

(a) 通电延时型；(b) 断电延时型

1—线圈；2—铁芯；3—衔铁；4—恢复弹簧；5—推板；6—活塞杆；7—杠杆；8—塔形弹簧；9—弹簧；10—橡皮膜；11—气室；12—活塞；13—调节螺钉；14—进气孔；15、16—微动开关

当线圈1断电时，衔铁3在复位弹簧4的作用下将活塞12推向最下端。因活塞向下推时，橡皮膜下方气孔内的空气，都通过橡皮膜10、弹簧9和活塞12肩部所形成的单向阀，经上气室缝隙顺利排掉，因此延时与不延时的微动开关15与16都迅速复位。

空气阻尼式时间继电器的优点是结构简单、寿命长、价格低廉；缺点是准确度低、延时误差大，在延时精度要求高的场合不宜采用。

时间继电器的图形符号及文字符号如图3-40所示。

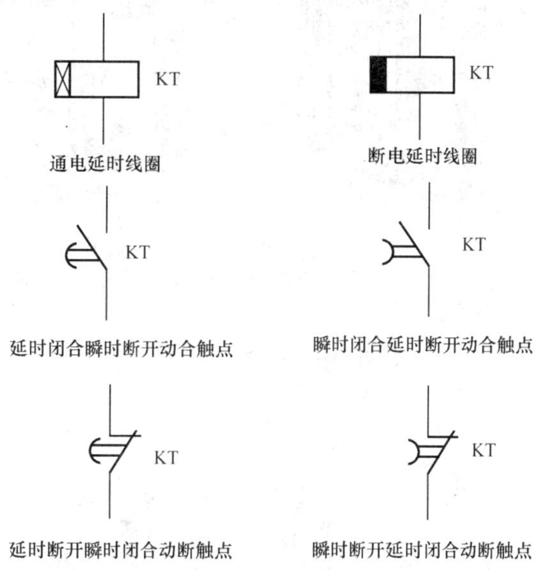

图3-40 时间继电器的图形符号及文字符号

对于通电延时时间继电器，当线圈得电时，其延时动合触点要延时一段时间才闭合，延时动断触点要延时一段时间才断开；当线圈失电时，其延时常开触点迅速断开，延时常闭触点迅速闭合。

对于断电延时时间继电器，当线圈得电时，其延时动合触点迅速闭合，延时动断触点迅速断开；当线圈失电时，其延时常开触点要延时一段时间再断开，延时常闭触点要延时一段时间再闭合。

(3) 热继电器。热继电器是利用电流的热效应原理来工作的保护电器。电动机在运行过程中常会遇到过载情况，但只要过载不严重，绕组不超过允许温升，这种过载是允许的。如果过载情况严重，时间较长，则会引起电动机过热，损坏绕组的绝缘，缩短电动机的使用寿命，甚至烧毁电动机。

热继电器就是专门用来对连续运行的电动机实现过载及断相保护，以防止电动机因过热而烧毁的一种保护电器。

热继电器的外形结构如图3-41(a)所示，图3-41(b)所示为热继电器的符号，其文字符号为FR。

热继电器的形式有多种，其中以双金属片最多。双金属片式热继电器主要由热元件、双金属片和触头三部分组成，热元件由发热电阻丝制成。双金属片是热继电器的感测机构，由两种膨胀系数不同的金属片碾压而成。热继电器的工作原理如图3-42所示。

在实际应用中，热元件串联在电动机定子绕组中，电动机定子绕组电流即为流过热元件的电流。热继电器的常闭触电串接于电动机的控制电路中。当电动机正常运行时，热元件产生的热量使双金属片的弯曲，但不足以使热继电器动作；当电动机过载时，流过热元件的电流增大，热元件产生的热量增加，加上时间效应，从而使双金属片的弯曲程度加大，最终使双金属片推动导板使热继电器的常闭触头断开，切断电动机的控制电路，使电动机停转，达到过载保护的目的。待双金属片冷却后，才能使触电复位。复位有手动复位和自动复位两种方式。

(4) 速度继电器。速度继电器是利用转轴的一定转速来切换电路的自动电器。它主要用作鼠笼式异步电动机的反接制动控制中，故称为反接制动继电器。

速度继电器的结构原理如图3-43(a)所示，图3-43(b)所示为热继电器的符号，其

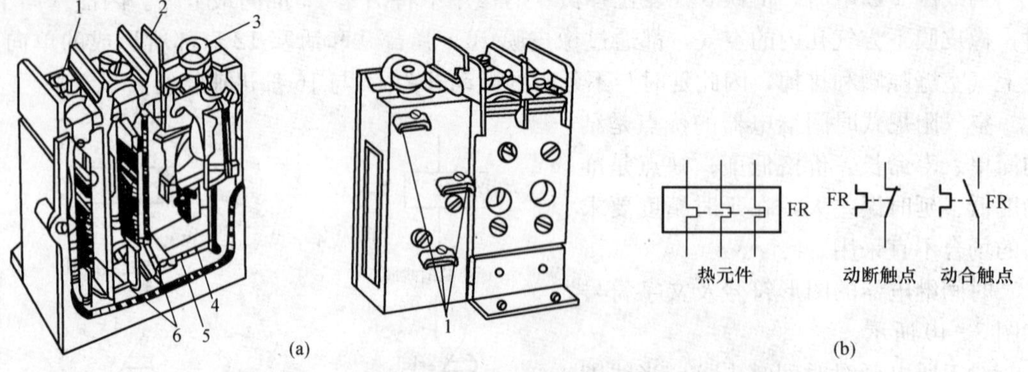

图 3-41 热继电器外形结构及符号

(a) 外形结构；(b) 符号

1—接线柱；2—复位按钮；3—调节旋钮；4—动断触点；5—动作机构；6—热元件

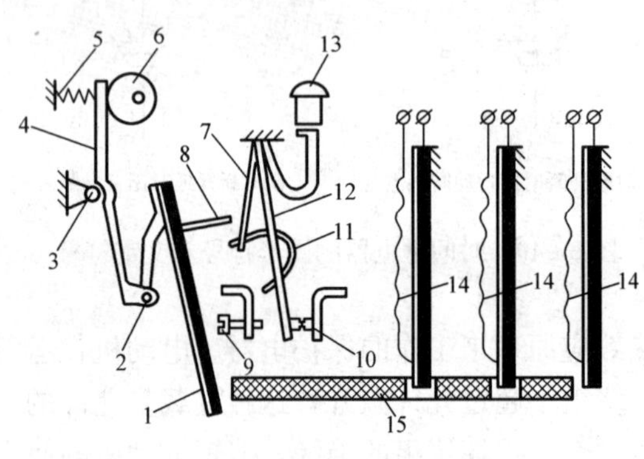

图 3-42 热继电器的工作原理示意

1—补偿双金属片；2—销子；3—支撑；4—杠杆；5—弹簧；6—凸轮；7、12—片簧；8—推杆；9—调节螺钉；10—触点；11—弓簧；13—复位按钮；14—发热元件；15—导板

文字符号为 KS。

转子是一个圆柱形永久磁铁，定子是一个笼型空心圆环，由硅钢片叠成，并装有笼型的绕组。速度继电器与电动机同轴相连，当电动机旋转时，速度继电器的转子随之转动。在空间产生旋转磁场，切割定子绕组，在定子绕组中感应出电流。此电流又在旋转的转子磁场作用下产生转矩，使定子随转子转动方向而旋转，和定子装在一起的摆锤推动动触头动作，使常开触点闭合，常闭触点断开。当电动机速度低于某一值时，动作产生的转矩减小，动触头复位。

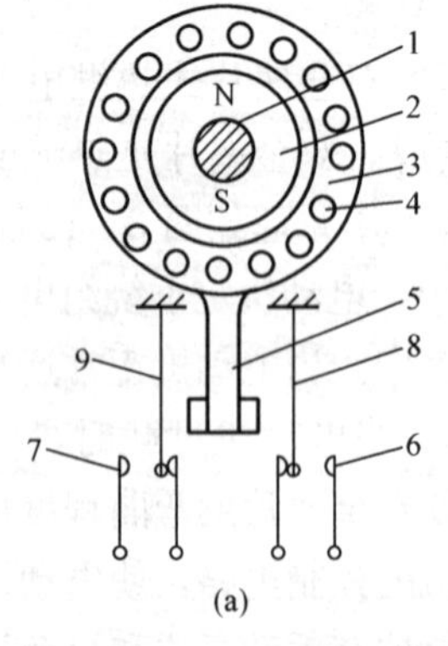

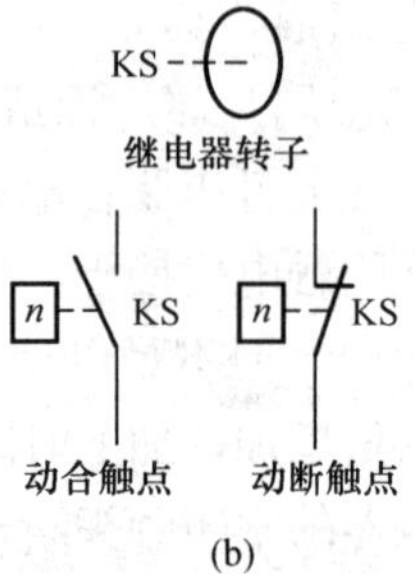

图 3-43 速度继电器原理示意及电气符号

(a) 示意；(b) 电气符号

1—转轴；2—转子；3—定子；4—绕组；5—摆锤；6、7—静触点；8、9—动触点

5. 按钮

按钮也称控制按钮或按钮开关，它是一种典型的主令电器，在低压控制线路中它不直接控制主电路，而是被用来接通或断开控制电路，用于手动发出控制信号，操纵交流接触器、继电器或电气连锁线路，从而控制电动机或其他电气设备的运行。

按钮由按钮帽（操作头）、复位弹簧、桥式触头、外壳等组成。按钮的触头允许通过的电流很小，一般不超过5A。

常用按钮外形结构如图3-44（a）、（b）、（c）所示，其文字符号为SB。

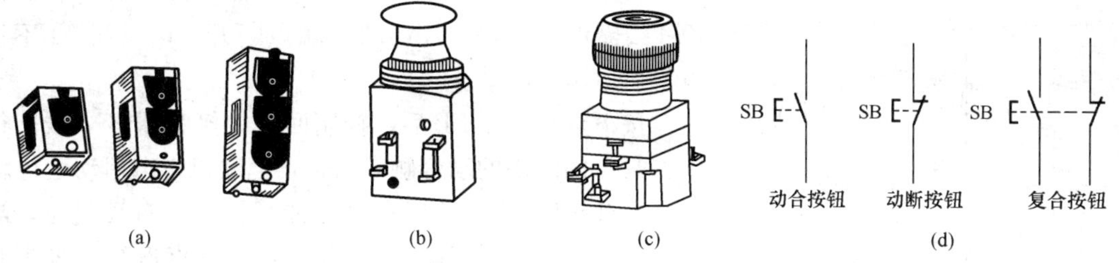

图3-44 按钮外形结构及符号

（a）LA10系列按钮；（b）LA18系列按钮；（c）LA19系列按钮；（d）符号

按钮有不同的分类方法，一般的分类方法如下：

（1）按结构形式可分为旋钮式、指示灯式、紧急式。

旋钮式——用手动旋转进行操作。

指示灯式——按钮内装有信号灯显示信号。

紧急式——装有蘑菇形钮帽，以示紧急动作。

（2）按触点形式可分为常开按钮、常闭按钮、复合按钮。

常开按钮——当未按下按钮时，触点是断开的；当按下按钮时，触电闭合；当松开按钮后，在复位弹簧作用下自动恢复原来的断开状态。

常闭按钮——当未按下按钮时，触点是闭合的；当按下按钮时，触电断开；当松开按钮后，在复位弹簧作用下自动恢复原来的闭合状态。

复合按钮——既有常开按钮，又有常闭按钮的按钮组，称为复合按钮。按下复合按钮时，所有的触点都改变状态，既常开触点要闭合，常闭触点要断开。但是，这两对触点的变化是有先后次序的，按下复合按钮时，其常闭触点先断开，常开触点后闭合；松开复合按钮时，其常开触点先复位（断开），常闭触点后复位（闭合）。

按钮开关型号表示方法及含义为

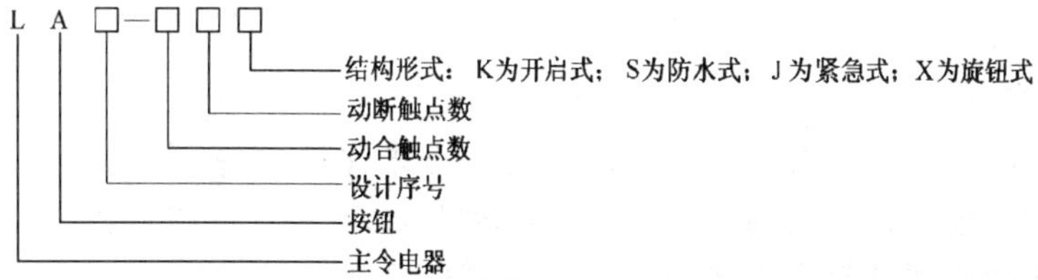

3.6.3 基本电气控制线路

1. 长动与点动控制线路

(1) 点动控制线路。点动控制是指按下按钮电动机得电启动运转，松开按钮电动机失电直至停转。点动控制线路如图 3-45 所示。在图 3-45 中，主电路刀开关 QS 其隔离作用，熔断器 FU 对主电路进行短路保护，接触器 KM 的主触点控制电动机的启动、运行和停止，M 为笼型异步电动机。

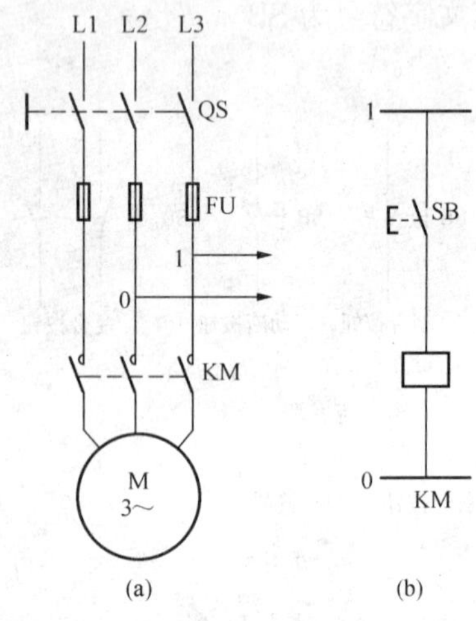

图 3-45 点动控制线路
(a) 主电路；(b) 控制电路

线路动作原理：

合上刀开关 QS 后，因没有按下点动按钮 SB，接触器 KM 线圈没有得电，KM 的主触点断开，电动机 M 不得电，所以不会启动。

按下点动按钮 SB 后，控制回路中接触器 KM 线圈得电，其主回路中的动合触点闭合，电动机得电启动运行。

松开按钮 SB，按钮在复位弹簧作用下自动复位，断开控制电路 KM 线圈，主电路中 KM 触点恢复原来断开状态，电动机断电直至停止转动。

控制过程也可以用符号来表示，其方法规定如下：各种电器在没有外力作用或未通电的状态在符号右上角记为“－”，电器在受到外力作用或通电的状态在符号右上角记为“＋”，并将它们相互关系用线段“—”表示，线段的左边符号表示原因，线段的右边符号表示结果，自锁状态用在接触器符号右下角写“自”表示。那么，三相异步电动机直接启动控制线路控制过程就可表示如下：

启动过程 SB^{+}—KM^{+}—M^{+}(启动)

停止过程 SB^{-}—KM^{-}—M^{-}(停止)

其中，SB^{+}表示按下，SB^{-}表示松开。

(2) 长动控制线路。长动控制是指按下按钮后，电动机通电启动运转，松开按钮后，电动机仍继续运行，只有按下停止按钮，电动机才失电直至停转。长动控制线路如图 3-46 所示。控制电路中 SB1 为停止按钮，SB2 为启动按钮。

线路动作原理：

合上刀开关 QS。

启动 $SB2^{\pm}$—$KM^{+}_{自}$—M^{+}(启动)

停止 $SB1^{\pm}$—KM^{-}—M^{-}(停止)

其中，$SB^{\pm}$表示先按下，后松开；$KM^{+}_{自}$表示“自锁”。

所谓自锁，是依靠接触器自身的辅助动合触点来保证线圈继续通电的现象，也称为自保持控制。长动与点动主要区别在于：从动控制具有自锁控制功能，实现电动机连续运转，即完成了长动控制，而点动控制没有。

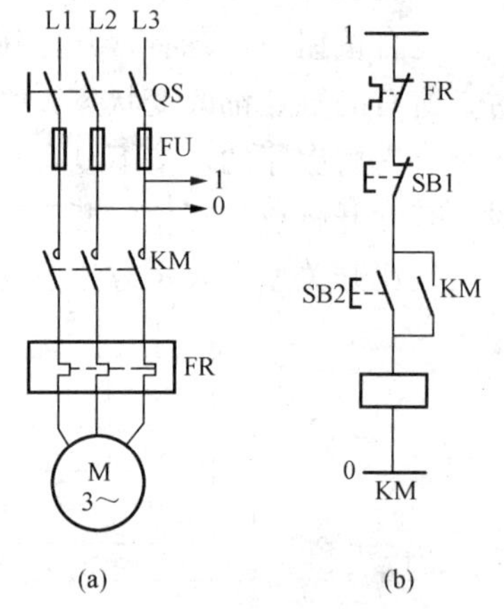

图 3-46 长动控制线路
(a) 主电路；(b) 控制电路

(3) 长动与点动控制线路。在实际应用中，有些生产机械需要点动控制，还有些生产机械常常要求既能连续运转（即长动），又要求调整时能实现点动控制。图 3-47 所示为具有长动与点动控制的几种典型线路，主电路与图 3-47（a）所示相同。

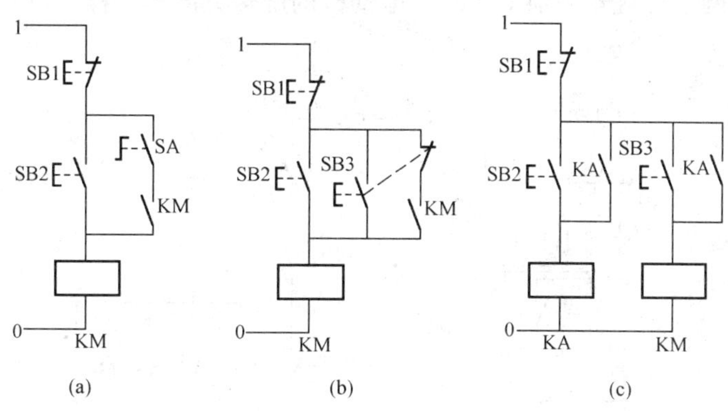

图 3-47　点动与长动控制线路

图 3-47（a）所示为利用开关控制的既能长动又能点动的控制线路。其中，SA 为选择开关，当需要点动控制时将 SA 断开时，自锁回路断开；当需要长动控制时将 SA 闭合时，自锁触点接入，实现连续运行控制。线路动作原理：

点动（SA 断开）　　$SB2^{+}$—KM^{+}—M^{+}(运转)

　　　　　　　　　$SB2^{-}$—KM^{-}—M^{-}(停止)

长动（SA 闭合）　　$SB2^{\pm}$—$KM^{+}_{自}$—M^{+}(启动)

　　　　　　　　　$SB1^{\pm}$—KM^{-}—M^{-}(停止)

图 3-47（b）所示为利用复合按钮控制的既能长动又能点动的控制线路。其中，SB2 为长动启动按钮。复合按钮 SB3 为点动控制按钮，按下 SB3 时，其动断触点使自锁回路断开，从而实现点动控制。线路动作原理：

长动　　$SB2^{\pm}$　$KM^{+}_{自}$—M^{+}(运转)

点动　　$SB3^{\pm}$—$KM^{\pm}$—$M^{\pm}$(运转、停车)

图 3-47（c）所示为利用中间继电器控制的既能长动又能点动的控制线路。其中，KA 为中间继电器。

线路动作原理：

长动　　$SB2^{\pm}$—$KA^{+}_{自}$—KM^{+}—M^{+}(运转)

点动　　$SB3^{\pm}$—$KM^{\pm}$—$M^{\pm}$(运转、停车)

综上所述，电动机长动和点动控制关键环节是自锁触点是否接入。若能实现自锁，则电动机连续运转；若断电自锁回路，则电动机实现点动控制，即点动控制时不能接通自锁回路。

2. 正、反转控制线路

电动机由于生产的要求，经常要正、反转。反映在生产实际上，就是要前进、后退、向上、向下或向左、向右。对于三相笼型异步电动机来说，实现正、反转控制只要改变其电源相序，即将主回路中的三相电源线任意两相对调即可。

(1) 接触器控制正、反转。可逆运行控制线路实质上是两个方向的单向运行线路的组合。如图 3-48 所示正、反转控制线路，KM1、KM2 分别为正、反转接触器，它们的主触点接线的相序不同，KM1 按 U—V—W 相序接线，KM2 按 V—U—W 相序接线，即将 U、V 两相对调，所以两个接触器分别工作时，电动机的旋转方向不一样，可实现电动机的可逆运转。

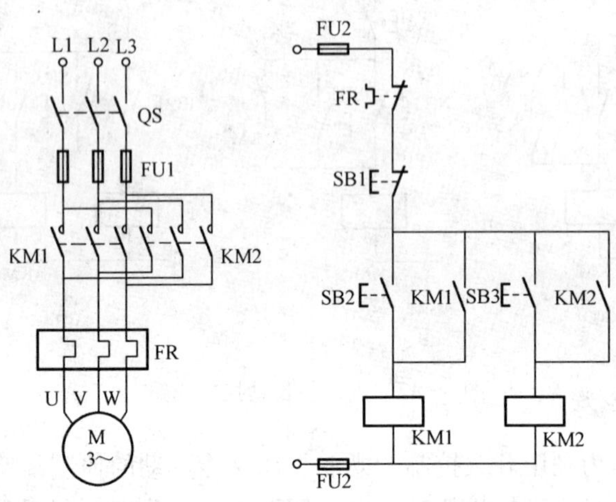

图 3-48 接触器控制正、反转控制线路

线路动作原理：

正转 $SB2^{\pm}—KM1^{+}_{自}—M^{+}$(正转)

停止 $SB1^{\pm}—KM1^{-}—M^{-}$(停止)

反转 $SB3^{\pm}—KM2^{+}_{自}—M^{+}$(反转)

如图 3-48 所示的控制线路虽然可以完成正、反转控制任务，但这个线路是有缺点的，在按下正转启动按钮 SB2 时，KM1 线圈通电并且自锁，接通正序电源，电动机正转。若发生错误操作，在按下 SB2 后由又按下反转启动按钮 SB3，KM2 线圈通电并自锁，此时在主电路中将发生 U、V 两相短路事故。

(2) 接触器互锁正、反转控制。为了避免误操作而引起电源短路事故，要求保证图 3-49 中的两个接触器不能同时工作。这种在同一时间里两个接触器只允许一个工作的控制称为连锁或互锁。连锁控制主要是通过在正、反转接触器 KM1 和 KM2 线圈支路中都分别串联对方的动断触点来实现，如图 3-49 所示，这对动断触点称为互锁触点或连锁触点。由于这种连锁是依靠电气元件来实现的，所以也称为电气连锁。

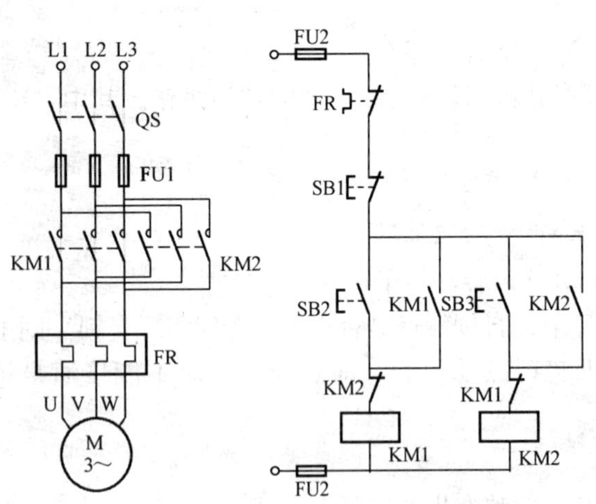

图 3-49 接触器连锁正、反转控制线路

线路动作原理：

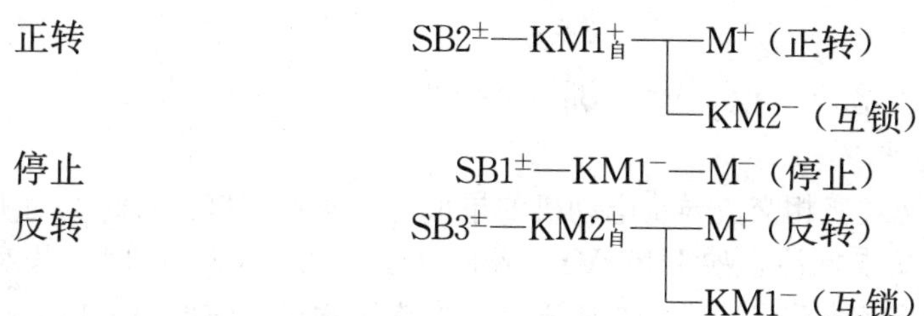

如图 3-49 所示的接触器控制正、反转控制线路也有一个缺点，即从一个转向过渡到另一个转向时，要先按停止按钮 SB1，不能直接过渡，只能实现电动机的“正—停—反”，显然这是十分不方便的。

（3）双重连锁正、反转控制。为了解决图 3-49 中电动机从一个转向不能直接过渡到另一个转向的问题，在实际中常采用复式按钮和触点连锁的双重连锁控制线路，如图 3-50 所示。

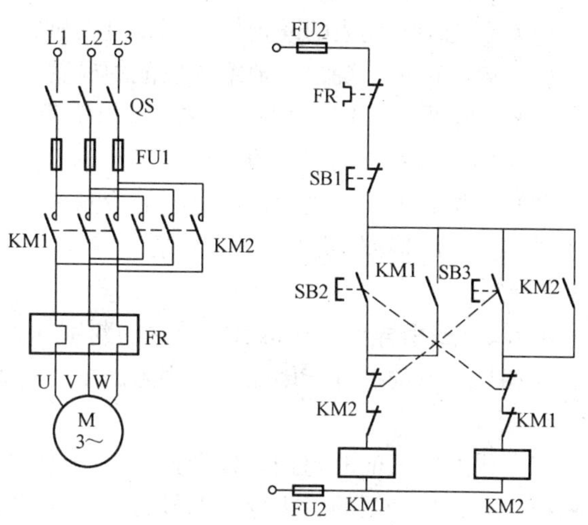

图 3-50　双重连锁的正、反转控制线路

在图 3-50 中，不仅由接触器的动断触点组成电气连锁，还添加了由复式按钮 SB2 和 SB3 动断触点组成的机械连锁。这样，当电动机由正转变为反转时，只需按下反转按钮 SB3，便可通过 SB3 的动断触点断开 KM1 电路，KM1 起连锁作用的动断触点闭合，接通 KM2 线圈控制电路，实现电动机反转，即可以实现电动机的“正—反—停”控制。

线路动作原理：

正转　SB2$^{\pm}$—┬—KM2^{-}（机械互锁）
　　　　　　　└—KM1$^{+}_{自}$—┬—M^{+}（正转）
　　　　　　　　　　　　　└—KM2^{-}（电气互锁）

反转　SB3$^{\pm}$—┬—KM1^{-}（机械互锁）—M^{-}（停车）
　　　　　　　└—KM2$^{+}_{自}$—┬—M^{+}（反转）
　　　　　　　　　　　　　└—KM1^{-}（电气互锁）

需要强调的是，复式按钮不能代替连锁触点的作用。例如，电动机正转接触器 KM1 主触点因弹簧老化或剩磁的原因而延迟释放时，或者被卡住而不能释放时，如果按下 SB3 反转按钮，KM2 接触器又得电使其主触点闭合，电源会在主电路短路，这种保护作用仅采用复式按钮是做不到的。

这种线路既有电气连锁，又有机械连锁，故称为双重连锁。该线路结合了电气互锁和按钮互锁的优点，是一种比较完善的既能实现正、反转直接启动的要求，又具有较高安全可靠性的线路，常用在电力拖动控制系统中。

3.7 技能训练

在工作中，经常会遇到鼠笼式三相交流异步电动机的星形与三角形连接，有时电动机接线盒中六根引出线，既未连接又未标注，如U1、V1、W1、U2、V2、W2。此时，若对连接规律不熟悉的，极容易使定子绕组首尾接错，造成不完整的旋转磁场，使启动困难，产生振动噪声，导致三相电流不平衡，极易烧毁定子绕组。因此必须正确判断绕组首尾端，才能正确进行星形与三角形连接。根据实际经验，要进行以下几个方面的检测：

3.7.1 三相异步电动机绝缘性能的检查

（1）首先用万用表的欧姆挡，检查电动机定子绕组的6个出线端哪两端是同一相。

（2）电动机定子绕组对地绝缘性能的检测。将兆欧表的“接地”测量端接触机壳的任意部位，另一个测量端L分别去接触每相绕组的一端，均匀旋转兆欧表手柄（90～130r/min）。各相绕组对地的绝缘电阻必须大于0.5MΩ，否则电机不能使用。

（3）各相定子绕组之间绝缘电阻的检测。将兆欧表的两个测量端分别接触两个不同绕组的出线端，均匀旋转兆欧表的手柄（90～130r/min）。个绕组的相间绝缘电阻必须大于0.5MΩ。

3.7.2 三相异步电动机首、尾端的判别

三相异步电动机首、尾端的判别方面主要有以下几种。

1. 万用表法

（1）用万用表的欧姆挡，分别找出三相绕组的各相两个线头。

（2）把三相绕组的线头分别编号为U1和U2、V1和V2、W1和W2。

（3）把三相绕组任意连接并联，如图3-51所示。然后将万用表毫安挡并在绕组上，用手转动电动机转子，若指针摆动说明绕组首尾连接错误，可将两相线头对调重新测试，直到指针不动。此时，表明绕组的首尾端已连接正确。

2. 交流电压法

将电动机定子绕组连接成星形，把36V以下的交流电接入其中一相，用万用表交流电压挡测量其余两相出线，如图3-52（a）所示，记下有无读数。然后，换成图3-52（b）所示的接法，再记下有无读数，最后判断如下：

（1）两次均无读数，表示绕组首尾端连接正确。

（2）两次均有读数，表示两次中没有接入电源的哪一相绕组的首尾反接。

（3）两次中一次有读数，一次无读数，则没有读数的那一次，接电源的绕组首尾反接。

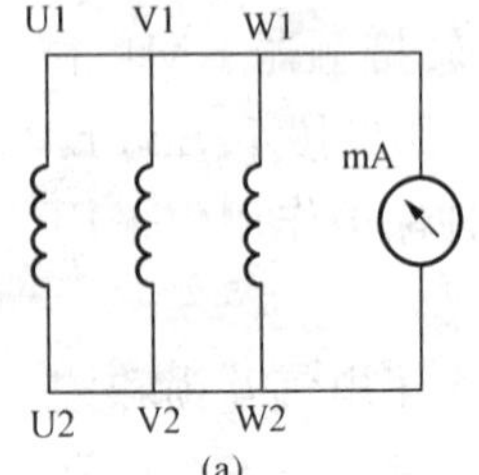

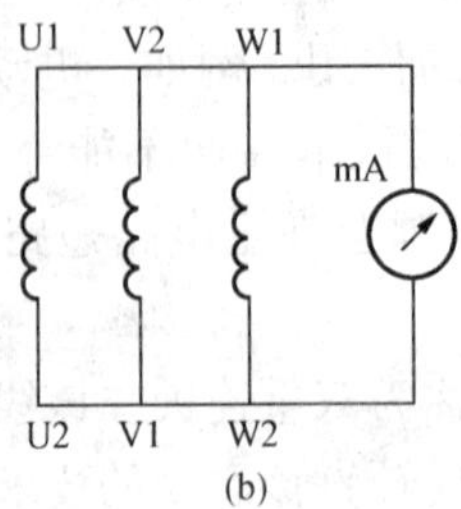

图3-51 万用表法

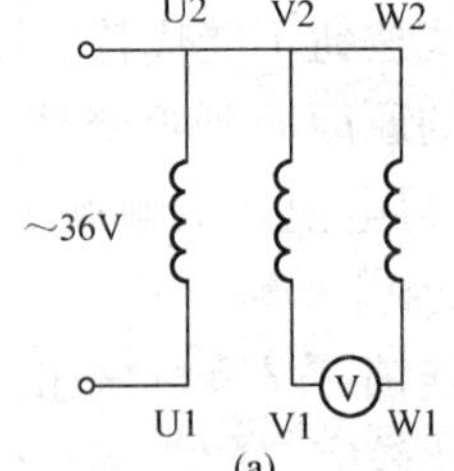

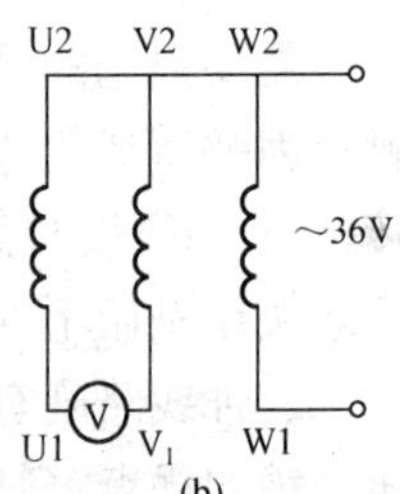

图3-52 交流电压法

3. 直接电流法

（1）用万用表的欧姆挡，分别找出三相绕组的各相两个线头，并把三相绕组的线头分别编号为U1和U2、V1和V2、W1和W2，如图3-53所示。

（2）将低压直流电源或干电池串联一只按钮开关接到其中一相（假设接在U1和U2之间）。万用表置于最小毫安挡或电压挡，接于另一相（假设接在W1和W2之间），如图3-53（a）所示。

（3）当接触按钮的瞬间，表头指针应向大于0的方向摆动，否则，应调整表笔使表针正向摆动。此时，电池的正极与黑表笔连接的为同相端。同理，把表笔换到另一相再判断一次，如图3-53（b）所示，便可找出绕组的首尾端。

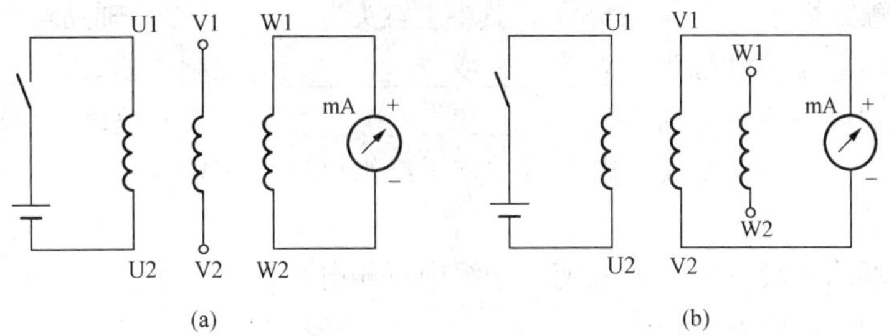

图3-53 直流电流法

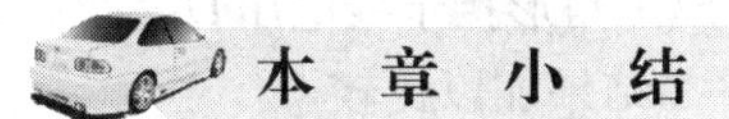

本章小结

本章主要介绍以下几个部分的内容：

1. 三相电源

三相对称电动势是指三个频率相同、幅值相等，在相位上互差120°的三个电动势。三相电源的输电方式有三相四线制，通常在低压配电系统中采用；由三根火线所组成的输电方式称三相三线制。

2. 三相负载

三相负载的连接方式有两种，即星形连接和三角形连接。三相负载星形连接时，无论有无中性线，线电压都是相电压的$\sqrt{3}$倍，即$U_L=\sqrt{3}U_P$，线电流等于相应的相电流，即$I_P=I_L$；三相负载三角形连接时，无论对称与否，线电压都等于相电压，即$U_L=U_P$，对称负载情况下，线电流是相应的相电流的$\sqrt{3}$倍，即$I_P=\sqrt{3}I_L$。

3. 三相功率

（1）三相电路总功率的计算，有功功率$P=P_U+P_V+P_W$；无功功率$Q=Q_U+Q_V+Q_W$；视在功率为$S=\sqrt{P^2+Q^2}$。

（2）三相对称负载电路总功率的计算，有功功率$P=\sqrt{3}U_LI_L\cos\varphi$；无功功率$Q=\sqrt{3}U_LI_L\sin\varphi$；视在功率为$S=\sqrt{3}U_LI_L$。

习 题

3-1 填空题。

(1) 常用的低压电器是指工作电压在交流__________V 以下、直流__________V 以下的电器。

(2) 按钮常用于控制电路，__________色表示启动，__________色表示停止。

(3) 熔断器是由__________和__________两部分组成的。

(4) 交流接触器是一种用来__________接通或分断__________电路的自动控制电器。

(5) 交流接触器共有________个触头，其中主触头为________个，辅助触头为________个。

(6) 时间继电器是一种触头__________或__________的控制电器。

(7) 三相异步电动机主要由__________和__________两大部分组成；电动机的铁芯是由相互绝缘的__________叠压制成。电动机的定子绕组可以连接成__________或__________两种方式。

(8) 旋转磁场的旋转方向与通入定子绕组中三相电流的__________有关。异步电动机的转动方向与__________的方向相同。

3-2 有一三相对称负载，其每相的电阻 $R=8\Omega$，感抗 $X_L=6\Omega$。如果将负载连接成星形接于线电压 $U_L=380V$ 的三相电源上，试求相电压、相电流及线电流。

3-3 若将题 3-2 的负载连成三角形接于线电压 $U_L=220V$ 电源上，试求相电压、相电流及线电流。将所得结果与题 3-2 结果加以比较。

3-4 有一三相异步电动机，其绕组连成三角形接于线电压 $U_L=380V$ 的电源上，从电源所取用的功率 $P=11.43W$，功率因数 $\cos\varphi=0.87$，试求电动机的相电流和线电流。

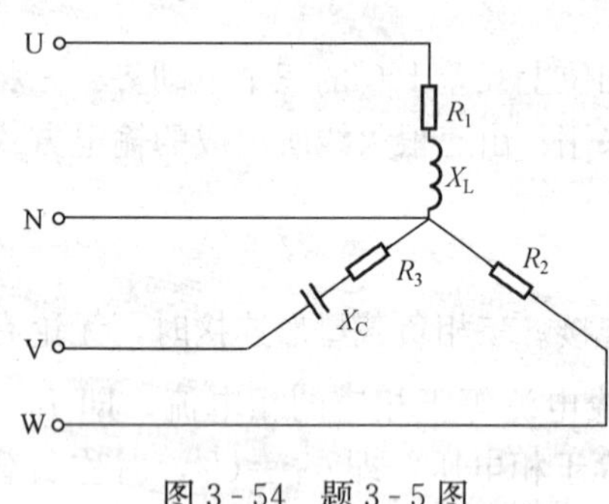

图 3-54 题 3-5 图

3-5 在如图 3-54 所示的三相四线制电路中，外加线电压 $U_L=380V$，$R_1=4\Omega$，$jX_L=j3\Omega$，$R_2=5\Omega$，$R_3=6\Omega$，$jX_C=j8\Omega$ 试求各相负载电流及中线电流。

3-6 如图 3-55 所示，设电源电压为 $U_L/U_P=380/220V$，则每盏灯上都可得到额定的工作电压 220V。如果中线断开，此时：

(1) 若 U 相全部断开，其他两相仍然接通，情况如何？如图 3-55 (c) 所示。

(2) 若 U 相断开，其他两相接通。但两相的数量不等（设 V 相灯的数量为 W 相的1/4）结果如何？如图 3-55 (d) 所示。

3-7 如图 3-56 所示，已知对称三相电路的线电压 $U_L=380V$（电源端），星形负载阻抗 $Z=(4.5+j14)\Omega$，端线阻抗 $Z_1=(1.5+j2)\Omega$。求线电流和负载的相电流。

3-8 在三相四线制供电系统中，已知电源线电压为 380V，各相接有电阻 $R=11\Omega$ 的对称负载，求负载上的相电压、相电流和线电流；当中性线断开时，再求负载的相电压、相电流和线电流。

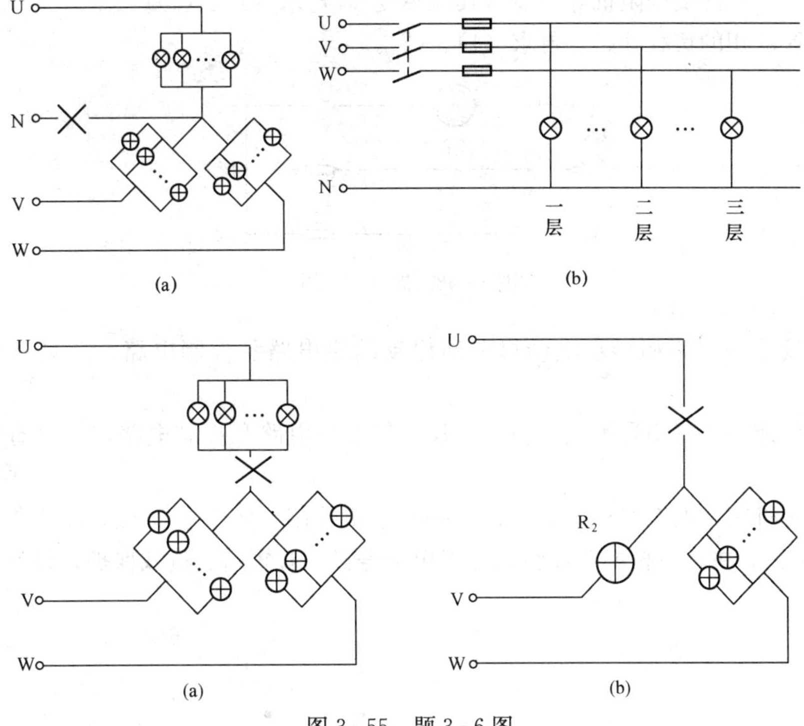

图 3-55 题 3-6 图

(a) 原理图；(b) 实际接线图；(c) 题 3-6 (1) 图；(d) 题 3-6 (2) 图

3-9 在题 3-8 的电路中，如果 U 相的负载电阻 $R=22\Omega$，求负载的相电压、相电流和线电流，以及中线的电流；如果 U 相断线，再求负载上的相电压、相电流和线电流。

3-10 一台三相电炉的各相电阻 $R=22\Omega$。在线电压为 380V 的三相电网中，求电炉为星形连接或三角形连接的线电压、相电压、线电流、相电流。

3-11 在如图 3-57 所示的对称 Y/Y 三相电路中，电压表的读数为 1143.16V，$Z=(15+\mathrm{j}15\sqrt{3})\Omega$，$Z_1=(1+\mathrm{j}2)\Omega$。求图示电路电流表的读数和线电压 U_{UV}。

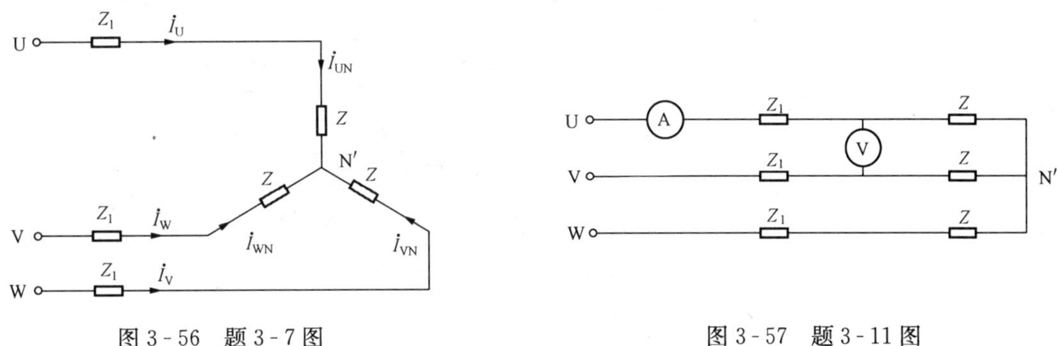

图 3-56 题 3-7 图

图 3-57 题 3-11 图

3-12 图 3-58 所示为对称 Y/Y 三相电路，电源相电压为 220V，负载阻抗 $Z=(30+\mathrm{j}20)\Omega$。求：

(1) 图中电流表的读数；

(2) 三相负载吸收的功率；

（3）如果U相的负载阻抗等于零（其他不变），再求（1）、（2）；

（4）如果U相的负载开路，再求（1）、（2）。

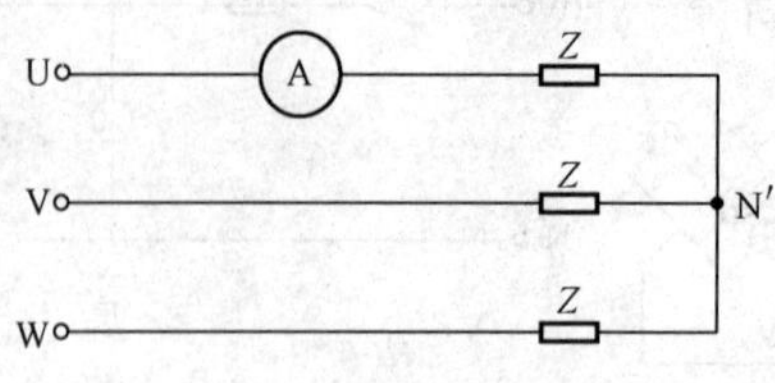

图3-58 题3-12图

3-13 设计一个三相异步电动机两地启动的主电路和控制电路，并具有短路、过载保护。

3-14 设计一个三相异步电动机正—反—停的主电路和控制电路，并具有短路、过载保护。

3-15 某机床主轴工作和润滑泵各由一台电机控制，要求主轴电机必须在润滑泵电机运行后才能运行，主轴电机能正反转，并能单独停机，有短路、过载保护，设计主电路和控制电路。

4 磁路和变压器

变压器是一种能变换电压、变换电流和变换阻抗的重要电气设备，在电力系统和电子电路中得到了广泛的应用。由于它是依据电磁感应原理，将某个幅值的交变电压变为同频率的另一个幅值的交变电压的电气设备，因此在讨论变压器时，不仅有电路的问题，同时还有磁路的问题。故本章将在介绍磁路的基础上，对变压器的基本结构、工作原理与应用等方面进行分析。

实例引入：机床 36V 照明供电方案

工厂机床的照明电路的电压大部分都是 36V，而通过前面的学习我们知道照明电路的电压为 220V，这个问题该如何解决呢？图 4-1 提供了两种方案。图 4-1（a）所示为串联一个电阻分压的供电方案，根据以前所学过的知识可以计算出这个电阻的功率和阻值，实现灯泡的正常发光。图 4-1（b）所示为变压器降压的方案，这是一个降压变压器，将 220V 交流电变为 36V 供给灯泡。比较这两种方案可以发现，经过一段时间，方案一中的电阻烫得像电烙铁一样，证明串联电阻供电方案在电阻上会有很大的功耗，效率很低；而变压器几乎没有功率损耗。

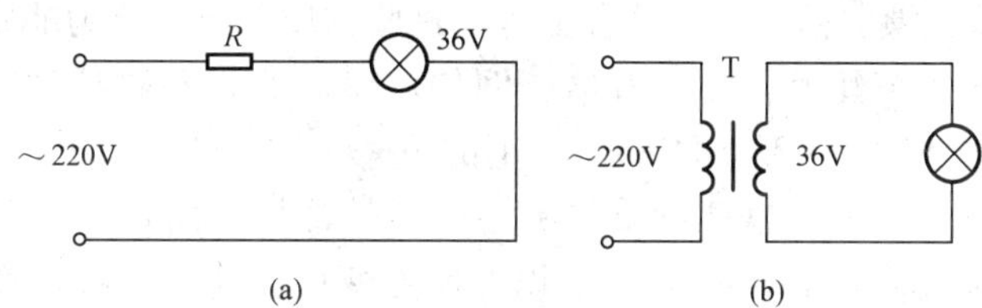

图 4-1 两种供电方案

（a）电阻器分压供电方案；（b）变压器降压供电方案

4.1 磁 路

4.1.1 磁场的基本物理量

1. 磁感应强度

磁感应强度 B 是表示磁场内某点的磁场强弱和方向的物理量，它是一个矢量。磁感应强度的大小等于通过垂直磁场方向的单位截面积的磁力线数，故又称为磁通密度，其方向与该点磁力线方向一致。它与电流（电流产生磁场）之间的方向关系可用右手螺旋定则来确定，其关系为

$$B=\frac{F}{u} \tag{4-1}$$

其中，电磁力 F 的单位为 N，电流 I 的单位为 A，导体的有效长度 l（与磁场方向相垂直方向的长度投影）单位为 m 时，磁感应强度 B 的单位为 T（特斯拉）。

如果磁场内各点的磁感应强度的大小相等，方向相同，这样的磁场则称为均匀磁场。

2. 磁通

垂直穿过磁场中每单位面积的磁力线数总量成为磁通，用Φ表示，即

$$\Phi = BS \tag{4-2}$$

当磁感应强度B的单位取T、面积S单位取m^2时，磁通Φ的单位是Wb（韦伯）。

3. 磁导率

磁导率μ是用来衡量物质导磁能力的物理量，它表明了物质对磁场的影响程度。磁导率的国际单位制单位为亨利/米，用符号H/m表示。

由实验测出，真空磁导率

$$\mu_0 = 4\pi \times 10^{-7}\mathrm{H/m}$$

因为μ_0是一个常数，所以将其他物质的磁导率和μ_0去比较是很方便的。

任意一种物质的磁导率μ与真空的磁导率μ_0之比，称为该物质的相对磁导率，用符号μ_r表示，即

$$\mu_r = \frac{\mu}{\mu_0} \tag{4-3}$$

显然，相对磁导率μ_r是一个无量纲的数。根据相对磁导率μ_r值的不同，自然界的物质大致可分为非磁性物质和铁磁性物质两大类。

非磁性物质如空气、塑料、铜、铝、橡胶等。这些物质的导磁能力很差，磁导率均与真空的磁导率非常接近，它们的相对磁导率均约等于1。非磁性物质的磁导率可认为是常量。

铁磁性物质如铁、镍、钴、钢及其合金等。这些物质的导磁能力非常强，其磁导率一般为真空的几百、几千乃至几万、几十万倍。例如，铸铁的相对磁导率$\mu_r \approx 200 \sim 400\mathrm{H/m}$，铸钢的相对磁导率$\mu_r \approx 500 \sim 2200\mathrm{H/m}$，硅钢的$\mu_r \approx 7000 \sim 10\,000\mathrm{H/m}$，坡莫合金的$\mu_r \approx 20\,000 \sim 200\,000\mathrm{H/m}$。显然，铁磁物质的磁导率不是常量，而是一个范围，随外部条件变化，即铁磁性物质的相对磁导率$\mu_r \gg 1$。所以在制作变压器时，一般选择导磁性能好的硅钢片作为铁芯材料。

4. 磁场强度

磁场强度也是表征磁场中某点磁场强弱和方向的物理量（不包括磁介质因磁化而产生的磁场），用大写字母H表示。H也是矢量，H的方向也是置于磁场中该点小磁针N极的指向。

磁场强度与磁感应强度的区别是：磁感应强度是描述磁路介质的磁场某点强弱和方向的物理量，与介质的磁导率有关；磁场强度是描述电流的磁场强弱和方向的物理量，与介质的磁导率无关。它们之间的联系为

$$H = \frac{E}{\mu} \tag{4-4}$$

磁场强度H的单位有A/m和A/cm，二者之间的换算关系为

$$1\mathrm{A/m} = 10^{-2}\mathrm{A/cm}$$

4.1.2 铁磁性材料的磁性能

铁磁物质具有高导磁性、磁饱和性、磁滞性和剩磁性。

1. 高导磁性

铁磁材料的高导磁性是由物质内部结构决定的。在铁磁材料内部，往往有相邻的几百个

分子电流圈流向一致，这些分子电流产生的磁场叠加起来，就形成了一个个天然的小磁性区域，称为磁畴。磁畴的体积约为 $10^{-9}cm^3$。铁磁性物质内容的这种磁畴结构，就好比它们内部存在一个个小磁铁，这些小磁铁在无外磁场作用时，排列顺序杂乱无章，其磁性相互抵消，因此对外不显示磁性，如图 4-2（a）所示。

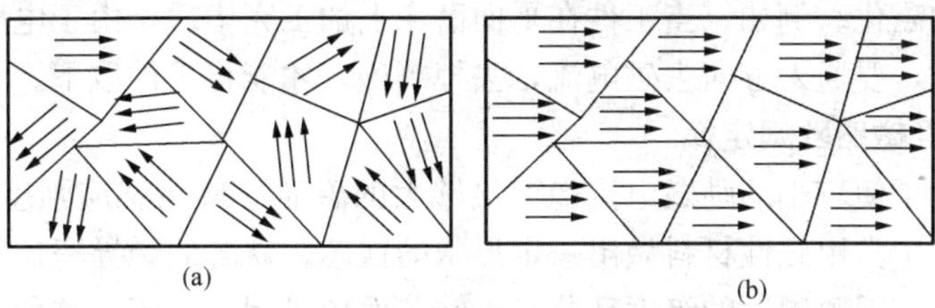

图 4-2 铁磁物质的磁畴和磁化

（a）无外磁场作用；（b）有外磁场作用

在外磁场作用下，如在铁芯线圈中励磁电流所产生的磁场的作用下，磁畴会发生归顺性转向，原来无序的小磁畴将顺着外磁场的方向转向，形成一个与外磁场方向一致的附加磁场。随着外磁场的增强（或励磁电流的增大），磁性物质的磁感应强度大大增加，这就是说磁性物质被强烈磁化了。铁磁性物质的磁化过程可用 B-H 曲线来描述，如图 4-3 所示。

铁磁物质这一高导磁性被广泛应用于电工设备中，例如，电机、变压器及各种电磁铁中都放有铁芯。在这种铁芯的线圈中通入不大的励磁电流，便可产生足够大的磁通和磁感应强度，这就解决了既要磁通大，又要励磁电流小的矛盾，利用优质的铁磁材料可使同一容量的电器的质量和体积大大减轻和减小。

2. 磁饱和性

铁磁材料由于磁化所产生的磁化磁场不会随着外磁场的增强而无限地增强。当磁畴全部沿外磁场方向排列整齐以后，即使外磁场再增强，铁磁材料中的磁场也不会再增强了，即进入磁饱和阶段，如图 4-3 所示。

3. 磁滞性和剩磁性

当铁芯线圈中通有交变电流（大小和方向都变换）时，铁芯就受到交变磁化。在电流变化一次时，磁感应强度 B 随着磁场强度 H 而变化的关系如图 4-4 所示。由图 4-4 可见，当 H 已减到零值时，B 并未回到零值。这种磁感应强度滞后于磁场强度变化的性质称为磁性物质的磁滞性。

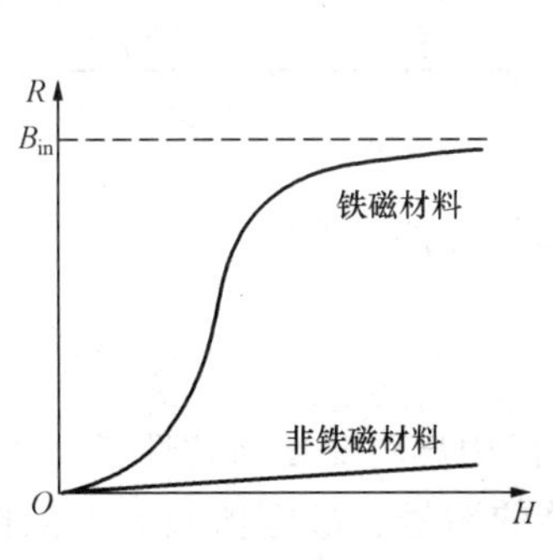

图 4-3 磁性物质的磁化曲线

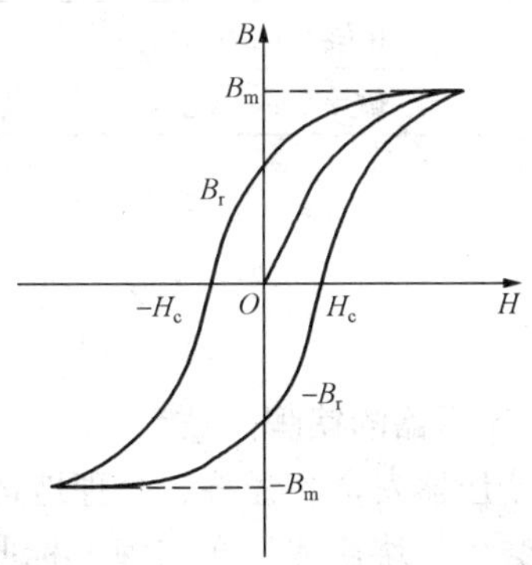

图 4-4 磁滞回线

当线圈中电流减到零值（即 $H=0$）时，铁芯在磁化时所获得的磁性还未完全消失。这时铁芯中所保留的磁感应强度称为剩磁感应强度，简称剩磁，用 B_r 表示，如图 4-4 所示。永久磁铁的磁性就是由剩磁产生的。

如果要使铁芯的剩磁消失，通常改变线圈中励磁电流的方向，也就是改变磁场强度 H 的方向来进行反向磁化。例如，当工件在平面磨床上加工完毕后，由于电磁吸盘有剩磁，还将工件吸住，为此，要通入方向去磁电流，去掉剩磁，才能将工件取下。

4.1.3 磁路及磁路欧姆定律

如上所述，为了使较小的励磁电流产生足够大的磁通（或磁感应强度），在电机、变压器及各种铁磁元件中常用磁性材料做出一定形状的铁芯。铁芯的磁导率比周围空气或其他物质的磁导率高得多，因此磁通的绝大部分经过铁芯而形成闭合通路。这种人为造成的磁通的路径称为磁路，如图 4-5 所示。

对磁路进行分析与计算的基本定律为磁路欧姆定律。如图 4-5 所示，当铁芯线圈两端加上正弦交流电压 u 时，则线圈电路中就会有按正弦规律变化的电流 i 通过。电流 i 通过 N 匝线圈时形成的磁动势 $F_m=iN$，磁动势在铁芯中激发按正弦规律变化、沿铁芯闭合的工作磁通 Φ。根据磁路的欧姆定律各量的关系如下：

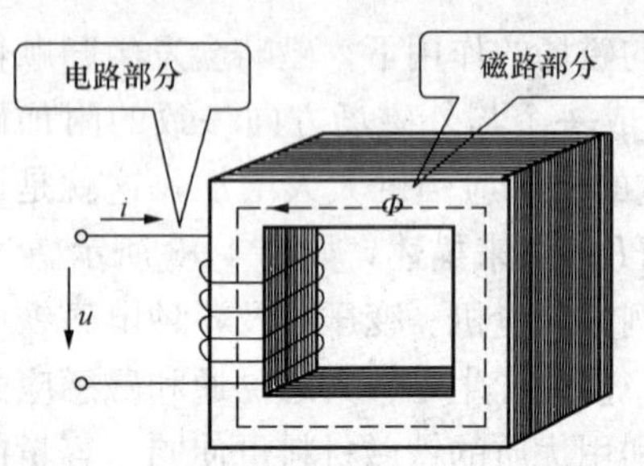

图 4-5 交流铁芯线圈的磁路

$$\Phi=\frac{F}{R_m}=\frac{lN}{R_m} \tag{4-5}$$

$$R_m=l/\mu S$$

式中：R_m 为磁阻，表示物质对磁通具有阻碍作用的物理量；l 为磁路的平均长度；S 为磁路的截面积。

式（4-5）与电路的欧姆定律在形式上相似，所以称为磁路的欧姆定律。磁路和电路相对应的物理量见表 4-1。

表 4-1 磁路与电路的物理量对比

磁 路	电 路
磁动势 $F_m=IN$	电动势 E
磁通 Φ	电流 I
磁感应强度 $B=\Phi/S$	电流密度 $J=I/S$
磁阻 $R_m=l/\mu S$	电阻 $R=\rho l/S$
磁导率 μ	电阻率 ρ

4.2 变压器的工作原理

4.2.1 变压器的铭牌

为了使变压器安全、经济、合理地运行，同时使用户对变压器的性能有所了解，变压器出厂时都安装了一块铭牌。在铭牌上标明了变压器的型号、额定值及有关数据。图 4-6 所示为三相电力变压器的铭牌。

铝线电力变压器

额定容量	560kVA	相数	3	额定频率	50Hz
额定电压	高压	10kV	额定电流	高压	32.3A
	低压	400～230V		低压	808A
使用条件	户外式	绕组温升 65℃		油面温升℃	
短路电压	4.94%	冷却方式		油浸冷却式	
油重 370kg	器身重 1040kg	总重量 1900kg		连接组 Yyn0	

出厂序号 ×××厂 年 月 出品

图 4-6 变压器的铭牌

1. 变压器的型号

变压器的型号表示了一台变压器的结构、额定容量、电压等级、冷却方式等内容。例如，某变压器的型号为 SJL-560/10，具体含义如下：

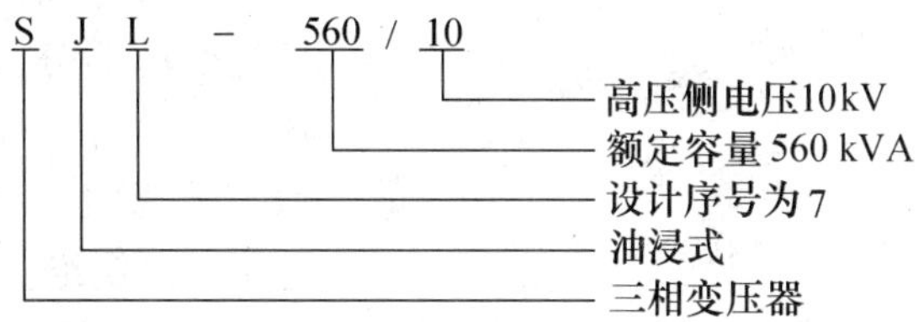

2. 变压器的额定值

额定值是对变压器正常工作状态所做的使用规定，它是正确使用变压器的依据。

(1) 额定容量 S_N。额定容量 S_N 指变压器在额定工作条件下所能输出的视在功率，单位 VA 或 kVA。由于变压器效率高，通常一次侧、二次侧的额定容量设计相等。对三相变压器而言，额定容量指三相容量之和。

(2) 额定电压 U_{1N} 和 U_{2N}。U_{1N} 是指加在变压器一次绕组上的额定电源电压值；U_{2N} 是指变压器一次绕组加额定电压，二次绕组开路时的空载电压值。单位为 V 或 kV。对三相变压器而言，额定电压是指线电压。

(3) 额定电流 I_{1N} 和 I_{2N}。I_{1N} 和 I_{2N} 分别为一、二次额定电流，是指变压器连续运行时一、二次绕组允许通过的最大电流有效值。三相变压器的额定电流是指线电流，单位为 A。

对于单相变压器

$$I_{1N}=\frac{S_N}{U_{1N}},\quad I_{2N}=\frac{S_N}{U_{2N}} \tag{4-6}$$

对于三相变压器

$$I_{1N}=\frac{S_N}{\sqrt{3}U_{1N}},\quad I_{2N}=\frac{S_N}{\sqrt{3}U_{2N}} \tag{4-7}$$

(4) 额定频率 f_N。f_N 是指变压器应接入的电源频率。我国规定标准工业用电的频率为 50Hz。

【例 4-1】 某变压器的额定容量为 100kVA，额定电压为 6000V/400V，连接组为 Yyn，试求一、二次绕组的额定电流。

解 一次额定电流

$$I_{1N}=\frac{S_N}{\sqrt{3}U_{2N}}=\frac{100\times10^3}{\sqrt{3}\times6000}\approx9.62(\text{A})$$

二次额定电流

$$I_{2N}=\frac{S_N}{\sqrt{3}U_{2N}}=\frac{100\times10^3}{\sqrt{3}\times400}\approx144.3(\text{A})$$

4.2.2 变压器的基本结构

在如图 4-4 所示的交流铁芯上再加上一个线圈，就构成了一个简单的双绕组变压器，变压器的结构原理如图 4-7（a）所示，图形符号如图 4-7（b）所示。

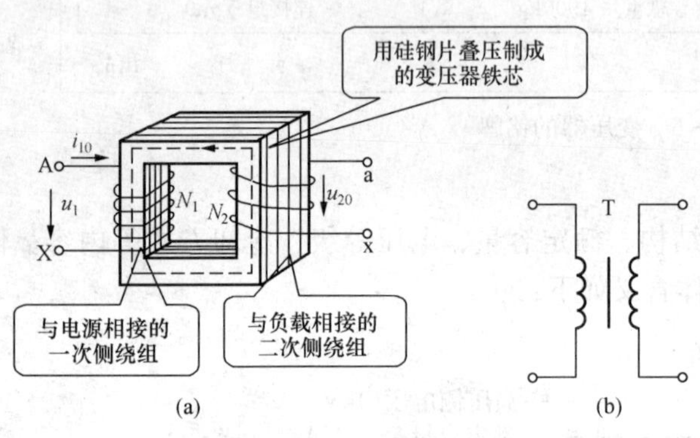

图 4-7 变压器

（a）结构示意；（b）图形符号

变压器的主体结构是由铁芯和绕组两大部分构成的。变压器的绕组与绕组之间、绕组与铁芯之间均相互绝缘。

按铁芯和绕组的组合结构，通常又把变压器分为芯式变压器和壳式变压器，如图 4-8 所示，芯式变压器的铁芯被绕组包围，而壳式变压器的铁芯则包围绕组。

变压器的绕组构成其电路部分。电力变压器的绕组通常用绝缘的扁铜线或扁铝线绕制而成；小型变压器的绕组一般用漆包线绕制而成。变压器电路部分的作用是接收和输出电能，通过电磁感应实现电量的变换。与电源相接的绕组称为一次侧（或一次绕组），一次侧的首、尾端通常分别用 A、X 表示；与负载相接的绕组称为二次侧（或二次绕组），一般常用 a、x 表示。有时也把一次绕组称为一次侧或初级，把二次绕组称为二次侧或次级。一次侧各量一般采用下标 1，二次侧各量采用下标 2。

铁芯构成变压器的磁路部分。各类变压器用的铁芯材料都是软磁材料。电力系统中为减小铁芯中的磁滞损耗和涡流损耗，常用 0.35～0.5mm 厚的硅钢片叠压制成变压器铁芯；电子工程中音频电路的变压器铁芯一般采用坡莫合金制作；高频电路中的变压器则广泛使用铁氧体。变压器磁路的作用是利用磁耦合关系实现能量的传递。

4.2.3 变压器的基本工作原理

图 4-9 所示为变压器的原理图，为了便于分析，设一、二次绕组的匝数分别为 N_1、N_2。

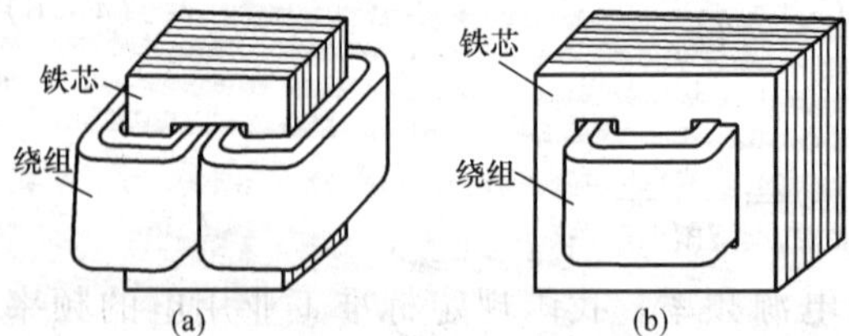

图 4-8 变压器的结构形式

（a）芯式变压器；（b）壳式变压器

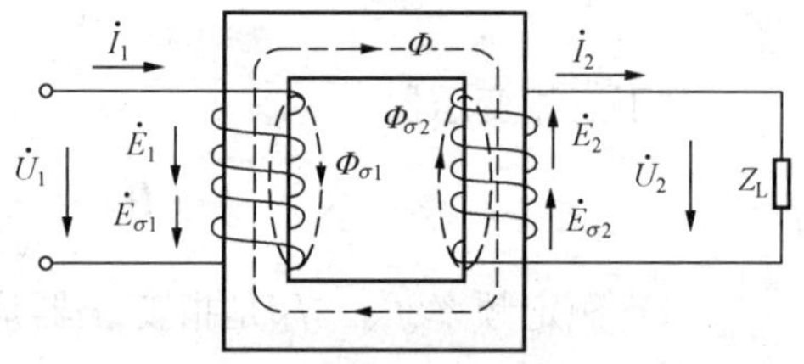

图 4-9 变压器的工作原理图

当一次侧外加电压为 u_1 的交流电压时，一次绕组中便有电流 i_1 通过。一次侧的磁动势 i_1N_1 产生的磁通绝大部分通过铁芯而闭合，从而在二次侧中感应出电动势。如果二次侧接有负载，那么二次侧中就有电流 i_2 通过。二次侧的磁动势 i_2N_2 也产生磁通，其绝大部分也通过铁芯而闭合。因此，铁芯中的磁通是一个有一次侧、二次侧的磁动势共同产生的合成磁通，称为主磁通，用 Φ 表示。主磁通穿过一次侧和二次侧而在其中感应出的电动势分别为 e_1 和 e_2，它们的大小为

$$\begin{cases} e_1 = -N_1 \dfrac{d\Phi}{dt} \\ e_2 = -N_2 \dfrac{d\Phi}{dt} \end{cases} \tag{4-8}$$

此外，一次侧、二次侧的磁动势还分别产生漏磁通 $\Phi_{\sigma1}$ 和 $\Phi_{\sigma2}$（仅与本绕组相连），从而在各自的绕组中分别产生漏磁电动势 $e_{\sigma1}$ 和 $e_{\sigma2}$。上述的电磁关系见图 4-10。

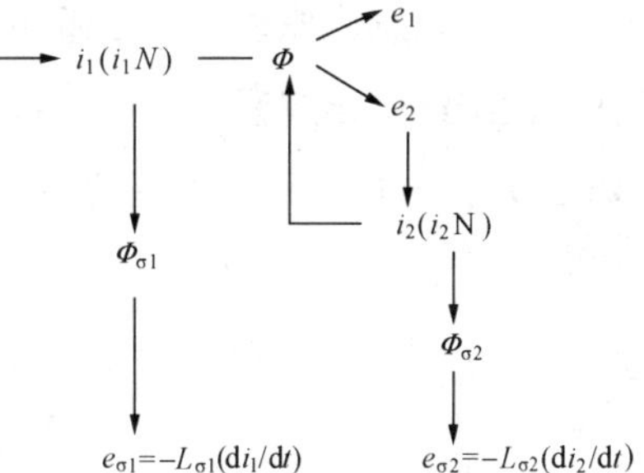

图 4-10　电磁量间的关系示意

4.3 变压器的应用

变压器的种类很多，应用也十分广泛，本节主要根据变压器具有变压、变流和变阻抗的性质，来讨论几种特殊用途的变压器。

4.3.1 变压器的空载运行与电压变换

变压器的空载运行是指给变压器的一次绕组施加正弦交流额定电压，二次绕组开路的运行状态，如图 4-11 所示。

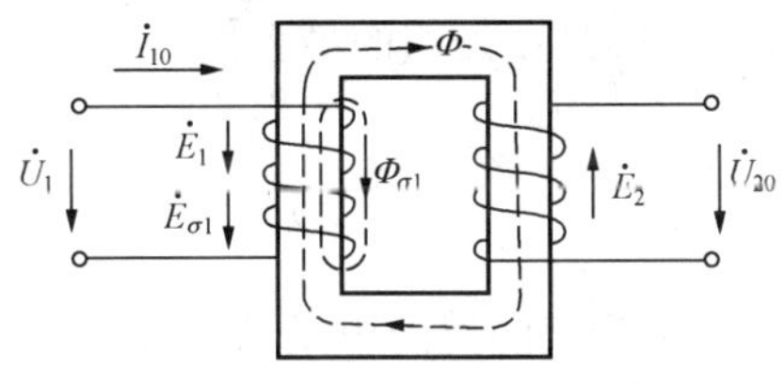

图 4-11　变压器的空载运行

1. 变压器中各量参考方向的规定

由于变压器中电压、电流、磁通及电动势的大小和方向都是随时间做周期性变化的，因此它们的参考反向原则上是可以任意规定的。为了能正确表明各量之间的关系，必须首先规定它们的参考方向，或称为正方向。

为了统一起见，习惯上都按照电工惯例来规定参考方向，具体如下：

(1) 同一支路中，电压 u 的参考方向与电流 i 的参考方向一致。

(2) 由电流 i 产生的磁动势所建立的磁通 Φ 与电流 i 的参考方向符合右手螺旋定则。

(3) 由磁通 Φ 产生的感应电动势 e 的参考方向与产生磁通 Φ 的电流 i 的参考方向一致。

图 4-11 中各量的参考方向就是根据上述规定来确定的。

2. 空载运行时各电磁量之间的关系

由图 4-11 不难看出，变压器空载运行时，由于二次电流等于零，变压器铁芯中的磁通都是由一次绕组电流 $\dot{I}_{10}$ 产生的。我们把变压器空载电流 $\dot{I}_{10}$ 称为励磁电流，$\dot{I}_{10}N_1$ 称为励磁磁动势。

由 $\dot{I}_{10}N_1$ 产生的磁通分两部分：主磁通 Φ 和漏磁通 $\Phi_{\sigma1}$。主磁通经铁芯形成闭合回路，因此，它同时穿过一、二次绕组；漏磁通除经过部分铁芯之外，还要经过空气而形成闭合回路，因此它仅穿过一次绕组。由于铁芯是由铁磁材料构成，磁阻很小，所以在数量上，漏磁通要比主磁通小得多。

根据电磁感应原理，主磁通 Φ 在一、二次绕组中感应出感应电动势 $\dot{E}_1$、$\dot{E}_2$，漏磁通 $\Phi_{\sigma1}$ 只在一次绕组中感应漏电动势 $\dot{E}_{\sigma1}$，另外空载电流 $\dot{I}_{10}$ 流过一次绕组的电阻 r_1 还会产生电阻压降 $\dot{I}_{10}r_1$。上述过程的电磁关系见图 4-12。

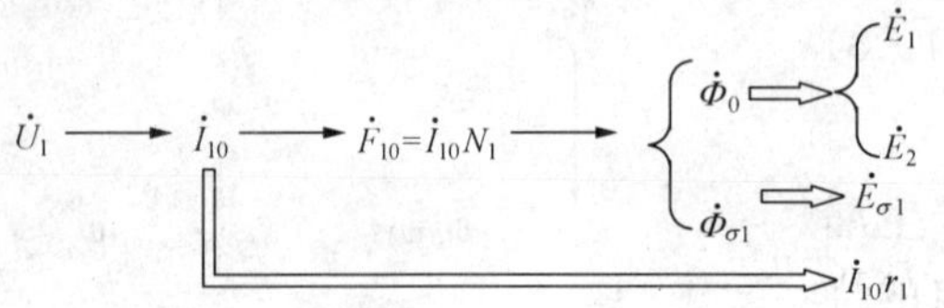

$\dot{U}_1$ → $\dot{I}_{10}$ → $\dot{F}_{10}=\dot{I}_{10}N_1$ → { $\dot{\Phi}_0$ ⇒ $\dot{E}_1$, $\dot{E}_2$；$\dot{\Phi}_{\sigma1}$ ⇒ $\dot{E}_{\sigma1}$ }；$\dot{I}_{10}$ ⇒ $\dot{I}_{10}r_1$

图 4-12　空载运行时的各电磁量间的关系

如上所述，一次绕组电压平衡方程为

$$\dot{U}_1 = \dot{I}_{10}R_1 - \dot{E}_1 - \dot{E}_{\sigma1} \tag{4-9}$$

式（4-9）中，若略去漏磁通的影响，不考虑绕组上电阻的压降，则可认为一次绕组上的电动势 $\dot{E}_1$ 近似等于电源电压 $\dot{U}_1$，则

$$\dot{U}_1 \approx -\dot{E}_1 \tag{4-10}$$

在二次绕组，由于 $\dot{I}_2 = 0$，而感应电动势 $\dot{E}_2$ 也是由主磁通 Φ 产生的，故二次绕组电压平衡方程式为

$$\dot{U}_{20} = \dot{E}_2 \tag{4-11}$$

由式（4-9）和式（4-11）不难看出，虽然二次绕组与一次绕组没有直接电路上的联系，却能通过主磁通 Φ 中而获得感应电压。

一、二次绕组感应电动势有效值分别为

$$\begin{aligned} E_1 &= 4.44 f N_1 \Phi_m \\ E_2 &= 4.44 f N_2 \Phi_m \end{aligned} \tag{4-12}$$

式中：N_1、N_2分别为一、二次绕组的匝数；f 为电源频率；Φ_m是主磁通的最大值。

一、二次绕组感应电动势有效值之比为

$$\frac{E_1}{E_2} = \frac{4.44 f N_1 \Phi_m}{4.44 f N_2 \Phi_m} = \frac{N_1}{N_2} = K \tag{4-13}$$

其中，$K=N_1/N_2$称为变压器的匝数比。显然，一、二次绕组的感应电动势之比等于绕组的匝数比。

考虑到式（4-10）和式（4-11）的关系，则

$$\frac{U_1}{U_{20}} \approx \frac{E_1}{E_2} = \frac{N_1}{N_2} = K \tag{4-14}$$

式（4-14）表明，一次绕组电压与二次绕组开路电压之比等于变压器的匝数比。当一、二次绕组匝数不同时，变压器就可以把某一数值的交流电压变换为同频率的另一数值的电压，这就是变压器的电压变换作用。当一次绕组匝数 N_1 大于二次绕组匝数 N_2 时，$K>1$，这种变压器称为降压变压器；反之，若 $N_1<N_2$，$K<1$，则为升压变压器。

3. 变压器的应用

应用一：自耦变压器

自耦变压器的结构特点是二次绕组为一次绕组的一部分，如图 4-13（a）所示。一、二次绕组电压之比为

$$\frac{U_1}{U_2}=\frac{N_1}{N_2}=K \tag{4-15}$$

实验室中常用的自耦变压器是一种随着滑动触电的移动，其二次绕组的匝数可变，相应的输出电压可调的变压器，其外形和实际电路如图 4-13（b）、（c）所示。

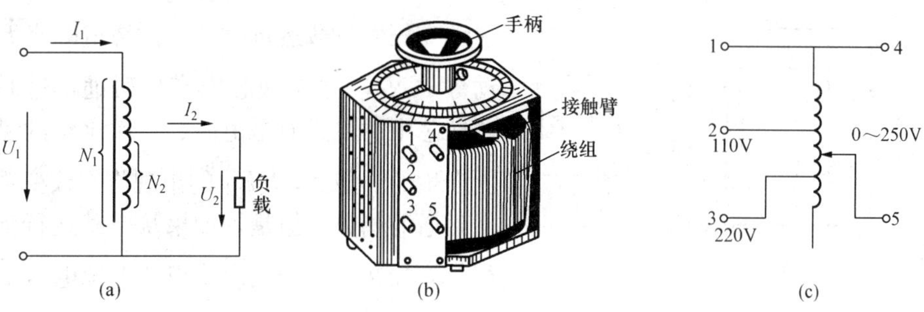

图 4-13　自耦变压器

（a）原理图；（b）外形；（c）实际电路

自耦变压器的优点如下：额定容量相同时，自耦变压器与双绕组变压器相比，其单位容量所消耗的材料少，变压器的体积小，造价低，而且铜耗和铁耗都小，因而效率较高。

自耦变压器由于一次侧、二次侧共用一个绕组，因此当高压侧遭受过电压时，会波及低压侧，为避免危险，需在自耦变压器的一次侧、二次侧都装设避雷器。

应用二：电压互感器

电压互感器可用于扩大交流电压表的量程，其实质上相当于一台空载运行的变比较大降压变压器。使用时，电压互感器的一次绕组匝数很多，并联于待测电路两端；二次绕组匝数较少，与电压表及电度表、功率表、继电器的电压线圈并联，如图 4-14 所示。

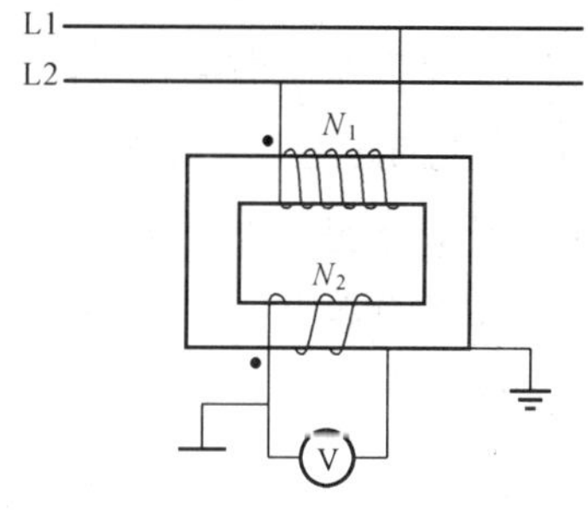

图 4-14　电压互感器原理图

根据变压器的电压变换原理，高压绕组两端的电压为

$$U_1=K_uU_2 \tag{4-16}$$

式中：K_u为电压互感器的变压比，是常数。

由式（4-16）可见，高压线路的电压等于二次侧所测得的电压与变压比的乘积。当电压表与一只专用的电压互感器配套使用时，电压表的刻度就可按电压互感器高压侧的电压标出，这样就可不必经过换算，而直接从该电压表上读出高压线路的电压值。电压互感器属于仪用互感器的一种，它的优点是：①使测量仪表与高压电路分开，以保证工作安全；②扩大测量仪表的量程。

使用时，应注意以下几个方面：

（1）电压互感器的二次侧不允许短路。因为一旦发生短路，二次侧将产生一个很大的电流，导致一次侧电流随之激增，由此将烧坏互感器的绕组。

（2）电压互感器的二次侧应当可靠接地。

（3）电压互感器的二次侧阻抗不得小于规定值，以减小误差。

通常电压互感器二次绕组的额定电压均设计为同一标准值 100V，如果电压表与电压互感器配套，则电压表指示的数值已按变压比被放大，可直接读取被测电压数值。电压互感器的额定电压等级有3000V/100V、1000V/100V、600V/100V等。

4.3.2 变压器的负载运行与电流变换

变压器一次侧接在额定频率、额定电压的交流电源上，二次侧接上负载的运行状态，称为负载运行，如图4-15所示。

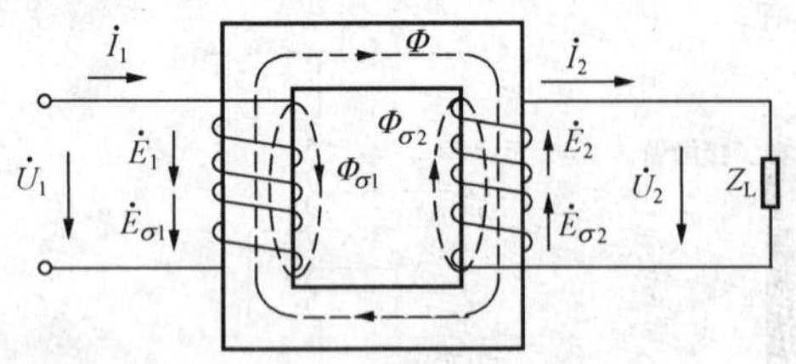

图4-15 变压器负载运行原理图

变压器负载运行时，二次绕组电流 $\dot{I}_2$ 产生磁动势 $\dot{I}_2N_2$，并在铁芯中产生磁通，这时，变压器铁芯中的主磁通是由一、二次绕组的磁动势共同产生的。显然，$\dot{I}_2N_2$ 的出现将有改变铁芯原有主磁通的趋势。但是，如果从空载运行到负载运行，施加在变压器一次绕组的电源电压 $\dot{U}_1$ 不变，则铁芯中主磁通 Φ 基本上也保持不变，因而一次绕组的电流将由空载运行时的电流 $\dot{I}_{10}$ 变化为负载运行时的电流 $\dot{I}_1$，以满足下列关系式：

$$\dot{I}_1N_1+\dot{I}_2N_2=\dot{I}_{10}N_1 \tag{4-17}$$

式（4-17）即为变压器负载运行时的磁动势平衡方程式。

由于空载电流 $\dot{I}_{10}$ 相比之下很小，一般不到变压器额定电流的10%，所以在额定运行情况下，忽略空载磁动势 $\dot{I}_{10}N_1$，可得

$$\dot{I}_1N_1\approx-\dot{I}_2N_2 \tag{4-18}$$

可见变压器负载运行时，一、二次绕组的磁动势方向相反，即二次侧电流 $\dot{I}_2$ 对一次电流 $\dot{I}_1$ 产生的磁通有去磁作用。因此，当负载阻抗减小、二次电流 $\dot{I}_2$ 增大时，铁芯中的磁通 Φ 将减小，于是一次电流 $\dot{I}_1$ 必然增加，以保持磁通基本不变，所以二次电流变化时，一次电流也会相应变化。

由式（4-18）可得，一、二次电流的有效值关系为

$$\frac{I_1}{I_2}\approx\frac{N_2}{N_1}=\frac{1}{K} \tag{4-19}$$

由式（4-19）可见，当变压器额定运行时，一、二次侧的电流之比近似等于其匝数比的倒数。改变一、二次绕组的匝数，可以改变一、二次绕组电流的比值，这就是变压器的电流变换作用。

应用：电流互感器

电流互感器常用来将交流电路中的大电流转换为一定比例的小电流（我国标准为5A），以供测量和继电保护之用。

图4-16所示为电流互感器的接线图。电流互感器的一次绕组线径较粗，匝数少，与待测电路负载串联；二次绕组线径细且匝数多，与电流表及电度表、功率表、继电器的电流线圈串联。

由于电流互感器二次侧所接仪表的阻抗很小，运行时二次侧相当于短路，因此，电流互感器实际运行时相当于一台二次侧短路的升压变压器。

为了减小测量误差，电流互感器铁芯中的磁通密度一般设计得较低，所以励磁电流很小。若忽略励磁电流，由磁动势平衡关系可得

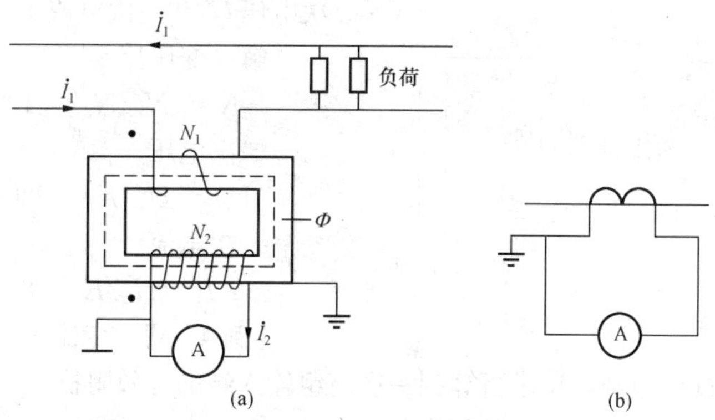

图 4-16 电流互感器原理图

(a) 接线图；(b) 图形符号

$$\frac{I_1}{I_2}=\frac{N_2}{N_1}=K_i \tag{4-20}$$

即

$$I_1=K_iI_2 \tag{4-21}$$

式中：K_i为电流互感器的变流比，是常数。

由此可见，通过负载的电流就等于二次侧线圈所测得的电流与变流比之乘积。如果电流表同一只专用的电流互感器配套使用，则电流表的刻度就可按大电流电路中的电流值标出。电流互感器次级电流最大值，通常设计为标准值 5A。不同电流的电路所配用的电流互感器是不同的，其变比有 10A/5A，20A/5A，30A/5A，40A/5A，50A/5A 等。

使用电流互感器时应注意以下事项：

(1) 二次绕组绝对不允许开路。若二次侧开路，电流互感器将空载运行，此时被测线路的大电流将全部成为励磁电流，铁芯中的磁通密度就会猛增，磁路严重饱和，一方面造成铁芯过热而烧坏绕组绝缘，另一方面二次绕组将会感应很高的电压，可能击穿绝缘，危及仪表及操作人员的安全。

(2) 二次绕组及铁芯应可靠接地。

(3) 二次侧所接电流表的内阻抗必须很小，否则会影响测量精度。

4.3.3 变压器的阻抗变换

变压器除了有变压和变流的作用外，还有变阻抗的作用。根据变压器一、二次绕组电压、电流关系可得

$$\frac{U_1}{I_1}=\frac{KU_2}{I_2/K}=K^2\frac{U_2}{I_2}=K^2|Z_L| \tag{4-22}$$

如果用阻抗关系表示式（4-22），则

$$|Z_L'|=K^2|Z_L| \tag{4-23}$$

其中，$|Z_L'|=U_1/I_2$ 是从变压器一次绕组看进去的一个等效阻抗，在数值上等于变压器负载阻抗乘以变比的平方。式（4-23）表明，接于变压器二次侧的阻抗对一次绕组电流而言，相当于接上等效阻抗为 $K^2|Z_L|$ 的负载。这就是变压器的阻抗变换作用，如图 4-17 所示。

【例 4-2】 已知一变压器 $N_1=1000$，$N_2=250$，$U_1=220V$，$I_2=8A$，试求变压器的二

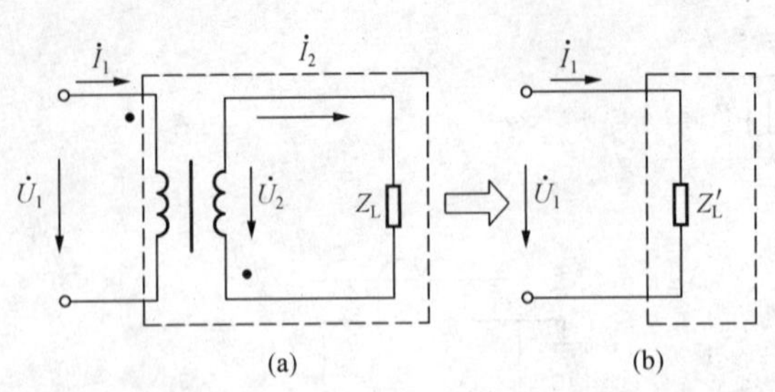

图 4-17 变压器的阻抗变换作用

次电压 U_2 和一次电流 I_1。

解 变压比

$$K=N_1/N_2=1000/250=4$$

二次电压

$$U_2=U_1/K=220/4=55(\text{V})$$

一次电流

$$I_1=I_2/K=8/4=2(\text{A})$$

【例 4-3】 变比 $K=4$ 的一台变压器，其二次绕组接上 16Ω 的负载，试求折算到一次绕组输入端的等效阻抗。

解 $|Z_L'|=K^2|Z_L|=4^2\times16=256(\Omega)$

应用：阻抗匹配

电子技术中常采用变压器的阻抗变换功能，来满足电路中对负载上获得最大功率的要求。例如，收音机、扩音机的扬声器阻抗值通常为几欧或十几欧，而功率输出级常常要求负载阻抗为几十或几百欧。这时，为使负载获得最大输出功率，就需在电子设备功率输出级和负载之间接入一个输出变压器，并适当选择输出变压器的变比，使负载上获得最大功率，这种做法称为阻抗匹配。

【例 4-4】 已知某收音机输出变压器的一次侧匝数为 600，二次侧匝数为 30，一次侧原来接有 16Ω 的扬声器。现因故要改装成 4Ω 扬声器，问输出变压器的匝数 N_2 应改为多少？

解 收音机一次侧阻抗变换系数为

$$K=\frac{N_1}{N_2}=\frac{600}{30}=20$$

则

$$|Z_L'|=K^2|Z_L|=20^2\times16=6400(\Omega)$$

改装成 4Ω 扬声器后，变换系数为

$$K'^2=6400/4=1600,\quad K'=40$$

$$N_2'=N_1/K'=600/40=15$$

4.3.4 变压器的外特性

变压器在负载运行时，随着负载的增加，一、二次绕组阻抗上的电压降随之增加，二次绕组的端电压 U_2 将会降低。在一次电压不变的情况下，二次电压 U_2 随二次电流 I_2 变化的曲线称为变压器的外特性，如图 4-18 所示，它是一条稍微向下倾斜的曲线。对于感性负载来说，功率因数越低，下降得越快。

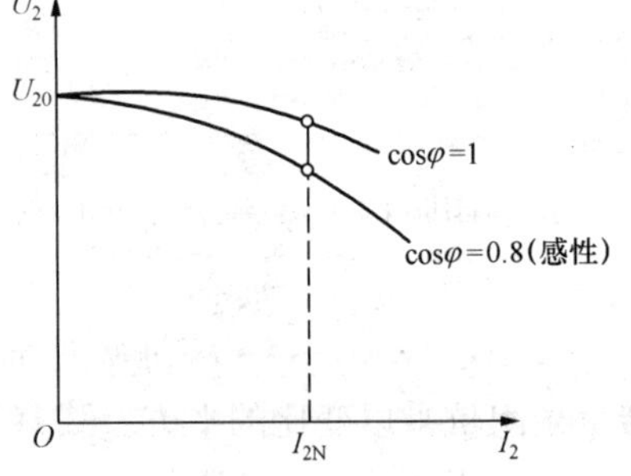

图 4-18 变压器的外特性曲线

二次绕组电压 U_2 随电流 I_2 变化的程度用电压调整率 ΔU 表示，即

$$\Delta U=\frac{U_{20}-U_2}{U_{20}}\times100\% \qquad (4-24)$$

对负载来说，总希望电压越稳定越好，即电压变化率越小越好。电力变压器的 ΔU 一般为 3%～6%。

4.4 变压器在汽车中的应用

汽车上最常见的变压器就是点火线圈，它将汽车电源系统提供的低压变为高达几千伏甚至上万伏的高压，用于点燃发动机内的汽油混合气。如图 4-19 所示的点火线圈原理图，当断电器触点张开时，通过低压绕组的电流变化引起磁化变化，就会在高压绕组产生高压电。

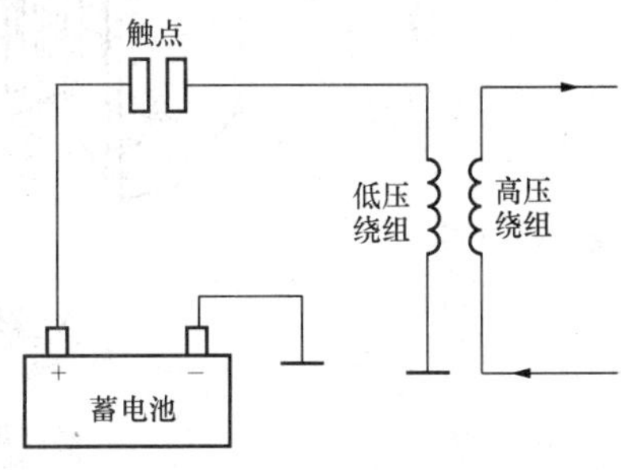

图 4-19 点火线圈原理图

1. 汽车点火线圈

根据磁路和结构的不同可分为开磁路和闭磁路点火线圈。开磁路点火线圈多用于传统点火系统及普通电子点火系统；闭磁路点火线圈具有漏磁少、转换效率高（约 70%）、结构简单、体积小、质量轻等优点，多应用于高能电子点火系统及电控点火系统。

图 4-20 所示为东风 EQ1090 型汽车装用的 DQ125 型开磁路点火线圈的结构，为两接线柱式，本身不带附加电阻，“−”接线柱接至分电器触点；而“+”接线柱上有两根导线，其中一根接至起动机电磁开关的附加电阻短路接线柱上，另外一根导线（附加电阻线，阻值约为 1.7Ω）接至点火开关，不能用普通导线代替。

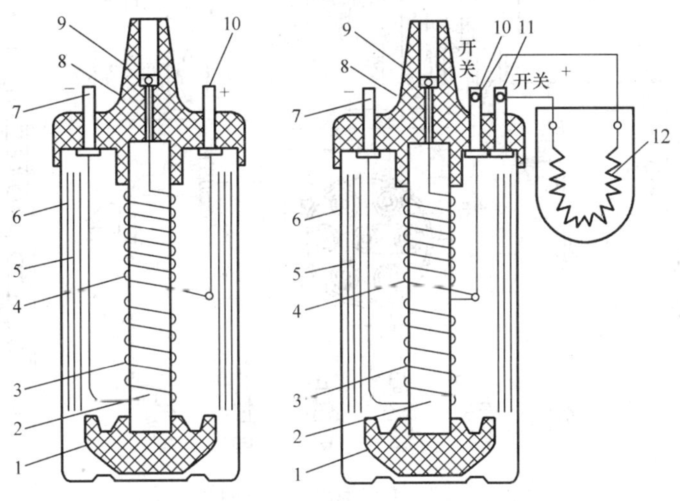

图 4-20 开磁路点火线圈的结构

1—瓷座；2—铁芯；3—低压绕组；4—高压绕组；5—导磁钢片；6—外壳；7—“−”接线柱；8—胶木盖；9—高压线插座；10—“+”或“开关”接线柱；11—“开关”接线柱；12—附加电阻

闭磁路点火线圈的结构如图 4-21（a）所示。在日字形铁芯内绕有一、二次绕组，在一次绕组外绕有二次绕组，其磁路如图 4-21（b）所示。为减小磁滞损耗，磁路中只有很小的气隙，故漏磁较少，磁路磁阻与开磁路点火线圈相比要小得多，其绕组的匝数较少，励磁电流较小，使得点火线圈结构紧凑、体积小，能量转换效率提高。

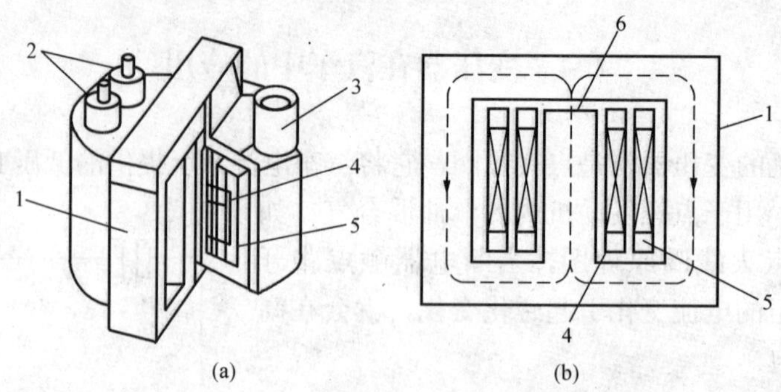

图 4-21 闭磁路点火线圈的结构和磁路

1—日字形铁芯；2—初级绕组接线柱；3—高压接线柱；
4—初级绕组；5—次级绕组；6—空气隙

2. 点火系统的基本组成与电路

传统点火系统由电源（蓄电池和发电机）、点火开关 S、点火线圈、分电器（断电器和配电器等）、火花塞等组成，如图 4-22 所示。

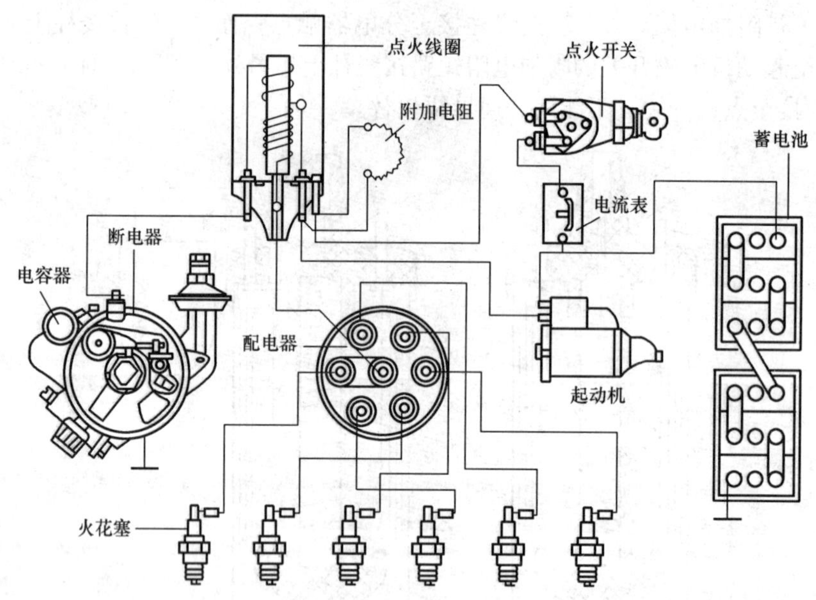

图 4-22 蓄电池点火系统的组成

（1）点火系统的基本组成。

1）电源：其作用是给点火系统提供电能，一般电压为 12V。

2）点火开关：其作用是接通和切断点火系统低压电路。

3）点火线圈：其作用是将 12V 的低压电转变成为能够击穿火花塞的 15 000～20 000V 高压电，主要由一次绕组、二次绕组和铁芯组成。

4）分电器：其作用是接通或断开点火线圈的初级电路，使点火线圈产生高压电，并按各缸的点火顺序，将高压电分送到火花塞。主要由配电器和断电器组成，断电器的作用是接通和切断低压电路，以使点火线圈产生高压电；配电器的作用是将点火线圈产生的高压电按发动机的点火顺序分配到各汽缸的火花塞。

5）电容器：与断电器并联，其作用是当断电器触点断开时吸收初级线圈的自感电动势，减小断电器触点的火花，延长触点的使用寿命，并提高点火线圈的高压电。

6）火花塞：其作用是将点火线圈产生的高压电引入发动机汽缸的燃烧室，并在其间隙中产生电火花，点燃可燃混合气。

(2) 点火系统的工作原理。点火系统的电路分高、低压电路。如图 4-23 中用实线表示触点闭合的低压电路，虚线表示触点打开时的高压电路。

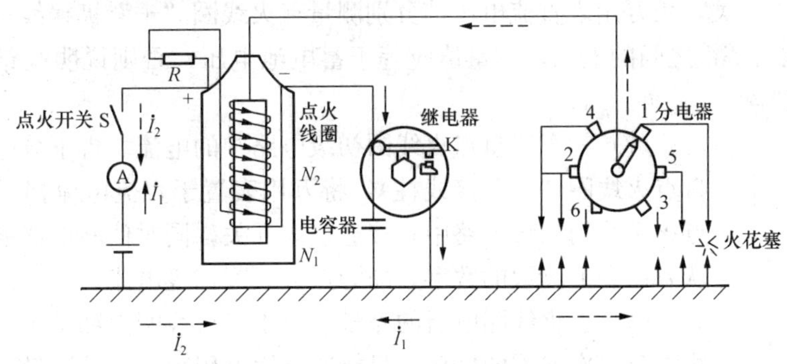

图 4-23 传统点火系统的工作回路

1）工作过程：

a. 接通点火开关 ON 挡，电发动机曲轴开始转动时，分电器中的断电器连同凸轮一起在发动机凸轮轴的驱动下旋转，使断电器触点反复闭合与断开。

b. 触点闭合时，点火线圈初级绕组通过低压电流，铁芯存储了磁场能，二次回路分布电容储存了电场能。

c. 触点断开时，一次绕组断电，磁场的骤然消失和二次绕组匝数多，使二次绕组感应出可达 1.5～2.0kV 的高压电动势，该电动势由配电器按照点火顺序轮流传给各工作缸火花塞跳火，点燃可燃混合气体。

d. 将点火开关从 ON 挡转动 OFF 挡，初级线路被切断，发动机停止工作。

2）点火系统高低压电路路径：

a. 流过一次绕组的电流称为一次电流 i_1，一次电流所经过的路径称为一次电路或低压电路，为发动机启动后（正常工作）时的电流路径。其回路为蓄电池正极或发电机正极→电流表→点火开关 ON 挡→附加电阻 R→点火线圈初级绕组 N_1→断电器触点→搭铁→蓄电池负极或发电机负极。

b. 高压电流 i_2流过的电路，称为二次电路或高压电路。其回路为点火线圈次级绕组N_2→附加电阻 R→点火开关→电流表→蓄电池正极或发电机正极→蓄电池负极或发电机负极→搭铁→火花塞侧电极→火花塞中心电极→分电器盖→分火头→点火线圈的二次绕组。

c. 启动时电流路径。启动时，附加电阻被短接，短接方式有启动操纵机构短接、二极管短接（夏利、大发）、点火开关短接（丰田）。

4.5 技能训练

4.5.1 点火线圈的检测

(1) 外观检查。检查点火线圈的外表，是否有绝缘盖破裂、接线柱松动、外壳变形等不良现象，视情况更换。

(2) 就车检查点火线圈一次电压。测量点火线圈“+”与“−”极接线柱与搭铁之间的电压。接通点火开关，用万用表直流电压挡分别测量点火线圈“+”极接线柱与搭铁之间和“−”极接线柱与搭铁之间的电压，测量值应等于蓄电池电压，否则说明线路有断路或短路故障，应予以排除。

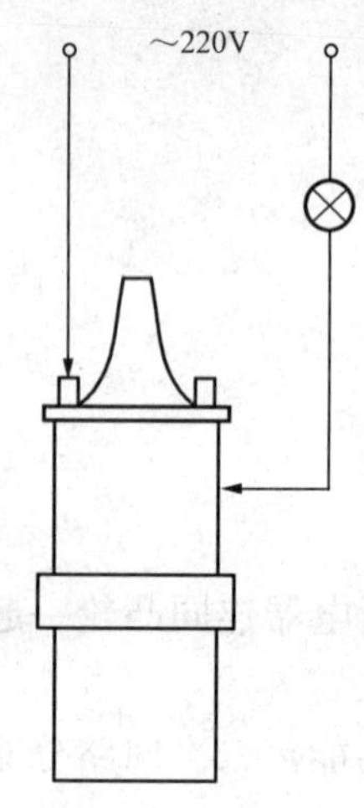

图 4-24 交流试灯检查点火线圈的绝缘性能

(3) 就车测量点火线圈初级电路中的电流。拆下分电器接线柱（来自点火线圈“−”接线柱），将万用表置于直流电流挡，并将其串接在点火系统的初级电路中，接通点火开关，同时使断电器触点闭合，此时从万用表上读取的数字，即为点火线圈初级电流。

(4) 点火线圈电阻的测量。由于点火线圈内部是不可拆卸的，一次线圈和二次线圈的好坏，只能通过用万用表电阻挡测量。

1) 一次绕组。用万用表 $R\times1$ 挡，表笔分别接触点火线圈的除正极接线柱的另外两个接线柱，电阻在 1.2～1.7Ω 为正常（0 即为短路，∞为断路）。

2) 二次绕组。用万用表 $R\times1k$ 挡，表笔分别接触高压接线柱和附加电阻的附加接线柱，电阻在 8～16kΩ 为正常（0 即为短路，∞为断路）。

(5) 用交流试灯检查点火线圈的绝缘性能，如图 4-24 所示。如果灯不亮，表明点火线圈绝缘良好；否则说明点火线圈绝缘破坏，有搭铁故障。

4.5.2 变压器一、二次绕组及同名端判别

1. 变压器一、二次绕组的判别

由于变压器一、二次侧的电压比等于匝数比，则可以通过测量一、二次侧的直流电阻来判别一、二次绕组。例如，某一小型变压器，一、二次侧的电压为 220/6V，根据 $N_1/N_2=U_1/U_2$，则一次绕组匝数一定高于二次绕组匝数，即一次绕组电阻一定大于二次绕组电阻。故电阻大的一侧为一次侧，电阻低的一侧为二次侧。

2. 变压器绕组同名端判别

变压器主磁通 Φ 在绕组中产生的感应电动势是交变的，本没有固定的极性。这里要讲的极性，是指一、二次绕组的相对极性。即在同一磁动势作用下，产生同样极性感应电动势的出线端，称为变压器的同名端；反之就是异名端。通常在同名端旁标注以相同的符合，如“*”或“·”。

在图 4-25 中用“·”标出了绕组的同名端。比较（a）、（b）两图可见，同名端与绕组的绕向有关。图 4-25（a）中二次绕组的同名端为 1、3；如图 4-25（b）中副绕组的同名端为 1、4。

如果变压器线圈绕向无法辨认，同名端也就无法看出，这就要用实验方法来测定同名端了。通常采用下面两种实验方法。

(1) 交流法的判别。

1) 用实验的方法判定绕组间相对极性（同名端）时，先将两绕组各一个端点（如端点2与4）相连接，如图4-26所示。

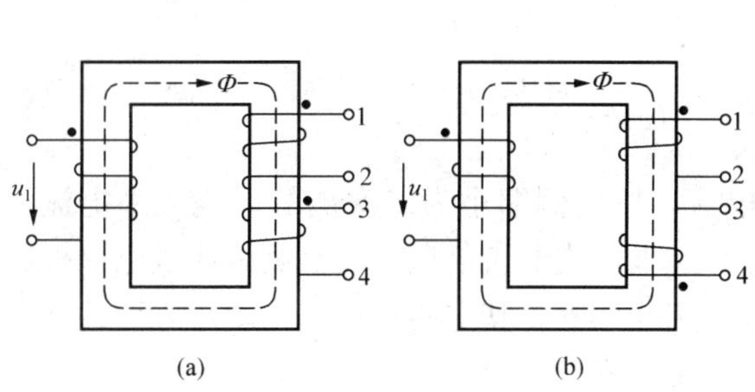

图4-25 变压器的同极性端

(a) 绕法1；(b) 绕法2

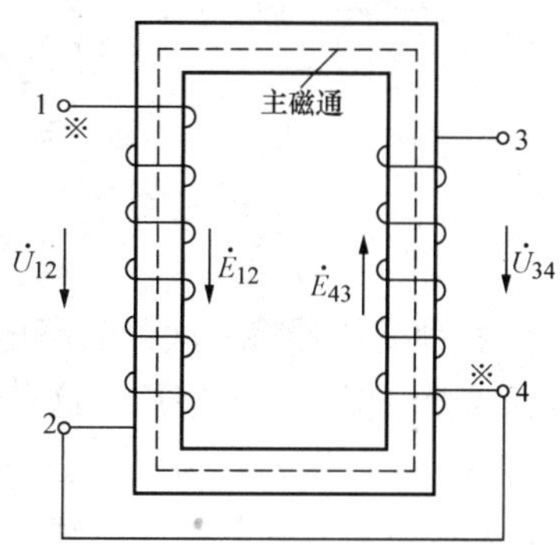

图4-26 交流法判定变压器同名端原理接线图

2) 在端点1、2上加以适当的交流电压 U_{12}（通过调压器加一个小于该绕组的额定电压），再用电压表测量端点1与3、3与4之间的电压。若电压有效值的关系为 $U_{13}=U_{12}+U_{34}$，则端点1与3为异名端。若 $U_{13}=|U_{12}-U_{34}|$，则端点1与3为同名端。

用同样的方法也可判定多绕组变压器绕组间端点的相对极性。

(2) 直流法的判别。

1) 用万用表的电阻挡测量绕组的直流电阻，电阻大的绕组为一次侧，电阻小的绕组为二次侧。

2) 按如图4-27所示的接线图将变压器一次侧A端接电池正极，X端接电池负极；低压侧接万用表直流毫安挡，a端接万用表负（黑）表笔，x端接万用表正（红）表笔。当按下按钮开关时，若万用表指针正偏（即指针逆时针偏转），则A、a为同名端。

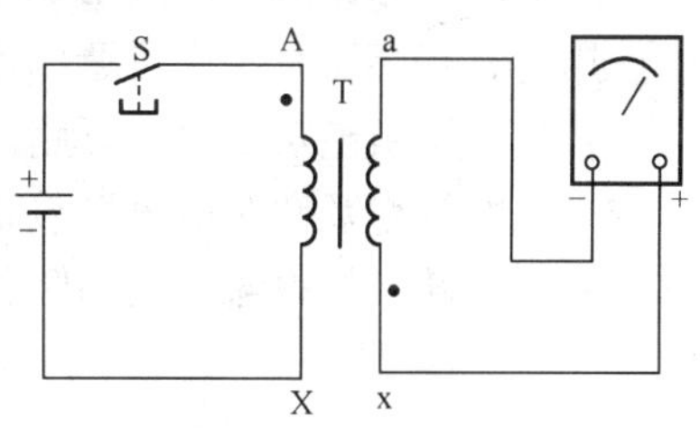

图4-27 直流法判定变压器同名端原理接线图

本 章 小 结

1. 变压器具有电压变换、电流变换和阻抗变换作用。

(1) 电压变换 $\dfrac{U_1}{U_2}=\dfrac{N_1}{N_2}=K$

(2) 电流变换 $\dfrac{I_1}{I_2}\approx\dfrac{N_2}{N_1}=\dfrac{1}{K}$

(3) 阻抗变换 $|Z'_L|=K^2|Z_L|$

2. 变压器额定数据主要有额定容量 S_N、额定频率 f_N；额定电压 U_{1N}、U_{2N}；额定电流 I_{1N} 和 I_{2N}。

U_{1N}是指加在变压器一次绕组上的额定电源电压值；U_{2N}是指变压器一次绕组加额定电压，二次绕组开路时的空载电压值。

I_{1N}和I_{2N}分别为一、二次额定电流，是指变压器连续运行时一、二次绕组允许通过的最大电流有效值，三相变压器的额定电流是指线电流。

对于单相变压器

$$I_{1N}=\frac{S_N}{U_{1N}},\quad I_{2N}=\frac{S_N}{U_{2N}}$$

对于三相变压器

$$I_{1N}=\frac{S_N}{\sqrt{3}U_{1N}},\quad I_{2N}=\frac{S_N}{\sqrt{3}U_{2N}}$$

3. 特种变压器将一次侧的高电压或大电流，按比例缩小为二次侧的电压或小电流，以供测量或继电保护装置使用。这种专门用来传递电压或电流信息，以供测量或继电保护装置使用的特种变压器，称为仪用变压器，又称仪用互感器。其主要具有以下两个方面的优点：

（1）使测量仪表与高压电路分开，以保证工作安全。

（2）扩大测量仪表的量程。

仪用互感器按其用途不同，可分为电压互感器和电流互感器两种。

使用电压互感器时，应注意以下几个方面：

（1）电压互感器的二次侧不允许短路。因为一旦发生短路，二次侧将产生一个很大的电流，导致一次侧电流随之激增，由此将烧坏互感器的绕组。

（2）电压互感器的二次侧应当可靠接地。

（3）电压互感器的二次侧阻抗不得小于规定值，以减小误差。

使用电流互感器时，应注意以下几个方面：

（1）二次绕组绝对不允许开路。

（2）二次绕组及铁芯应可靠接地。

（3）二次侧所接电流表的内阻抗必须很小，否则会影响测量精度。

习 题

4-1 填空题。

（1）三相变压器的一次额定电压是指__________值，二次额定电压指__________值。

（2）变压器是既能变换__________，又能变换__________，还能变换__________的电气设备。变压器运行中，只要__________和__________不变，其工作主磁通 Φ 将基本维持不变。

（3）电压互感器实质是一个__________变压器，在运行中二次绕组不允许__________；电流互感器是一个__________变压器，在运行中二次绕组不允许__________。从安全使用的角度出发，两种互感器在运行中，其__________绕组都应可靠接地。

4-2 变压器能否变换直流电压？如果把一台电压为 220/110V 的变压器接入 220V 的直流电源，将发生什么后果？为什么？

4-3 某变压器的额定频率为 50Hz，用于 25Hz 的交流电路中，能否正常工作？

4-4 有一单相照明变压器，容量为10kVA，电压为3000/220V。今欲在二次侧接上60W、220V的白炽灯，如果要变压器在额定情况下运行，这种电灯可接多少个？并求一、二次绕组的额定电流。

4-5 一台50kVA、6000/230V的单相变压器，求：

(1) 变压器的变比；

(2) 高压绕组和低压绕组的额定电流；

(3) 当变压器在满载情况下向功率因数为0.85的负载供电时，测得二次侧的端电压为220V，求其输出的有功功率、视在功率和无功功率及电压调整率各是多少。

4-6 三相变压器一次绕组每相匝数$N_1=2080$，二次绕组每相匝数$N_2=80$。一次绕组端所加线电压$U_1=6000$V，试求Yy及Yd两种接法时二次绕组端的线电压和相电压。

4-7 一台三相变压器，额定容量800kVA，Yd接法，额定电压35/10.5kV，试求高压边和低压边的相电压、相电流和线电流的额定值。

5　汽车直流电动机和交流发电机

汽车发动机都没有自起动的能力，需要外力带动曲轴旋转才能进入正常的工作状态，现代汽车大多采用电动机起动。此外，车上使用直流电动机的还有电动刮水器、车窗玻璃升降、电动汽油泵等直流电机。交流发电机是汽车的主要电源，它在正常工作时，对除起动机以外的所有用电设备供电，若还有剩余能量，再向蓄电池充电。由于直流电动机具有良好的调速性能，而交流发电机具有体积小，重量轻，维护方便，使用寿命长和低速充电性能好等显著特点，进而取代直流发电机广泛应用在汽车上。本章主要对直流电动机和交流发电机的结构组成及特性、工作原理、分类、型号等进行介绍。

5.1　汽车直流电动机

5.1.1　汽车直流电动机构成及特性

1. 汽车直流电动机构成

直流电动机主要由定子和转子两部分组成，其结构如图 5-1 所示，主要结构如图 5-2 所示。

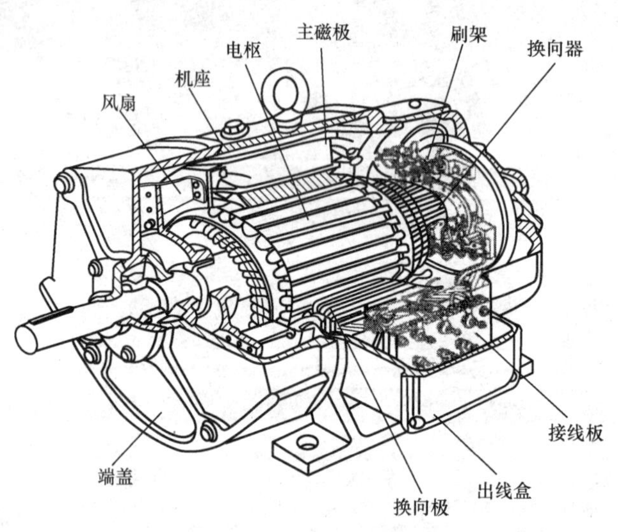

图 5-1　直流电动机的结构图

(1) 定子的主要部件及各部分的作用。直流电动机的定子主要由机座、主磁极（励磁绕组和主极铁芯）、换向极（换向极绕组和铁芯）、电刷装置、端盖、出线盒等部件构成。

1）机座：用于固定主磁极、换向极、端盖、出线盒等定子部件；作为磁路的一部分，也称为磁轭。

2）主磁极：作用是建立主磁场，如图 5-3 所示。绝大多数直流电动机的主磁极不是用永久磁铁，而是由励磁绕组通以直流电流来建立磁场。主磁极由主磁极铁芯和套装在铁芯上的励磁绕组构成。主磁极铁芯靠近转子一端的扩大的部分称为极靴，它的作用是使气隙磁阻减小，改善主磁极磁场分布，并使励磁绕组容易固定。

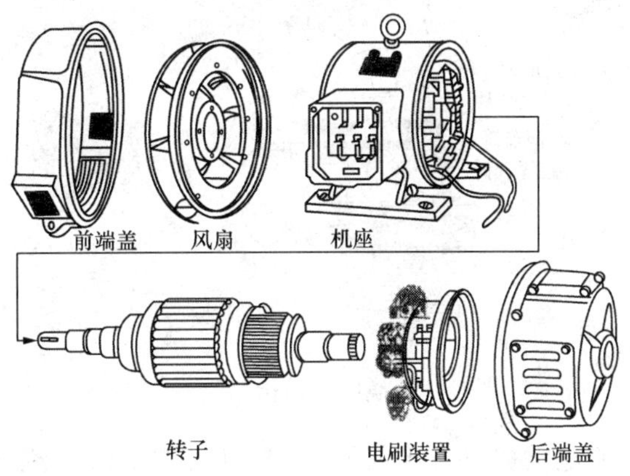

图 5-2　直流电动机主要结构总成

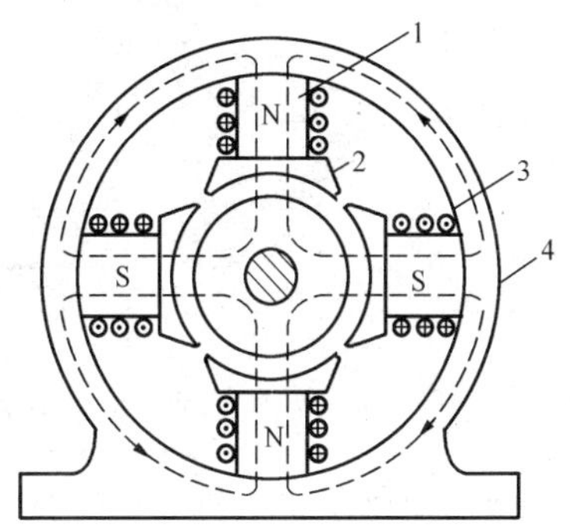

图 5-3　直流电动机的磁路

1—铁芯；2—极靴；3—励磁绕组；4—机座

3）换向极：由铁芯和套在铁芯上的绕组构成，并用螺栓固定在定子内壁两个主磁极之间，其结构如图 5-4 所示。换向极用于产生附加磁场，改善直流电动机的换向，使电动机运行时不产生有害的火花。

4）电刷装置：主要由碳刷、碳刷盒等零部件构成，如图 5-5 所示。整个电刷装置固定在端盖内。其作用是通过电刷与换向器之间的滑动接触，使转子电路与外电路相连接。

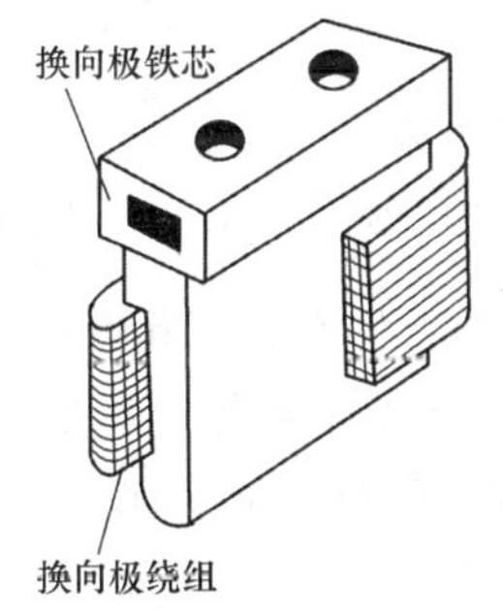

图 5-4　直流电动机换向极

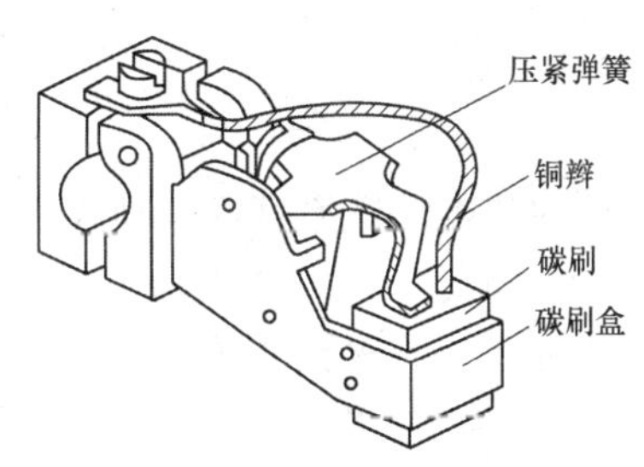

图 5-5　直流电动机电刷

5）端盖：装在机座两端，并通过端盖中的轴承支撑转子，将定、转子连为一体。同时端盖对电动机内部还起防护作用。

（2）转子的主要部件及各部分的作用。包括直流电动机的转动部分称为转子，又称为电枢。转子主要由电枢（包括电枢铁芯和电枢绕组）、换向器、风扇、转轴等部件构成，其结构如图 5-6 所示。

1）电枢铁芯：既是主磁路的组成部分，又是电枢绕组支撑部分；电枢绕组就嵌放在电枢铁芯的槽内。电枢铁芯一般都用硅钢片叠成。

2）电枢绕组：用于获得感应电动势和通过电流。它一般用带绝缘的导线绕成，均匀分布在电枢铁芯的槽内，并按一定的规则连接起来，线圈的端部接到换向片上。

3）换向器：在直流发电机中，换向器起整流作用，在直流电动机中，换向器起逆变作用，因此换向器是直流电动机的关键部件之一。换向器由很多换向片组成，片与片之间互相绝缘，外表呈圆柱形，圆柱表面压放着电刷。换向器结构如图 5 - 7 所示。

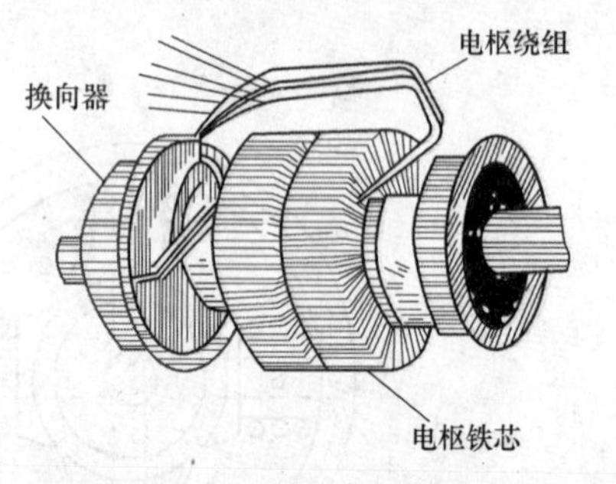

图 5 - 6 部分转子总成

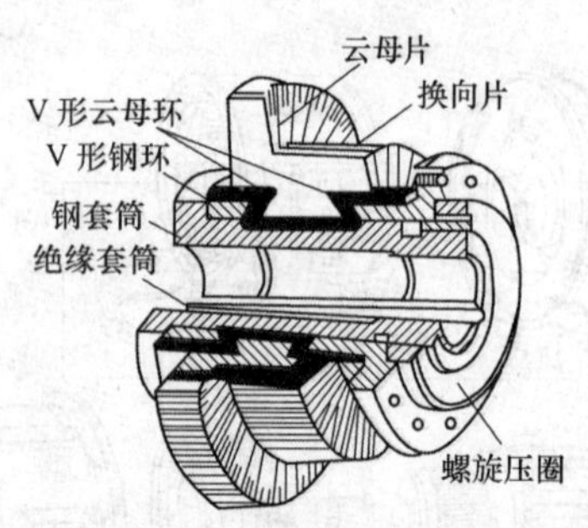

图 5 - 7 换向器结构

换向器用于将电机内部的交流电动势变成直流电动势（发电机），或把外部的直流电流变成内部的交流电流（电动机）。当电枢转动时，在刷架中的弹簧压板的作用下，换向器和静止的电刷之间保持着良好导电的滑动接触，从而使电枢绕组同外部电路连接起来。

2. 直流电动机的工作特性

在直流电动机中，励磁绕组与电枢绕组的连接方式可分为串励式、并励式和复励式三种，如图 5 - 8 所示。

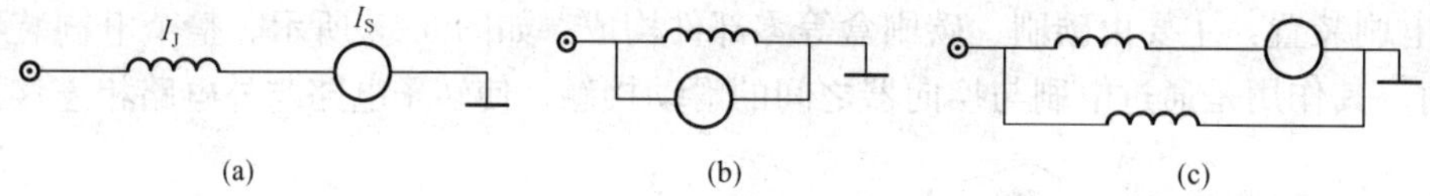

图 5 - 8 直流电动机的励磁方法

（a）串励式；（b）并励式；（c）复励式

汽车起动机所用的电动机为直流串励式电动机，工作特性有如下几点：

（1）转矩特性。如图 5 - 8（a）所示，由于励磁绕组与电枢绕组是串联的，因此励磁电流 I_J 与电枢电流 I_S 相等。在磁路未饱和时，磁通 Φ 与励磁电流 I_J 成正比，即 $\Phi = C_1 I_J = C_1 I_S$（C_1 为常数），故电动机产生的电磁转矩为

$$M = C_m \Phi I_S = C_m C_1 I_S I_S = C I_S^2 \tag{5 - 1}$$

式中：C_m 为电动机的结构常数；C 为常数。

由式（5 - 1）可知，当电枢电流相同时，串励式直流电动机产生的电磁转矩比并励式电动机产生的电磁转矩（$M = CI_S$）要大得多，这是汽车起动机采用串励式电动机的原因之一。

在起动瞬间，由于发动机的阻力矩很大，起动机处于完全制动的情况下，此时电枢电流 I_S 将达到最大值（称为制动电流），产生最大转矩（称为制动转矩），从而使起动机易于启动，这就是汽车上采用直流串励式电动机的另一主要原因。

（2）转速特性。直流串励式电动机在重载时转速低而转矩大的特性，可以保证启动安全可靠。但是在轻载和空载时转速很高，容易造成电枢绕组飞散。因此，直流串励式电动机不可在轻载或空载下运行。

(3) 功率特性。起动机的输出功率 P 可以通过测量电枢轴上的输出转矩 M 和电枢的转速 n 来确定，即

$$P = Mn/9550(\mathrm{kW}) \tag{5-2}$$

式中：M 为起动机输出转矩，N·m；n 为起动机的转速，r/min。

从式 (5-2) 可以看出，在完全制动 ($n=0$) 和空载 ($M=0$) 两种情况下，起动机的功率都等于0。在 I_S 接近全制动电流一半时，起动机的输出功率最大。因为起动机工作时间很短，所以允许在最大功率状态下工作。通常把起动机的最大输出功率称为起动的额定功率。

5.1.2 直流电动机工作原理

直流电动机是利用磁场的相互作用将电能转化为机械能，在磁场内通电导线受到磁场力的作用会产生运动。图5-9所示为直流电动机工作原理图。

直流电动机由固定的磁极和旋转的电枢组成。在图5-9中，有一对固定N、S磁极（一般由励磁绕组通入直流电产生）。在电枢铁芯上，安装一个与铁芯绝缘的线圈，其两个端点与两个半圆形的铜换向片连接，两个固定的电刷A和B紧压在两个换向片上，并与直流电源相连。电流从电刷A流入，经换向片与直流电源相接。由于换向片与线圈的上面一段导线1相连，因此电流从导线1流入，而从线圈的下面一段导线2流出，再从电刷B流回负端。载流导体1和2在磁场中要受到电磁力的作用（力的方向用左手定则确定），使转轴产生一个逆时针转向的电磁转矩，电枢按逆时针方向旋转起来。

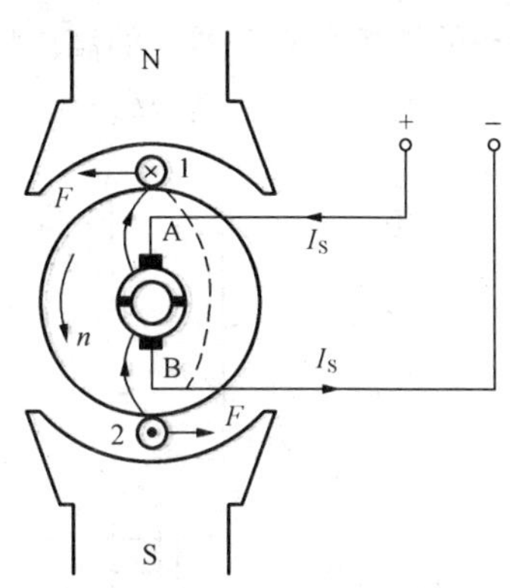

图5-9 直流电动机工作原理

当电枢转过90°时，两个线圈导线1、2处于水平位置，导线中没有电流流过，电磁转矩也消失，但由于惯性的作用，电枢仍能转过一个角度。这时，电刷A、B分别与导线2、1相连，线圈中又有电流流入，电流流向为电源正极→电刷A→导线2→导线1→电刷B→电源负极，即所谓换向，但N、S极下导线中的电流流向不变，故电磁转矩方向不变，电枢仍按逆时针方向旋转。因一个线圈的电磁转矩较小，所以实际直流电动机是由多个线圈与换向器相连的。电枢产生的电磁转矩为

$$T = C_T \Phi I_S \tag{5-3}$$

式中：C_T 为电机常数（与电动机构造有关，对于一台电动机，C_T 为定值）；Φ 为每极磁通量；I_S 为电枢电流。

直流电动机旋转后，线圈的上、下两边导线1、2不断切割磁力线而被感应出电动势，其方向（可用右手定则判别）与电枢电流的流向相反，故称为反电动势，其大小为

$$E_{反} = C_T \Phi n \tag{5-4}$$

式中：n 为电枢转速。

因此，直流电动机的电压平衡方程式为

$$U = E_{反} + I_S R_S \tag{5-5}$$

式中：R_S 为电枢电阻。

5.1.3 直流电动机的控制方式

直流电动机的基本控制方式有以下几种：

(1) 单极性驱动方式。单极性驱动方式是在一个 PWM 周期内，电枢只承受单极性的电压。具体分为如图 5-10 所示的三种驱动方式。

图 5-10 (b) 所示为常用的驱动方式，即带有二极管的续流驱动，该方式由于加了续流二极管，所以在开关管瞬间关断时刻有一个电流通路，避免电动机因电压瞬变导致损坏。如果电动机工作在低频、小功率场合，可采用如图 5-10 (a) 所示的驱动方式。图 5-10 (c) 所示的驱动方式是带有 MOSFET 的有源续流驱动，它增大了续流的能力，可用于大功率或超大功率场合。

(2) 双极性驱动控制方式。双极性驱动是在一个 PWM 周期里，电枢的电压极性呈正负变化，如图 5-11 所示。由于双极驱动能充分利用电动机绕组，它比单极性驱动器产生多达 30%的转矩。驱动器中的高压恒流斩波技术使得电动机中电流能够急速升至额定数值，因此被驱动的电动机可高速转动而不易丢步。

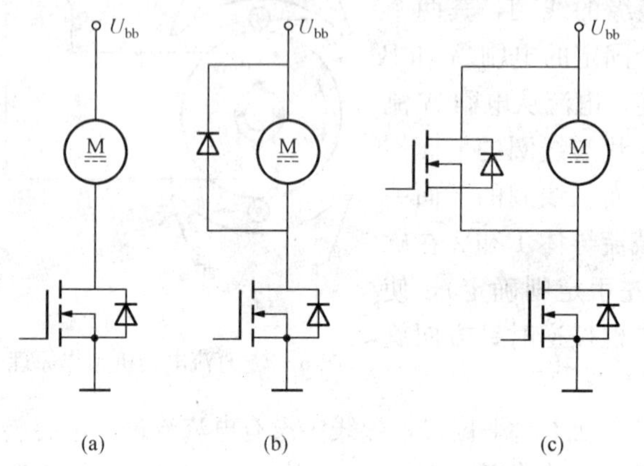

图 5-10 直流电动机单极性驱动
(a) 无续流的驱动；(b) 有二极管的续流驱动；
(c) 带有 MOSFET 的有源续流驱动

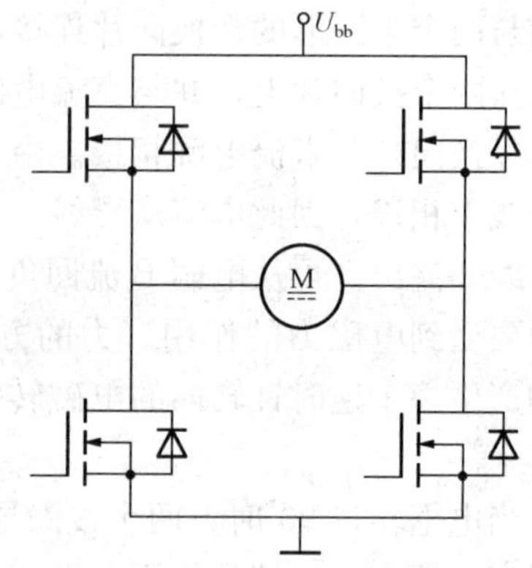

图 5-11 电动机双极性控制方式

5.1.4 汽车直流电动机应用举例

1. 电动车窗玻璃升降

为了方便驾驶员和乘客，现在轿车的车窗基本上都采用电动车窗。驾驶员和乘客只需要操纵车窗升降开关，就可以使汽车门窗玻璃上升或者下降。

电动车窗系统由车窗、车窗升降器、电动机、车窗控制继电器、车窗开关等组成，如图 5-12 所示。

车窗开关分为主开关和分开关两种，主开关由驾驶员操纵，分开关由乘客操纵。一般在主开关上还有锁止开关，锁止后，分开关不起作用。电动车窗升降器作用是接受电动机的动力，使汽车门窗玻璃上升或者下降。车窗升降器由蜗轮蜗杆机构、钢丝、钢丝卷轮、轨道灯组成。

电动车窗升降系统的电动机，广泛采用的是永磁电动机。永磁电动机是通过改变电枢电流的方向来改变电动机的旋转方向使车窗玻璃上升或下降，电动机本身不搭铁（不接地），

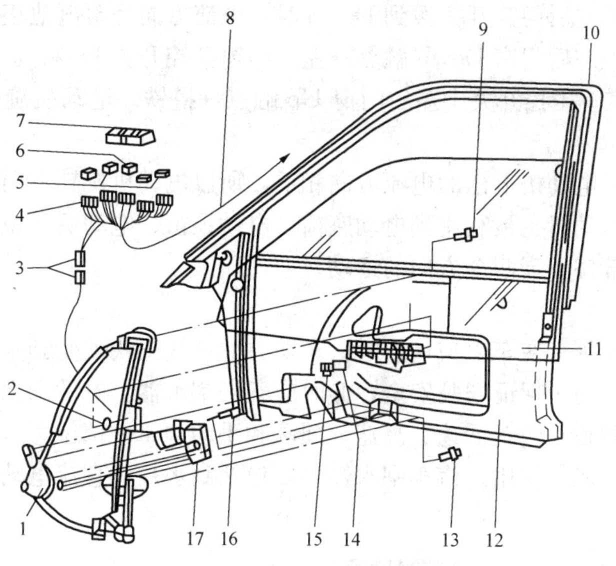

图 5-12　电动车窗结构

1—车窗升降器；2—垫；3—电机插座；4—开关总成插座；5—主开关；6—主开关的断路开关；7—插座架；8—线束；9、13—固定螺栓；10—车窗密封条；11—前左车窗玻璃；12—车窗附件支架；14—垫；15—车窗锁止夹子；16—固定螺钉；17—电动机

而是通过控制开关搭铁（接地）。图 5-13 所示为永磁式电动机的电动升降门窗电路图。现以左后门窗为例说明其工作原理。

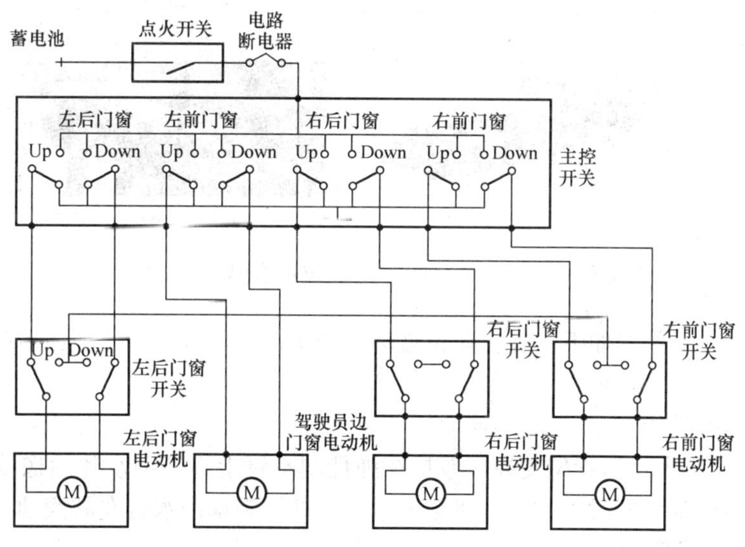

图 5-13　电动门窗升降电路

当主控开关中的左后门窗开关拨到 Up 时，电流方向为蓄电池正极→点火开关→电路断电器→主控开关中左后门窗 Up 触点→左后门窗分控开关 Up 触点→电动机→左后门窗分控开关 Down 触点→主控开关中左后门窗 Down 触点→搭铁。电动机旋转，带动左后门窗玻璃上升。

当主控开关中的左后门窗开关拨到Down时，电流方向为蓄电池正极→点火开关→电路断电器→主控开关中左后门窗Down触点→左后门窗分控开关Down触点→电动机→左后门窗分控开关Up触点→主控开关中左后门窗Up触点→搭铁。电动机旋转，带动左后门窗玻璃下降。

上述过程，流过电动机电枢的电流方向相反，所以电动机旋转方向相反，带动玻璃上升或下降。双向永磁电动机也被利用到电动座椅、电动顶窗、电动后视镜等系统的电路中，在开关控制下，带动部件实现两个方向的运动。

2. 电动刮水器

下雨天，当雨点洒落在车窗玻璃上时，车前方的视线很快就受到阻碍，车辆、行人和景物都变得模糊不清。为了保证驾驶安全，此时应开启刮水器。电动刮水器由驾驶人依照雨势及视线状况自己做调整，包括低速、高速、间歇和手动刮4个挡位。

（1）刮水器的组成及作用。汽车刮水器主要包括刮水片、直流电动机、联动杆、控制开关，如图5-14所示。

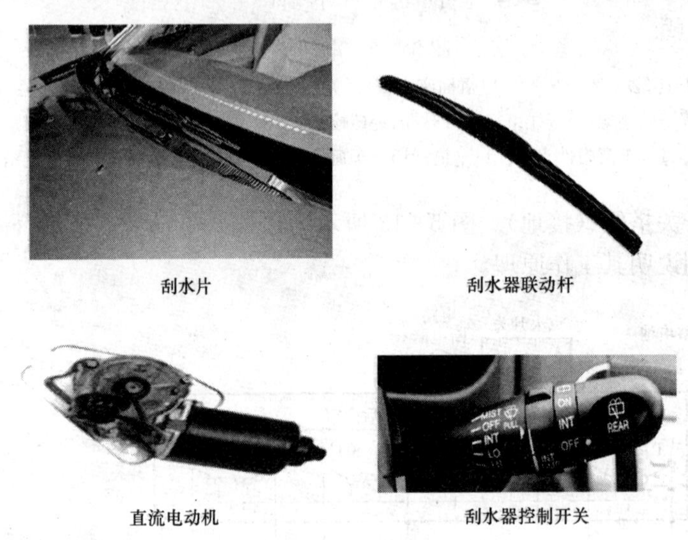

图5-14 汽车刮水器的组成

汽车刮水器主要作用如下：除去风窗玻璃上的水、雪及沙尘，保证在不良天气时驾驶人仍具有良好的视线。

（2）刮水器的结构。

1）刮水片。刮水片靠骨架支撑，铰接在弹性刮水臂上，使刮水片的橡胶片紧紧贴在挡风玻璃上，当使用刮水器时，刮水电机会通过联动杆件带动刮水臂左右摆动，刮水片就会在挡风玻璃上清扫雨水及杂物。

2）直流电动机。直流电动机是刮水器动力源，为直流变速电动机，内有快、慢两个线圈，电动机输出经蜗轮减速器减速，并改变输出方向。直流电动机及联动机构如图5-15所示。

3）联动机构。联动机构把电动机的旋转输出运动，传递到刮水臂，转化为摆动运动，并控制刮水片的摆动范围。

4）控制开关。控制开关装在组合开关右手边的操作杆上，控制刮水片的动作，控制方式如下：

a. OFF 挡：即停止挡，无论刮片运行到哪个位置，当从别的挡位回到 OFF 挡时，电动机都会利用蜗轮上的导电盘缺口，始终停留在同样的位置。

b. LO 挡：即慢挡，操作杆向上拨动一格，此时电动机的低速线圈通电，电动机低速旋转，用于下小雨时。

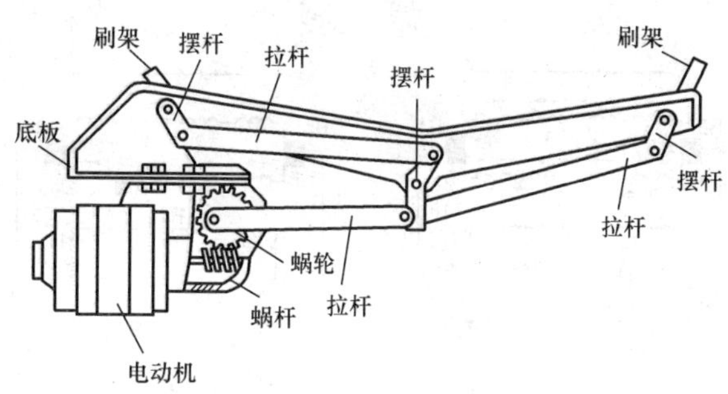

图 5-15　刮水器电动机及联动机构

c. HI 挡：即快挡，操作杆再次向上拨动一格，此时电动机的高速线圈通电，电动机高速旋转，用于下大雨时。

d. 间歇挡：有的车标注 INT，有的车标注 MIST。其利用间歇继电器完成隔几秒刮一下，再隔几秒刮一下的动作，此挡用于下小雨时。

e. 喷水挡：在停止状态时，操作杆向怀中方向抬一格，此时喷水电动机运转，喷出玻璃清洁水，同时刮水电动机低速旋转。当操作杆回位时，停止喷水，刮水电动机停到固定位置。平时不用时，操作杆处于 OFF 位置。

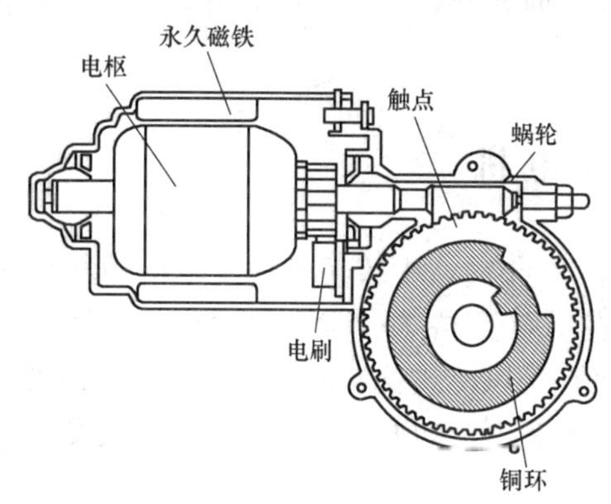

图 5-16　永磁式电动机的结构

（3）刮水器的工作原理。一般刮水电动机有绕线式和永磁式两种。绕线式刮水电动机的磁极绕有励磁绕组，通电流时产生磁场，而永磁式刮水电动机的磁极用永久磁铁制成。永磁式电动机体积小，质量轻，结构简单，使用广泛，结构如图 5-16 所示，主要由外壳及磁铁总成、电枢、电刷安装板及复位开关、输出齿轮及蜗轮、输出臂等组成，通电时电枢转动，经蜗轮和输出齿轮及输出轴后，把动力传给输出臂。

为了满足实际的使用需要，电动机有低速刮水和高速刮水两个挡位，且在刮水结束后的任意时刻刮水片应能自动回到挡风玻璃最下端。下面分别就这两个问题进行讨论。

（1）绕线式刮水电动机的变速原理。绕线式刮水电动机可通过改变磁场强度来实现变速，改变磁场强度的方法可以通过改变励磁电路中电流的大小来实现。实际使用的绕线刮水器的开关控制励磁电路中电阻的大小来改变其转速，此处不进行理论分析。

（2）永磁式刮水电动机的变速原理。永磁式刮水电动机是利用三个电刷来改变正、负电刷之间串联线圈的个数实现变速的，如图 5-17 所示。刮水电动机工作时，在电枢内同时产生反电动势，其方向与电枢电流的方向相反。如要使电枢旋转，外加电压必须克服反电动势的作用。当电动机转速升高时，反电动势增高，只有当外加电压等于反电动势时，电枢的转速才能稳定。

三刷永磁式刮水电动机工作时，电枢绕组产生的反电动势方向如图 5-17 中的箭头所示。当将刮水器开关 K 拨向 L（低速）时，如图 5-17（a）所示，电源电压 U 加在电刷 B1

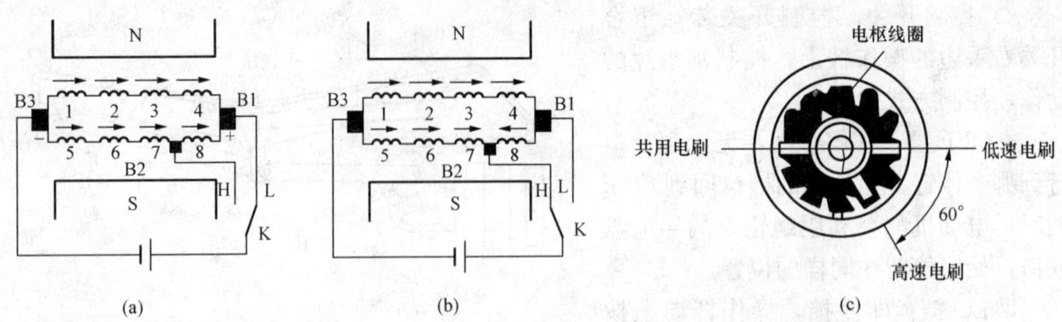

图 5-17　永磁式刮水电动机的变速原理

（a）低速旋转；（b）高速旋转；（c）电刷的布置

和 B3 之间。在电刷 B1 和 B3 之间的两条并联支路中，每条支路中各有 4 个串联绕组，反电动势的大小与支路中反电动势的大小相等。由于外加电压需要平衡 4 个绕组所产生的反电动势，故电动机转速较低。

当将刮水器开关 K 拨向 H（高速）时，如图 5-17（b）所示，电源电压 U 加在电刷 B2 和 B3 之间。绕组 1、2、3、4、8 同在一条支路中，其中绕组 8 与绕组 1、2、3、4 的反电动势方向相反，相互抵消后，使每条支路变为 3 个绕组。由于电机内部的磁场方向和电枢的旋转方向没有变化，所以各绕组内反电动势的方向与低速时相同。但是外加电压只需平衡 3 个绕组所产生的反电动势，因此，电动机的转速增加。

5.2 汽车交流发电机

随着汽车技术的进步，汽车的用电量越来越高。20 年前，中级轿车的发电机输出功率一般只有 500W 左右，现在一般中级轿车发电机都在 1000W 左右。发电机功率的增加是随着车上用电设备增加而增加的。现在汽车上的发电机都是风冷式发电机，由皮带轮后的风扇吹风进入机壳进行冷却。在现有风冷式发电机构造的限制下，功率的增加必然会导致发电机体积的加大。

发电机是汽车的主要电源，其功用是在发动机正常运转时（怠速以上），向所有用电设备（起动机除外）供电，同时向蓄电池充电。具体电路连接如图 5-18 所示。

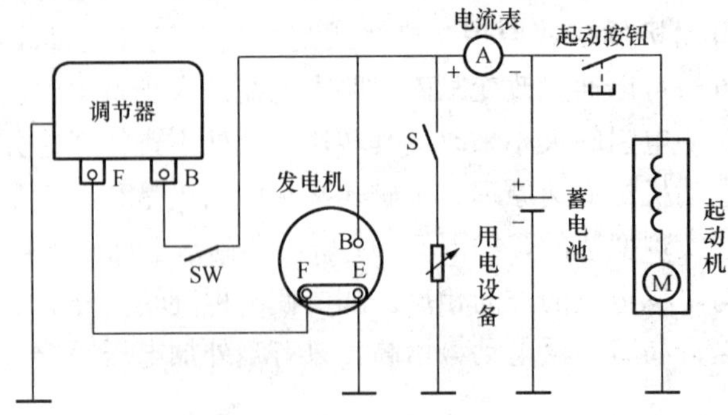

图 5-18　电源系连接示意

5.2.1 交流发电机构造及特性

1. 交流发电机构造

汽车用交流发电机由一个三相同步交流发电机和硅二极管整流器所组成，包括转子总成、定子总成、皮带轮、风扇、前端盖、后端盖、电刷总成等，如图 5-19 所示。

图 5-19 JF132 型交流发电机组件

(1) 转子。转子用于产生磁场，由转子轴、磁场绕组、爪形磁极（爪极）、滑环等组成，如图 5-20 所示。

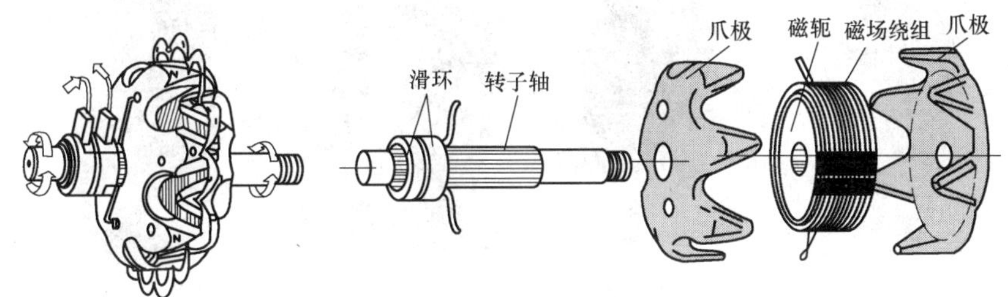

图 5-20 交流发电机的转子

转子轴上压装着两块爪极，爪极被加工成鸟嘴形状，爪极空腔内装有励磁绕组和磁轭。滑环由两个彼此绝缘的铜环组成，压装在转子轴上并与轴绝缘，两个滑环分别与励磁绕组的两端相连。

当给两滑环通入直流电时，励磁绕组中就有电流通过，并产生轴向磁通，使爪极一块被磁化为 N 极，另一块被磁化为 S 极，从而形成六对（或八对）相互交错的磁极。当转子转动时，就形成了旋转的磁场。

(2) 定子。定子用于产生交流电。定子安装在转子的外面，和发电机的前、后端盖固定在一起，当转子在其内部转动时，引起定子绕组中磁通的变化，定子绕组中就产生交变的感应电动势。

定子由定子铁芯和定子绕组（线圈）组成。定子铁芯由内圈带槽、互相绝缘的硅钢片叠成。定子绕组有三组线圈，对称地嵌放在定子铁芯的槽中。三相绕组的连接有星形接法和三角形接法两种，如图 5-21 所示，都能产生三相交流电。

(3) 皮带轮。通常由铸铁或铝合金制成，分为单槽和双槽两种，利用半圆键装在前端盖外侧的转子轴上，用弹簧垫片和螺母紧固，如图 5-22 (b) 所示。

(4) 风扇。一般用 1.5mm 厚的钢板冲压而成或用铝合金铸造制成，利用半圆键装在前端盖外侧的转子轴上，紧压在皮带轮与前端盖之间，如图 5-22 (a) 所示。

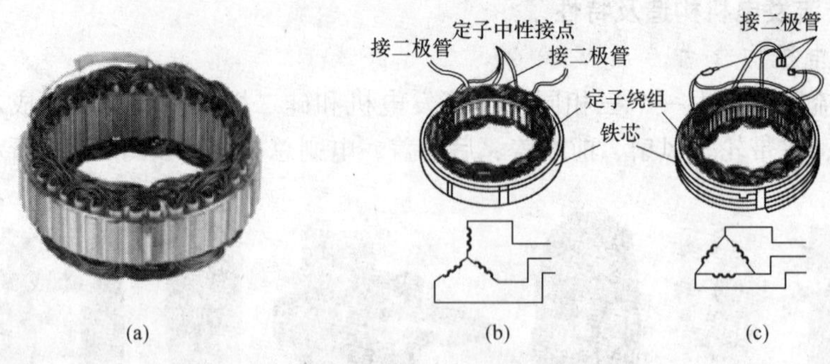

图 5-21 定子结构

(a) 实物图；(b) 星形连接；(c) 三角形连接

(5) 前、后端盖。前、后端盖用非导磁性的材料铝合金制成，它具有轻便、散热性好等优点。在后端盖上装有电刷总成。在前、后端盖上均有通风口，当它旋转后风扇能使空气高速流经发电机内部进行冷却，如图 5-22 (c)、(d) 所示。

图 5-22 发电机风扇、皮带轮、前端盖及后端盖外观

(a) 风扇；(b) 皮带轮；(c) 前端盖；(d) 后端盖

(6) 电刷总成。两只电刷装在电刷架的方孔内，并在其弹簧的压力推动下与转子滑环保持良好的接触。电刷的结构有外装式和内装式两种，如图 5-23 所示。

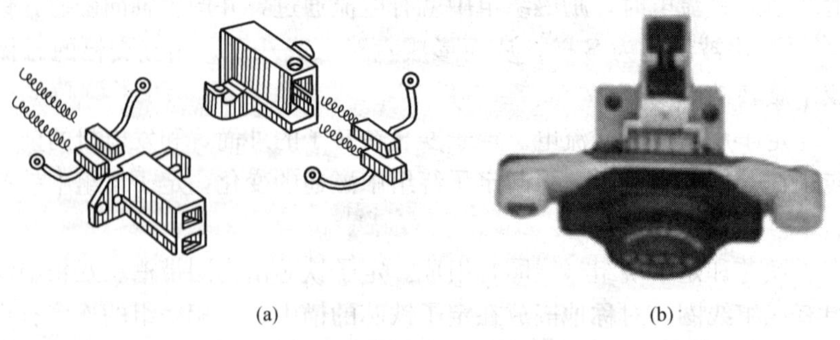

图 5-23 电刷及电刷架

(a) 外装式；(b) 内装式

由于发电机磁场搭铁回路的不同，电刷总成上的两个电刷接线柱可分为 B、F 接线柱或 F1、F2 接线柱两种电刷总成。前者为内搭铁式发电机所用，后者为外搭铁式发电机所用。

2. 交流发电机的工作特性

交流发电机的工作特性是指发电机输出的直流电压、电流与转速之间的关系。它包括输出特性、空载特性和外特性。由于发电机的工作转速在较大范围变化，所以，研究发电机特性，应以转速为基准来分析各有关参数之间的关系。

(1) 空载特性。发电机空载运行时（即发电机不向任何用电设备供电的状态下），发电机端电压与转速之间的关系，称为空载特性，如图 5-24 所示。

空载特性可以判断发电机低速充电性能的好坏，同时也可看出发电机的输出电压是随着发电机转速的升高而增高的。

(2) 输出特性。发电机输出电压一定时，它的输出电流随着转速的变化规律，称为输出特性，如图 5-25 所示。12V 发电机的额定电压为 14V，24V 发电机额定电压为 28V。

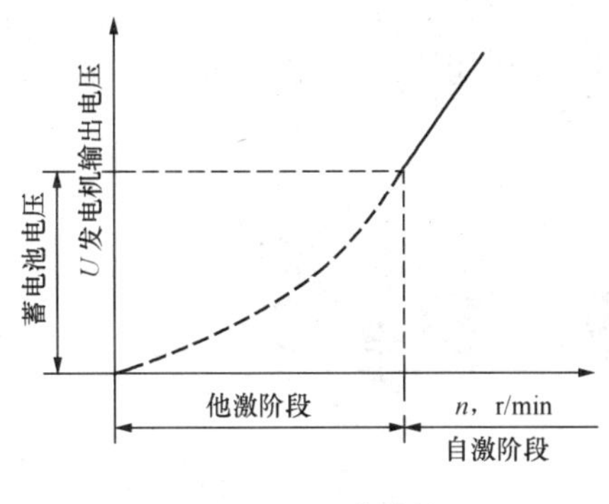

图 5-24 空载特性

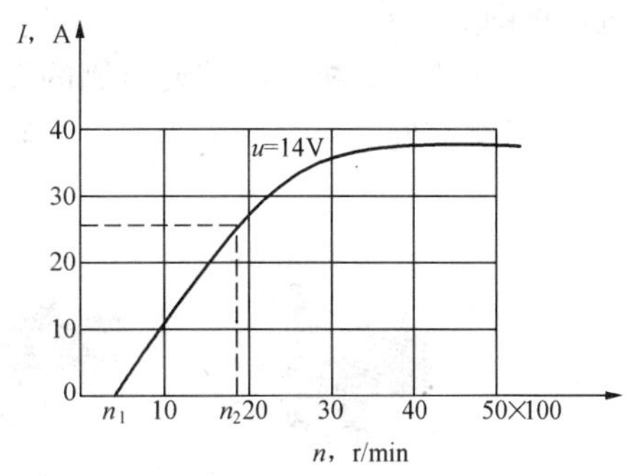

图 5-25 输出特性

发电机不同转速下，输出功率情况如下：

1）发电机空载时，输出电压达到额定值的转速 n_1，称为空载转速。n_1 常用作选择发电机与发动机传动比的主要依据。

2）发电机输出电流达到额定值时的转速 n_2，称为满载转速，发电机的额定电流一般规定为 70%～75%。

从曲线中可以看出，当转速达到一定值后，发电机的输出电流几乎不再继续增加，具有自动限制输出电流的能力。

这是因为：随着定子绕组中的感应电动势增加，其绕组的阻抗也随转速的升高而增大；但随着定子绕组电流的增加，其电枢反应的增强使感应电动势下降。由于具有这种自我保护作用，硅整流发电机一般不需要设置限流器。

(3) 外特性。当发电机转速一定时，发电机端电压与输出电流之间的关系，称为外特性，如图 5-26 所示。

从外特性曲线可以看出，在转速变化时，发电机端电压有较大变化；在转速恒定时，由于输出电流的变化，对端电压也有较大影响。因此，要使输出电流稳定，必须配用电压调节器。高速时，当发电机突然失去负载时，端电压会急剧升高，这时电器设备中的电子元件将有被击穿的

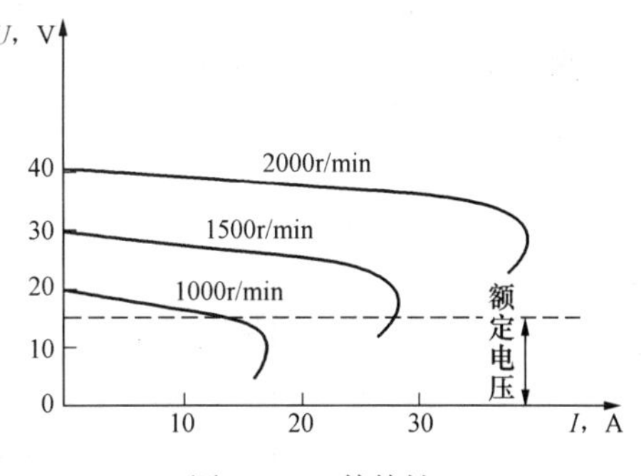

图 5-26 外特性

危险。

5.2.2 交流发电机分类及型号

1. 交流发电机分类

(1) 按结总体结构分五类：

1) 普通交流发电机（使用时需要配装电压调节器的发电机），如 JF132（EQ140 用），见图 5-27 (a)。

2) 整体式交流发电机（发电机和调节器制成一个整体的发电机），如别克轿车的发动机上装配的是 CS 型发电机（包括 CS-121、CS-130 和 CS-144 三种不同的型号），见图 5-27 (b)。

3) 带泵交流发电机（和汽车制动系统用真空助力泵安装在一起的发电机），如 JFZB292 发电机，见图 5-27 (c)。

4) 无刷交流发电机（不需要电刷的发电机），如 JFW1913。

5) 永磁交流发电机（磁极为永磁铁制成的发电机）。

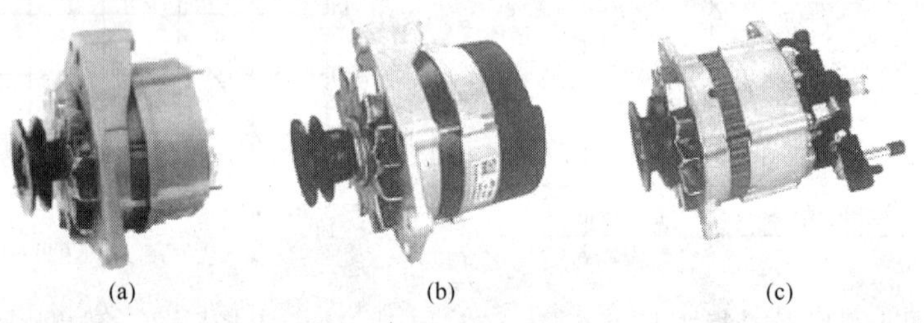

图 5-27 交流发电机分类

(a) 普通交流发电机；(b) 整体式交流发电机；(c) 带泵交流发电机

(2) 按整流器结构分四类：

1) 六管交流发电机，如 JF1522（东风汽车用）。

2) 八管交流发电机，如 JFZ1542（天津夏利汽车用）。

3) 九管交流发电机，如（日本日立、三菱、马自达汽车用）。

4) 十一管交流发电机，如 JFZ1913Z（奥迪、桑塔纳汽车用）。

(3) 按磁场绕组搭铁形式两分类：

1) 内搭铁型交流发电机磁场绕组的一端（负极）直接搭铁（和壳体相连）。

2) 外搭铁型交流发电机磁场绕组的一端（负极）接入调节器，通过调节器后再搭铁。

2. 交流发电机的型号

根据 QC/T 73—1993 (2009)《汽车电气设备产品型号编制方法》的规定，汽车交流发电机型号组成如下：

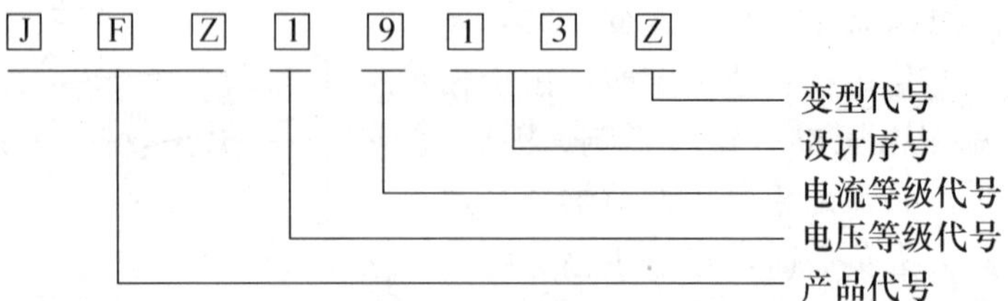

(1) 产品代号。产品代号用中文字母表示，例如，JF 为普通交流发电机；JFZ 为整体式（调节器内置）交流发电机；JFB 为带泵交流发电机；JFW 为无刷交流发电机。

(2) 电压等级代号。电压等级代号用一位阿拉伯数字表示，例如，1 表示 12V 系统，2 表示 24V 系统，6 表示 6V 系统。

(3) 电流等级代号。电流等级代号也用一位阿拉伯数字表示，见表 5-1。

表 5-1　电流等级代号

电流等级代号	1	2	3	4	5	6	7	8	9
电流（A）	≤19	20～29	30～39	40～49	50～59	60～69	70～79	80～89	≥90

(4) 设计序号。设计序号用 1～2 位阿拉伯数字表示，表示产品设计的先后顺序。

(5) 变形代号。交流发电机以调整臂位置作为变形代号，从驱动端看，调整臂在左边用 Z 表示，调整臂在右端用 Y 表示，调整臂在中间不加标记。

注：进口发电机不符合上述标准。

5.2.3　交流发电机工作原理

1. 交流电动势的产生

如图 5-28 所示，发电机定子的三相绕组按一定规律分布在发电机的定子槽中，内部有一个转子，转子上安装着爪极和励磁绕组。

当外电路通过电刷使励磁绕组通电时，便产生磁场，使爪极被磁化为 N 极和 S 极。当转子旋转时，磁通交替地在定子绕组中变化，根据电磁感应原理可知，定子的三相绕组中便产生交变的感应电动势。这就是交流发电机的发电原理。

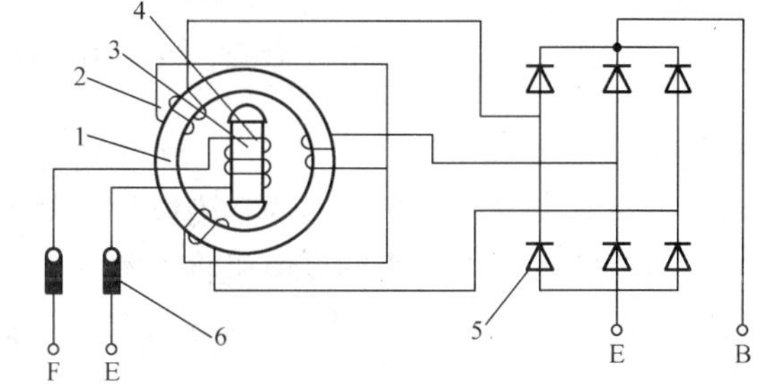

图 5-28　硅整流发电机工作原理

2. 交流电动势的变化频率 f 和转速、磁极对数成正比

$$f = \frac{pn}{60}(\text{Hz})$$

式中：p 为磁极对数；n 为发电机转速，r/min。

在交流发电机中，由于转子磁极呈鸟嘴形，其磁场的分布近似正弦规律，所以交流电动势的波形也近似正弦规律。如果发电机定子的三相绕组是对称绕制的，则产生的三相电动势也是对称的。

3. 三相交流发电机的感应电动势有效值的表示

定子每相电动势的有效值表示为

$$E_{\Phi} = 4.44KfN\Phi = C_e\Phi n$$

式中：K 为绕组系数，和发电机定子绕组的绕线方式有关；N 为每相绕组的匝数；f 为频率，Hz；Φ 为每极磁通，Wb；C_e 为电机结构常数。

由此可见，当交流发电机结构一定时（结构常数 C_e 不变），相电动势 E_{Φ} 和发电机转速、磁通成正比。

4. 交流电动势的波形

交流电动势的幅值是发电机转速的函数。因此，当转速 n 变化时，三相电动势的波形为变频率、变幅值的交流波形。

5. 中性点电压

在定子绕组为星形连接时，三相绕组的公共结点称为中性点。从三相绕组的中性点引一根导线到发电机外，标记为 N。N 点电压称为中性点电压。

中性点电压的瞬时值是一个三次谐波电压，如图 5-29 所示。平均值为发电机输出电压（平均值）的一半。

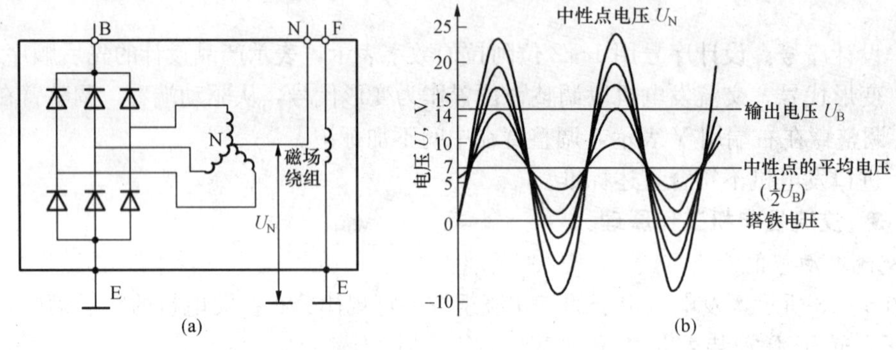

图 5-29 中性点电压的波形

6. 发电机的励磁方式

除了永磁式交流发电机不需要励磁以外，其他形式的交流发电机都必须给励磁绕组通电才会有磁场产生而发电，否则发电机将不能发电。

将电流引入到励磁绕组使之产生磁场称为励磁。交流发电机励磁方式有自励和他励两种。

(1) 他励。在发电机转速较低时（发动机未达到怠速转速），自身不能发电。单靠微弱的剩磁产生的很小的电动势，很难克服二极管的正向电阻，需要蓄电池供给发电机励磁绕组电流，使励磁绕组产生磁场来发电。这种由蓄电池供给磁场电流发电的方式称为他励发电，如图 5-30 所示。

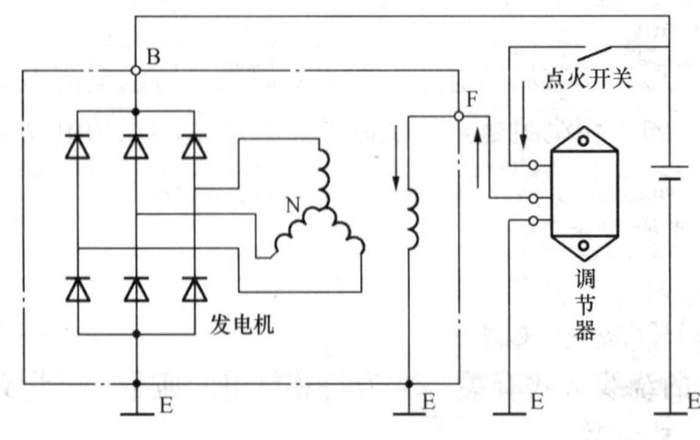

图 5-30 发电机他励电路连接

(2) 自励。交流发电机励磁过程是先他励后自励。随着发动机转速的提高（一般在发动机达到怠速时），发电机定子绕组的电动势逐渐升高并能使整流器二极管导通，当发电机的输出电压 U_B 高于蓄电池 1～2V 的电压时，发电机就能对外供电了。当发电机能对外供电时，就可以把自身发的电供给励磁绕组，这种自身供给磁场电流发电的方式称为自励发电。

7. 交流发电机励磁电路

励磁绕组通过两只电刷（F 和 E）和外电路相连，根据电刷和外电路的连接形式不同，发电机分为内搭铁型和外搭铁型两种，如图 5-31 所示。

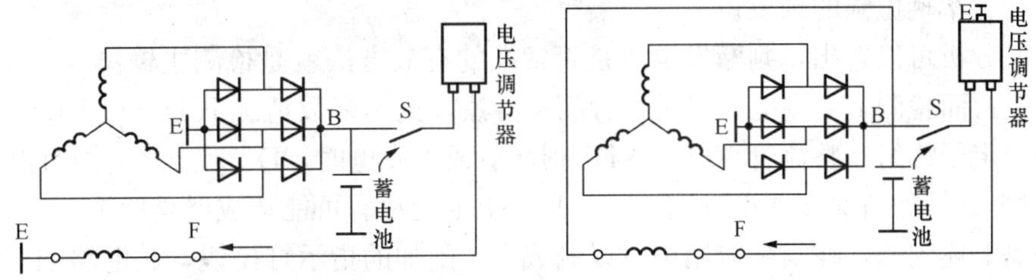

图 5-31 内、外搭铁型交流发电机励磁电路

(1) 内搭铁型交流发电机：励磁绕组的一端经负电刷（E）引出后和后端盖直接相连（直接搭铁）的发电机，称为内搭铁型交流发电机。

(2) 外搭铁型交流发电机：励磁绕组的两端（F 和 E）均和端盖绝缘的发电机，称为外搭铁型交流发电机。

5.2.4 车用交流发电机应用举例

国内车用交流发电机的电路结构基本相同，都是由发电绕组（定子）、励磁绕组（转子，有的机型使用永磁转子）、整流管、稳压器（可以调节励磁电流稳压，也可以通过开关元件直接调节输出电压。稳压器可以集成到发电机内部，也可以外置）组成。在壳体上一般有充电输出（+B）端子、指示灯（D+）端子、中性点（N）端子、搭铁（E）端子，其中中性点端子不是必需的。

发电机的充电指示灯电路结构也都类似：依靠额外附加的 3 个二极管输出直流电压以控制充电指示灯。图 5-32 所示为东风 EQ1021H15Q 型汽油皮卡车充电电路（发电机件号：31QM-01010/14V80A）。其中，二极管 VD1～VD6 是大功率主整流管，组成 3 相星形整流电路，供应整车用电及充电；中功率二极管 VD7～VD9 是稳压器和充电指示电路专用整流管，输出的 14V 直流电压（D+）与主输出（+B）隔离。当发电机运转时，+B 与 D+端都输出 14V 直流电压。

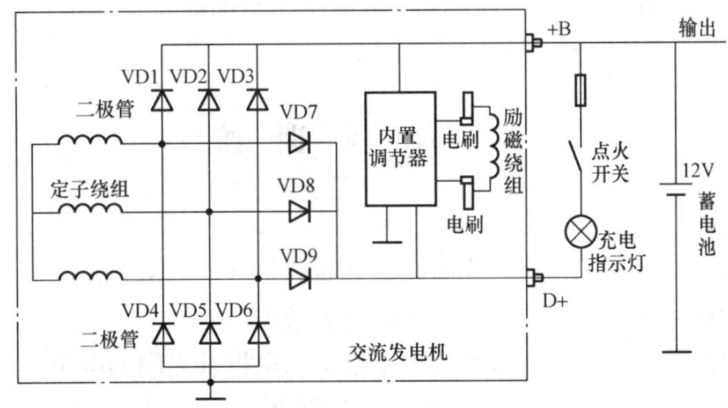

图 5-32 东风 EQ1021H15Q 型汽油皮卡车充电电路原理图

但是上述电路却存在缺陷，即当发电机内部故障不能充电时，比如主整流管 VD1～VD6 由于故障断路、其他整流管正常时，充电指示回路仍然可以正常工作。即当 D＋端输出 14V 直流电压时，主输出端（＋B）却不一定有输出。这样，一旦蓄电池耗尽就会造成车辆不能起动、车辆抛锚的现象。

由以上分析可以看出，判断发电机是否发电的有效方法就是检测主输出（＋B）端的输出充电电流。而检测 D＋端电压只是一种间接方法，虽然多数情况下 D＋和＋B 的输出是同步的（例如定子绕组、整流管 VD4～VD6 损坏造成不发电时，D＋和＋B 将同时没有输出电压），但以上分析的情况却并没有同步，一旦蓄电池耗尽有可能造成严重后果。

为解决上述问题，在实际应用中可以制成一个附加的指示灯模块，其电路如图 5-33 所示。干簧继电器额定触点动作电流定为 4A（此电流选得过大将使充电指示灯在发动机低转速时不能熄灭），可以灵敏地指示发电机的充电电流。但是这种使用干簧继电器的线路有两个缺点：

（1）当发电机发电能力下降时（某个整流管故障造成只能输出 10A 以下的小电流时，非完全不能充电），此线路依然指示正常充电（整车用电负荷很大时仍然会造成蓄电池亏电）。

（2）当蓄电池充满电压接近 14V 时，充电电流会下降到小于 4A，此时充电指示灯点亮表示没有充电电流，会使人误解为发电机不能充电。为此在组合仪表上增加了电压表，和充电指示灯一起组成完善的充电指示线路。

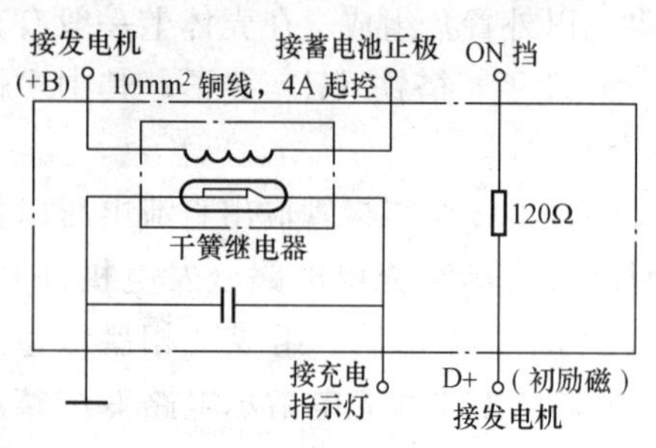

图 5-33 附加的充电指示灯模块电路图

工作过程分析如下：

（1）充电指示灯点亮、电压表显示电压低于 13.8V，说明发电机不能充电（发电机损坏）。

（2）充电指示灯熄灭、电压表显示电压低于 13.8V，说明发电机正常充电。

（3）充电指示灯点亮、电压表显示电压高于 13.8V，说明蓄电池充满，发电机没有输出过大的充电电流（发电机正常）。

（4）充电指示灯熄灭、电压表显示电压高于 13.8V，说明发电机调节器损坏不能限制充电电压，蓄电池将过充电造成损坏（发电机损坏）。

5.3 技 能 训 练

5.3.1 汽车直流电动机检测

（1）磁场绕组（定子）的检查：用万用表测量磁场绕组的电阻值，如图 5-34、图 5-35 所示。若电阻值与图中所示不符，说明磁场绕组有故障。

（2）电枢部分的检查：用万用表检查电枢绕组与电枢轴之间的电阻，检查电枢绕组的电阻值，电阻值应符合要求，如图 5-36～图 5-42 所示。

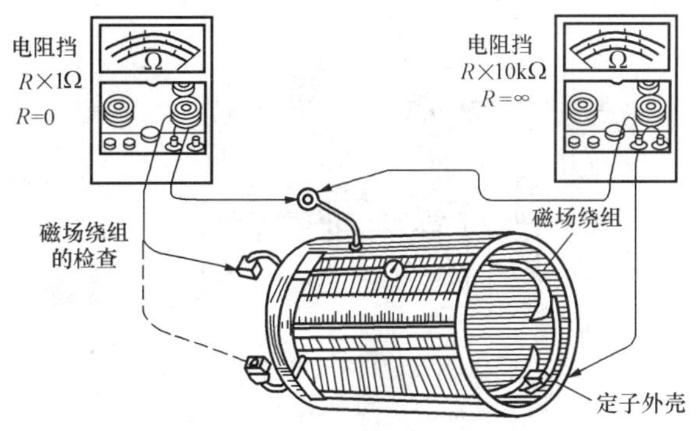

图 5-34　磁场绕组及其外壳的检查

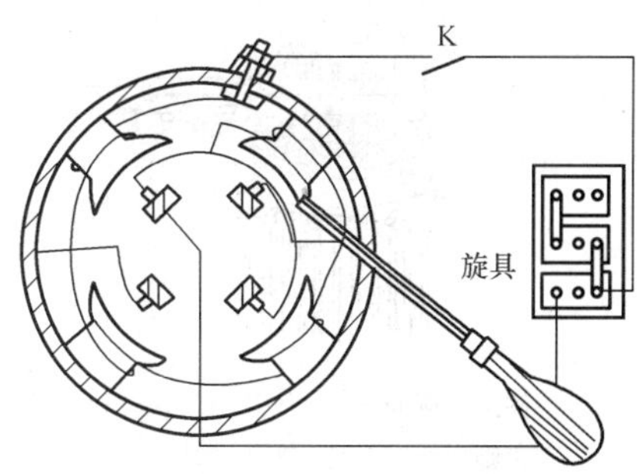

注意：每个磁极对旋具的吸力应基本一致。

图 5-35　磁场绕组有无匝间短路的检查

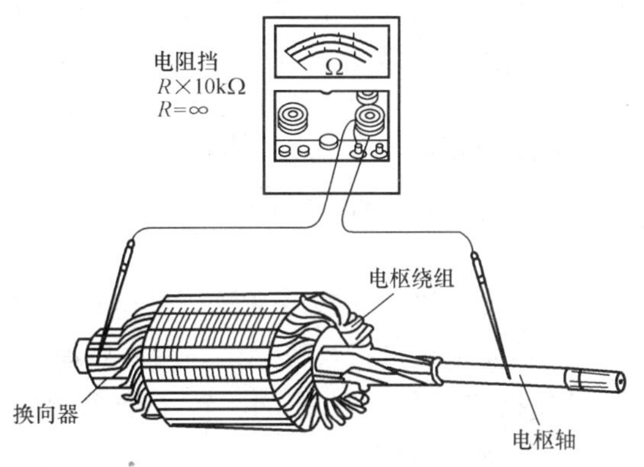

图 5-36　换向器与电枢轴间的检查

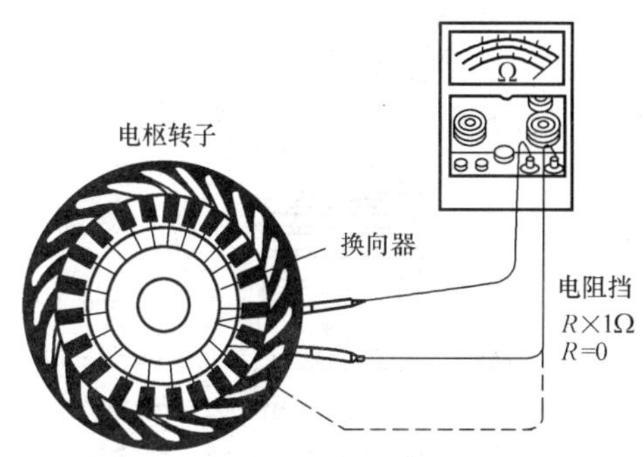

图 5-37　电枢绕组（即换向片与换向片间）的检查

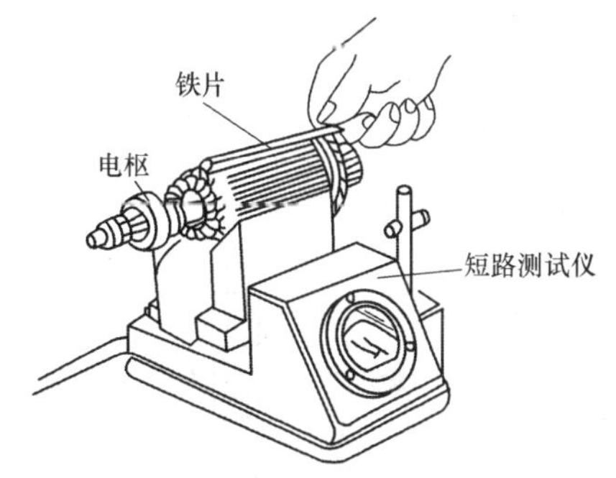

注意：转动电枢，当铁片在某一部位产生振动时，表明该处电枢绕组短路

图 5-38　电枢绕组短路的检查

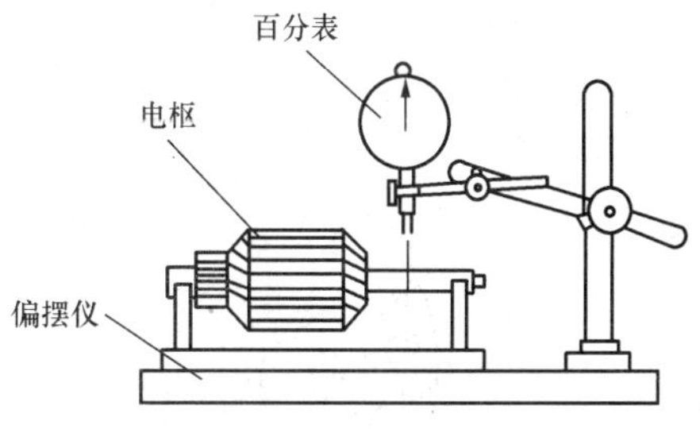

注意：电枢轴跳动量不应大于 0.08mm，否则应进行校正或更换电枢。

图 5-39　电枢轴弯曲度的检查

（3）电刷的检查：电刷高度应不低于新电刷高度的 2/3（国产起动机新电刷高度一般为 14mm），即 7～10mm，否则应更换。电刷与整流器表面之间的接触面积应达到 75%以上，否则应研磨电刷。

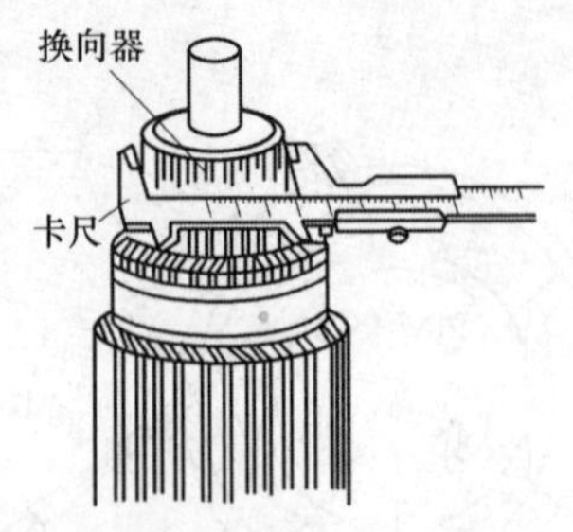

注意：换向器最小直径为 33.5mm，否则应更换电枢。

图 5-40 换向器最小直径的检查

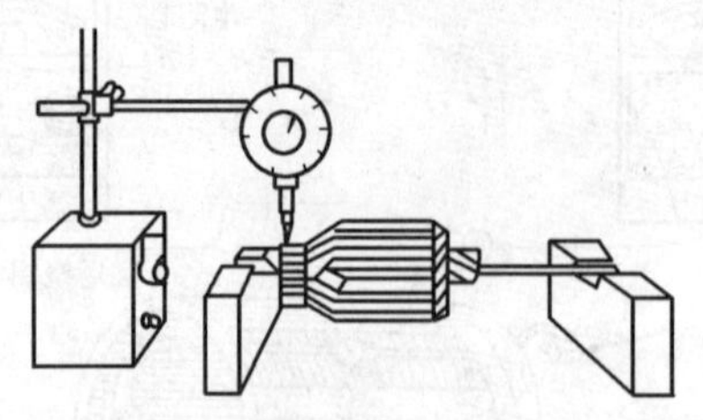

注意：其失圆（即跳动量）不应超过 0.03mm。

图 5-41 换向器失圆（跳动）的检查

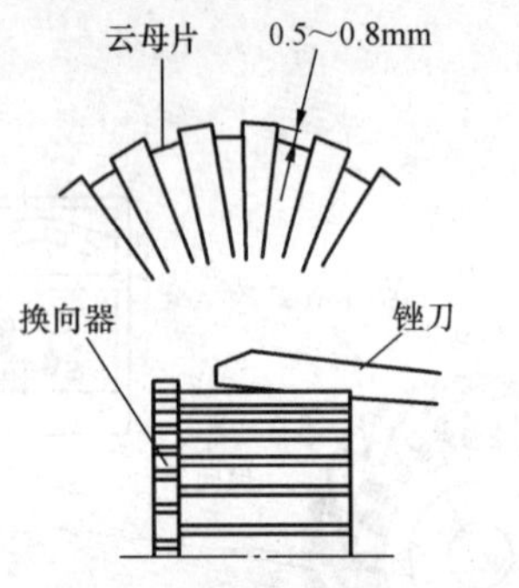

注意：绝缘（云母）片的深度为 0.5～0.8mm，最浅为 0.2mm，太高应使用锉刀进行修整。

图 5-42 换向器绝缘（云母）片的检查

5.3.2 汽车交流发电机检测

当发现发电机不发电或发电量不足等故障时，应首先判断故障发生在外电路还是发电机内部，若初步确定故障在发电机内部，就应将发电机从车上拆下来，对其进行检测、修理。

电刷架及电刷弹簧的检查：如图 5-43 和图 5-44 所示。

为了判定交流发电机有无故障和故障发生在哪个部位，应先对交流发电机进行整机测试，以便修理。

整机测试包括定子绕组的检测、转子绕组的检测、控制装置及起动机检测。

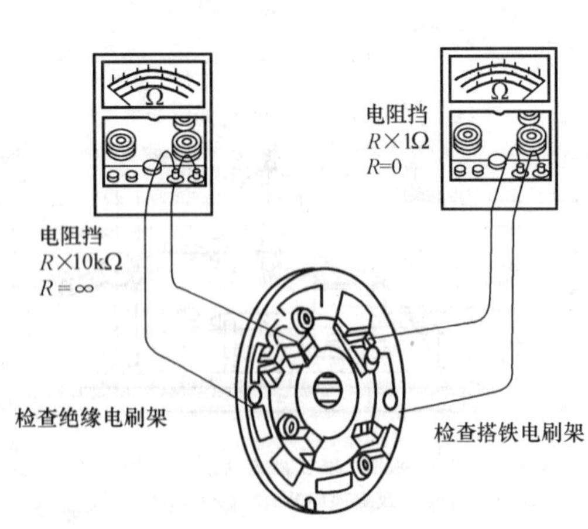

图 5-43 电刷架的检查

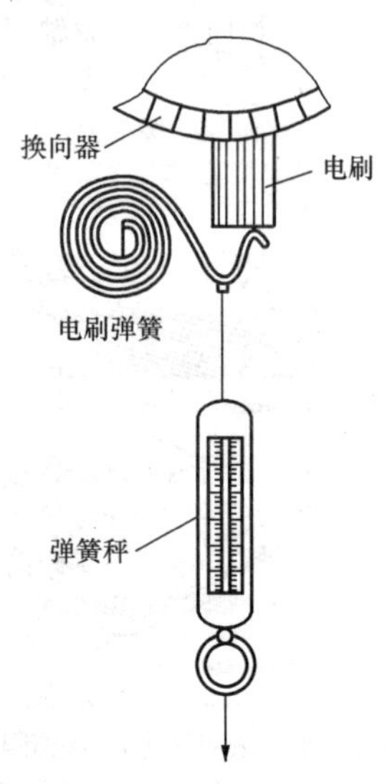

注意：不同型号起动机的弹簧压力是不同的，如 QD124 型起动机为 12～15N；QD27 型起动机为 22～26N

图 5-44 电刷弹簧压力的检查

1. 定子绕组的检测

(1) 搭铁故障检查:

1) 用万用表检测:将定子放在垫有橡胶板的工作台面上,使三相绕组接线端(首端)朝上并保持其与铁芯不接触,如图5-45所示。用万用表 $R\times 10\text{k}$ 挡将两表笔分别触试铁芯和接线端,表针应不动并指示无穷大,否则说明有搭铁故障。

若发现搭铁故障可将三相绕组末端(中性抽头)解焊,将其分开,重复上述试验方法,从而确定是哪一组绕组存在搭铁故障。

2) 用220V交流试灯方法检查:将交流试灯一端接铁芯,一端分别接3个接线端,凡是灯亮,表明该绕组有搭铁故障。

(2) 断路、短路故障检查:用万用表 $R\times 1$ 挡对定子绕组3个端头进行任意两个端头的阻值测量,若测量阻值为1Ω以下为正常;若指针不动,说明有断路;若电阻值特别小,则为短路,测试接线如图5-46所示。

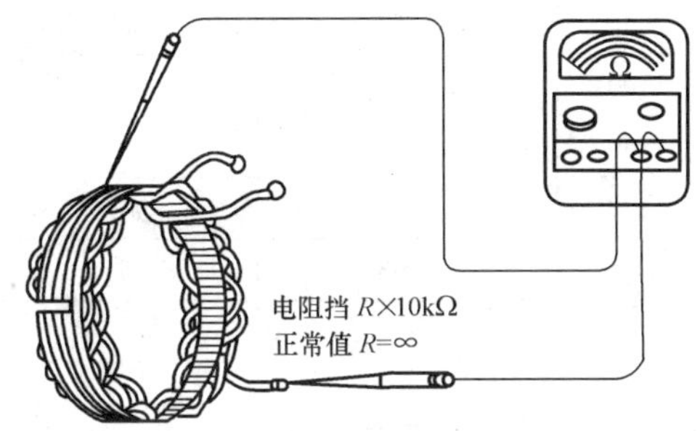

图5-45　定子绕组绝缘电阻的检查

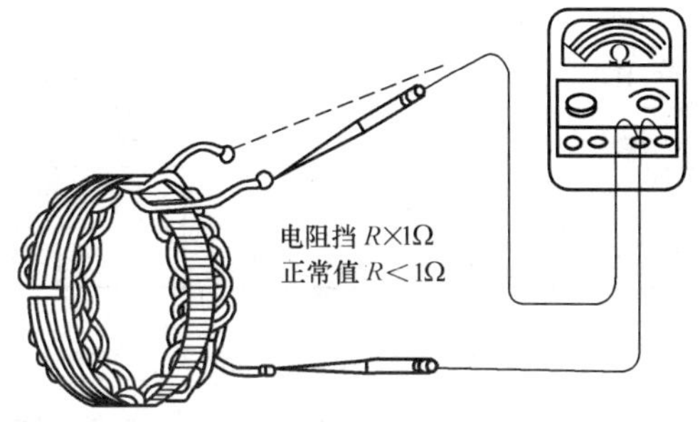

图5-46　定子绕组电阻值的检测

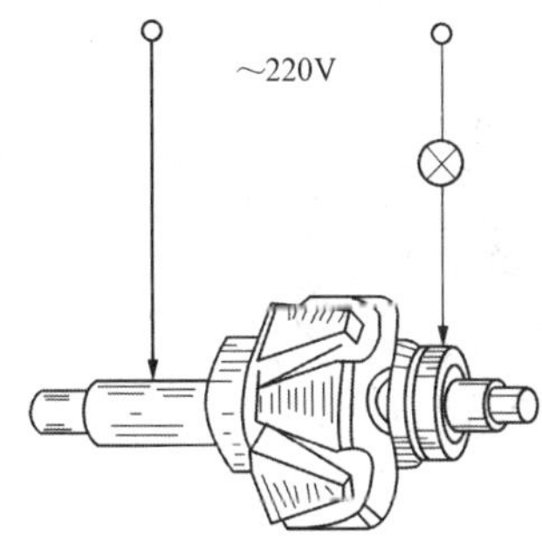

图5-47　转子绕组绝缘性能检测

2. 转子绕组检测

检查前必须先清除两个滑环之间的碳粉,仔细观察外观是否有明显断头或烧损现象,然后进行如下检查:

(1) 转子绕组绝缘(搭铁)检查。

用试灯法检测:试灯法检测转子绕组搭铁接线如图5-47所示。若接线完成后灯亮,则说明磁场绕组或滑环有搭铁故障;否则说明转子绕组绝缘良好,没有搭铁现象。

(2) 转子绕组断路、短路检测。

用万用表检测:将万用表拨至 $R\times 1$ 挡,然后将两表笔分别与2个滑环接触,测量其电阻,若阻值为4~6Ω(12V发电机为4~5Ω,24V发电机为6Ω),则说明绝缘良好;若其阻值小于规定值,则说明转子绕组存在匝间短路故障;若电阻值为无穷大,则说明磁场绕组有断路故障现象。常见发电机转子绕组技术参数见表5-2。

表5-2　国产JF系列交流发电机定子绕组和转子绕组各项数据

发电机型号	槽数	每槽中导线数	定子绕组导线直径(mm)	转子绕组匝数	转子绕组导线直径(mm)	转子绕组电阻(Ω)
JF11	36	13	1.08	520	0.62	5.3

续表

发电机型号	槽数	每槽中导线数	定子绕组导线直径（mm）	转子绕组匝数	转子绕组导线直径（mm）	转子绕组电阻（Ω）
JF12	36	25	0.83	1050	0.44	19.3
JF13	36	13	1.08	530	0.62	5.3
JF23	36	25	0.83	1100	0.47	20
JF21	36	11	1.08×2	575	0.64	5
JF52	36	11	1.35	600	0.67	5.6
JF22	36	21	1.08	1000	0.47	18
JF25	36	21	1.00	1100	0.47	20
2JF750	36	8	1.2	600	0.86	3.63
JF172	36	7	1.68	700	0.74	5
3JF750	36	15	0.93×2	950	0.67	8.5
JF27	36	15	1.25	1100	0.59	16
JF1000	36	12	1×2	1250	0.67	14.7
JF210	36	14	1.08×2	1200	0.67	13
JF01	36	21	1.04	500	0.63	5

3. 发电机整流元件的检测

（1）正、负极管检测。将二极管的引线与其他连接分离，用指针万用表的两个表笔分别接到二极管的引线与壳体上，测二极管的正向与反向电阻。二极管的正向电阻应符合标准值，反向电阻应在 10kΩ 以上，如图 5-48 所示。

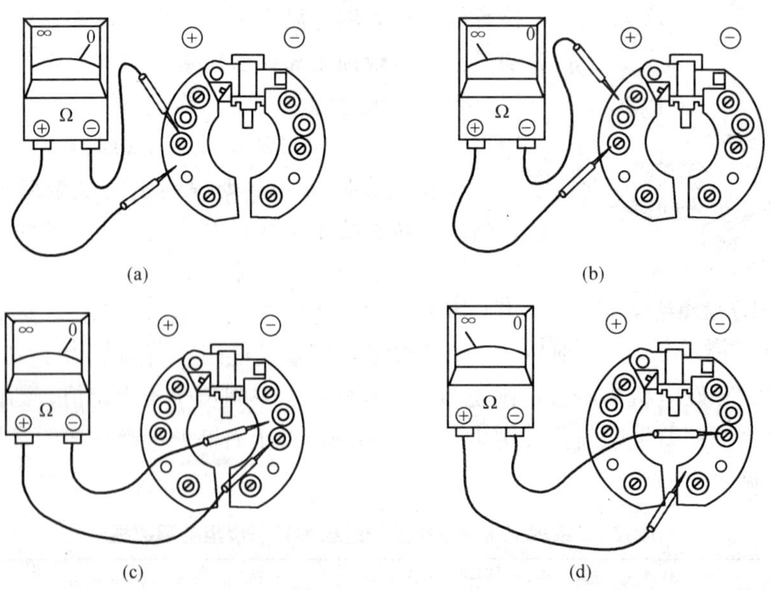

图 5-48 整流二极管的检测

（a）检测正二极管的正向电阻；（b）检测正二极管的反向电阻；
（c）检测负二极管的正向电阻；（d）检测负二极管的反向电阻

(2) 整体结构整流器检测。整体结构整流器的整流板，正、负硅二极管是全部焊装在一起，不可分解，如图 5-49 所示。检测正极管时，将指针万用表的红表笔接 B，黑表笔依次接 P1、P2、P3、P4，均应导通；交换两表笔后再测，均应为无穷大，否则有正二极管损坏，需更换整流器总成。

检测负极管时将指针万用表的黑表笔接 E，红表笔依次接 P1、P2、P3、P4，均应导通；交换两表笔后再测，均应为无穷大，否则有负二极管损坏，需更换整流器总成。

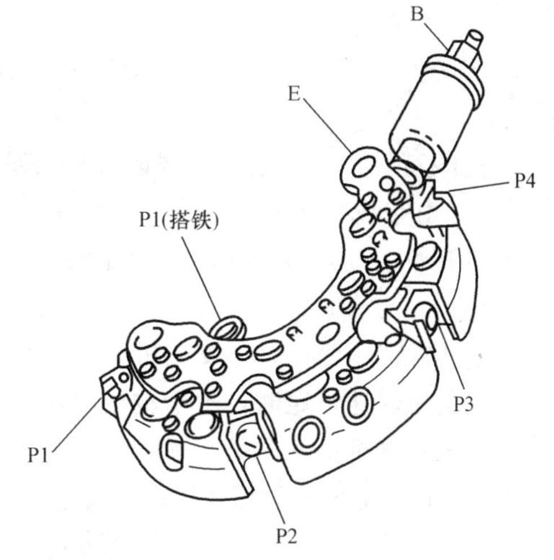

图 5-49　整体结构整流器检测

本 章 小 结

1. 直流电动机的机构和工作原理

(1) 直流电动机的结构：由定子和转子两部分组成。

定子主要由机座、主磁极（励磁绕组和主极铁芯）、换向极（换向极绕组和铁芯）、电刷装置、端盖、出线盒等部件构成。

转子主要由电枢（包括电枢铁芯和电枢绕组）、换向器、风扇、转轴等部件构成。

(2) 直流电动机的工作原理：磁极的励磁绕组通入直流电，产生主磁通 Φ。电枢绕组由换向器和电刷通入直流后形成交变电流，与主磁通 Φ 相互作用产生电磁转矩使转子转动。

2. 直流电动机的工作特性

在直流电动机中，励磁绕组与电枢绕组的连接方式可分为串励式、并励式和复励式三种，汽车起动机所用的电动机为直流串励式电动机，其工作特性有转矩特性、转速特性、功率特性。

3. 重要公式

电磁转矩　$T = C_T \Phi I_S$

反电动势　$E_{反} = C_T \Phi n$

4. 交流发电机构造及特性

(1) 交流发电机由转子总成、定子总成、皮带轮、风扇、前端盖、后端盖及电刷总成。

(2) 交流发电机的工作特性：是指发电机输出的直流电压、电流与转速之间的关系。它包括输出特性、空载特性和外特性。

1) 输出特性：是发电机输出电压一定时，它的输出电流随着转速变化的规律。

意义：

a. 发电机空载时，输出电压达到额定值的转速 n_1，称为空载转速。n_1 常用作选择发电机与发动机传动比的主要依据。

b. 发电机输出电流达到额定值时的转速 n_2，称为满载转速，发电机的额定电流一般规定为70%～75%。

c. 当转速达到一定值后，发电机的输出电流几乎不再继续增加，具有自动限制输出电流的能力。

2）空载特性：是发电机空载运行时，发电机端电压与转速之间的关系。

意义：由空载特性可判断发电机低速发电性能的好坏。

3）外特性：是当发电机转速一定时，发电机端电压与输出电流之间的关系。

意义：

a. 发电机转速变化时，发电机端电压有较大变化；

b. 发电机转速恒定时，由于输出电流的变化，端电压也有较大变化。

5. 交流发电机工作原理

(1) 发电机定子的三相绕组按一定规律分布在发电机的定子槽中，内部有一个转子，转子上安装着爪极和励磁绕组。当外电路通过电刷使励磁绕组通电时，便产生磁场，使爪极被磁化为N极和S极。当转子旋转时，磁通交替地在定子绕组中变化，根据电磁感应原理可知，定子的三相绕组中便产生交变的感应电动势。

1）交流电动势的变化频率 f 和转速、磁极对数成正比

$$f = \frac{pn}{60}(\text{Hz})$$

2）三相交流发电机感应电动势有效值的表示。

定子每相电动势有效值表示为

$$E_{\Phi} = 4.44KfN\Phi = C_e\Phi n$$

6. 交流发电机励磁电路

励磁绕组通过两只电刷和外电路相连，根据电刷和外电路的连接形式不同，发电机分为内搭铁型和外搭铁型两种。

(1) 内搭铁型交流发电机：励磁绕组的一端经负电刷（E）引出后和后端盖直接相连（直接搭铁）的发电机，称为内搭铁型交流发电机。

(2) 外搭铁型交流发电机：励磁绕组的两端（F和E）均和端盖绝缘的发电机，称为外搭铁型交流发电机。

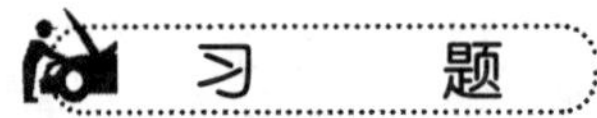

5-1 填空题。

(1) 直流电动机的运动方向按__________定则判断。

(2) 直流串励式电动机，电枢作用是产生__________。

(3) 交流发电机用转子总成来产生__________。

(4) 发电机的功能是将非电能转化为__________，电动机的功能是将电能转化为__________。

(5) 汽车上常用的电动机是__________电动机。

(6) 汽车上常用的发电机是__________发电机。

(7) 汽车上常用的硅整流交流发电机采用的是__________整流电路。

5-2　直流电动机的组成、特性及工作原理？

5-3　换向器在直流电动机中起何作用？

5-4　当直流电动机的磁通一定时，电磁转矩主要取决于哪些因素？当直流电动机的磁通一定时，若转速下降，则反电动势将怎样变化？

5-5　交流发电机的结构、特性及工作原理？

5-6　交流发电机的励磁方式有哪几种？

5-7　交流发电机的额定转速 $n_N=720r/min$，电源频率为50Hz。试求电机的额定转差率及磁极对数。

5-8　如何对汽车直流电动机进行检测？

5-9　如何对汽车交流发电机进行检测？

6 半导体二极管和整流电路

半导体器件是电子学中的重要组成部分。由于半导体器件具有体积小、重量轻、使用寿命长、反应速度、灵敏度高、工作可靠等优点而得到广泛的应用。本章首先介绍二极管的基本结构、伏安特性和主要参数。利用二极管的单向导电作用，可将交流电变为直流电，在电子设备中都需要稳定的直流电源，而功率较小的直流电源大多是将50Hz的交流电经过整流、滤波和稳压后获得的。然后介绍二极管整流电路、滤波电路和稳压电路的工作原理。

6.1 半导体基础知识

电子电路中常用的半导体器件有二极管、晶体管、运算放大器等，它们都是由半导体材料制成的。为了掌握各种器件的结构和工作原理，就必须首先了解有关半导体的特性。

自然界中不同的物质，由于其原子结构不同，因而它们的导电能力也各不相同。根据导电能力的强弱，可以把物质分为导体、半导体和绝缘体。导电能力介于导体和绝缘体之间的物质称为半导体。常用的半导体材料有硅（Si）、锗（Ge）、硒及许多金属氧化物、硫化物等。

半导体之所以得到广泛的应用，是由于它具有一些独特的导电性能，这些特性主要表现为其导电能力对一些因素的影响十分敏感。

（1）热敏性：大部分半导体的导电能力随温度升高而增强；有些半导体对温度的反应特别灵敏，利用这一特性可制成自动控制中有用的热敏元件，如热敏电阻等。

（2）光敏性：半导体的导电能力随光照强度的变化而变化。例如硫化镉薄膜，当无光照时，它的电阻达到几十兆欧姆，是绝缘体；而受到光照时，电阻却只有几十千欧姆。利用这种特性，可以做成各种光敏元件。

（3）杂敏性：如果在纯净的半导体中掺入微量的其他元素（通常称作掺杂），半导体的导电能力会随着掺杂浓度的变化而发生显著变化。例如在半导体硅中掺入亿分之一的硼，电阻率就会下降到原来的几万分之一。这是半导体最显著、最突出的特性。正因为具有这种特性，人们利用控制掺杂的方法，制造出各种不同性能、不同用途的半导体器件。

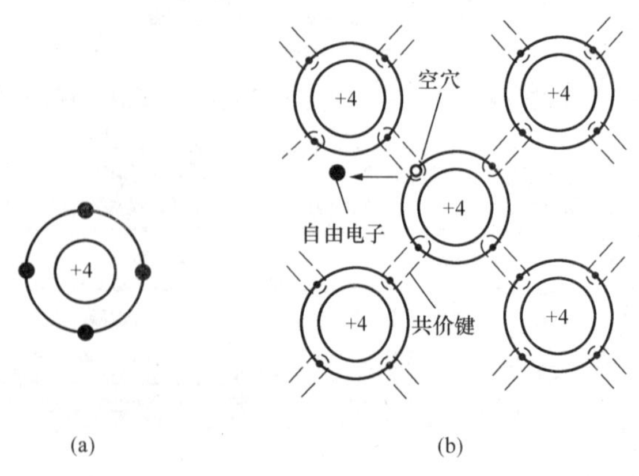

图6-1 硅（锗）的原子结构模型和晶体结构示意
(a) 原子结构模型；(b) 硅（锗）原子在晶体中的共价键排列

6.1.1 本征半导体

完全纯净的具有晶体结构（即原子有规律地整齐排列）的半导体称为**本征半导体**。常用的半导体材料有硅和锗，它们都是四价元素，即每个原子的最外层有四个电子（称为价电子），因此可用如图6-1（a）所示的简化模型表示其原子结构。价电子成为相邻的原子所共有，形成如图 6-1（b）所示的共价键结构，共价键中的价电子将受到共价键的束缚，在绝对零度且无光照时，价电子被束缚，不能导电。

在一定温度下或在一定强度光的照射下，本征半导体硅和锗中的少数价电子获得足够的能量后，能挣脱共价键的束缚而形成带单位电荷的自由电子，同时在原来的共价键上留下相同数量的空位，这种现象称本征激发。每激发出来一个自由电子，就必然在共价键上留下一个空位，这个空位称为空穴。可见，自由电子和空穴总是相伴而生，成对出现，我们称它为自由电子-空穴对。温度升高越多，本征激发越强。本征激发产生的自由电子带负电荷，空穴因失去电子带正电荷。它们都是带电荷的粒子，统称为载流子。自由电子和空穴在运动中相遇时会重新结合而成对消失，这种现象称为复合。温度一定时，自由电子和空穴的产生与复合将达到动态平衡，这时自由电子-空穴对的浓度一定。当有电场作用时，自由电子和空穴将做定向运动形成电流，这种运动称为漂移，所形成的电流称为漂移电流。在常温下，本征半导体的载流子浓度很低，因此导电能力很弱。

6.1.2 N型半导体和P型半导体

采用一定的工艺在本征半导体中掺入微量杂质元素后，可大大改善半导体的导电性能。掺杂后的半导体称为杂质半导体。按掺入杂质的不同有 N 型半导体和 P 型半导体两类。

1. N 型半导体

在纯净的硅（锗）晶体中，掺入少量五价元素，如磷、砷等。由于掺入的元素数量较少，因此整个晶体结构基本上保持不变，只是某些位置上的硅原子被磷原子替代。磷原子五个价电子中的四个与硅原子形成共价结构，而多余的一个价电子处于共价键之外，很容易挣脱磷原子核的束缚成为自由电子。于是半导体中自由电子的数目明显增加，这样就大大地提高了半导体导电性能。由于磷原子可以提供电子，故称施主杂质。在掺有施主杂质的半导体中，由于空穴数量远少于自由电子数量，故自由电子被称为多数载流子，简称多子；空穴被称为少数载流子，简称少子。这种杂质半导体主要以电子导电为主，称为电子半导体，也称为 N 型半导体，如图 6-2 所示。

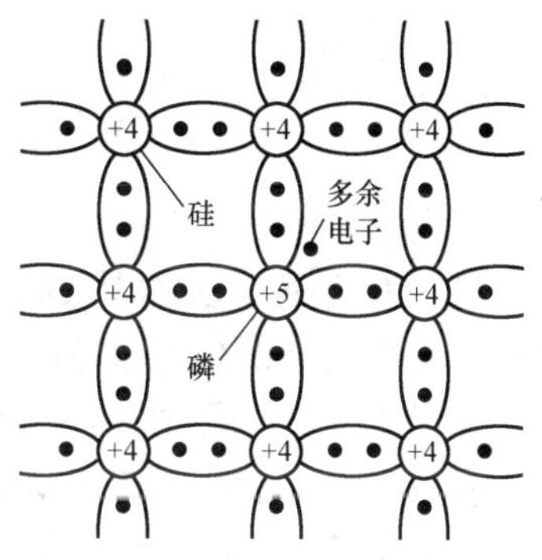

图 6-2 N型半导体

2. P 型半导体

在纯净的硅（锗）晶体中，掺入少量三价元素，如硼、铝等，硼原子与周围的硅原子形成共价键时，会因缺少一个价电子而在共价键中出现一个空位，这个空位很容易被相邻的价电子填补，而使失去价电子的共价键出现一个空穴。这样在杂质半导体中出现大量空穴。由于硼原子在硅晶体中接受电子，故称为受主杂质。在掺有受主杂质的半导体中，空穴被称为多数载流子，自由电子被称为少数载流子。这种杂质半导体主要靠空穴导电，称为空穴半导体，也称为 P 型半导体，如图 6-3 所示。

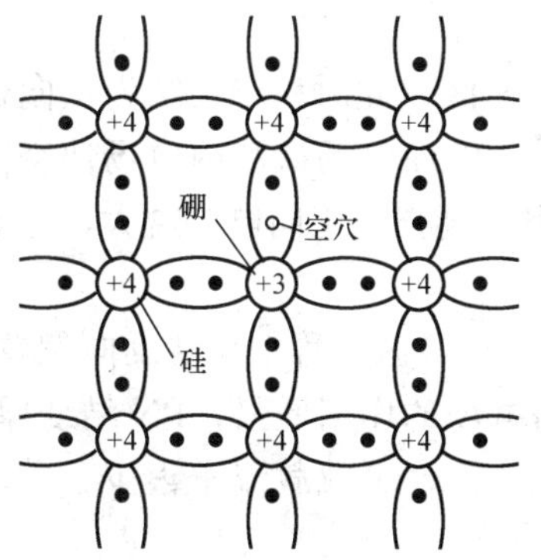

图 6-3 P型半导体

应当注意，不论是 N 型还是 P 型半导体，虽然都是一种载流子占多数，但整个晶体中正负电荷数量相等，呈现电中性。

6.1.3 PN结

在一块完整的硅片上，用某种特定的掺杂工艺使其两边分别形成P型和N型半导体，则在两种半导体的交界面附近形成一个很薄的空间电荷区，称为PN结，它是构成各种半导体器件的基础。

1. PN结的形成

P型半导体和N型半导体结合在一起时，由于P型和N型半导体交界面两侧的两种载流子浓度有很大的差异，因此会产生载流子从高浓度区向低浓度区的运动，这种运动称为扩散，如图6-4（a）所示。P区中的多子空穴向N区扩散，与N区中的自由电子复合而消失；N区中的多子电子向P区扩散并与P区中的空穴复合而消失。结果使交界面附近载流子浓度骤减，形成了不能移动的杂质离子构成的空间电荷区，同时建立内电场。内电场方向由N区指向P区，如图6-4（b）所示。

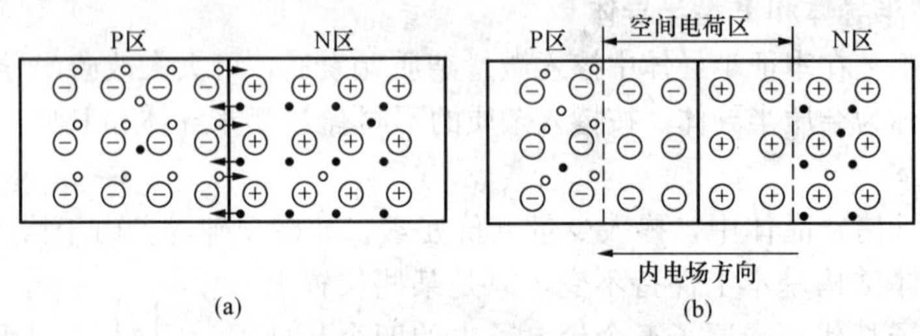

图6-4 PN结的形成

内电场有两方面作用：一方面阻挡多数载流子的扩散运动，因此空间电荷区又称为阻挡层；另一方面使N区的少数载流子空穴向P区漂移，使P区的少数载流子自由电子向N区漂移。少数载流子在内电场作用下有规则的运动称为漂移运动。

在PN结的形成过程中，刚开始以扩散运动为主，随着空间电荷区的加宽和内电场的加强，多数载流子运动逐渐减弱，漂移运动逐渐加强，使空间电荷区变窄。而空间电荷区的变窄，又会对扩散运动产生抑制作用。最终，扩散运动与漂移运动会达到动态平衡。此时空间电荷区的宽度基本稳定下来，扩散电流等于漂移电流，通过PN结的电流为零，PN结处于动态的稳定状态。

2. PN结的单向导电性

给PN结加正向电压，即外电源的正极接P区，负极接N区，此时称PN结为正向偏置，如图6-5（a）所示。这时PN结外加电场与内电场相反，外加电场抵消内电场使空间电荷区变薄，有利于多数载流子运动，形成正向电流，外加电场越强，正向电流越大，这意味着PN结的正向电阻变小。

如果给PN结加反向电压，即外电源的正极接N区，负极接P区，称PN结反向偏置，如图6-5（b）所示。这时外加电场与内电场方向相同，使内电场的作用增强，PN结变厚，多数载流子运动难以进行，有助于少数载流子运动，形成电流I_R，少数载流子很少，所以电流很小，接近于零，即PN结反向电阻很大。

综上所述，PN结具有单向导电性，加正向电压时PN结电阻很小，电流I_F较大，是多数载流子的扩散运动形成；加反向电压时PN结电阻很大，电流I_R很小，是少数载流子漂移

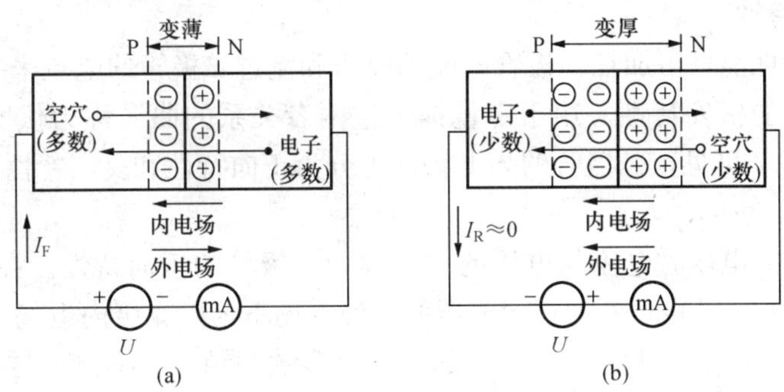

图 6-5 PN 结的导电特性

运动形成。

6.2 半导体二极管

6.2.1 半导体二极管基本结构

二极管是由 PN 结加上相应的电极引线与外壳制成的。由 P 区引出的电极称为阳极或正极，由 N 区引出的电极称为阴极或负极，如图 6-6（a）所示。二极管的符号如图 6-6（b）所示，其中三角箭头表示正向电流的方向，正向电流从二极管阳极流入，阴极流出。

根据 PN 结接触面的大小，二极管可分为点接触型与面接触型。点接触型二极管的结构如图 6-6（c）所示，它的特点是 PN 结的结面积小，不能通过大电流，但高频性能好，故适用于高频和小功率工作，一般用于检波或脉冲电路。面接触型二极管的结构如图 6-6（d）所示，它的特点是 PN 结的结面积很大，故可通过较大的电流，但工作频率较低，一般用作整流。

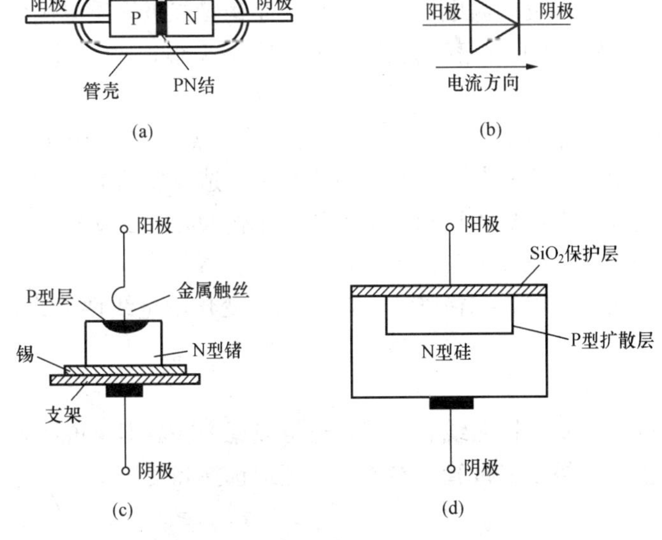

图 6-6 二极管的结构和符号

（a）结构示意；（b）符号；（c）点接触型；（d）面接触型

6.2.2 伏安特性

二极管的导电性能，由加在二极管两端的电压和流过二极管的电流来决定，这两者之间的关系称为二极管的伏安特性。用于定量描述这两者关系的曲线称为伏安特性曲线，如图6-7所示。由图6-7可见，二极管的导电特性可分为正向特性和反向特性两部分。

1. 正向特性

二极管加上正向电压时电流与电压的关系称为二极管的正向特性。在图6-7中，锗管在*OA*段（硅管为*OB*段）时外加正向电压低，外电场不足以克服内电场对多数载流子扩散的阻力，多数载流子不能顺利扩散，正向电流很小，这个电压区域称为死区。硅管死区电压约为0.5V，锗管约为0.2V。实际使用中，当二极管正向电压小于死区电压时，视为正向电流为零的截止状态。此时二极管呈现很大电阻。锗管的正向电压大于*A*点（硅管的正向电压大于*B*点）后，随着外加电压的增加，外电场削弱了内电场的阻碍作用，使正向电流迅速增大，特性曲线接近直线，二极管处于正向导通状态。此时管子两端电压降变化不大，硅管为0.6～0.7V，锗管为0.2～0.3V。

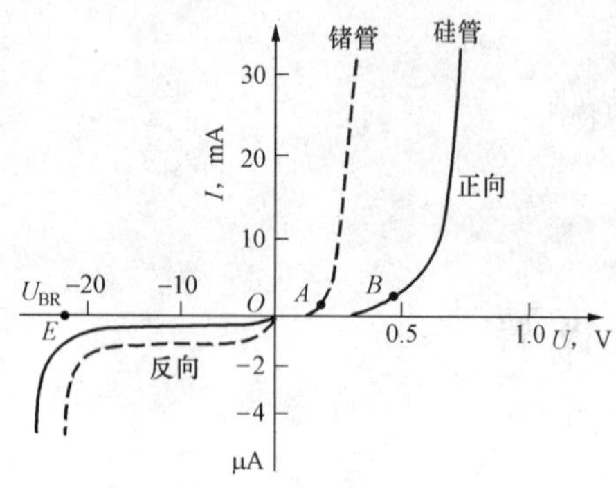

图6-7 二极管的伏安特性

2. 反向特性

二极管的反向特性是指二极管加反向电压时电流与电压的关系。图6-7中，在*OE*段，反向电压加强了内电场对多数载流子的阻挡，多数载流子不能扩散形成电流，只有少数载流子在外电场作用下做漂移运动，形成很小的反向电流。反向电流有两个特点：一是它随温度上升而快速增长；二是在反向电压不超过某一范围时，它的大小基本恒定，不随反向电压变化。这是因为少数载流子数量很少，在一定温度下，只要有一定的反向电压就能使其所有的少数载流子漂移形成反向电流，即使反向电压增加，也不能使反向电流再增加了。所以反向电流又称为反向饱和电流或反向漏电流。这个电流是衡量二极管质量优劣的重要参数，其值越小，二极管质量越好。由于硅管反向电流比锗管小很多，因此硅管的温度稳定性比锗管好。

当反向电压增大到一定数值时，如图6-7所示的*E*点，外电场强到足以把原子的外层电子拉出来形成自由电子，这时载流子数量急剧增加，造成反向电流骤然猛增。这种现象称为反向击穿，此时的反向电压称为反向击穿电压，记作U_{BR}。二极管反向击穿后，如果不采取保护措施，将致使二极管烧坏。

从伏安特性曲线可以看出，二极管的电压与电流变化不呈线性关系，其内阻不是常数，所以二极管属于非线性器件。

6.2.3 主要参数

二极管的特性除用伏安特性曲线表示外，还可以用一些数据来说明，这些数据就是二极管的参数，在工程上必须根据二极管的参数，合理地选择和使用管子，才能充分发挥每个管子的作用。

1. 最大整流电流 I_F

最大整流电流是指二极管长期工作时允许通过的最大正向平均电流。因为电流通过PN

结要引起管子发热，如果电流过大，发热量超过限度就会烧坏 PN 结。所以在使用二极管时，通过管子的正向平均电流不允许超过所规定的最大整流电流值。一般点接触型二极管的最大整流电流在几十毫安以下；面接触型二极管的最大整流电流可达数百安培以上，有的甚至可达几千安培以上。

2. 最大反向工作电压 U_{RM}

最大反向工作电压是指二极管不击穿时所允许加的最大反向电压值。通常是反向击穿电压的一半或三分之二，以保证二极管在使用中不致因反向过电压而损坏。

3. 最大反向电流 I_{RM}

最大反向电流是指二极管在常温下承受最大反向工作电压 U_{RM}时的反向电流。I_{BM}一般很小，但其受温度影响较大，当温度升高时，I_{RM}显著增大。

4. 最大工作频率 f_M

最大工作频率是指保持二极管单向导通性能时外加电压的最大频率，二极管工作频率与 PN 结的极间电容大小有关，容量越小，工作频率越高。

二极管的参数很多，除上述参数外还有结电容、正向压降等，在实际应用时，可查阅半导体器件手册。

二极管的应用主要利用它的单向导电特性，因此它在电路中常用作整流、检波、限幅、钳位、开关元件等。

6.3 整 流 电 路

6.3.1 单相半波整流电路

将交流电变为直流电的过程，称为整流，利用半导体二极管的单向导电性可以组成整流电路。此电路简单、方便、经济，下面着重分析各种整流电路的工作原理和特点。

1. 电路组成及工作原理

单相半波整流电路如图 6-8 所示。它是最简单的整流电路，由整流变压器、整流二极管 VD 及负载电阻 R_L组成。其中，u_1、u_2分别为整流变压器的一次侧和二次侧的交流电压。电路的工作情况如下：

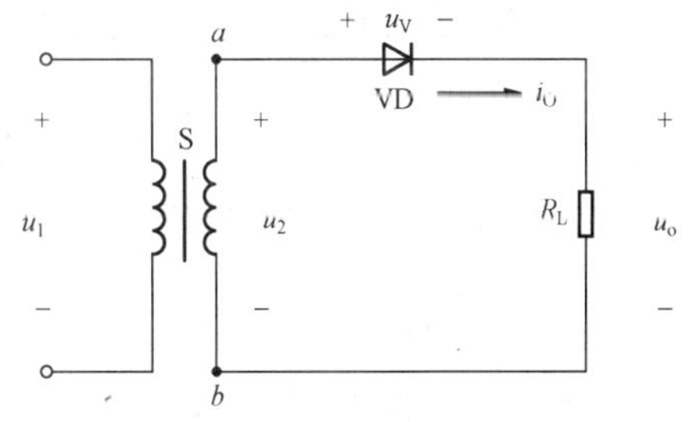

图 6-8　单相半波整流电路

设变压器二次电压为

$$u_2=\sqrt{2}U_2\sin\omega t$$

在图 6-8 中，在 u_2的正半周（$0\leqslant\omega t\leqslant\pi$）期间，$a$ 端为正，b 端为负，二极管因正向电压作用而导通。电流从 a 端流出，经二极管 VD 流过负载电阻 R_L回到 b 端。如果略去二极管的正向压降，则在负载 R_L两端的电压 u_o就等于 u_2。其电流、电压波形如图 6-9（b）、（c）所示。

在 u_2的负半周（$\pi\leqslant\omega t\leqslant 2\pi$）期间，$a$ 端为负，b 端为正，二极管承受反向电压而截止，负载中没有电流，故 $u_2=0$。这时，二极管承受了全部 u_2，其波形如图 6-9（d）所示。

尽管 u_2是交变的，但因二极管的单向导电作用，使得负载上的电流 i_o和电压 u_o都是单一方向。这种电路只有在 u_2的半个周期内负载上才有电流，故称为半波整流电路。

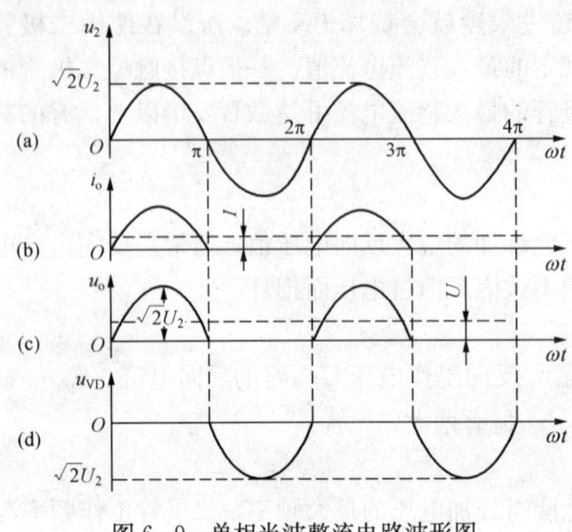

图 6-9 单相半波整流电路波形图

2. 参数计算

(1) 负载上的直流电压和电流。负载上的直流输出电压 U_o 和直流电流 I_o 都是指一个周期内的平均值，由于负载电压 u_o 为半波脉动，在整个周期中负载电压平均值为

$$U_o = \frac{1}{2\pi}\int_0^{\pi}\sqrt{2}U_2\sin\omega t\,d(\omega t)$$

$$= \frac{1}{\pi}\sqrt{2}U_2 = 0.45U_2$$

负载上的电流平均值为

$$I_o = \frac{U_o}{R_L} = 0.45\frac{U_2}{R_L}$$

(2) 整流二极管的电流平均值和承受的最高反向电压。由于二极管与负载串联，所以，流经二极管的电流平均值就是流经负载电阻 R_L 的电流平均值，即

$$I_o = \frac{U_o}{R_L} = 0.45\frac{U_2}{R_L}$$

二极管截止时承受的最高反向电压就是整流变压器二次交流电压 u_2 的最大值，即

$$U_{RM} = \sqrt{2}U_2$$

根据 I_D 和 U_{RM} 可以选择合适的整流二极管。

半波整流电路结构简单，但只利用交流电压半个周期，直流输出电压低，波动大，整流效率低，所以仅适用在小电流且对电源要求不高的场合。

【例 6-1】 单相半波整流电路如图 6-8 所示。已知负载电阻 $R_L=750\Omega$，变压器二次电压 $U_2=20V$，试求 U_o、I_o，并选用二极管。

解 输出电压的平均值为

$$U_o = 0.45U_2 = 0.45\times 20 = 9(V)$$

负载电阻 R_L 的电流平均值为

$$I_o = \frac{U_o}{R_L} = \frac{9}{750} = 12(mA)$$

整流二极管的电流平均值为

$$I_D = I_o = 12(mA)$$

二极管承受的最大反向电压为

$$U_{RM} = \sqrt{2}U_2 = \sqrt{2}\times 20 = 28.2(V)$$

查阅半导体手册，可以选用型号为 2AP4 的整流二极管，其最大整流电流为 16mA，最高反向工作电压为 50V。为了使用安全，二极管的反向工作峰值电压要选得比 U_{DRM} 大一倍左右。

6.3.2 单相桥式整流电路

单相半波整流的缺点是只利用了电源电压的半个周期，同时整流电压的脉动较大。为了克服这些缺点，常采用单相桥式整流电路。

1. 电路组成及工作原理

单相桥式整流电路是由 4 个整流二极管接成电桥的形式构成的，如图 6 - 10（a）所示。图 6 - 10（b）所示为单相桥式整流电路的一种简化画法。

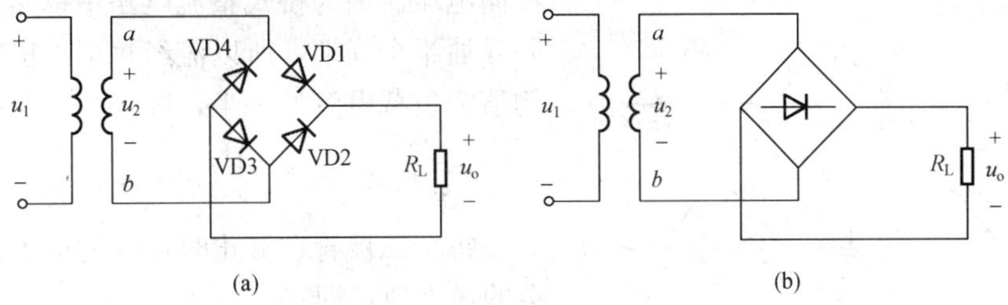

图 6 - 10　单相桥式整流电路

（a）单相桥式整流电路；（b）单相桥式整流电路的简化画法

单相桥式整流电路的工作情况如下：

设整流变压器二次电压为

$$u_2=\sqrt{2}U_2\sin\omega t$$

当 u_2 为正半周（$0\leqslant\omega t\leqslant\pi$）时，其极性为上正下负，即 a 点电位高于 b 点电位，二极管 VD1、VD3 因承受正向电压而导通，VD2、VD4 因承受反向电压而截止。此时电流的路径为 a→VD1→R_L→VD3→b，如图 6 - 11（a）所示。

当 u_2 为负半周（$\pi\leqslant\omega t\leqslant 2\pi$）时，其极性为上负下正，即 a 点电位低于 b 点电位，二极管 VD2、VD4 因承受正向电压而导通，VD1、VD3 因承受反向电压而截止。此时电流的路径为 b→VD2→R_L→VD4→a，如图 6 - 11（b）所示。

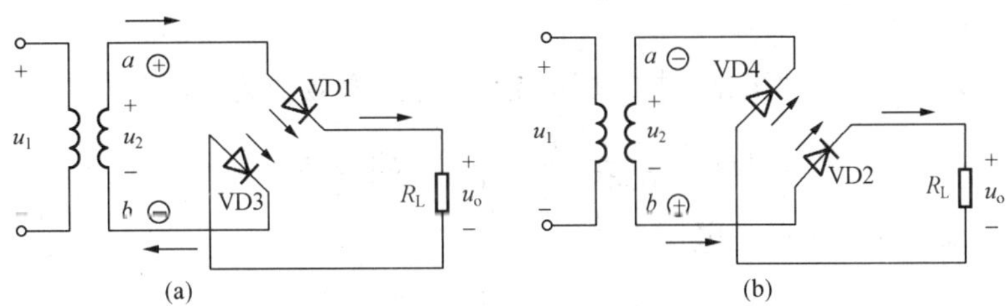

图 6 - 11　单相桥式整流电路的电流通路

（a）正半周时电流的通路；（b）负半周时电流的通路

从上述分析可见，无论电压 u_2 是在正半周还是在负半周，负载电阻 R_L 上都有时间方向的电流流过，因此在负载电阻 R_L 上得到的是单向脉动电压和电流。忽略二极管导通时的正向压降，则单相桥式整流电路的波形如图 6 - 12 所示。

2. 参数计算

（1）负载上的电压平均值和电流平均值。

单相桥式整流电压的平均值为

$$U_o=\frac{1}{\pi}\int_0^{\pi}\sqrt{2}U_2\sin\omega t\,\mathrm{d}(\omega t)=\frac{2}{\pi}\sqrt{2}U_2=0.9U_2$$

流过负载电阻 R_L 的电流平均值为

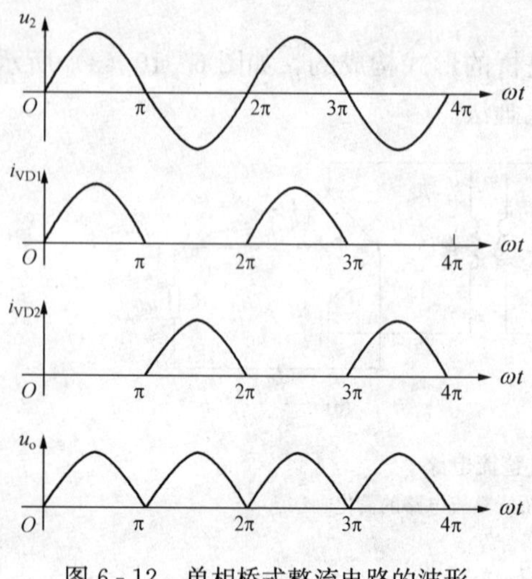

图 6-12 单相桥式整流电路的波形

$$I_o = \frac{U_o}{R_L} = 0.9\frac{U_2}{R_L}$$

（2）整流二极管的电流平均值和承受的最大反向电压。因为桥式整流电路中每两个二极管串联导通半个周期，所以流经每个二极管的电流平均值为负载电流的一半，即

$$I_{VD} = \frac{1}{2}I_o = 0.45\frac{U_2}{R_L}$$

每个二极管在截止时承受的最大反向电压为u_2的最大值，即

$$U_{RM} = \sqrt{2}U_2$$

（3）整流变压器二次电压有效值和电流有效值。

整流变压器二次电压有效值为

$$U_2 = \frac{U_o}{0.9} = 1.11U_o$$

整流变压器二次电流有效值为

$$I_2 = \frac{U_2}{R_L} = 1.11\frac{U_2}{R_L} = 1.11I_o$$

由上述计算，可以选择整流二极管和整流变压器。

【例 6-2】 试设计一台输出电压为 24V、输出电流为 2A 的直流电源，电路形式可以采用半波整流或桥式整流，然后试确定两种电路形式的变压器二次电压有效值，并选定相应的整流二极管。

解 （1）当采用半波整流电路时，变压器二次电压有效值为

$$U_2 = \frac{U_o}{0.45} = \frac{24}{0.45} = 53.3(\text{V})$$

整流二极管承受的最大反向电压为

$$U_{RM} = \sqrt{2}U_2 = 1.41 \times 53.3 = 75.2(\text{V})$$

流过整流二极管的平均电流为

$$I_{VD} = I_o = 2(\text{A})$$

因此，可以选用型号为 2CZ12B 的整流二极管，其最大整流电流为 3A，最大反向工作电压为 200V。

（2）当采用桥式整流电路时，变压器二次电压有效值为

$$U_2 = \frac{U_o}{0.9} = \frac{24}{0.9} = 26.7(\text{V})$$

整流二极管承受的最大反向电压为

$$U_{RM} = \sqrt{2}U_2 = 1.41 \times 26.7 = 37.6(\text{V})$$

流过整流二极管的平均电流为

$$I_{VD} = \frac{1}{2}I_o = 0.5(\text{A})$$

因此，可以选用4只型号为2CZ11A的整流二极管，其最大整流电流为1A，最大反向工作电压为100V。

【例6-3】 桥式全波整流电路如图6-13所示，若电路中二极管出现下述各种情况，电路会出现什么问题？

（1）VD1因虚焊而开路。

（2）VD2被短路。

（3）VD3极性接反。

（4）VD1、VD2极性都接反。

（5）VD1开路，VD2短路。

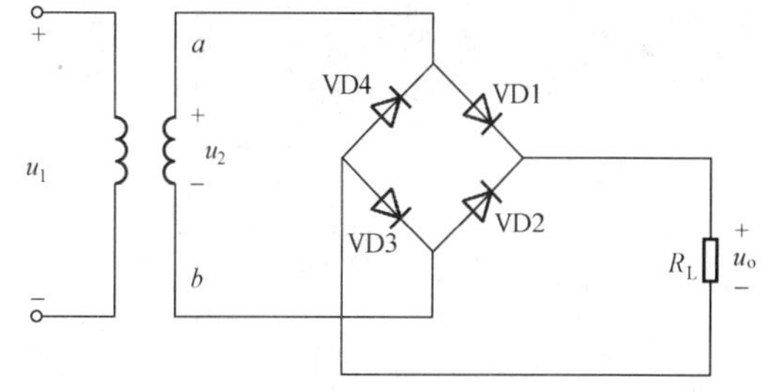

图6-13 ［例6-3］电路图

解 （1）二极管VD1开路，u_2正半周波形无法送到R_L上，因此电路由全波整流变为半波整流。

（2）二极管VD2被短路，在u_2正半周时，变压器二次电压直接加在导通的VD1两端，VD1和变压器二次侧可能烧坏。

（3）二极管VD3极性接反，在u_2负半周时。变压器二次电压直接加在两个导通的二极管VD3、VD4上，会造成二次绕组和二极管VD3、VD4过流以致烧坏。

（4）二极管VD1、VD2极性都接反，此时由于在u_2整个周期所有二极管均不导通，所以电路输出$U_o=0$。

（5）二极管VD1开路，VD2短路，此时全波整流变成半波整流，u_2只有负半周波形能送到R_L上。

6.4 滤 波 电 路

通过整流得到的单向脉动直流电，包含多种频率的交流成分。为了滤除或抑制交流分量以获得平滑的直流电压，必须设置滤波电路。滤波电路直接接在整流电路后面，一般由电容、电感、电阻等元件组成。

6.4.1 电容滤波电路

1. 电路组成及工作原理

单相半波整流电容滤波如图6-14（a）所示。图中滤波电容C与负载电阻R_L并联。

当变压器二次电压u_2为正半周时，二极管VD导通，通过二极管的电流一部分流入负载R_L，另一部分对电容C充电，使电容两端建立起电压u_C。由于充电回路的电阻很小（主要为二极管的正向导通电阻与变压器次级绕组电阻）u_C几乎跟随交流电压u_2同时达到最大值。u_2达到最大值后开始下降，出现u_2小于u_C，使二极管承受反向电压而截止。于是电容C通过负载R_L放电，由于R_L一般较大，所以放电较慢。在交流电源电压u_2进入负半周时，二极管更加截止，电容C的放电电流继续流过R_L，因此R_L上的输出电压u_o不为零。直到下一个周期到来，u_2又由零向最大值上升，当u_2上升到大于u_C时，二极管VD又重新导通，电容C又重新充电到$\sqrt{2}U_2$，如此周而复始不断循环，使负载获得如图6-14（b）所示的电压波形u_o。由此可见，电路在一个周期内滤波电容C充放电各一次。

对于带电容滤波的单相桥式整流电路的工作原理，类同于带电容滤波的半波整流电路，

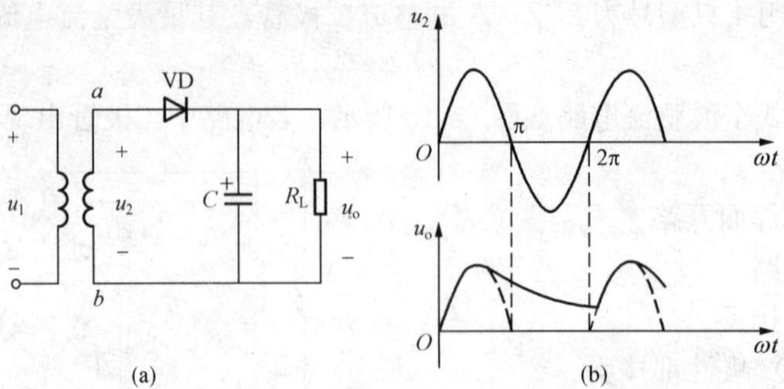

图 6-14 单相半波整流电容滤波电路及波形

(a) 单相半波整流电容滤波电路；(b) 单相半波整流电容滤波电路波形

如图 6-15 (a) 所示。所不同的只是在一个周期内电容充、放电各两次，其输出波形更加平滑，其输出电压也有所提高，它的波形如图 6-15 (b) 中实线部分所示。

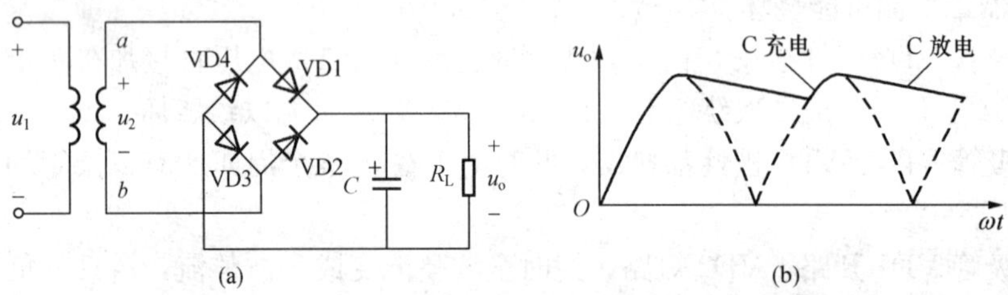

图 6-15 单相桥式整流滤波电路及其波形

(a) 单相桥式整流滤波电路；(b) 单相桥式整流滤波电路波形

2. 参数计算

电容滤波的效果与放电时间常数 $\tau=R_LC$ 的大小有关，τ 越大，放电越缓慢，负载上的电压越平滑，输出电压的平均值也可得到提高，故滤波电容越大效果越好。为了获得较好的效果，通常选取

$$\tau=R_LC\geqslant(3\sim5)\frac{T}{2}$$

式中：T 为交流电压的周期。

滤波电容 C 一般选择体积小、容量大的电解电容器。应注意，普通电解电容器有正、负极性，使用时正极必须接高电位端，如果接反会造成电解电容器的损坏。

可以证明，若取 $R_LC=4\times\frac{T}{2}=2T$，电容滤波后的输出电压平均值约为

半波整流 $U_o\approx U_2$

桥式整流 $U_o\approx1.2U_2$

必须指出，半波整流电路采用电容滤波时，二极管承受的反向电压最高为 $2\sqrt{2}U_2$。单相桥式整流电容滤波电路中，当负载开路时，二极管承受的最高反向电压为 $U_{RM}=2\sqrt{2}U_2$。单相桥式整流电容滤波电路中，接负载时二极管承受的反向电压与没有电容滤波时一样为 $U_{RM}=\sqrt{2}U_2$。

电容滤波仅适用于负载电流较小且变化不大的场合。因为若负载电流很大（即负载电阻R_L小，负载电流很大），则τ很小，所以电容C的充放电就快，输出电压的脉动程度增大，其平均值下降。

【例6-4】 单相桥式整流电容滤波电路如图6-15所示。已知交流电源频率为$f=$50Hz，负载电流$I_o=50$mA，直流输出电压$U_o=30$V。试求：（1）电源变压器二次电压U_2的有效值；（2）选择整流二极管；（3）选择滤波电容。

解 （1）电源变压器二次电压U_2的有效值为

$$U_2=\frac{U_o}{1.2}=\frac{30}{1.2}=25(\text{V})$$

（2）选择整流二极管。

流经二极管平均电流

$$I_D=\frac{1}{2}I_o=\frac{1}{2}\times 50=25(\text{mA})$$

二极管承受的最高反向电压为

$$U_{RM}=\sqrt{2}U_2=1.41\times 25=35(\text{V})$$

查手册，可以选择型号为2CZ51D的整流二极管，其最大整流电流为50mA，最高反向工作电压为100V。

（3）选择滤波电容。

$$R_L=\frac{U_o}{I_o}=\frac{30}{50}=0.6(\text{k}\Omega)$$

$$\tau=R_LC=4\times\frac{T}{2}=4\times\frac{1}{2f}=0.04(\text{s})$$

$$C=\frac{\tau}{R_L}=\frac{0.04}{0.6}=66.6(\mu\text{F})$$

由于实际二极管承受的电压为$\sqrt{2}U_2$，所以选择68μF耐压为50V的电解电容。

6.4.2 LC滤波电路

采用单一的电容或电感滤波时，电路虽然简单，但滤波效果欠佳，大多数场合要求滤波更好，则把前两种滤波结合起来，即LC滤波电路。LC滤波电路最简单形式如图6-16所示。

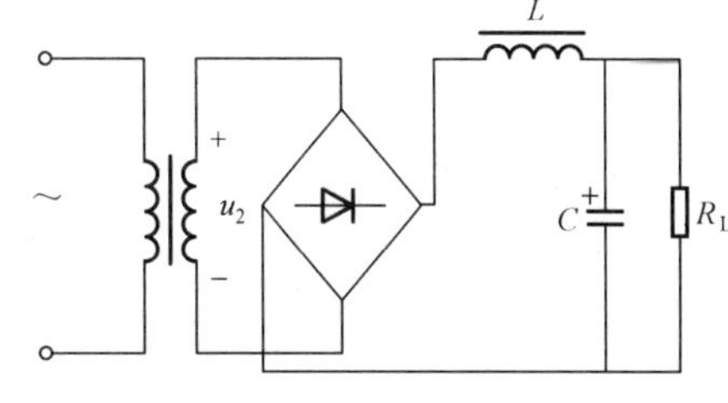

图6-16 LC滤波电路

与电容滤波电路比较，LC滤波电路的优点是：外特性比较好，输出电压对负载影响小，电感元件限制了电流的脉动峰值，减小了对整流二极管的冲击。它主要适用于电流较大，要求电压脉动较小的场合。

LC滤波电路的直流输出电压$U_0=0.9U_2$。

6.4.3 π型滤波电路

为了进一步减小输出的脉动成分，可在LC滤波电路的输入端再加一只滤波电容就组成了LC-π型滤波电路，如图6-17（a）所示，这种π型滤波电路的输出电流波形更加平滑，适当选择电路参数，同样可以达到

$$U_o=1.2U_2$$

当负载电阻 R_L 值较大，负载电流较小时，可用电阻代替电感，组成 RC-π 型滤波电路，如图 6-17（b）所示。

一般要求 R 和 C_2 的取值满足 $\frac{1}{\omega C_2} \ll R$，这样 $\frac{1}{\omega C_2} /\!/ R_L$ 值恒小于 R，输出电压波形很平滑。这种滤波电路体积小、重量轻，所以得到广泛应用。

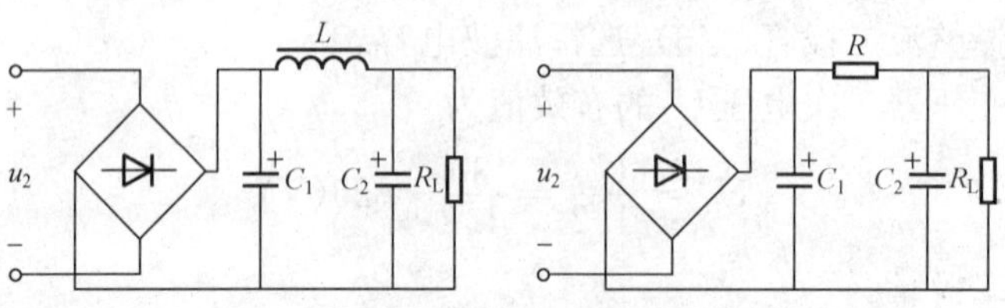

图 6-17　π 型滤波电路

（a）LC-π 型滤波电路；（b）RC-π 型滤波电路

6.5　稳压管及其稳压电路

经整流和滤波后的直流电压往往会随交流电源电压的波动和负载的变化而变化。而大多数电子设备和控制系统都需要稳定的直流电压，因此，需要稳定的直流电源。为了稳定输出直流电压，通常在整流滤波电路后加入稳压电路来实现。

6.5.1　稳压管

硅稳压管是一种杂质浓度较高、PN 结较薄的硅二极管。图 6-18 所示为其伏安特性，与普通二极管非常相似，只是稳压管的反向击穿特性比较陡。

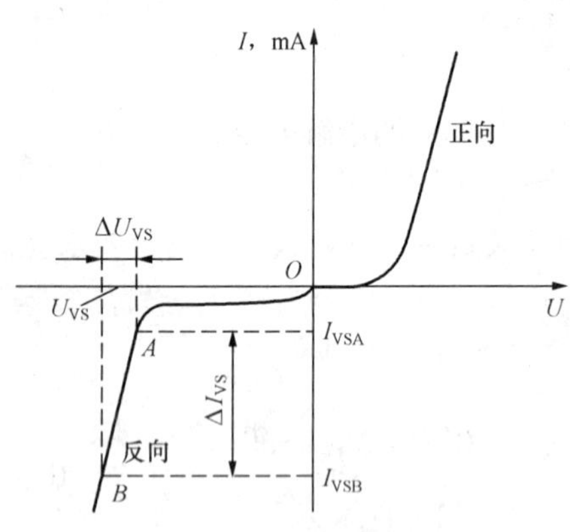

图 6-18　硅稳压管伏安特性

普通二极管使用时，所加反向电压不能超过击穿值。二极管处于截止状态，只有微小的漏电流。

使用稳压管时，运用反向击穿区，反向电压大于它的击穿电压，反向电流也随之加大。当反向电压大于稳压管的击穿电压后，稳压管反向电流将急剧增大，若不加以限制，稳压管很快就会损坏。但是，如果将反向电流限制在稳压管的允许范围内时，稳压管的“击穿”是不会损坏管子的。例如，反向击穿电流在图 6-18 中的 A、B 段变化时，没有超过稳压管允许值，当外加反向电压消失后，PN 结不会损坏，故将 AB 段称为可逆击穿区。

由图 6-18 可见，若反向电压小于 U_A，反向电流小于 I_{VSA} 则不能稳压。I_{VSB}（B 点对应的反向电流）是稳压管允许的最大击穿电流，反向电流一旦超过 I_{VSB} 就会烧坏稳压管。

当反向电流在 $I_{VSA} \sim I_{VSB}$ 之间变化时，对应的电压变化 ΔU_{VS} 却很小，所以起到了稳定电压的作用。ΔU_{VS} 很小，ΔU_{VS} 中点对应的 U_{VS} 作为稳定电压值，即 $U_{VS} \approx U_A$。

稳压管都是硅材料做的，故称硅稳压管。硅稳压管的型号及参数可查阅手册。其主要参数如下：

（1）稳定电压 U_{VS}。稳定电压也是击穿电压。因制造工艺不易控制，相同型号的稳压值有少许差别，如 2CW1 的 U_{VS}=7～8.5V。但具体到某一只稳压管，它的稳定电压 U_{VS}是确定的，若要不同的稳定电压，可选对应的稳压管。

（2）稳定电流 I_{VS}。工作电压等于稳定电压时的工作电流，即稳压管正常工作时的额定电流。

（3）最大稳定电流 I_{VSM}。稳压管允许通过的最大反向电流。

6.5.2 稳压电路

稳压管稳压电路如图 6-19 所示，稳压管 VS 反向并联在负载电阻 R_L两端，且工作在反向击穿状态。电阻 R 起限流和分压作用，稳压电路的输入电压 U_i 来自整流滤波电路的输出电压。

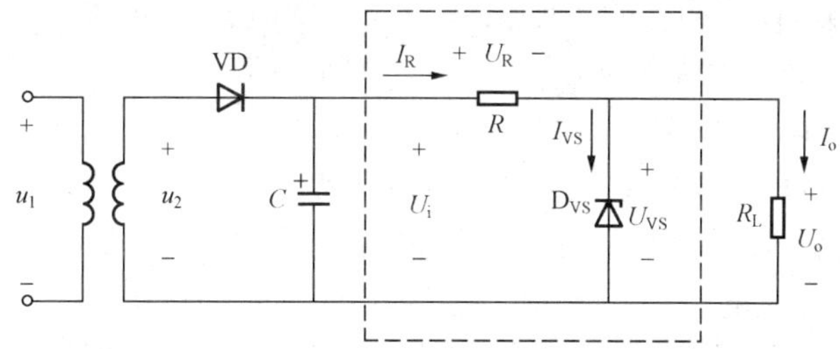

图 6-19 并联型直流稳压电路

稳压管稳压电路的工作原理如下：

当输入电压 U_i 波动时，会引起输出电压 U_o 波动。如 U_i 升高将引起 $U_o=U_{VS}$随之升高，这会导致稳压管的电流 U_o 急剧增加，因此电阻 R 上的电流 I_R和电压 U_R也跟着迅速增大，U_R的增大抵消了 U_i 的增加，从而使输出电压 U_o 基本上保持不变。这一自动调压过程可表示如下：

$$U_i\uparrow \rightarrow U_o\uparrow \rightarrow I_{VS}\uparrow \rightarrow I_R\uparrow \rightarrow U_R\uparrow \rightarrow U_o\downarrow$$

反之，当 U_i 减小时，U_R相应减小，仍可保持 U_o 基本不变。

当负载电流 I_o变化引起输出电压 U_o发生变化时，同样会引起 I_{VS}的相应变化，使得 U_o保持基本稳定。例如当 I_o增大时，I_R和 U_R均会随之增大而使 U_o下降，这将导致 I_{VS}急剧减小，使 I_R仍维持原有数值，保持 U_R不变，从而使 U_o得到稳定。

可见，这种稳压电路中稳压管 VS 起着自动调节的作用，电阻 R 一方面保证稳压管的工作电流不超过最大稳定电流 I_{VSM}，另一方面还起到电压补偿作用。

选择稳压管时，一般取

$$U_{VS}=U_o$$
$$I_{VSM}=(1.5\sim 3)I_{omax}$$
$$U_i=(2\sim 3)U_o$$

式中：I_{omax}为负载电流 I_o的最大值。

6.6 半导体二极管在汽车上的应用

6.6.1 普通二极管在汽车中应用

利用二极管的单向导电性，可以组成整流、续流、检波、限幅等电路。

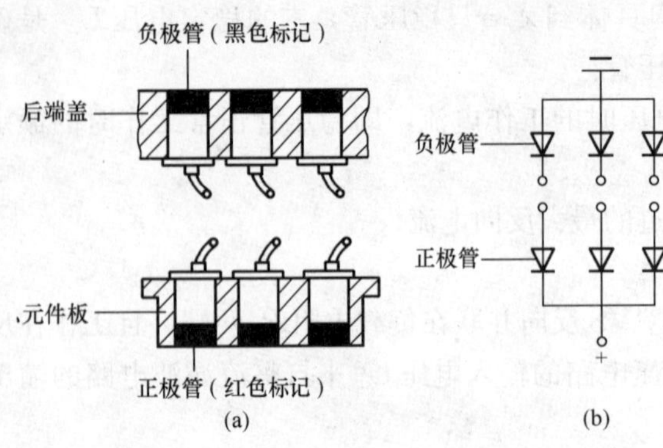

图 6-20 汽车交流发电机整流二极管
(a) 实物图；(b) 原理图

1. 整流电路

在汽车交流发电机中，利用二极管组成的整流板将发电机发出的三相交流电整流为直流电。为了适应汽车发电机的需要，专门制作了用于汽车的整流二极管，它们分为正极管和负极管，如图 6-20 所示。

三个正极管和三个负极管构成的整流电路称为三相桥式整流电路，将发电机的交流电整流为12V 的直流电。整流电路如图 6-21 所示。

2. 二极管续流电路

汽车电感线圈、继电器等电磁元件当通电后突然断电时就会在线圈两端产生反向感应电动势，它作用在与之相连接的电子元件上，会由于电压过高而击穿损坏。通常在线圈两端并联二极管来吸收方向感应电动势，启动保护其他电子元件的作用。

二极管 VD2 与线圈应该反极性并联，即二极管 VD2 负极接高电位，正极接低电位，如图 6-22所示。其中，二极管 VD1 的作用是防止反方向电源保护，用于抑制继电器线圈 L 断电时产生的自感电动势，从而保护三极管 VT 不被击穿。

3. 限幅电路

限幅电路是利用二极管的正向导通压降为定值的特性，达到输出电压限制在某一幅度。

4. 检波电路

检波电路主要用于汽车音响电路中。

另外在电子点火控制系统中，有的汽车采用了二极管配电点火方式。如图 6-23 所示，其特点是：4 个汽缸共用一个点火线圈，该点火线圈为内装 2 个一次绕组、1 个输出次级绕组的特制点火线圈，次级绕组的两端通过 4 个高压二极管与火花塞构成回路。利用 4 个二极管的单向导电性交替完成对 1、4 缸和 2、3 缸配电过程。

4 个二极管有内装式（安装在点火线圈内部）和外装式两种。点火顺序为 1—3—4—2 的发动机，1、4 缸为成对的缸，2、3 为另一成对的缸。点火模块中两个功率三极管各控制一个一次绕组，两个功率三极管则由电子控制单元按点火顺序交替触发导通或截止。

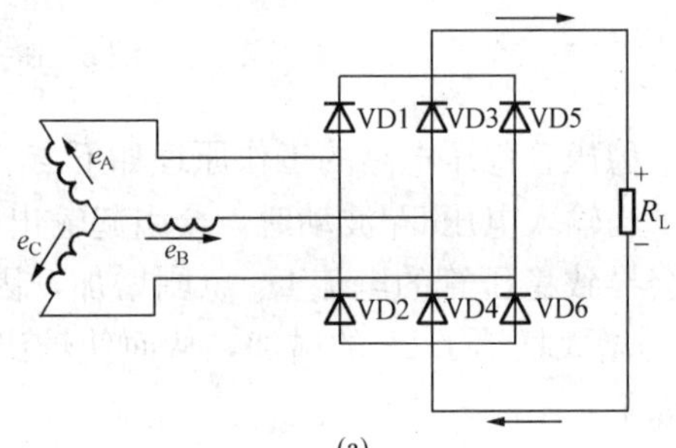

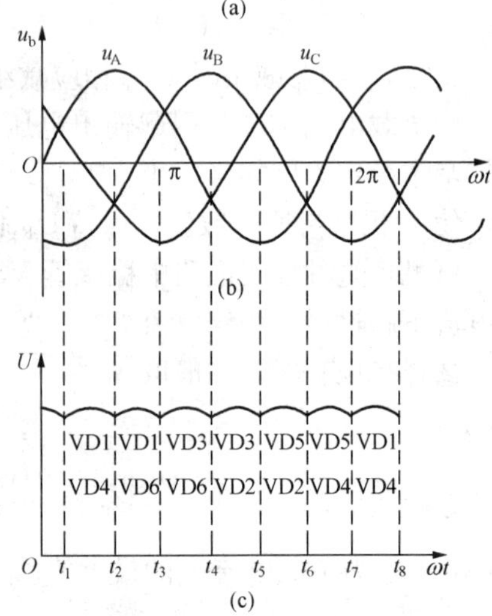

图 6-21 汽车交流发电机的整流电路和输出电压波形
(a) 整流电路图；(b) 三相交流电波形；(c) 整流后负载上的电压波形

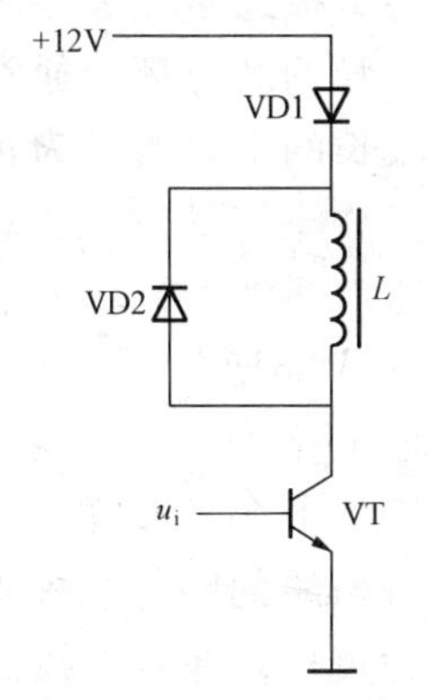

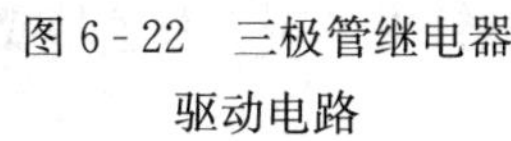
图 6-22　三极管继电器驱动电路

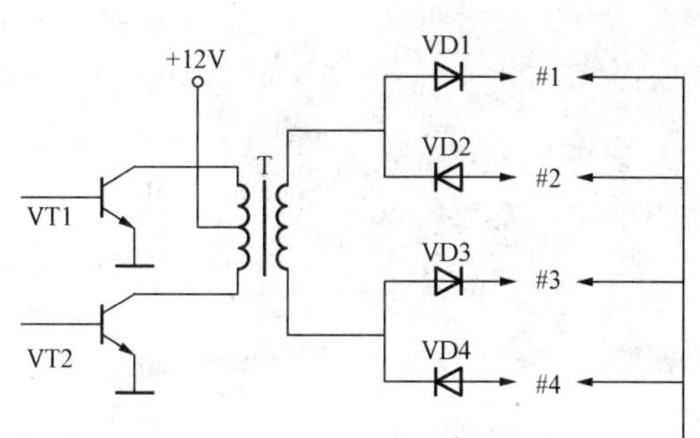

图 6-23　二极管配电点火方式

两个初级绕组通电时的电流方向相反，在次级绕组中所产生的高压电动势方向也相反，当一个初级绕组断电，在次级绕组产生的高压电动势方向使 1、4 缸的二极管正向导通，火花塞电极电压迅速升高至跳火；而 2、3 缸的二极管反向截止，故火花塞无高压电而不跳火；当另一个初级绕组断电时，则为 2、3 缸火花塞跳火，1、4 缸的火花塞不跳火。每次跳火包括一个有效火花和一个无效火花。

6.6.2　特殊二极管在汽车中应用

1. 稳压二极管

可利用稳压二极管为汽车仪表提供稳定电源，电路如图 6-24 所示，图中稳压管与电阻串联而与仪表并联。

2. 发光二极管

发光二极管在汽车上的应用有很多，如图 6-25 所示的开关式液位过低警告指示灯，就是利用发光二极管的特性制作的。

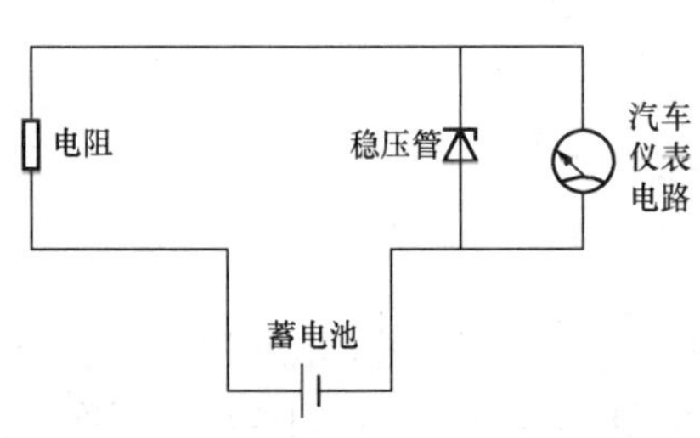

图 6-24　稳压管在汽车上的应用

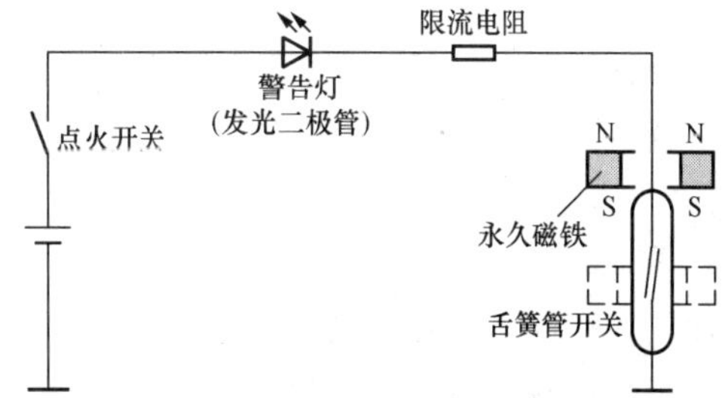

图 6-25　舌簧式开关式液位传感器

6.7　技　能　训　练

6.7.1　二极管的识别

常见的二极管的种类及外形如图 6-26 所示。

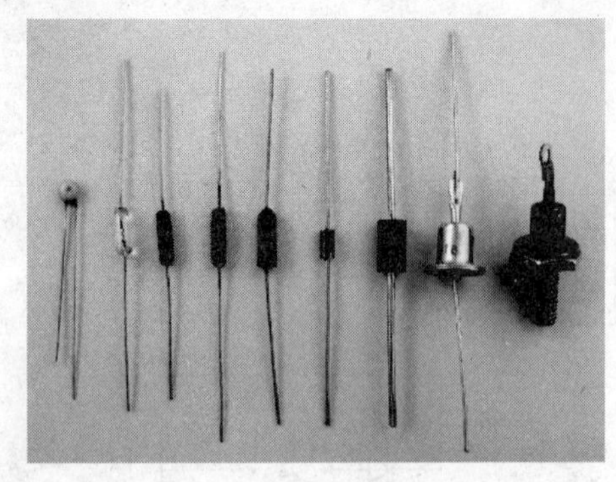

图 6-26 二极管外形图

小功率二极管的负极通常在表面用一个色环标出；金属封装二极管的螺母部分通常为负极引出端；发光二极管较长的引脚通常为正极较短的引脚为负极。

整流桥的表面通常标注交流输入端及直流输出端的名称，交流输入端通常用“AC”或“～”表示，直流输出端通常用“+”、“-”表示。

贴片二极管由于外形多种多样，其极性也有多种标注方法。在有引线的贴片二极管中，管体有白色色环的一端为负极；在有引线而无色环的贴片二极管中，引线较长的一端为正极；在无引线的贴片二极管中，表面有色带或者有缺口的一端为负极；贴片发光二极管中有缺口的一端为负极。

6.7.2 二极管的检测

（1）二极管极性判别。一般情况下，二极管的正、负极可从其外形标记上进行识别。如果无标记，则可以用万用表来判别其极性。将万用电表拨在 $R\times100$ 或 $R\times1\text{k}$ 电阻挡上，两只表笔分别接触二极管的两个电极，如图 6-27 所示，测出一个电阻值，然后将两表笔对换，再测出一个阻值，则阻值小（正向电阻约几十、几百欧或几千欧）的那一次黑表笔所接一端为二极管的正极，另一端即为负极。

若两次测得阻值都很小，则说明管子内部短路；若两次测得的阻值都很大（反向电阻约几十千欧至几百千欧），则说明管子内部断路。

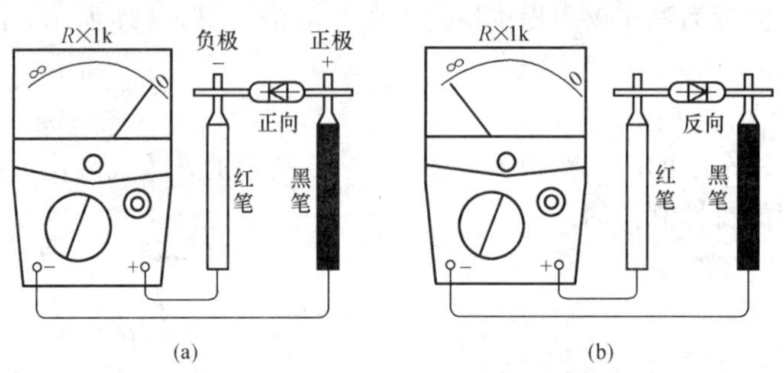

图 6-27 二极管的检测
（a）阻值小；（b）阻值大

注意：检测小功率二极管的正、负向电阻，不宜使用 $R\times1$ 和 $R\times10\text{k}$ 挡。前者通过二极管的正向电流较大，可能烧毁管子；后者加在二极管两端的反向电压太高，易将管子击穿。

（2）二极管材料的判别。用万用表的黑表笔接二极管的正极，红表笔接二极管的负极，此时指针指示在 6～10kΩ 之间的为硅材料；在 6Ω 以下且不为 0Ω 的为锗材料。

注意：要求在 $R\times1\text{k}$ 挡时，上述阻值范围针对 MF47 型万用表，其他不同型号的模拟万用表阻值范围略有不同，但方法不变。

本 章 小 结

1. 半导体的导电能力介于导体和绝缘体之间，纯净的半导体称为本征半导体。在纯净的半导体中掺入三价或五价元素，形成两种杂质半导体，即P型半导体和N型半导体。PN结具有单向导电性，二极管由一个PN结封装起来引出两个金属电极构成。

2. PN结是构成半导体器件的基础。PN结具有单向导电性，加正向电压时导通，其电阻很小；加反向电压时截止，其反向电阻很大。

3. 二极管是以一个PN结为核心组成的，它的基本特性就是PN结的特性。伏安特性曲线形象地反映了半导体二极管的单向导电性和反向击穿特性。普通二极管工作在单向导电区，而稳压二极管则工作在反向击穿区。为了正确使用整流管和稳压管，规定了一整套参数。这些参数大致分为两类：一是性能参数，另一类是极限参数。我们还需结合PN结特性和应用电路，逐步理解规定这些参数的意义。

任何电子设备都需要有能源来使它正常工作。能源的获取方式有很多，其中最常用的一种是从直流稳压电源中获取，它是将交流电网电压转换为平滑稳定的直流电压的能量变换器。一个高质量的直流稳压电源，它的输出电压应该不受电网波动、负载变化、温度高低等因素的影响；不含有脉冲和噪声的成分；而且由交流转换成直流的效率较高。为此，要通过整流、滤波、稳压等环节来实现。

4. 整流电路是利用二极管的单向导电性将交流电转变为脉动的直流电。最简单的整流电路是利用一个二极管构成的半波整流电路；全波整流能提高输出电压和改善波形；桥式整流可以进一步提高变压器的利用率。即使这样，整流后输出电压的脉动成分依然很高。

5. 滤波是通过电容限制电压变化的作用或电感限制电流变化的作用来实现保留整流后输出电压的直流分量，滤掉其交流分量，达到输出平稳电压的目的。最常用的形式是将电容和负载并联。

6. 经过滤波后的直流电压较为平滑，但仍受电网波动和负载变化的影响，因此还要有稳压措施。最简单的是利用稳压管的稳压电路。它结构简单，在输出电流不大、输出电压固定、稳定性要求不高的场合应用较多。

习 题

6-1 填空题。

(1) 半导体一般分为__________、__________两种类型。

(2) N型半导体又称__________半导体，其内部多数载流子是__________，少数载流子是__________。

(3) PN结外加正向电压时，其空间电荷区__________。

(4) 半导体二极管具有__________特性，即外加__________电压，二极管正常导通。

(5) 硅二极管的死区电压是__________，硅二极管导通时的电压降是__________。

(6) 滤波电路的作用是__________。

(7) 整流电路后无电容滤波的输出电压为__________，有电容滤波的输出电压为__________。

6-2 什么是P型半导体和N型半导体？其多数载流子和少数载流子各是什么？能否说N型半导体带负电，P型半导体带正电？

6-3 什么是二极管的死区电压？为什么会出现死区电压？硅管和锗管的死区电压值为多少？

6-4 在图6-28所示电路中，试判断各图中的二极管是导通还是截止？并求出A、O两端的电压U_{AO}。

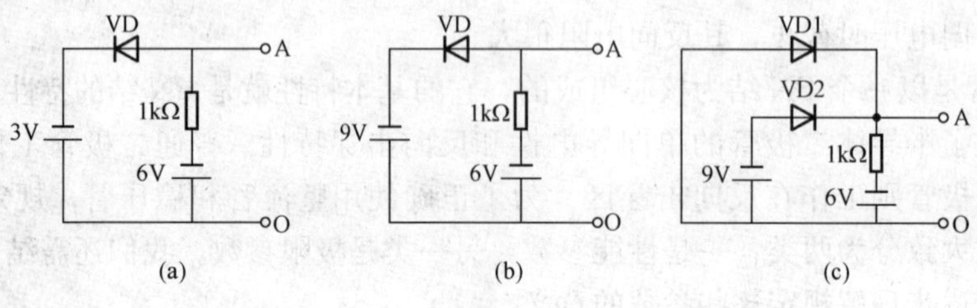

图6-28 题6-4图

6-5 在图6-29所示的各电路图中，已知$E=6V$，$u_i=12\sin\omega t V$，二极管的正向压降忽略不计，试分别画出输出电压u_o的波形。

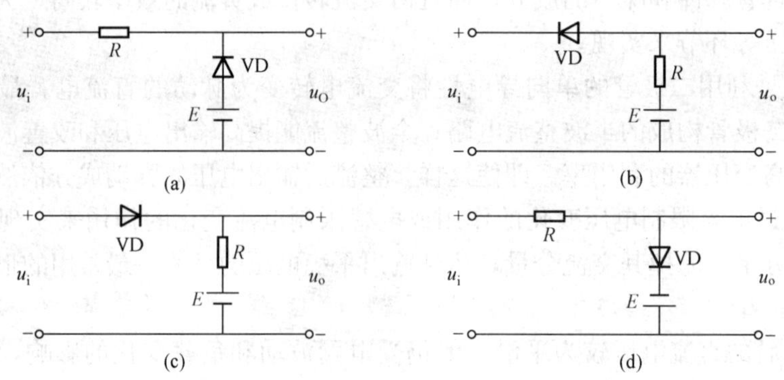

图6-29 题6-5图

6-6 有一直流负载，要求电压$U_o=36V$，电流$I_o=10A$，采用如图6-30所示的单相桥式整流电路。(1) 试选用所需的整流元件；(2) 若VD2因故损坏开路，求U_o和I_o，并画出其波形；(3) 若VD2短路，会出现什么情况。

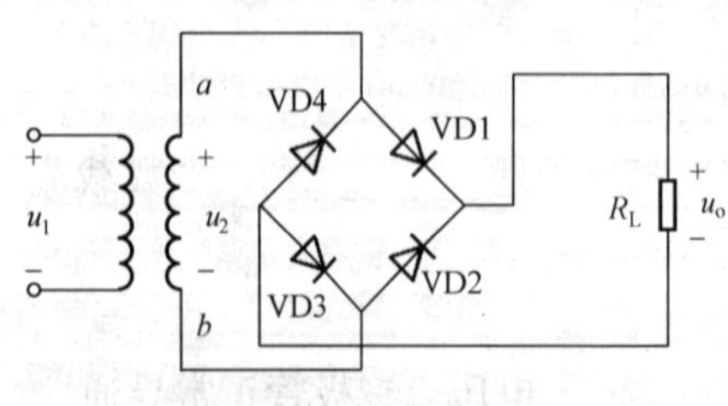

图6-30 题6-6图

6-7 有一电阻性负载$R_L=33k\Omega$，需要110V直流电源供电。

(1) 若采用单相桥式整流电路，试计算整流变压器二次电压有效值u_2。并选择整流二极管。

(2) 若采用单相桥式整流电容滤波电路供电。试选择整流二极管和滤波电容器。

6-8 在输出电压$U_o=9V$，负载电流$I_L=20mA$时，桥式整流电容滤波电路的输入电压（即变压器二次电压）应为多大？若电网频率为50Hz，则滤波电容应选多大？

6 - 9 有一桥式整流电容滤波电路，已知交流电压源电压为 220V，$R_L=50\Omega$，要求输出直流电压为 12V，试：

(1) 求每只二极管的电流和最大反向电压；

(2) 选择滤波电容的容量和耐压值。

6 - 10 设计一直流稳压电源，要求输入交流电源的电压为 220V，直流电压输出为 6V，负载电阻为 $R_L=300\Omega$，采用桥式整流、电容滤波、硅稳压管稳压，选择各元件参数。

7　半导体三极管和基本放大电路

放大电路的作用是将微弱的电信号（电压或电流）加以放大，习惯称为放大器，它是构成其他电子电路的基本单元电路，广泛应用于通信、测量和自动控制系统中。

单管放大电路是各种复杂放大电路的基本单元，本章首先介绍三极管的结构、工作原理、伏安特性、主要参数；然后从单管共射放大电路入手，讨论放大电路的组成、工作原理及分析方法；最后介绍三极管构成的其他电路形式的放大电路。

7.1　半导体三极管

半导体三极管又称晶体管，是最重要的一种半导体器件。常用三极管的外形如图 7 - 1 所示。

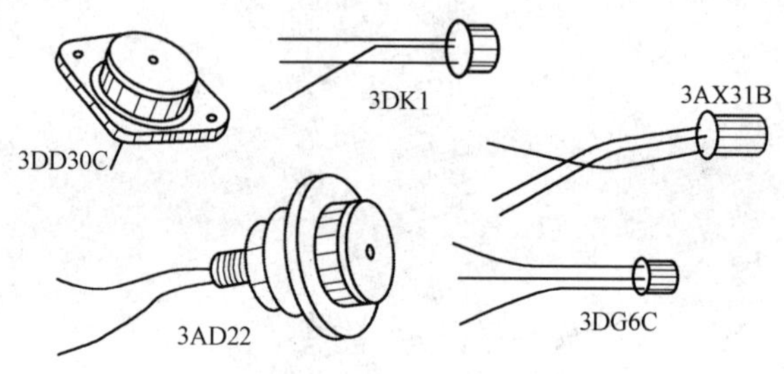

图 7 - 1　三极管外形

7.1.1　半导体三极管基本结构

三极管的结构，最常见的有平面型和合金型两类，如图 7 - 2 所示。图 7 - 2（a）所示为平面型（主要是硅管），图 7 - 2（b）所示为合金型（主要是锗管）。

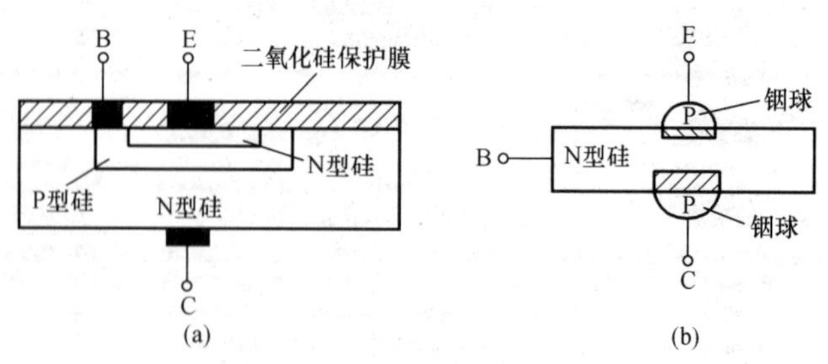

图 7 - 2　三极管的基本结构
（a）平面型；（b）合金型

不论是平面型还是合金型，内部都由 NPN 或 PNP 三层半导体材料构成，因此又把晶体管分为 NPN 型和 PNP 型两类。其结构示意和图形符号如图 7 - 3 所示。图 7 - 3（a）所示为 NPN 型（如 3D 和 3B 系列），图 7 - 3（b）所示为 PNP 型（如 3A 和 3C 系列）。

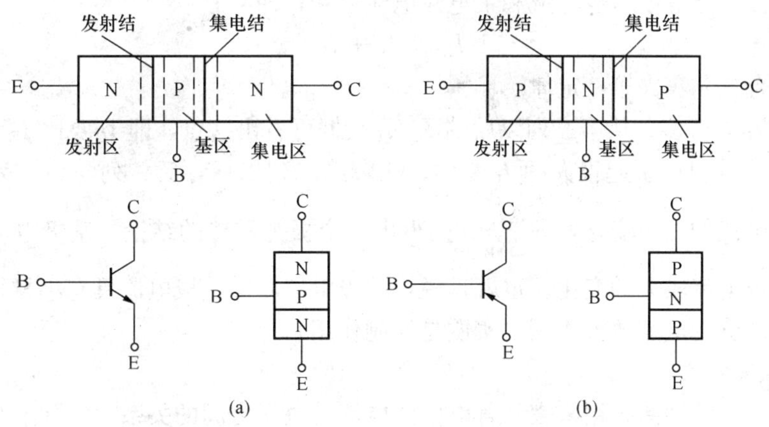

图 7-3　三极管的结构示意及图形符号

晶体管由基区（B）、发射区（E）、集电区（C）组成，每个区分别引出一个电极，即基极 B、发射极 E、集电极 C，每个管子都有两个 PN 结，基区和集电区之间的 PN 结称为集电结，基区和发射区之间的 PN 结称为发射结。图形符号中的箭头表示发射极电流的方向。晶体管结构的主要特点是：E 区的掺杂浓度高，B 区掺杂浓度低且很薄，C 区面积较大。因此，E 区和 C 区不可调换使用。

7.1.2　三极管的电流放大作用

为了了解三极管的电流放大（控制）作用，我们先做一个实验，实验电路如图 7-4 所示。基极电源 E_B、基极电阻 R_B、基极 B 和发射极 E 组成输入回路；集电极电源 E_C、集电极电阻 R_C、集电极 C 和发射极 E 组成输出回路；发射极是公共电阻。这种电路称为共发射极放大电路。

电路中 $E_B < E_C$，电源极性如图 7-4 所示。这样就保证了发射结加的是正向电压（正向偏置），集电结加的是反向电压（反向偏置），这是晶体管实现电流放大（控制）作用的外部条件。

调整电阻 R_B，则基极电流 I_B、集电极电流 I_C和发射极电流 I_E都会发生变化。测量结果列于表 7-1 中。

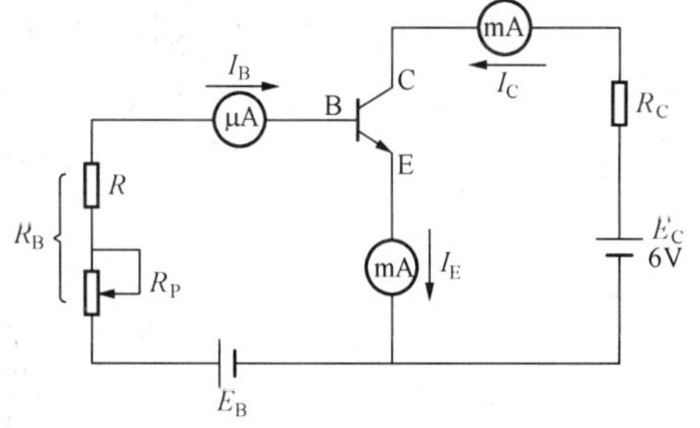

图 7-4　三极管放大电路

表 7-1　　**测　量　结　果**

I_B(mA)	0	0.01	0.02	0.03	0.04	0.05
I_C(mA)	≈0.001	0.50	1.00	1.60	2.20	2.90
I_E(mA)	≈0.001	0.51	1.02	1.63	2.24	2.95
I_C/I_B		50	50	53	55	58
$\Delta I_C/\Delta I_B$		50	60	60	70	

由测量结果可得出以下结论：

(1) 发射极电流等于基极电流和集电极电流之和，即

$$I_E = I_B + I_C$$

此结论符合基尔霍夫第一定律。

(2) I_C比 I_B大得多。从第二列以后的 I_C/I_B数据可看出这点，即 I_C要比 I_B大数十倍。

很小的 I_B变化可以引起很大的 I_C变化。比较第二列以后，后一列与前一列数据的基极电流和集电极电流的相对变化，即$\frac{\Delta I_C}{\Delta I_B}$，则得出一个极为重要的结论：基极电流较小的变化可以引起集电极电流较大的变化。也就是说，基极电流对集电极电流具有小量控制大量的作用。这就是晶体管的电流放大作用（实质是控制作用）。

7.1.3 伏安特性

晶体管的伏安特性曲线用来表示各电极的电流和电压之间的关系，实际上是其内部特性的外部表现，它反映出晶体管的特性，是分析放大电路的重要依据。这些特性曲线可用晶体管特性图示仪直观地显示出来，也可以通过如图 7-5 的实验电路进行测绘。

1. 输入特性曲线

输入特性曲线是指当集电极-发射极电压 U_{CE}为常数时，输入电路中基极电流 I_B与基极-发射极电压 U_{BE}之间的关系曲线，即

$$I_B = f(U_{BE})\Big|_{U_{CE}=\text{常数}}$$

晶体管的输入特性与二极管的正向特性相似，对硅管而言，当 $U_{CE}>1V$ 时，集电结已反向偏置，且内电场已足够大，可以把从发射区扩散到基区的电子中的绝大部分拉入集电区。如果此时再增大 U_{CE}，只要 U_{BE}保持不变，I_B也就不再明显的减小。就是说 $U_{CE}>1V$ 后的输入特性曲线基本上是重合的。所以，通常只画 $U_{CE}\geqslant 1V$ 的一条输入特性曲线，如图 7-6 所示。从图 7-6 可看出，输入特性也有一段死区。只有在 U_{BE}大于死区电压时，晶体管才会出现 I_B。硅管的死区电压约为 0.5V，锗管约为 0.2V，晶体管在正常工作情况下，硅管的 U_{BE}=0.6～0.7V，锗管的 U_{BE}=0.2～0.3V。

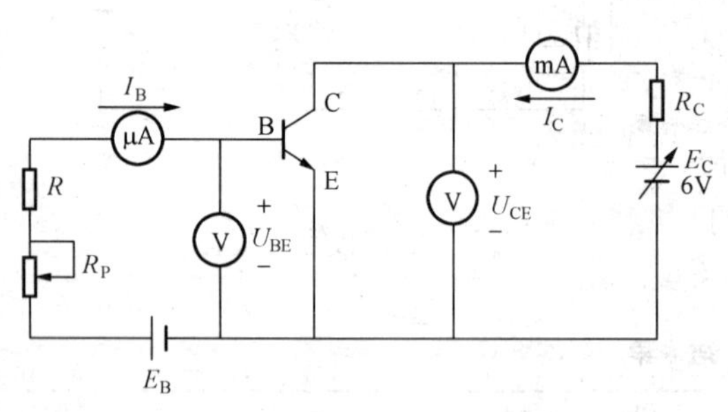

图 7-5 三极管特性曲线实验电路

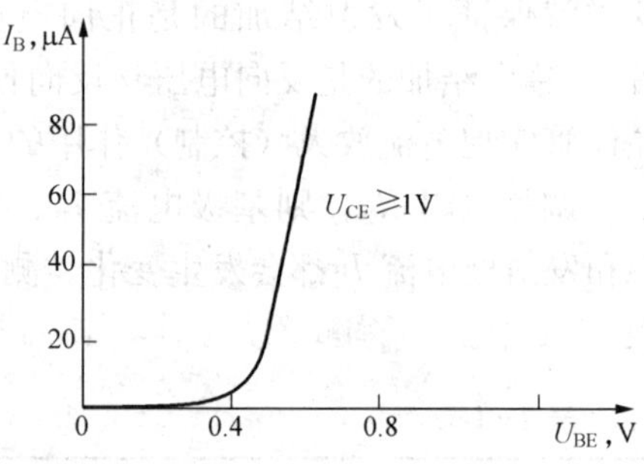

图 7-6 输入特性曲线

2. 输出特性曲线

输出特性曲线是指当基极电流为常数时，集电极电流与集电极-发射极电压之间的关系曲线，即

$$I_C = f(U_{CE})\Big|_{I_B=\text{常数}}$$

给定一个基极电流 I_B，就对应一条特性曲线，所以输出特性曲线是个曲线族，如图 7-7 所示。从输出特性曲线上看到，它大致分为三个区域。

(1) 放大区。输出特性曲线的近于水平部分是放大区。在此区域内 I_C 和 I_B 成正比关系。晶体管工作在放大状态时，发射结处于正向偏置，集电结处于反向偏置，即对 NPN 型管而言，应使 $U_{BE}>0$，$U_{BC}<0$。

(2) 截止区。$I_B=0$ 曲线以下的区域称为截止区。$I_B=0$ 时，$I_C=I_{CEO}$，对 NPN 硅管而言，$U_{BE}<0.5$V 时已开始截止，但是为了可靠截止，常使 $U_{BE}\leqslant 0$。因此，截止区的外部条件是发射结反向偏置，集电结反向偏置。

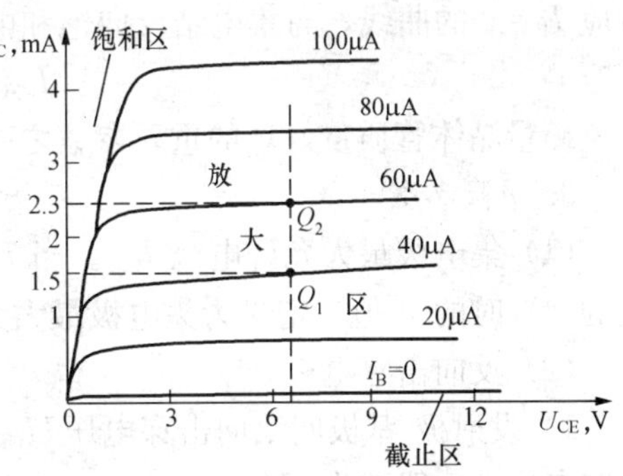

图 7-7 输出特性曲线

(3) 饱和区。当 $U_{BC}>0$、$U_{BE}>0$ 时，发射结和集电结均处于正向偏置，晶体管工作于饱和状态。在饱和区，I_B的变化对 I_C的影响较小，两者不成正比关系。

【例 7-1】 一只接在电路中正常工作于放大状态的晶体管，用万用表的直流电压挡测得三个电极对参考点的电位分别为 A=9V，B=8.8V，C=3.6V，试判断这只晶体管是什么类型（PNP、NPN）的晶体管，是硅管还是锗管，三个电极各是什么电极。

解 根据晶体管的工作特性，两个电压差小的电极应该是基极和发射极，当电压差为 0.6V 左右时是硅管，而电压差为 0.2V 左右时是锗管。该晶体管基极和发射极之间电压差为 9V−8.8V=0.2V，所以该晶体管应是锗管。PNP 管正常工作时发射极电位最高、基极次之、集电极最低，NPN 管与其相反为集电极电位最高、基极次之、发射极最低。所以 B 电极为基极，A 电极为发射极，C 电极为集电极。而发射极电位最高，集电极电位最低，所以该管是 PNP 型。

7.1.4 主要参数

三极管的特性除用特性曲线表示外，还可以用参数来说明，三极管的参数可作为设计电路、合理使用器件的参考。晶体管的参数很多，这里只介绍常用的主要参数。

1. 共发射极电流放大系数

(1) 直流电流放大系数$\bar{\beta}$。在静态时 I_C与 I_B的比值称为直流电流放大系数，也称为静态电流放大系数，有

$$\bar{\beta}=\frac{I_C}{I_B}$$

(2) 交流电流放大系数 β。在动态时，基极电流的变化增量为 ΔI_B，它引起集电极电流的变化增量为 ΔI_C。ΔI_C与 ΔI_B的比值称为动态电流（交流）放大系数，则

$$\beta=\frac{\Delta I_C}{\Delta I_B}$$

由上述可见，β 和 $\bar{\beta}$ 的含义是不同的，但两者数值较为接近。以后认为 $\bar{\beta}$ 与 β 就是同一值。一般 β 为 20～150。目前已能制造 β 为 300～400 的低噪声晶体管。

2. 极间反向电流

(1) 集电结反向饱和电流 I_{CBO}：指发射极开路，集电结反偏时流过集电结的反向电流。

小功率的硅管一般在 0.1μA 以下；锗管在几微安至十几微安。

(2) 穿透电流 I_{CEO}：指基极开路，集电结反偏时的集电极电流。在输出特性曲线上，它对应 $I_B=0$ 的曲线，与集电结反向饱和电流 I_{CBO}有如下关系：

$$I_{CEO}=(1+\beta)I_{CBO}$$

它是衡量晶体管质量好坏的重要参数之一，其值越小越好。

3. 极限参数

(1) 集电极最大允许电流 I_{CM}。当 I_C过大时，电流放大系数 β 将下降，使 β 下降至正常值的 2/3 时的 I_C值，定义为集电极最大允许电流 I_{CM}。

(2) 反向击穿电极。

1) 发射极-基极间反向击穿电压 $U_{(BR)EBO}$当集电极开路时，发射极-基极间允许加的最高反向电压，一般约为 5V。

2) 集电极-基极间的反向击穿电压 $U_{(BR)CBO}$当发射极开路时，集电极-基极间允许加的最高反向电压，一般在几十伏以上。

3) 集电极-发射极间反向击穿电压 $U_{(BR)CEO}$当基极开路时，集电极-发射极间允许加的最高反向电压，通常比 $U_{(BR)CBO}$小些。

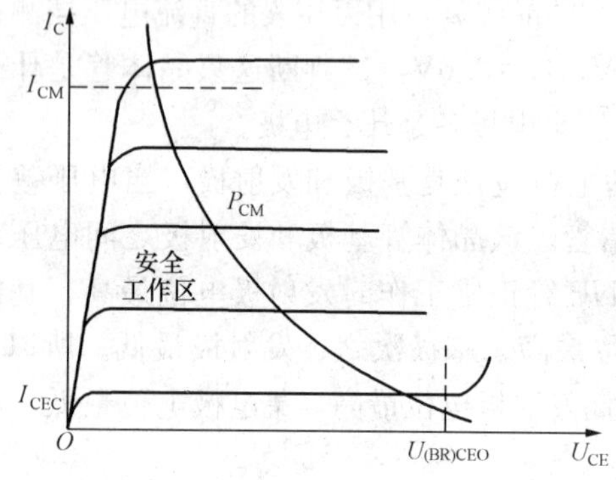

图 7-8 三极管的安全工作区

(3) 集电极最大允许功率损耗。由于集电极电流在流经集电结时将产生热量，使温度升高，从而引起晶体管参数变化。当晶体管因受热而引起的参数变化不超过允许值时，集电极所消耗的最大功率，称为集电极最大允许损耗功率 P_{CM}。

根据管子的 P_{CM}值，由 $P_{CM}=I_CU_{CE}$可在晶体管的输出特性曲线上作出 P_{CM}曲线。由 I_{CM}、$U_{(BR)CEO}$、P_{CM}三者共同确定的晶体管安全工作区，如图 7-8 所示。

7.2 基本放大电路的组成

图 7-9 所示为单管交流放大电路，它是最基本的交流放大电路。输入端接需要放大的信号，它可以是收音机自天线收到的包含声音信息的微弱电信号，也可以是某种传感器根据被测量转换出的微弱电信号。假定信号源的输出电压即放大器的输入电压 u_i，放大器的输出端接负载电阻 R_L，输出电压为 u_o。

放大器中各元件的作用如下：

(1) 晶体管 VT。它是放大（控制）元件，是放大器的核心。利用它的电流控制作用，实现用微小的输入电压变化而引

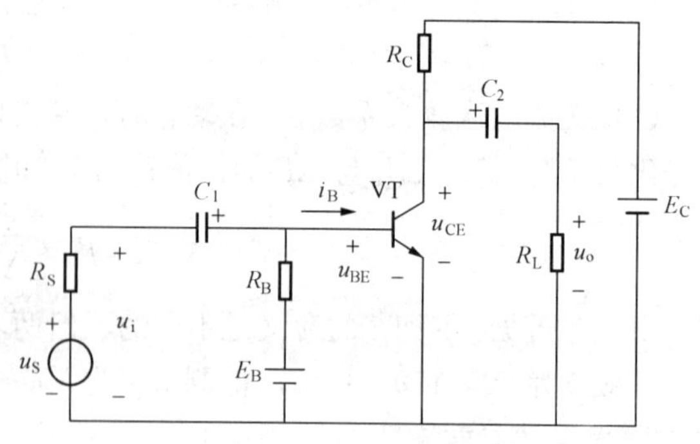

图 7-9 单管交流放大电路

起的基极电流变化，控制电源 E_C 在输出回路中产生较大的与输入信号成比例变化的集电极电流，从而在负载上获得比输入信号幅度大得多但又与其成比例的输出信号。

（2）集电极电源 E_C。它的作用有两个：一是在受输入信号控制的晶体管的作用下，向负载提供能量；二是保证晶体管工作在放大状态，即集电结反偏。

（3）集电极负载电阻 R_C。它可以是一个实际的电阻，也可以是继电器、发光二极管器件。当它是一个实际电阻时其作用是将集电极的电流变化变换成电压变化，以实现电压放大；当它是继电器、发光二极管等器件时，可作为直流负载，同时也是执行元件或能量转换元件。

（4）基极电源 E_B 和基极电阻 R_B。其作用是使管子的发射结处于正向偏置，并提供适当的静态基极电流 I_B，以保证晶体管工作在放大区，并有合适的工作点。R_B 的阻值一般为几十千欧到几百千欧。

（5）耦合电容 C_1 和 C_2。它们分别接在放大电路的输入端和输出端。由于电容器对交流信号的阻抗很小，而对直流信号的阻抗很大，利用它的这一特性来耦合交流信号，隔断直流信号。使放大器与信号源、负载之间的不同大小的直流电压互相不产生干扰，但又能够把信号源提供的交流信号传递给放大器，放大后再传递给负载。保证了信号源、放大器、负载均能工作。C_1 和 C_2 的容量一般为几微法至几十微法，因为容量大，通常采用电解电容，连接时需要注意其极性，正极接高电位端，负极接低电位端，同时还要注意耐压不能小于接入的两点之间可能出现的最高电压。

在实用的放大电路中，一般都采用单电源供电，如图 7-10 所示。只要适当调整 R_B 的阻值，仍可保证发射结正向偏置，产生合适的基极偏置电流 I_B。

在放大电路中，通常把公共端设为参考点，设其为零电位，而该端常接“地”。同时为了简化电路的画法，习惯上不画电压 E_C 的符号，而只在链接电源正极的一端标出它对参考点“地”的电压值 U_{CC} 和极性（“+”或“−”），如图 7-11 所示。

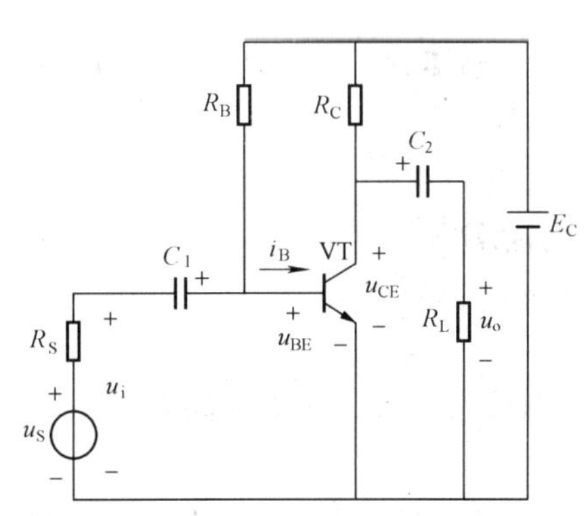

图 7-10　实用的放大电路图

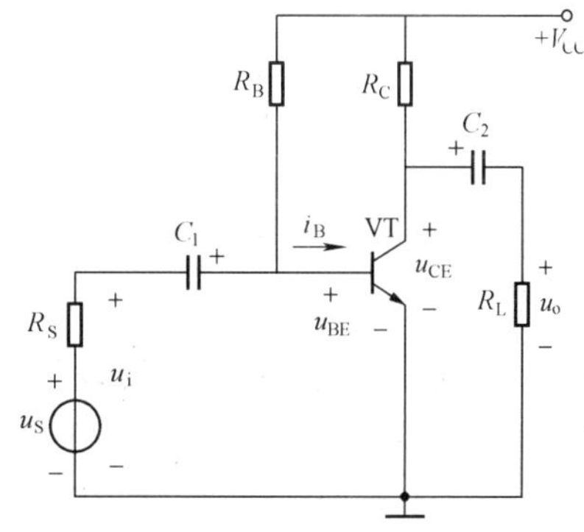

图 7-11　放大电路的一般画法

7.3　放大电路的静态分析

放大电路在没加输入信号，即 $u_i=0$ 时，电路所处的工作状态称为静止工作状态，简称静态，也就是放大电路的直流状态。这时电路仅有直流电源U_{CC}作用。

进行静态分析的目的是找出放大电路的静态工作点，静态时电路中的I_B、U_{BE}、I_C、U_{CE}的数值就称为放大电路的静态工作点。静态工作点是放大电路工作的基础，它设置的合理及稳定与否，将直接影响放大电路的工作状况及性能质量。要分析一个给定放大电路的静态工作点，可利用其直流通路图用解析的方法来计算，也可以利用晶体管的特性曲线图，用图解分析的方法求得。下面仅介绍解析分析法。

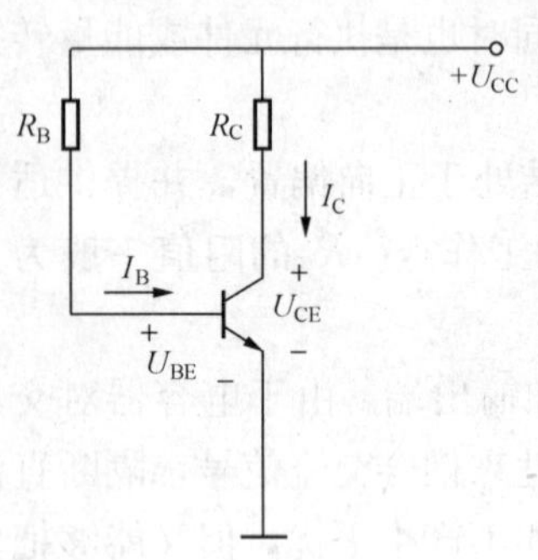

图 7-12 直流通路

如图 7-11 所示放大电路中，由于电容C_1、C_2对直流阻抗非常大，因此在只有直流电源作用的情况下相当于开路。所以，图 7-11 所示电路静态时的直流通路图如图 7-12 所示。

由图 7-12 根据 KVL 定律可得出静态时的基极电流为

$$I_B = \frac{U_{CC} - U_{BE}}{R_B} \approx \frac{U_{CC}}{R_B} \tag{7-1}$$

由于U_{BE}（硅管约为 0.6V）比U_{CC}小得多，故可忽略不计。由I_B可得出静态时的集电极电流为

$$I_C = \bar{\beta} I_B + I_{CEO} \approx \beta I_B \tag{7-2}$$

静态时的集射极电压

$$U_{CE} = U_{CC} - I_C R_C \tag{7-3}$$

【例 7-2】 在图 7-11 中，已知$U_{CC}=10V$，$R_B=250k\Omega$，$R_C=3k\Omega$，$\beta=50$，试求放大电路的静态工作点。

解 根据图 7-12 的直流通路图可得出

$$I_B \approx \frac{U_{CC}}{R_B} = \frac{10}{250} = 0.04(\text{mA})$$

$$I_C \approx \beta I_B = 50 \times 0.04 = 2(\text{mA})$$

$$U_{CE} = U_{CC} - I_C R_C = 10 - 2 \times 3 = 4(\text{V})$$

经计算获得静态工作点后，可在静态条件下，测量晶体管的U_C、U_B、U_E等电压参数。经对比就可以判断被测晶体管的工作是否正常。

7.4 放大电路的动态分析

7.4.1 放大电路的动态工作情况

当放大电路有输入信号（即$u_i \neq 0$）时的工作状态称为动态。放大电路在动态情况下是如何工作的，可以通过如下的叙述说明。

当没有交流信号输入时，电路处于静态，虽然晶体管中有电流流过，但处于一种稳定状态。在输出电容器的作用下，负载中没有电流流过。

当电路有交变输入信号时，该信号参数将与静态参数叠加。使晶体管工作点随输入信号的变化而相应的移动，从而引起晶体管基极-发射极电压、基极电流、集电极-发射极电压、集电极电流均随输入信号按一定比例变化。由于集电极-发射极电压变化，输出电容器电压也随之变化，从而使负载电流和电压变化。由于较小的输入电压变化，能导致较大的集电极

电流变化，所以负载电流和电压可以比输入电压大得多。其实质是，利用输入信号的微弱能量改变晶体管发射结的宽度，从而引起通过晶体管集电极-发射极载流子数量变化，使控制电源按输入信号的能量变化成比例地向负载提供能量。

7.4.2 放大电路中各电压、电流的定义

对放大电路进行动态分析的目的主要是：获得用元件参数表示的放大电路的电压放大倍数、输入电阻、输出电阻。以便知道该放大器对输入信号的放大能力，与信号源及负载进行最佳匹配的条件。

放大电路的动态情况，是在静态的基础上在输入端加交流电压信号 $u_i = U_m \sin\omega t$，由于耦合电容 C_1、C_2 取值较大，其容抗很小，所以对交流信号可视为短路。u_i 相当于直接加到晶体管的发射结上，因此发射结实际电压为静态值 U_{BE} 叠加上交流电压 u_i，即

$$u_{BE} = U_{BE} + u_i \tag{7-4}$$

式中：u_{BE} 为发射结电压瞬时值；U_{BE} 为发射结电压静态值；u_i 为交流输入电压瞬时值。

为了区分这几种情况，在以后的分析中用小写字母＋大写下标表示含有直流量的总瞬时值；用大写字母＋大写下标表示静态值；用小写字母＋小写下标表示交流分量瞬时值。u_{BE} 的变化引起基极电流相应变化，即

$$i_B = I_B + i_b \tag{7-5}$$

i_B 的变化引起集电极电流相应变化，即

$$i_C = I_C + i_C \tag{7-6}$$

i_C 的变化引起集电极电压的变化，即

$$u_{CE} = U_{CC} - i_c R_C \tag{7-7}$$

当 i_C 增大时，u_{CE} 减小，即 u_{CE} 的变化与 i_C 相反，所以经过耦合电容 C_2 传送到输出端的输出电压 u_o 与 u_i 相反。只要电路参数选取适当，u_o 的幅值将比 u_i 幅值大得多，达到放大目的。各处的电流、电压波形如图 7-13 所示。

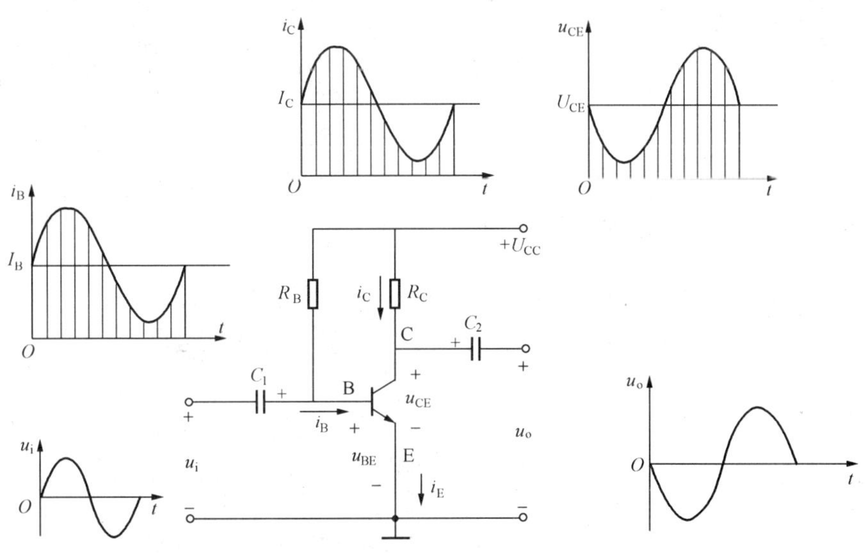

图 7-13 放大电路的波形分析

动态分析是在静态值确定后分析信号的传输情况，考虑的只是电压、电流的交流分量。分析的基本方法有微变等效电路法和图解法两种，下面仅介绍微变等效电路法。

7.5 静态工作点的稳定

7.5.1 非线性失真及产生的原因

对放大电路除要求有一定的放大倍数，还必须保证输出信号尽可能不失真。所谓失真就是指输出信号的波形不像输入信号的波形。引起失真的原因有多种，其中最基本的一种就是由于静态工作点不适合或信号太大，使放大电路的工作范围超出了晶体管特性曲线上的线性范围。这种失真通常称为非线性失真。静态工作点设置的太高或太低都会产生非线性失真。如图 7-14（a）所示，输入信号为正弦波电压，由于静态工作点 Q 的位置太低，在输入信号的负半周部分时间段，由于 $u_{BE}=U_{BE}-|u_i|<0$，工作点进入死区，发射结反偏，使得 $i_B=I_B-|i_b|=0$，晶体管在这段时间内处于截止状态，从波形图上看基极电流 i_B 波形负半周顶部被削去，产生了严重失真，使得 i_B 失真，使得 $i_C=\beta i_B$ 和 $u_{CE}=U_{CC}-i_C R_L$ 的波形也都失真。这种失真是由于晶体管的截止而引起的，故称为截止失真。如图 7-14（b）所示，静态工作点 Q 设置太高，这种情况下，输入正弦信号正半周 u_i 虽然不引起 i_B 失真，但由于部分时间段晶体管进入饱和区，在这段时间 i_C 达到饱和值，i_C 不随 i_B 变化而变化，自然 i_{RC} 和 u_{CE} 也都出现相同的现象，所以从波形图上看 i_C 产生顶部严重失真，而 u_{CE} 产生底部严重失真。这种失真是由于晶体管进入饱和工作状态而引起，故称为饱和失真。

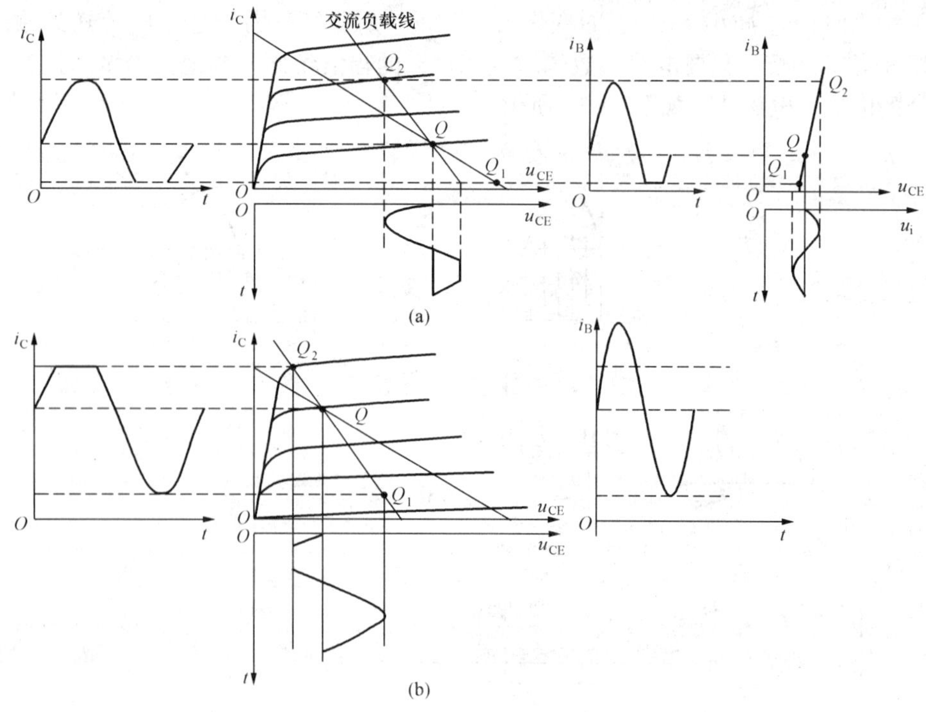

图 7-14 静态工作点分析

因此，放大电路必须设置合适的静态工作点，才能保证不产生非线性失真，一般静态工作点的位置应当选在交流负载线的中部。有时为了节约能量延长电池的使用寿命，对小信号电路在不产生截止失真的条件下，工作点应尽可能选择得低一点。但是还应注意即使静态工作点选在交流负载线的中部，如果输出信号的幅值太大，也会同时产生截止失真和饱和失真。

7.5.2　温度变化对静态工作点的影响

放大电路选择了合适的静态工作点，但是如果不对电路采取一些特殊措施，在外界条件发生变化时仍不能保证不产生非线性失真温。温度变化对对晶体管的参数有显著的影响，这些影响将导致设置合理的静态工作点随着温度的变化而发生移动，温度变化会引起 I_{CBO}、U_{BE}、β 等参数的变化，从而导致静态工作点的移动。以温度升高为例，有

$$T\uparrow \rightarrow I_{CBO}\uparrow \rightarrow I_{CEO}\uparrow \rightarrow I_C\uparrow$$
$$T\uparrow \rightarrow \beta\uparrow \longrightarrow I_C\uparrow$$

使静态工作点上移，这里“↑”表示增大，“→”表示因果关系。

由于温度升高引起 I_C 增大，反应到输出特性曲线上，将使每一条输出特性曲线均向上平行移动。如图 7 - 15 所示，当温度从 20℃ 升到 40℃ 时，输出特性曲线将上移至虚线所示方向。

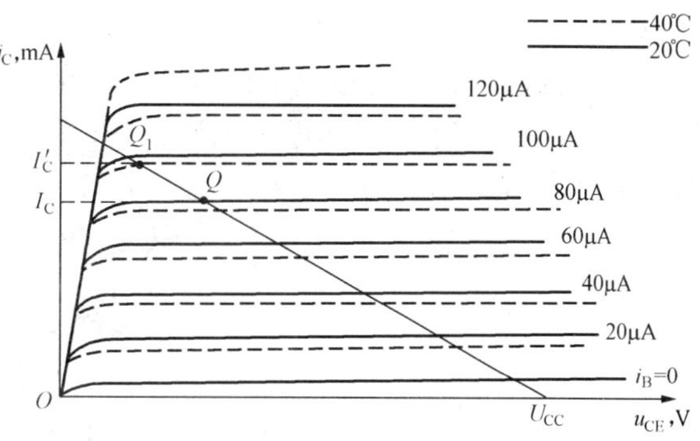

图 7 - 15　温度变化对静态工作点的影响

在基本放大电路图 7 - 11 中，由于 U_{CC}、R_C 不变，故温度升高时直流负载线的位置不变；又因 R_B 不变，故偏流 I_B 也不变。于是从图 7 - 15 可以看出，设原来的静态工作点为 Q 点，温度上升后，Q 将上移到 Q_1 点，动态信号将进入饱和区，产生饱和失真。同时，由于 Q_1 点所对应的集电极电流 I'_C 较大，使晶体管的集电极损耗增加，管温升高，又造成输出特性曲线更往上移，如此恶性循环，使管子不能正常工作，甚至会使管子损坏。如图 7 - 11 所示的基本放大电路中，其基极偏流 $I_B \approx U_{CC}/R_B$，当 R_B 一经选定后，I_B 也就固定不变，因此，这种电路称为固定偏置电路。固定偏置电路具有电路简单、放大倍数高等优点，但正如以上分析，其静态工作点不稳定，易受温度变化的影响。为了使静态工作点不受外界条件变化的影响，必须在电路结构上采取改进措施。

7.5.3　常用的静态工作点稳定电路

电子技术中应用最广泛的静态工作点稳定电路是分压式偏置放大电路，如图 7 - 16（a）所示。电阻 R_{B1} 与 R_{B2} 构成分压式偏置电路。由图 7 - 16（b）所示的直流通路分析可知

$$I_1 = I_B + I_2$$

若使

$$I_2 \gg I_B \tag{7 - 8}$$

则

$$I_1 \approx I_2 = \frac{U_{CC}}{R_{B1} + R_{B2}}$$

基极电位

$$U_B = I_2 R_{B2} = \frac{R_{B2} U_{CC}}{R_{B1} + R_{B2}} \tag{7 - 9}$$

可认为U_B与晶体管的参数无关，而仅由R_{B1}和R_{B2}的分压电路确定，只要电阻不受温度影响。则U_B将不受温度影响。

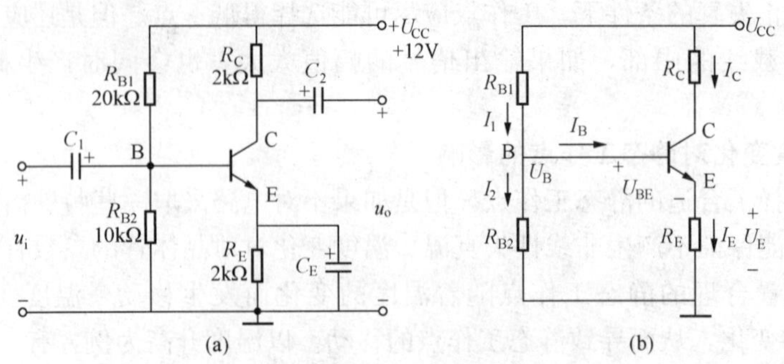

图 7-16　分压偏置放大电路及直流通路

而工作点的稳定性是由发射极电阻R_E把外界条件引起的变化反映出来，与固定电压U_B比较后用于改变晶体管发射结的电压U_{BE}。当温度升高时集电极电流增大，使I_CR_E增大，使U_{BE}减小，从而引起集电极电流的减小，抵消集电极电流的增加，保持静态工作点基极不变；反之，当温度下降时集电极电流减小，使I_CR_E减小，使U_{BE}增大，引起集电极电流增加，也保持静态工作点基本不变。由图 7-16（b）可知

$$U_{BE}=U_B-U_E=U_B-I_ER_E \tag{7-10}$$

若使

$$U_B \gg U_{BE} \tag{7-11}$$

则

$$I_C \approx I_E=\frac{U_B-U_{BE}}{R_E}\approx\frac{U_B}{R_E} \tag{7-12}$$

由式（7-9）和式（7-12）可以看出采用这种结构后，只要电源电压稳定，R_{B1}、R_{B2}、R_E不受温度影响而产生变化，则I_C就不受温度影响，工作点就不随温度而变化。

因此，设计这种电路时只要满足式（7-8）和式（7-11）两个条件，U_B和I_C与晶体管的参数无关，基本不受温度变化的影响，从而使静态工作点能基本稳定。

分压式偏置电路能稳定静态工作点的物理过程可表示如下：

$$T\uparrow\rightarrow I_C\uparrow\rightarrow U_E\uparrow\rightarrow U_{BE}\downarrow\rightarrow I_C\downarrow$$

工作点位置基本不变。

即当温度升高时使I_C增大，I_E随之增大，$U_E=R_EI_E$也增大，由于基极电位U_B不受温度影响，保持恒定，故根据式（7-10），U_{BE}减小，从而引起I_B减小，使I_C自动下降，静态工作点大致恢复到原来的位置。这种电路能稳定静态工作点的实质是：由于输出电流I_C的变化通过发射极电阻R_E上电压的变化反映出来（$U_E=I_ER_E$），使发射结电压U_{BE}发生变化来牵制I_C的变化。所以R_E越大，稳定性能越好。但R_E越大U_E就越大，当电源电压一定时，就会使放大电路输出电压动态范围变小，若想保持同样的动态范围，就需要增大电源电压。因此，R_E一般取值几百欧到几千欧。

R_E的接入，使发射极电流的交流分量在R_E上也要产生压降，这样会降低放大电路的电压放大倍数。为了实现既稳定工作点又不减小电压放大倍数，可以利用电容器通交流隔直流的特性，在R_E两端并联大容量的电容器C_E，只要C_E的容量足够大，对交流就可视为短路，而对直流分量并无影响，故C_E称为发射极交流旁路电容，其容量一般为几十微法到几百微

法，因容量大常采用电解电容器。

【例 7-3】 在如图 7-16 所示的电路中，已知晶体管的 $\beta=50$，$R_C=2\text{k}\Omega$，$U_{CC}=12\text{V}$，$R_{B2}=10\text{k}\Omega$，$R_{B1}=20\text{k}\Omega$，$R_E=2\text{k}\Omega$。试求其静态工作点。

解

$$U_B = I_2 R_{B2} = \frac{R_{B2}U_{CC}}{R_{B1}+R_{B2}} = \frac{10\times 12}{10+12} = 4(\text{V})$$

$$I_C \approx I_E = \frac{U_B - U_{BE}}{R_E} = \frac{4-0.7}{2} = 1.65(\text{mA})$$

$$I_B = \frac{I_C}{\beta} = \frac{1.65}{50} = 0.033(\text{mA})$$

$$U_{CE} = U_{CC} - I_C R_C - I_E R_E = 12 - 1.65\times(2+2) = 5.4(\text{V})$$

7.6　放大电路的微变等效电路法

从晶体管的输入、输出特性曲线看出，晶体管是非线性元件。放大电路特别是电压放大电路一般都工作在小信号状态，也就是说工作点在特性曲线上的移动范围很小。当工作点在特性曲线上小范围内运动时，虽然晶体管仍工作于非线性状态，但这时工作点的运动轨迹已接近直线。也就是说对工作于这种状态下的晶体管，若采用它的等效线性模型来分析，得到的结果与使用非线性模型分析得到的结果，仅有很小的误差。对工程计算来说，这样的误差是允许的。这就为含有晶体管这样非线性元件，工作在小信号条件下的电路分析，增加了有效的工具。

7.6.1　晶体管的微妙等效电路

在小信号的条件下，用某种线性元件组合的电路模型来等效非线性的晶体管，称为晶体管的微变等效电路。如何把晶体管用一个线性元件的组合电路来等效，可以从晶体管的输入特性和输出特性两方面来分析讨论。

图 7-17（a）所示为晶体管的输入特性曲线，它是非线性的。但当输入信号很小时，在静态工作点 Q 附近的工作段可近似认为是直线，能最有效地表示这段曲线的直线是工作点处的切线。该切线的斜率可以用 $\Delta I_B/\Delta U_{BE}$ 表示，也就是说，该比值是一个常数。在小信号条件下 ΔU_{BE} 就近似等于 u_{be}，而 ΔI_B 就近似等于 i_b，所以工作在小信号条件下晶体管 B—E 之间的伏安关系可以表示成

$$r_{be} = \frac{\Delta U_{BE}}{\Delta I_B} = \frac{u_{be}}{i_b} \tag{7-13}$$

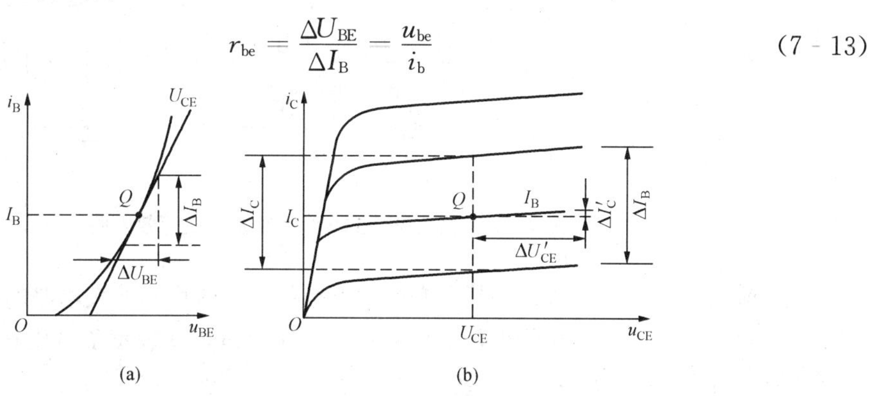

图 7-17　三极管的特性曲线

称此常数为晶体管的输入电阻，因此对工作在小信号条件下的晶体管，B—E 可用一个线性电阻来等效代替，如图 7 - 18（b）所示。同一个晶体管，静态工作点不同，r_{be}值也不同。对于低频小功率晶体管的输入电阻，工程上常用下式表示

$$r_{be}=300\Omega+(1+\beta)\frac{26\text{mV}}{I_{E}(\text{mA})} \tag{7-14}$$

其中，I_E为发射极电流的静态值，mA；r_{be}一般为几百欧到几千欧，它是一个动态电阻，在晶体管器件手册中常用h_{ie}表示。

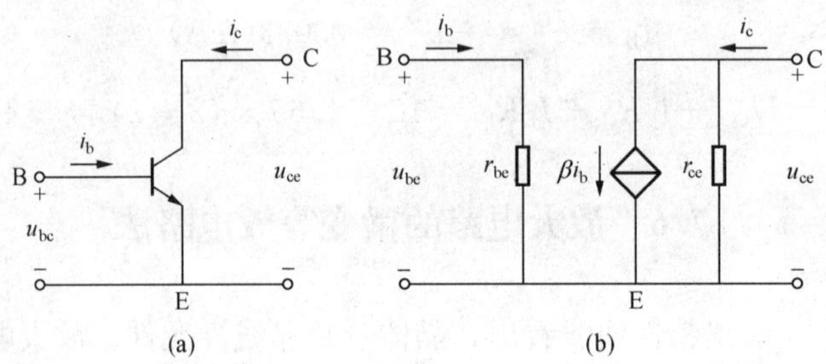

图 7 - 18　三极管的等效电路

图 7 - 17（b）所示为三极管的输出特性曲线，在放大区是近似与横轴平行的直线。

当U_{CE}为常数时，ΔI_C的大小主要与ΔI_B的大小有关。在小信号的条件下，ΔI_C与ΔI_B基本呈线性关系，其比例系数β是一个常数，即

$$\beta=\frac{\Delta I_C}{\Delta I_B}$$

β为晶体管的电流放大系数。由它确定i_c受i_b控制的关系，因此，晶体管的输出电路可用一个$i_c=i_b\beta$的受控电流源来等效代替。

7.6.2　放大电路的微变等效电路

微变等效电路是对交流信号而言的，只考虑交流电源作用的放大电路称为交流通路。对交流而言，电容C_1、C_2可视为短路，直流电源U_{CC}因其内阻很小也可视为短路，据此可画出图 7 - 11 放大电路的交流通路图 7 - 19（a）所示。

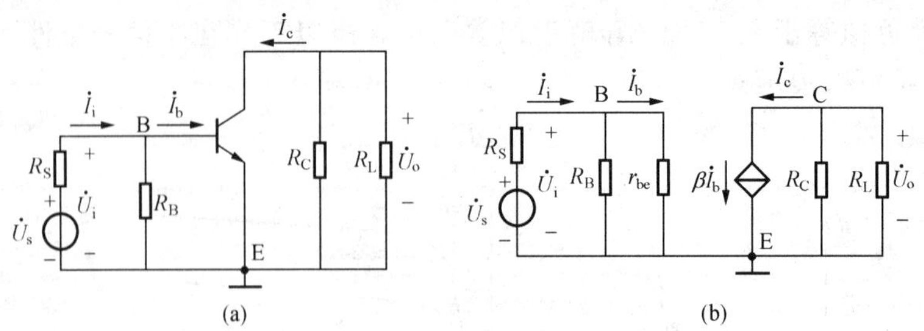

图 7 - 19　放大电路的交流通路及微变等效电路

把交流通路图中的晶体管用其微变等效电路代替，即得到放大电路的微变等效电路，如图 7 - 19（b）所示。电路中的电压和电流都是交流分量，并表示了电压和电流的参考方向。

7.6.3　电压放大倍数 $\dot{A}_u$ 计算

下面以图 7 - 11 所示交流放大电路为例，用其微变等效电路图 7 - 19（b）来进行电压放

大倍数、输入电阻、输出电阻的计算。

放大电路的电压放大倍数 $\dot{A}_u$ 是输出正弦电压与输入正弦电压的向量之比，即

$$\dot{A}_u = \frac{\dot{U}_o}{\dot{U}_i} \tag{7-15}$$

从放大电路的微变等效电路图 7-19（b）可知

$$\dot{U}_o = -\dot{I}_C R'_L = -\beta \dot{I}_b R'_L$$

其中

$$R'_L = R_C \mathbin{//} R_L \tag{7-16}$$

故电压放大倍数

$$\dot{A}_u = \frac{\dot{U}_o}{\dot{U}_i} = \frac{-\beta R'_L}{r_{be}} \tag{7-17}$$

其中，负号表示输出电压与输入电压相反。

由式（7-17）可看出，当放大电路输出端开路（不接 R_L）时，$R'_L = R_C$，此时的电压放大倍数

$$\dot{A}_u = \frac{\dot{U}_o}{\dot{U}_i} = \frac{-\beta R_C}{r_{be}} \tag{7-18}$$

由式（7-18）可看出，此时的 $\dot{A}_u$ 比接入 R_L 要高，接 R_L 时，$\dot{A}_u$ 要降低，R_L 越小，电压放大倍数 $\dot{A}_u$ 就越低。

7.6.4 放大电路输入电阻的计算

放大电路对信号源来说，是一个负载，可用一个等效电阻来表示。这个电阻也就是从放大电路输入端看进去的电阻，称为输入电阻 r_i，即

$$r_i = \frac{\dot{U}_i}{\dot{I}_i} = R_B \mathbin{//} r_{be}$$

实际上 R_B 的阻值比 r_{be} 大得多，因此，这类放大电路的输入电阻值近似等于 r_{be}。

为减轻信号源的负担和提高放大电路的净输入电阻，通常希望放大电路的输入电阻越大越好，很明显，这种基本放大电路因为受到小的 r_{be} 限制，其输入电阻不可能很高。

7.6.5 放大电路输出电阻的计算

放大电路总要带负载的，对负载而言，放大电路可以看作一个信号源，其内阻即为放大电路的输出电阻。

如果放大电路的 r_o 较大，当负载变化时，输出的电压变化就大，也就是说带载能力较差，因此，希望放大电路的输出内阻越小越好。

把信号源 u_s 短路（$u_s=0$），从输出端看进去的电阻即为输出电阻 r_o，对图 7-19（b）所示电路，$\dot{U}_S = 0$ 时 $\dot{I}_b = 0$，则 $\beta \dot{I}_b = 0$ 受控电流源相当于开路，所以

$$r_o \approx R_C$$

R_C 的阻值一般为几千欧，因此这种基本放大电路的输出电阻较高。

【例 7-4】 在如图 7-11 所示放大电路中，$U_{CC}=12V$，$R_C=4k\Omega$，$R_B=300k\Omega$，$\beta=37.5$，$R_L=4k\Omega$，试求电压放大倍数 A_u、输入电阻 r_i，输出电阻 r_o。

解 $$I_B = \frac{U_{CC} - U_{BE}}{R_B} \approx \frac{U_{CC}}{R_B} = \frac{12}{300} = 0.04(\text{mA})$$

$$I_E \approx I_C = \beta I_B = 37.5 \times 0.04 = 1.5(\text{mA})$$

$$r_{be} = 300 + (1+\beta)\frac{26}{I_E} = 300 + 38.5\frac{26}{1.5} = 967(\Omega) = 0.967(\text{k}\Omega)$$

$$R'_L = R_C \mathbin{/\!/} R_L = \frac{4 \times 4}{4+4} = 2(\text{k}\Omega)$$

$$\dot{A}_u = \frac{\dot{U}_o}{\dot{U}_i} = -\frac{\beta R'_L}{r_{be}} = -\frac{37.5 \times 2}{0.967} = -77.6$$

$$r_i \approx r_{be} = 0.967(\text{k}\Omega)$$

$$r_o \approx R_C = 4(\text{k}\Omega)$$

7.7 共集电极放大电路

7.7.1 电路的组成

将输入信号从基极输入，负载电阻接在发射极上，输出电压 u_o从发射极取出，而集电极直接接电源 U_{CC}，即可构成如图 7-20 所示的共集电极放大电路。

对交流信号而言，直流电源 $U_{CC}=0$，集电极相当于接地，成为输入回路与输出回路的公共端，因此称为共集电极电压放大器。由于输出信号是从发射极输出，故此电路又称为**射极输入器**。

7.7.2 静态分析

射极输出器的直流通路如图 7-21 所示，由基极回路列出方程式：

$$U_{CC} = I_{BQ}R_B + U_{BEQ} + I_{EQ}R_E = I_{BQ}R_B + U_{BEQ} + (1+\beta)I_{BQ}R_E$$

所以

$$I_{BQ} = \frac{U_{CC} - U_{BEQ}}{R_B + (1+\beta)R_E} \approx \frac{U_{CC}}{R_B + (1+\beta)R_E} \tag{7-19}$$

$$I_{CQ} = \beta I_{BQ} \approx I_{EQ} \tag{7-20}$$

$$U_{CEQ} = U_{CC} - I_{EQ}R_E \approx U_{CC} - I_{CQ}R_B \tag{7-21}$$

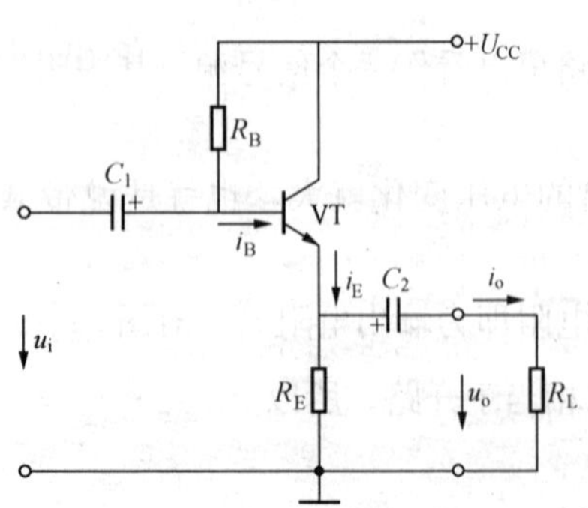

图 7-20 共集电极放大电路

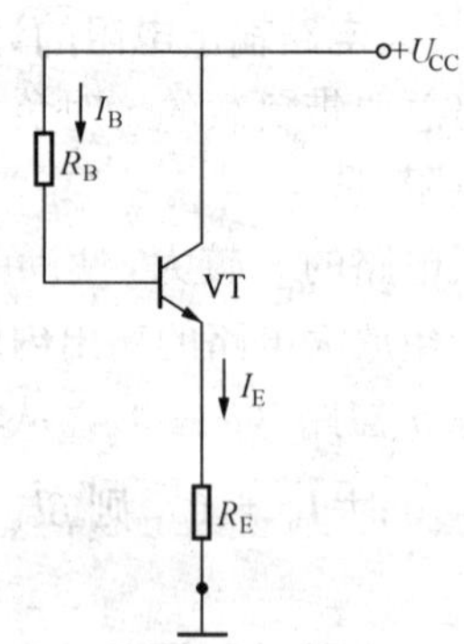

图 7-21 射极输出器的直流通路图

7.7.3　动态分析

1. 电压放大倍数 $\dot{A}_u$

当电路输入端加微弱小信号交流电压 u_i 时，对电路的分析称为动态分析。在动态情况下，可将直流电源 U_{CC} 及电路中 C_1、C_2 均短路处理，就可画出如图 7 - 22 所示的微变等效电路。由微变等效电路可得

$$\dot{A}_u=\frac{\dot{u}_o}{\dot{u}_i}=\frac{(1+\beta)R'_L}{r_{be}+(1+\beta)R'_L}\approx\frac{\beta R'_L}{r_{be}+\beta R'_L}<1 \tag{7-22}$$

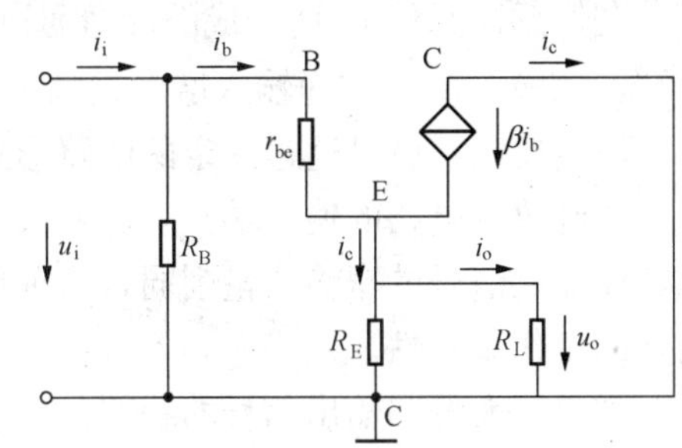

图 7 - 22　射极输出器的交流微变等效电路

$\beta R'_L \ll r_{be}$，因此，$\dot{A}_u$ 小于 1 但近似等于 1，即 u_o 近似等于 u_i。电路没有电压放大作用。但因 $i_E=(1+\beta)i_B$，故电路有电流放大和功率放大作用。此外，因输出电压跟随输入电压变化而变化，故共集电极电路又称为**射极跟随器**。

2. 输入电阻 r_i

不接入负载电阻 R_L 情况下

$$r_i=R_B \parallel [r_{be}+(1+\beta)R_E]\approx R_B \parallel (1+\beta)R_E \tag{7-23}$$

若接入负载电阻 R_L，则

$$R'_L=R_E /\!/ R_L$$

$$r_i=R_B \parallel [r_{be}+(1+\beta)R'_L] \tag{7-24}$$

因此，射极输出器的输入电阻比共发射极电路的输入电阻要高得多，可达到几十千欧至几百千欧。

3. 输出电阻 r_o

由于射极输出器的输入电压与输出电压近似相等，当输入信号电压的大小一定时，输出信号电压的大小也基本一定，与所接负载的大小无关，即具有恒压输出特性，输出电阻很低，即

$$r_o\approx\frac{r_{be}}{\beta} \tag{7-25}$$

射极输出器输出电阻很低，其数值一般在几十欧到几百欧，比共发射极的输出电阻低得多。

综上所述，射极输出器是一个具有高输入电阻、低输出电阻、电压放大倍数近似为 1 的放大电路。射极输出器在多级放大电路中常用作输入级，提高电路的带负载能力，也可作为缓冲级，用来隔离前、后两级电路的相互影响。

7.8　放大电路中的负反馈

7.8.1　反馈的基本概念

为了改善基本放大电路的性能，从基本放大电路的输出端到输入端引入一条反向的信号通路，构成这条通路的网络称为**反馈网络**，这个反向传输的信号称为**反馈信号**。本章前面介绍的分压式偏置的共发射极放大电路，其中电阻 R_E 就是一个反馈元件，当电路所处环境温

度变化时：

$$T(℃)\uparrow \rightarrow I_C\uparrow \rightarrow I_E\uparrow \rightarrow U_E\uparrow \xrightarrow{U_B\text{不变}} U_{BE}\downarrow \rightarrow I_B\downarrow \rightarrow I_C\downarrow$$

$$T(℃)\downarrow \rightarrow I_C\downarrow \rightarrow I_E\downarrow \rightarrow U_E\downarrow \xrightarrow{U_B\text{不变}} U_{BE}\uparrow \rightarrow I_B\uparrow \rightarrow I_C\uparrow$$

利用反馈元件R_E所构成的反馈通道，将放大电路输出量I_C的变化回送到放大电路的输入端，使输入量I_B的净输入增大或减小，以维持输出量I_C基本稳定在原来的数值不变。

所谓反馈，就是通过一定的电路形式，把放大电路输出信号的一部分或全部按一定的方式回送到放大电路的输入端，并影响放大电路的输入信号。分压式共射偏置电路中的反馈过程，使输入信号的净输入量削弱，这种反馈形式称为**负反馈**。显然，负反馈提高了基本放大电路的工作稳定性。

如果放大电路输出信号的一部分或全部，通过反馈网络回送到输入端后，造成净输入信号增强，则这种反馈称为**正反馈**。正反馈通常可以提高放大电路的增益，但正反馈电路的性能不稳定，一般较少使用。

7.8.2 负反馈的基本类型及其判别

放大电路中普遍采用的是负反馈。根据反馈网络与基本放大电路在输出、输入端的连接方式不同，负反馈电路具有四种典型形式：电压串联负反馈、电压并联负反馈、电流串联负反馈和电流并联负反馈。

电压负反馈能稳定输出电压，减小输出电流，具有恒压输出特性。电流负反馈能稳定输出电流，增大输出电阻，具有恒流输出特性。

判断放大电路是电压反馈还是电流反馈，可以根据反馈信号和输出信号在电路输出端的连接方式及特点依据两种方法来判别：

(1) 若反馈信号取自于输出电压，为电压负反馈；若取自于输出电流，则为电流负反馈。

(2) 将输出信号交流短路，若短路后电路的反馈作用消失，则为电压负反馈；若短路后反馈作用仍然存在，则为电流负反馈。

判断放大电路是串联负反馈还是并联负反馈，主要根据反馈信号、原输入信号和净输入信号在电路输入端的连接方式和特点，具体可采用三种方法进行判别：

(1) 若反馈信号与输入信号在输入端以电压的形式相加减，可判断为串联负反馈；若反馈信号与输入信号是以电流的形式相加减，可判断为并联负反馈。

(2) 将输入信号交流短路后（输入回路与输出回路之间没有联系着的元件或网络），若反馈作用不存在，为并联负反馈；否则为串联反馈。

(3) 如果反馈信号和输入信号加到放大元件的同一电极，则为并联反馈；否则为串联反馈。

【例 7-5】 图 7-23 所示为 4 个具有反馈的放大电路方框图，试分析各属于何种反馈。

解 图 7-23 (a) 所示反馈网络取自输出电压，为电压反馈，反馈信号与输入信号在输入端以电压的形式相加减，为串联反馈。所以此电路反馈形式为电压串联负反馈。

图 7-23 (b) 所示反馈网络取自输出电压，为电压反馈；反馈信号与输入信号在输入端以电流的形式相加减，为并联反馈。所以此电路反馈形式为电压并联负反馈。

图 7-23 (c) 所示反馈网络取自输出电流，为电流反馈；反馈信号与输入信号在输入端

以电压的形式相加减，为串联反馈。所以此电路反馈形式为电流串联负反馈。

图 7 - 23（d）所示反馈网络取自输出电流，为电流反馈；反馈信号与输入信号在输入端以电流的形式相加减，为并联反馈。所以此电路反馈形式为电流并联负反馈。

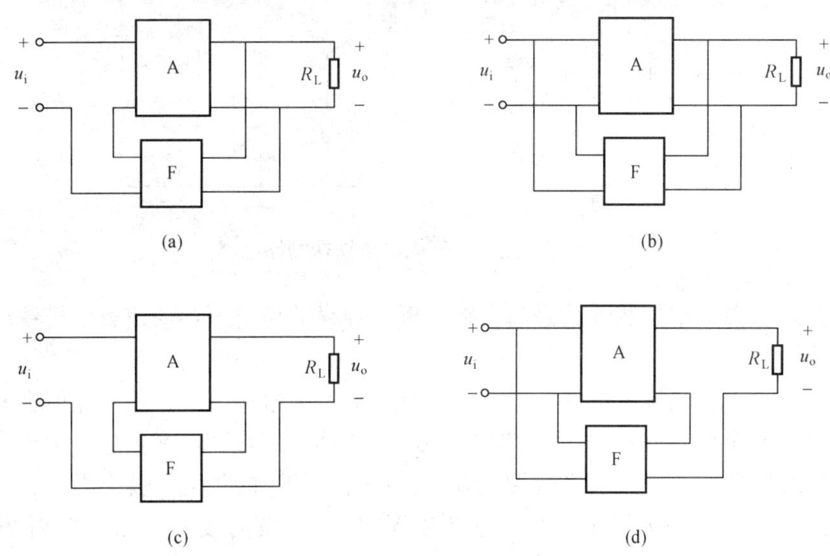

图 7 - 23 反馈的四种类型方框图

7.8.3 负反馈对放大电路性能的影响

由上述分析可知，由于分压式偏置的共发射极放大电路中存在反馈电压 $i_E R_E$，因此使真正加到晶体管发射结的净输入电压 u_{BE} 下降，u_{BE} 的下降又造成输出电压 u_o 的下降，从而使电压放大倍数 A_u 下降，而且反馈电压 $i_E R_E$ 越大，电压放大倍数 A_u 下降越多。

显然，负反馈虽然提高了放大电路的稳定性，但由此而付出的代价是放大电路的电压放大倍数（电压增益）降低了。对放大电路来说，电路的稳定性至关重要，因此虽然电路的电压放大倍数降低了，换来的却是放大电路的稳定性得以提高。

采用负反馈提高放大电路的稳定性，从本质上讲，是利用失真的波形来改善波形的失真，不能理解为负反馈能使波形失真完全消失。

负反馈不仅可以提高放大电路的稳定性、减少非线性失真，还可以使放大电路的通频带得到展宽。而且不同类型的负反馈对放大电路输入、输出电阻的影响各不相同：串联负反馈具有提高输入电阻的作用；并联负反馈能使输入电阻减小；电压负反馈能减小输出电阻，稳定输出电压；电流负反馈能使输出电阻增大，稳定了输出电流。实际放大电路究竟采用哪种反馈形式比较合适，必须根据不同用途确定引入不同类型的负反馈。

7.9 半导体三极管在汽车上的应用

7.9.1 三极管放大电路在汽车电子电路中的应用

三极管的最主要的功能是放大。在汽车电子电路中，主要用来对微弱信号进行放大图 7 - 24所示为利用三极管的放大特性制作的汽车电气线路搭铁（短路）探测器。

汽车在行驶过程中，由于颠簸、振动等原因，电气线路与车体摩擦而损坏其绝缘层，发

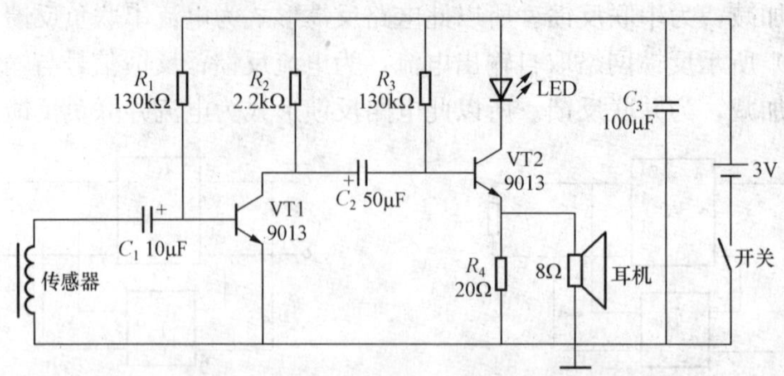

图 7-24 汽车电气线路搭铁探测器电路

生搭铁（短路）故障。本探测器就是为了在不拆解导线的情况下，快速查出搭铁故障所发生的部位而制作的。

探测器工作原理：当导线搭铁后，在搭铁点就会产生短路电流，短路点就会向周围发出高次谐波信号。这个信号就被由线圈和铁芯构成的传感器接收到，在传感器中产生交变的电信号。这个信号很微弱，经过三极管 VT1 放大后，在 VT1 的集电极就会得到放大了的交变信号，再送入 VT2 的基极进行放大，使接在 VT2 集电极的发光二极管闪烁发光，接在 VT2 发射极的耳机发出声响。传感器越接近故障点，接收到的信号越强，经过放大后，发光二极管越亮，耳机发出的声响越强。根据发光二极管亮度变化和耳机音量变化，就能快速找到故障点。

7.9.2 三极管开关电路在汽车电子电路中的应用

1. 蓄电池电解液液位过低报警电路

汽车上的许多信号报警电路的基本原理大致相同，都是通过监测电路中某一个点的电位变化，去控制三极管的导通（开）和截止（关），以发出声音或光的报警信号。

图 7-25 所示为蓄电池电解液液位过低报警电路。报警电路的传感器是装在蓄电池盖子上的铅棒。当图 7-25（a）所示的蓄电池液面高度正常时，铅棒浸在蓄电池电解液中，铅棒（相当于正极）与蓄电池的负极之间产生一定电压 U_A，使三极管 VT1 处于饱和导通状态，VT1 的 C—E 极之间电压很小，约等于零，B 点电位 U_B 近似为零，故三极管 VT2 截止，报警灯（发光二极管）不亮。

当图 7-25（b）所示的蓄电池电解液液面在最低限位以下时，铅棒不能与蓄电池电解液接触，则铅棒与蓄电池的负极之间电压为零，使三极管 VT1 处于截止状态，B 点电位 U_B 上升，使二极管 VT2 饱和导通，报警灯亮，提醒驾驶人蓄电池电解液液面过低，应及时补充蒸馏水。

图中电阻 R_5 为报警灯（发光二极管）的限流电阻。

2. 直流电动机正反转控制电路

在汽车上许多地方都需要控制直流电动机正反转。直流电动机电枢的电压极性呈正负变化，例如助力转向电机正反转控制，如图 7-26 所示。用于电动助力转向的电动机一般为小型永磁定子式、可正反转的小型直流电动机，额定电压为 12V，最大电流为 30A。4 个开关管分成两组 VT1、VT4 为一组，VT2、VT3 为另一组。同一组的开关同步导通或截止，不同组的开关管的导通与截止正好相反。通过控制管子的通断就可以控制直流电机的正转、反

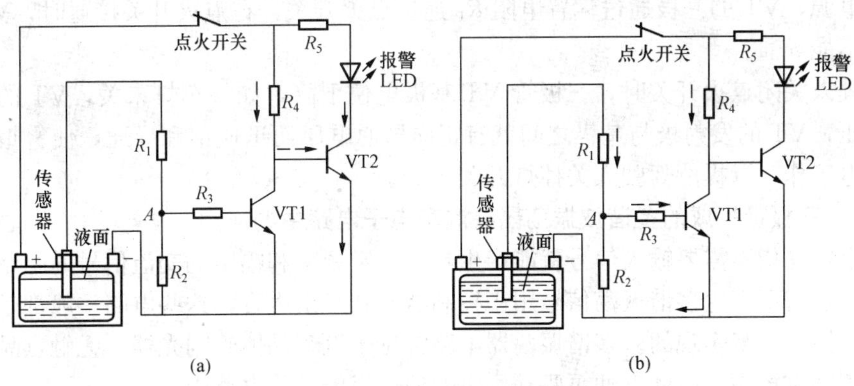

图 7 - 25　蓄电池液位过低报警电路

(a) 正常液位；(b) 低液位

转。其中晶体管 VT1 和 VT2 为 PNP 型，VT3 和 VT4 为 NPN 型；a_1、a_2为控制端，由控制器输出的触发控制信号经 a_1、a_2 两端加到驱动电路上，触发控制助力电动机启动旋转，输出助动力。

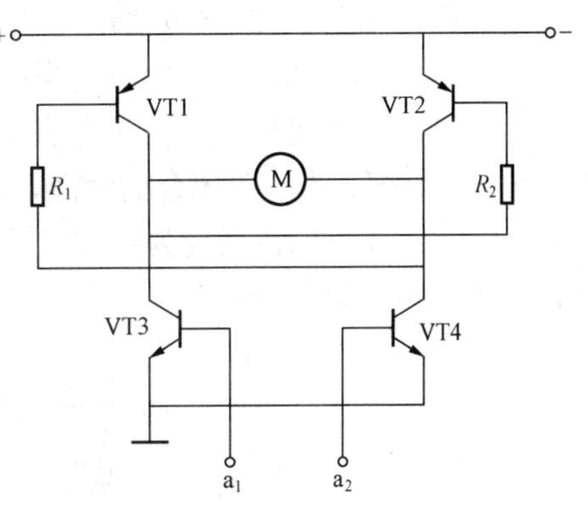

图 7 - 26　电机正反转控制电路

当 a_1 端加触发控制信号时，晶体管 VT3 和 VT2 满足导通条件而导通，电动机 M 电路接通，电流经过电源“+”极→VT2 的发射极→集电极、电动机 M、VT3 的集电极→发射极→搭铁，构成回路。电动机由电流通过而正转。

当 a_2 端加触发控制信号时，晶体管 VT4 和 VT1 满足导通条件而导通，电动机 M 电路接通，电流经过电源“+”极→VT1 的发射极→集电极、电动机 M、VT4 的集电极→发射极→搭铁，构成另一回路。电动机因有反向电流通过而反转。

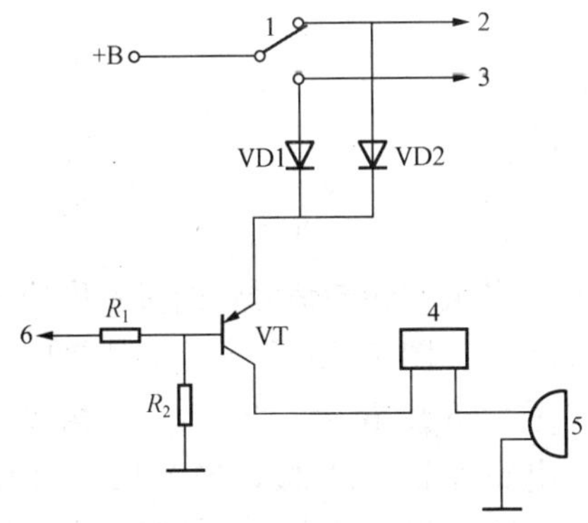

图 7 - 27　灯开关未关警报电路

1—灯开关；2—接前照灯；3—接其他照明灯；4—蜂鸣器控制器；5—蜂鸣器；6—接点火开关

助力电动机输出助动力的大小由加到控制端的触发信号电流大小来决定。当汽车慢速转向时需要较大的助动力，控制器则输出较大的触发电流经 a_1 或 a_2端流入，使得经过晶体管的电流相应增加。于是流经电动机的电流增加，电动机输出助力转矩增大，具有很好的线性调节功能。

3. 灯开关未关警报电路

灯开关未关警报电路如图 7 - 27 所示。在关闭点火开关时，若灯开关 1 未关，灯开关未关警报电路会使车灯未关警报灯亮起，并使蜂鸣器 5 鸣响，以示警报。电路中 VT 为 PNP 型三极管，其发射极连接于车灯开关 1 后车灯电路，当车灯开关 1 处于接通（前照灯或示廓灯）时，发射极连接汽车电源，VT的基极通过偏置电阻 R_1 连接点火开关，在点火开关接通时，VT因基极电位高而不能导通。

当驾驶人关闭点火开关时，三极管VT基极电位下降，如果车灯未关，VT的发射极为蓄电池电压，VT的发射极与基极之间就有正向导通电压而迅速饱和导通，使警报灯与蜂鸣器电路通电工作，以提醒驾驶人关掉灯开关。

7.9.3 三极管构成的多谐波振荡器在汽车电子电路中的应用

振荡电路是指不需要输入信号就能产生具有一定频率和幅度的交流信号的电路。在汽车电子电路中，需要产生多谐振荡信号用于控制器件和发出声音，这些电路一般都是由三极管构成的多谐振荡器来实现的。多谐振荡器电路常见于汽车晶体管闪光器、无触点晶体管电喇叭、刮水器间歇控制、电动汽油泵驱动、迅响信号报警器等电路中。

1. 多谐振荡器的工作原理

多谐振荡器是由三极管放大电路和将三极管集电极输出信号反传给三极管基极的正反馈电路组成的，如图7-28（a）所示。这种电路一般都画成左右对称的形式，在电路中比较容易辨认。图7-28（b）所示电路为帮助理解多谐振荡器的简化电路。当开关断开时，电容C充电。当电容C充足电后，由于电容C的隔直作用，B 点电位 $V_B=+12V$（电源电压），A 点电位 $V_A=0V$。当开关闭合的瞬间，B 点电位突变为零，这时由于电容两端电压不能突变（还是12V），A 点电位就变为$-12V$。理解了上述过程，就容易理解图7-28（a）所示的多谐振荡器电路的原理。

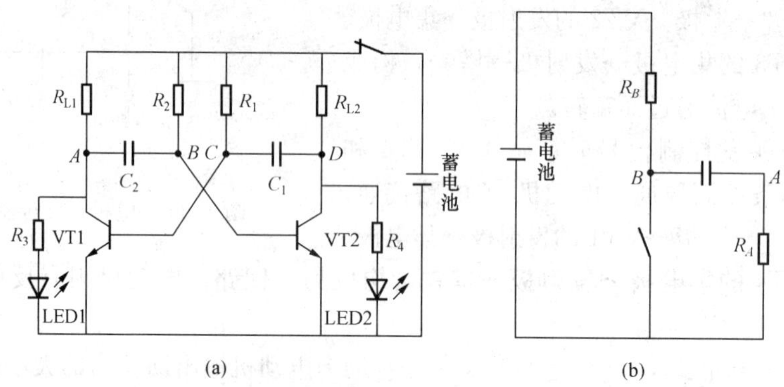

图7-28 多谐振荡器电路

（a）实际电路；（b）理想电路

2. 多谐振荡器在汽车中的应用

（1）晶体管闪光器。当汽车转向时，驾驶人拨打转向开关，转向信号灯通过不停地闪动来指明汽车的转向。转向信号灯的闪动是由闪光器来实现的。图7-29所示为晶体管闪光器的原理电路。该电路由三极管VT1和VT2、电阻 R_1、R_2、R_3、R_4 及电容 C_1、C_2 构成多谐振荡器。其振荡信号从VT2的集电极经二极管VD输出到VT3的基极，当VT2的集电极振荡信号为正电位时，VT3饱和导通；而当VT2的集电极振荡信号为负电位时，由于二极管VD截止，VT3因基极电流等于零而处于截止状态。当汽车转向时，驾驶人将转向开关K拨至某一边时，该边转向灯就会随VT3的导通和截止而闪动。当汽车不转向时，电阻 R_6 作为VT3的负载电阻，VT3管的导通电流经 R_6 流回蓄电池负极。

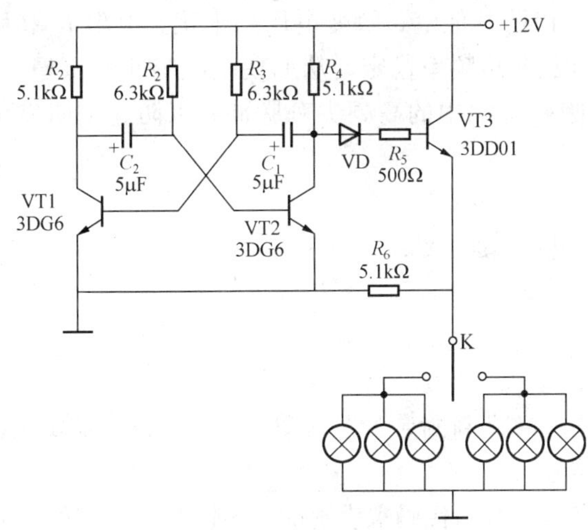

图 7-29　晶体管闪光器的原理图

（2）间歇式电动刮水器。图 7-30 所示为多谐振荡器控制的间歇式电动刮水器。其中，R_1和 C_1决定继电器 J_1的通电时间；R_2和 C_2决定继电器 J 的断电时间。当刮水器开关置于“0”（“空”）挡时，若接通间歇开关，多谐振荡器工作，做周期性翻转。

（3）电子式电喇叭。电子式电喇叭即无触点电喇叭，它具有音色和音量不变且易调整、故障少等优点，因而在现代汽车上使用越来越广泛。电子式电喇叭主要由多谐振荡器及功率放大器组成，如图 7-31 所示。VT1、VT2 构成一多谐振荡器。

当按下喇叭按钮 SB 时，多谐振荡器得电工作，产生音频振荡信号。这个信号从 VT2 管发射极输出，送入到 VT3 管基极进行放大，放大了的信号经 VT3 管集电极输出，送给 VT4 管和 VT5 管构成的复合管进行功率放大，最后从 VT5 管集电极输出推动喇叭发出鸣叫的声音。

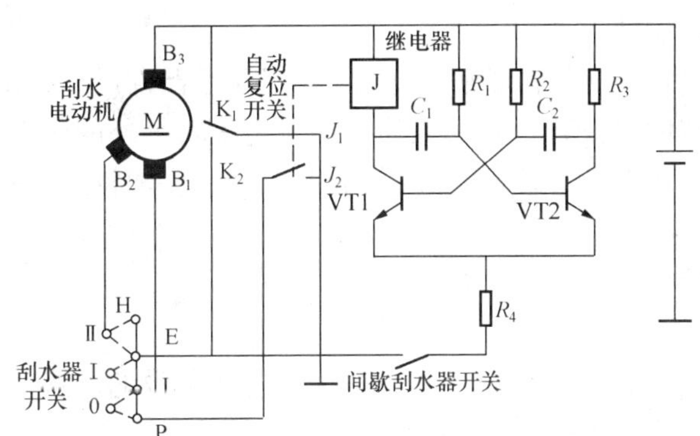

图 7-30　刮水器多谐振荡器控制电路

$R_1=2\text{k}\Omega$，$R_2=10\text{k}\Omega$，$R_3-680\Omega$，$R_4=51\Omega$，$C_1=C_2=100\mu\text{F}$

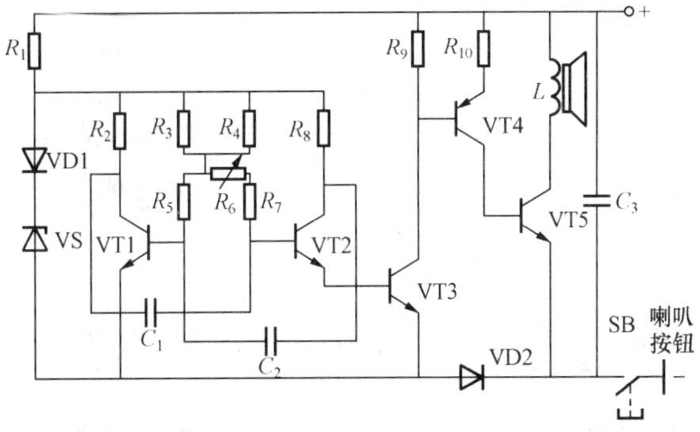

图 7-31　电子式电喇叭电路图

电路中，电容 C_3 是喇叭的电源滤波电容，以防其他电路瞬变电压的干扰。电阻 R_1 和稳压管 VS 构成稳压电路，保证多谐振荡器电压及振荡频率稳定，从而使喇叭鸣叫音调稳定。电路中的二极管 VD1 和 VD2 及电容 C_1 用来吸收电源中的高频尖刺脉冲，以防止喇叭发出刺耳的啸叫声。R_6 可用于调节喇叭的音量。

7.10 技 能 训 练

7.10.1 三极管的识别

1. 三极管的型号识别

三极管的型号通常都印在管体的表面。在有些塑料封装的三极管中，由于表面积较小，通常把型号的前缀去掉，只标注后面的数字型号。

贴片三极管的型号是采用数字或数字与字母混合的代码来表示的，不同公司生产的产品代码通常是不一样的。

不同国家对三极管的命名规则有不同的标准。目前市场上大量使用的三极管中主要使用的标准有中国、美国电子工业协会（EIA）、日本工业标准（JIS）等几种命名方法。

2. 三极管的引脚识别

不同型号的三极管引脚的排列位置是有差异的，要想正确使用三极管，首先必须正确识别出三极管的各个电极引脚。

国产中小功率金属封装三极管通常在管壳上有一个小凸片，与其相邻最近的引脚即为发射极。大功率金属封装的三极管，其管壳通常为集电极，另外的两个电极则为发射极和基极，在有些三极管上还标出了电极名称以方便使用。在一些塑料封装的三极管中，有时也会标出各引脚的名称。

7.10.2 三极管的检测

1. 基极（b）的判断方法

将万用表置于 $R\times1$k 挡（$R\times100$ 挡），用黑表笔接假设的 b 极，红表笔分别接另外两极，此时两次测得的阻值应大致相同，如图 7-32（a）所示；然后把表笔对换再重测一次，得到的两阻值也相同，但前两次的阻值与后两次的阻值相差很大，如图 7-32（b）所示。符合条件的即为正确的 b 极。

对于有些不易判别出 b 极的锗材料三极管，可换用 $R\times10$ 挡来检测。如果仍判别不出 b 极，则说明该三极管已损坏。

2. 类型的判别

用黑表笔接 b 极，红表笔接另两极中的任一极，测得阻值较小的（正向电阻）则为 NPN 型，如图 7-33（a）所示；若测得阻值较大的（反向电阻）则为 PNP 型，如图 7-33（b）所示。

3. 材料的判别

如图 7-34 所示，如果正向电阻在 6～10kΩ 之间的为硅材料；在 6kΩ 以下且不为 0Ω 的为锗材料。

注：上述阻值范围针对 MF47 型万用表，其他不同型号的模拟万用表阻值范围略有不同，但方法不变。

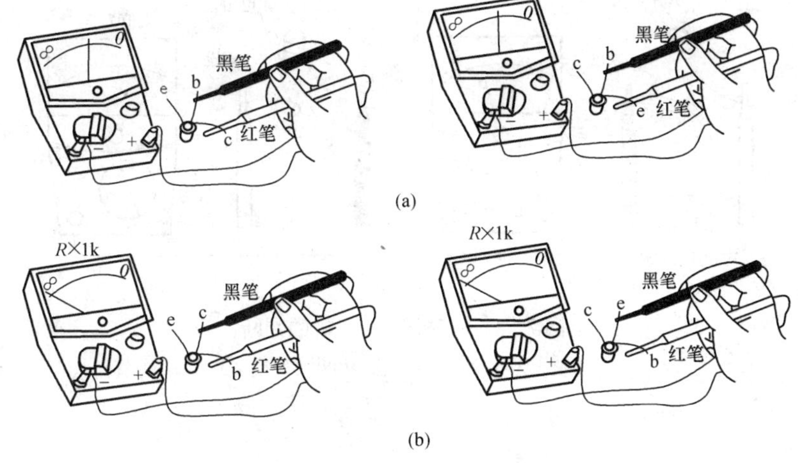

图 7-32　三极管基极的判断

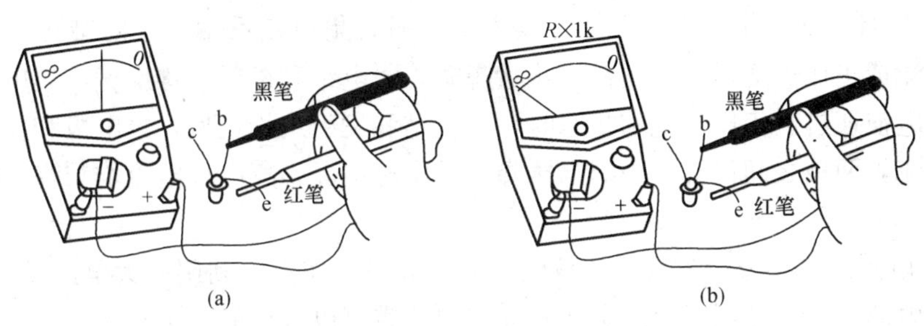

图 7-33　三极管类型的判别

(a) NPN 型；(b) PNP 型

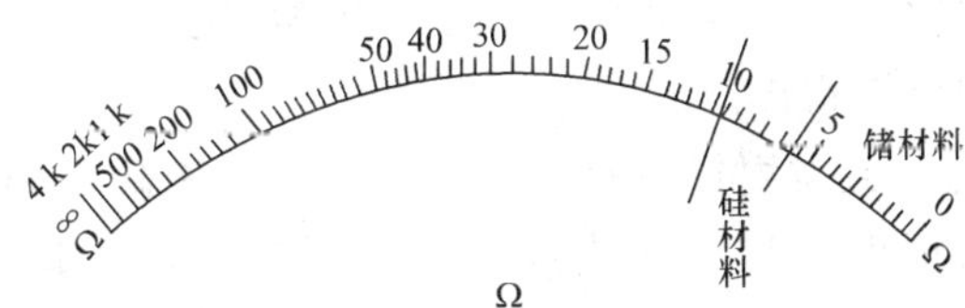

图 7-34　三极管材料的判别

7.10.3　集电极和发射极的判别

(1) 用手指把基极和假设的集电极连起来（但两极不能相碰）。

(2) 对于 NPN 管，黑表笔接假设的 c 极，红表笔接假设的 e 极；对于 PNP 管，红表笔接假设的 c 极，黑表笔接假设的 e 极。

(3) 记下此时的阻值为 R_1，如图 7-33 所示。

(4) 再反过来设定一次，即原假设 c 极的改为 e 极，原设 e 极的改为 c 极，重复以上步骤，记下第二次的阻值为 R_2。

(5) 比较两次所测得的阻值，电阻小（指针偏转大）的那一次即为正确的假设，如图 7-35所示。

注意：判别不出 c 极和 e 极的，则说明该三极管已损坏。

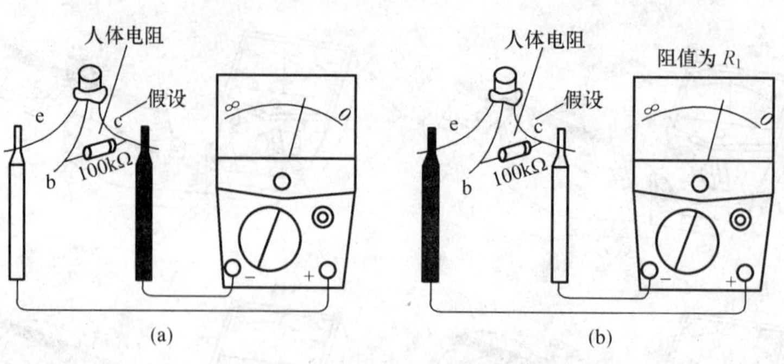

图 7-35 三极管 c、e 极的判断

(a) NPN 型；(b) PNP 型

本 章 小 结

1. 晶体管有三种工作形态，工作在放大状态时，集电结反偏、发射结正偏，集电极电流随基极电流成正比例变化。工作在截止状态时，集电结和发射结均反偏，集电极和发射极之间基本无电流通过。工作在饱和状态时，集电结和发射结均正偏，集电极和发射极之间通过较大的电流，两极之间仅有很小的电压降。后两种情况，集电极电流均与基极电流不成比例关系。

2. 放大电路的静态分析就是求解放大电路的静态工作点，利用放大电路的直流通路图，对基本放大电路利用基尔霍夫第二定律和欧姆定律就可以求出静态工作点。对分压偏置电路在满足 $I_2=(5\sim10)I_B$ 和 $U_B=(5\sim10)U_{BE}$ 的条件下，可以采用近似的方法求解静态工作点。

3. 放大电路的动态分析主要是求解用元件参数表示的电压放大倍数和输入、输出电阻。当电路工作于低频小信号时，电压放大倍数、输入和输出电阻三个参数的求解表达式可以借助放大电路的微变等效电路图得出。

4. 射极跟随器的直流是共发射极电路，而交流是共集电极电路，具有高输入阻抗和低输出阻抗，电压放大倍数恒小于 1，但近似等于 1，所以电路不具备电压放大能力，但具有电流放大能力。

5. 负反馈有四种组态，不同的反馈方式对放大器产生不同的影响。电压反馈能降低输出电阻、稳定输出电压。电流反馈能提高输出电阻、稳定输出电流。区分这两种不同的采样方式时，要认清负载所在的位置。另外，采用电压反馈时，负载电阻不宜太小；采用电流反馈时，负载电阻不宜太大。引入串联负反馈将提高输入电阻，引入并联负反馈将降低输入电阻。串联负反馈宜与低内阻的信号源配合；并联负反馈宜与高内阻的信号源配合。

习 题

7-1 填空题。

(1) 晶体管是__________控制型器件，是通过__________电流的变化去控制较大的__________电流变化。

（2）晶体管在放大状态，I_C 与 I_B 的关系式为__________。

（3）晶体管用作放大时，应满足的外部条件是__________、__________。

（4）晶体管放大器有三个工作区域，分别是__________、__________、__________，用作放大器时，工作在__________。

（5）为了保证不失真放大，放大电路必须设置合适的__________。

（6）在共发射极交流放大电路中，若静态工作点 Q 位置选得过高，将引起__________失真；Q 点位置选得偏低，易引起__________失真。

（7）射极输出器 Avf≈__________，输入电阻较__________，输出电阻__________。

（8）为了稳定三极管放大电路的静态工作点，采用__________负反馈，为了稳定交流输出电流采用__________负反馈。

7-2　三极管的发射极和集电极是否可以调换使用？为什么？

7-3　若用测电位的方法测出三极管三个管脚的对地电位分别为－6V、－3V、－3.2V，试判断该三极管的类型是硅管还是锗管，并确定三个电极。

7-4　如图 7-36 所示的各管均为硅管，试判断其工作状态。

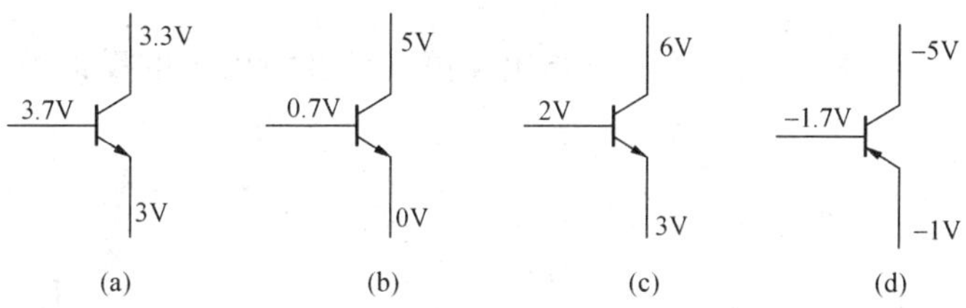

图 7-36　题 7-4 图

7-5　如图 7-37 所示三极管的输出特性曲线，试指出各区域名称并根据所给出的参数进行分析计算。

（1）$U_{CE}-3\text{V}$，$I_B=60\mu\text{A}$，求 I_C。

（2）$I_C=4\text{mA}$，$U_{CE}=4\text{V}$，求 I_B。

（3）$U_{CE}=3\text{V}$，I_B 为 40～60μA 时，求 β。

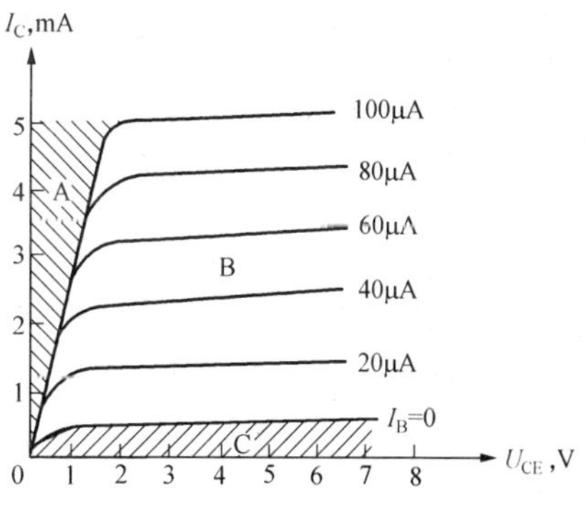

图 7-37　题 7-5 图

7-6　在如图 7-38 所示的电路中输入正弦电压，并用示波器测量 u_o 波形。若出现图 7-38 所示的失真波形，试分别说明各属于什么失真，可能是什么原因造成的，应如何调整参数以改善波形。

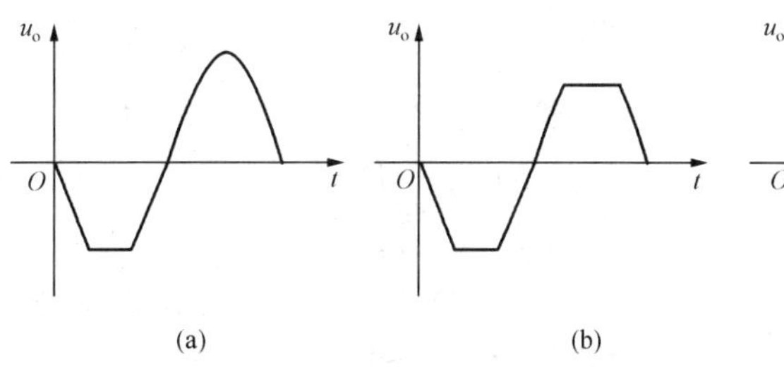

图 7-38　题 7-6 图

7-7 电路如图7-39所示，已知：$\beta=50$，$r_{be}=1.5\text{k}\Omega$，$R_b=350\text{k}\Omega$，$R_C=3\text{k}\Omega$，$U_{CC}=12\text{V}$。试：(1) 估算静态工作点；(2) 估算电压放大倍数 A_u；(3) 画出微变等效电路。

7-8 如图7-40所示，已知 $\beta=100$，$r_{be}=200\Omega$，$U_{BEQ}=0.7\text{V}$，试：

(1) 画出该电路的直流通路，并求静态工作点；

(2) 画出小信号等效电路，求电压增益 A_u、输入电阻 R_i、输出电阻 R_o。

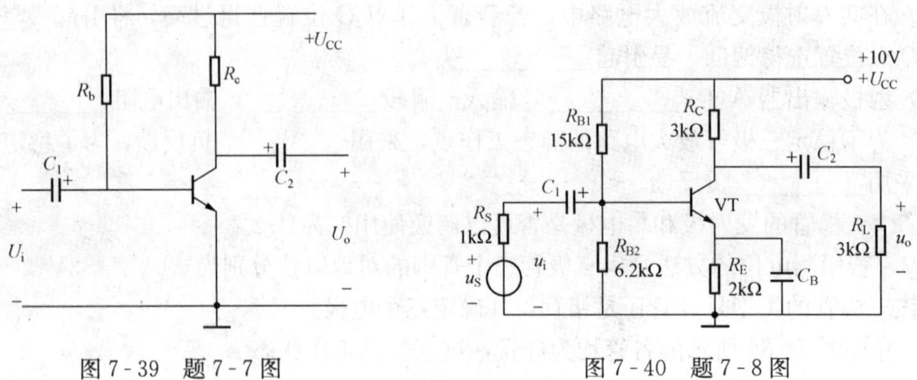

图7-39 题7-7图　　　　图7-40 题7-8图

7-9 在如图7-41所示的电路中，指出反馈元件及所引入的反馈类型，是直流反馈还是交流反馈。

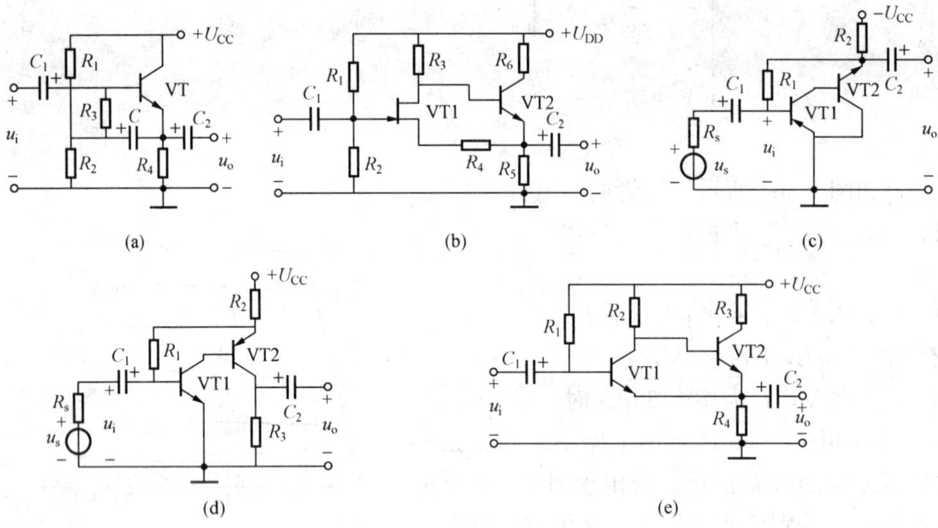

图7-41 题7-9图

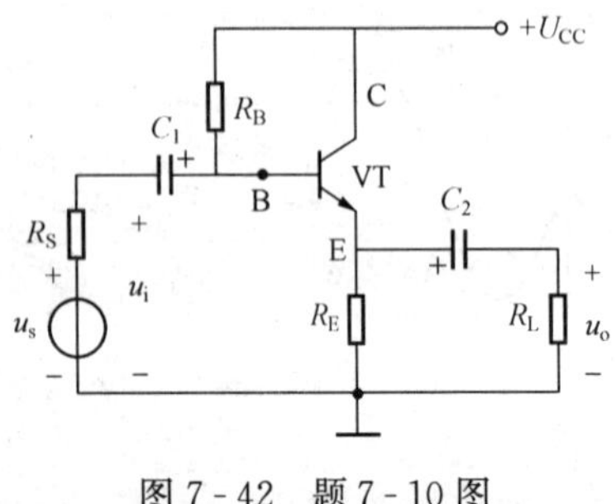

图7-42 题7-10图

7-10 在如图7-42所示的共集电极放大电路中，已知晶体管 $\beta=120$，$r_{bb'}=200\Omega$，$U_{BEQ}=0.7\text{V}$，$U_{CC}=12\text{V}$，$R_B=300\text{k}\Omega$，$R_E=R_L=R_S=1\text{k}\Omega$。试求该放大电路的静态工作点及 A_u、R_i、R_o。

7-11 在如图7-43所示的射极输出器中，已知 $U_{CC}=12\text{V}$，$R_B=200\text{k}\Omega$，$R_E=20\text{k}\Omega$，$R_L=3\text{k}\Omega$，$\beta=50$，$R_S=100\Omega$。试求：(1) 静态工作点 I_{BQ}、I_{CQ}、U_{CEQ}。

(2) 电压放大倍数 $\dot{A}_u$、R_o、R_i。

7-12　在如图 7-44 所示的电路中，已知 $U_{CC}=12V$，$R_{B1}=20k\Omega$，$R_{B2}=10k\Omega$，$R_C=2k\Omega$，$R_{E1}=0.2k\Omega$，$R_{E2}=1.8k\Omega$，$R_L=3k\Omega$，$\beta=50$，$U_{BE}=0.6V$。试求：(1) 静态工作点 I_{BQ}、I_{CQ}、U_{CEQ}。(2) 电压放大倍数 $\dot{A}_u$、R_i、R_o。

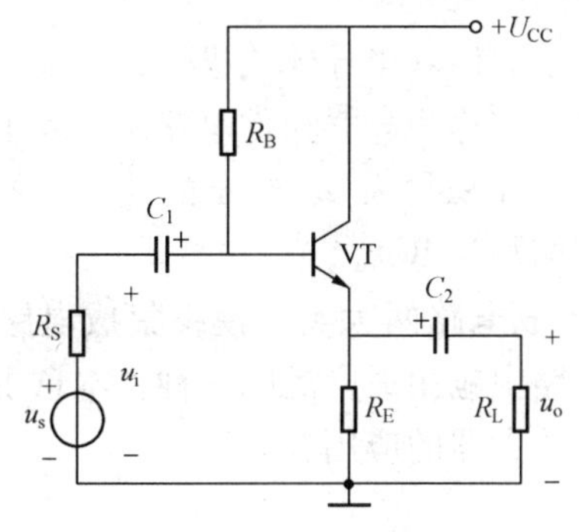

图 7-43　题 7-11 图

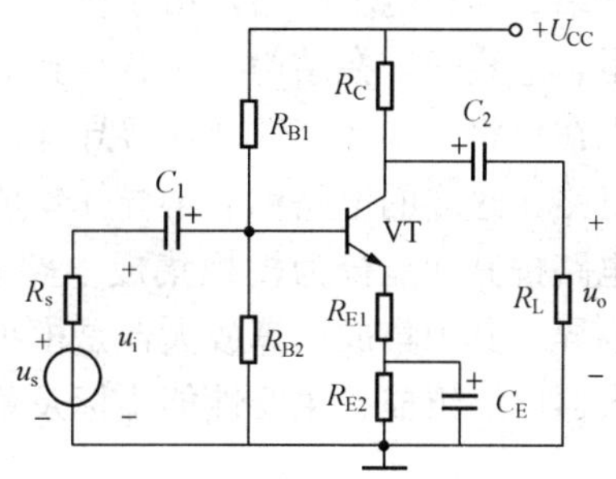

图 7-44　题 7-12 图

8 集成运算放大器

前面介绍的各种电子电路，由于构成电路的电子器件（半导体二极管、三极管）与电子元件（电阻、电容等）在结构上是各自独立的，因此统称为分立元件电路。随着半导体技术的发展，现在可将许多元器件及连接导体制作在一块面积约为 $0.5mm^2$ 的硅片上构成具有一定功能的电路，这样的电路称为半导体集成电路（缩写为 IC）。

集成电路按其功能分为模拟集成电路和数字集成电路两大类。模拟集成电路的种类繁多、功能各异，其中集成运算放大器是模拟集成电路中应用最广泛的一种。本章主要介绍集成运算放大器电路组成、主要性能指标及集成运算放大器的应用。

8.1 差动放大电路

多级放大电路的级间耦合方式一般有阻容耦合、变压器耦合和直接耦合三种。对于频率较高的交流信号，常采用阻容耦合和变压器耦合。但在工业测量、自动控制及其他某些应用领域，需要放大的信号往往是变化缓慢的甚至是直流的信号。对于这种信号，不能用阻容耦合或变压器耦合，只能用直接耦合方式。

8.1.1 直接耦合放大器中的特殊问题

在多级放大器中，采用直接耦合，虽然可以解决传输变化缓慢的信号及设备小型化的问题，但存在两个特殊问题：一是级间互相影响；二是零点漂移问题。

所谓零点漂移，是指当输入信号为零时，在放大器输出端出现一个变化不定的输出信号现象，简称零漂。产生零漂的原因有温度变化、电源电压波动、晶体管参数变化等，但主要是温度变化引起的，所以零漂也称为温漂。零漂在阻容耦合电路中由于电容的隔直作用而不会产生严重影响，但在直接耦合电路中，前级的漂移被后级放大，将严重干扰正常信号，级数越多，漂移越重，甚至使放大器不能工作。

温漂是直接放大器所特有的现象，也是最棘手的问题。人们采用多种补偿措施来抑制温漂，其中最为有效的是使用差动放大电路。

8.1.2 基本差动放大电路

1. 组成及抑制零漂的原理

差动放大电路的基本形式如图 8-1 所示。它由两个结构完全对称的单管放大电路组成。

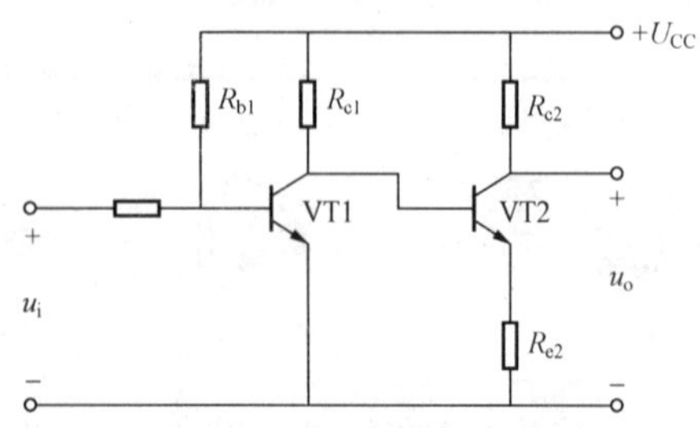

图 8-1 差动放大电路的基本形式

两个晶体管 VT1、VT2 的特性相同，外接电阻也对称相等，两管静态工作点也必然相同。输入信号从两管基极输入，输出信号从两个集电极之间输出。静态时，输入信号为零，即 $u_{i1}=u_{i2}=0$。由于电路对称，$i_{c1}=i_{c2}$，$i_{c1}R_{c1}=i_{c2}R_{c2}$，即 $u_{c1}=u_{c2}$，故输出电压为 $u_o=u_{c1}-u_{c2}=0$。

温度升高时，两管的集电极电流同步增加，相应地，集电极电位同步下降。由于电路对称，两管变化量相等，即 $\Delta u_{c1}=\Delta u_{c2}$，因此输出电压为 $u_0=u_{c1}-u_{c2}=0$，可见，虽然每只管子的零漂并未减少，但两管各自的零漂电压在输出端可以互相抵消，因而使零漂被抑制掉。显然，电路的对称性越好，对零漂的抑制能力越强。在集成运算放大器等集成电路中，其输入级都采用差分放大电路，由于工艺上可以做到电路的对称性较高，因而都有较强的抑制零漂能力。

2. 输入信号类型及差模电压放大倍数

基本差动放大电路的输入信号可分为共模信号和差模信号两种。在放大器两输入端分别输入大小相等、极性相同的信号，即 $u_{i1}=u_{i2}$，这种输入方式称为共模输入，这种信号称为共模信号。共模输入信号常用 u_{ic}表示。即 $u_{ic}=u_{i1}=u_{i2}$。

图 8-2（a）所示为差动放大电路共模输入的情况。在共模输入下，因电路对称，两管的集电极电位变化相同，因而输出电压 u_{oc}恒为零。这和输入信号为零（静态）的输出结果一样。它说明，差动放大电路对共模信号没有放大作用，或者说对共模信号有抑制能力。其实，上述差动放大电路对零漂的抑制作用就是抑制共模信号。

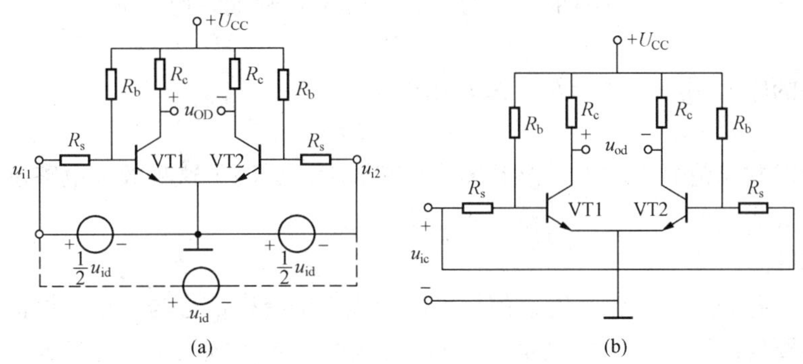

图 8-2 差动放大电路共模输入方式

（a）共模输入；（b）差模输入

在放大器两输入端分别输入大小相等、极性相反的信号，即 $u_{i1}=-u_{i2}$，这种输入方式称为差模输入，这种信号称为差模信号。差模输入信号常用 u_{id}表示，即

$$u_{i1}=u_{id}/2$$

$$u_{i2}=-u_{id}/2$$

图 8-2（b）所示即为差分放大电路差模输入的情况。因电路对称、参数相同，两管集电极电位的变化必定大小相等、极性相反，若某个管集电极电位升高 Δu_c，则另一个必然降低 Δu_c。

设两管电压放大倍数分别为 A_1、A_2，集电极输出电压分别为 u_{o1}、u_{o2}，则

$$u_{o1}=A_1u_{i1}=A_1u_{id}/2$$

$$u_{o2}=A_2u_{i2}=-A_2u_{id}/2$$

总电路的输出为

$$u_{od}=u_{o1}-u_{o2}=(A_1+A_2)u_{id}/2$$

因电路对称，$A_1=A_2=A$，故

$$u_{od}=2Au_{id}/2=Au_{id}$$

差模电压放大倍数为

$$A_d = \frac{u_{od}}{u_{id}} = A$$

可见，差分放大电路的差模电压放大倍数与单管共射放大电路的电压放大倍数相同。

由单管共射放大电路的电压放大倍数计算式，有

$$A_d = A = \frac{\beta R_c}{r_{be}} \frac{R_b /\!/ r_{be}}{R_s + r_{be}} = -\frac{\beta R_c}{R_s\left(1+\frac{r_{be}}{R_b}\right)+r_{be}}$$

一般$R_b \gg r_{be}$，故有

$$A_d = A \approx -\frac{\beta R_c}{R_s + r_{re}} \tag{8-1}$$

当两个集电极接有负载R_L时，式（8-1）应为

$$A_d = \frac{\beta R'_L}{R_s + r_{be}}$$

其中

$$R_L = R_C /\!/ (R_L/2)$$

放大电路的输入回路经过两个管子的发射结和R_s，故输入电阻为

$$R_{id} = 2(R_s + r_{be}) \tag{8-2}$$

放大电路的输入端经过两个R_c，故输出电阻为

$$r_o \approx 2R_c \tag{8-3}$$

差分电路对共模信号无放大、对差模信号有放大，说明了这种放大电路是根据两端输入信号之差来放大的，输入有差别，输出才变动。

3. 共模抑制比

如上所述，差分放大电路的输入信号可以看成一个差模信号与一个共模信号的叠加。对于差模信号，要求放大倍数尽量地大；对于共模信号，希望放大倍数尽量地小。为了全面衡量一个差分放大电路放大差模信号、抑制共模信号的能力，引入共模抑制比K_{CMR}这个量，用来综合表征这一性质。其定义为

$$K_{CMR} = \left|\frac{A_d}{A_c}\right| \tag{8-4}$$

用对数形式表示为

$$K_{CMR} = 20\lg\left|\frac{A_d}{A_c}\right| \text{dB} \tag{8-5}$$

式（8-5）说明，共模抑制比越大，差模信号（有用信号）的能力越强，抑制共模信号（无用信号）的能力也越强。在实际应用电路中，共模输入信号常常比差模输入信号大，而且零漂也可看成共模信号，因此，要求放大器的共模抑制比高，这样电路受共模信号及零漂的干扰小，电路的质量就高。共模抑制比是差分放大电路的一项十分重要的技术指标。理想情况下，$K_{CMR} \to \infty$。一般差放电路的K_{CMR}为40～60dB，高水平的可达120dB以上。

8.2 集成运算放大器

8.2.1 集成运算放大器概述

前面所讨论的放大电路，都是由单个元件连接起来的电路，称为分立元件电路。随着科学技术的迅速发展，要求电子电路所完成的功能越来越多，其复杂程度也不断增加。例如，

一台电子计算机上所采用的元器件数目就高达几千甚至上万个。元件数目的庞杂，给分立元件电路的应用带来极大的问题：一是元器件数目增多必将导致设备的体积、质量、电能消耗增大；二是元器件之间的焊点太多，必然造成设备的故障率提高。为解决上述问题，人们研制出一种崭新的电子器件——集成电路。

集成电路（英文简称 IC）是 20 世纪 60 年代初发展起来的一种新型半导体器件。集成电路体积小、密度大、功耗低、引线短、外接线少，从而大大提高了电子电路的可靠性与灵活性，减少了组装和调整工作量，降低了成本。它已深入到工农业、日常生活及科技领域的诸多产品中。例如，在导弹、卫星、飞机等军事装备中，在数控机床、仪器仪表等工业设备中，在通信技术和计算机中，在音响、洗衣机、空调等家用电器中，都采用了集成电路。集成电路的发展，对各行各业的技术改造与产品更新起到了促进作用。

集成电路按外形及封装形式分为双列直插式、扁平式、圆壳式等，如图 8-3 所示。目前国内应用最多的是双列直插式。

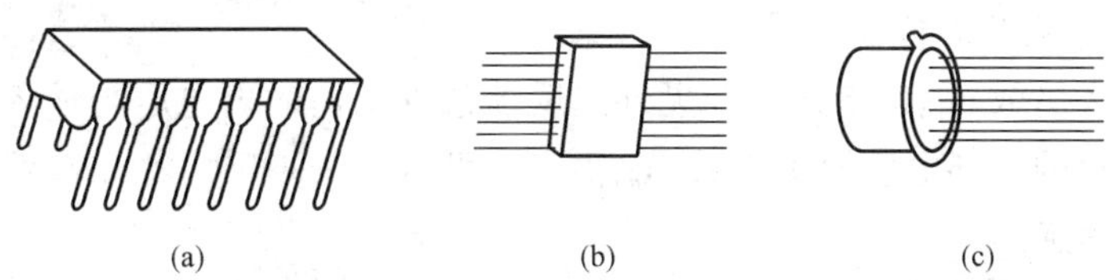

图 8-3 集成电路外形图

(a) 双列直插式；(b) 扁平式；(c) 圆壳式

8.2.2 集成运算放大器的基本组成

集成运算放大器是一种集成化的半导体器件，它实质上是一个具有很高放大倍数的、直接耦合的多级放大电路，也可以简称为集成运放。集成电路的型号类型很多，内部电路也各有差异，但它们的基本组成是相同的，主要由输入级、中间放大级、输出级和偏置电路四部分构成，如图 8-4 所示。

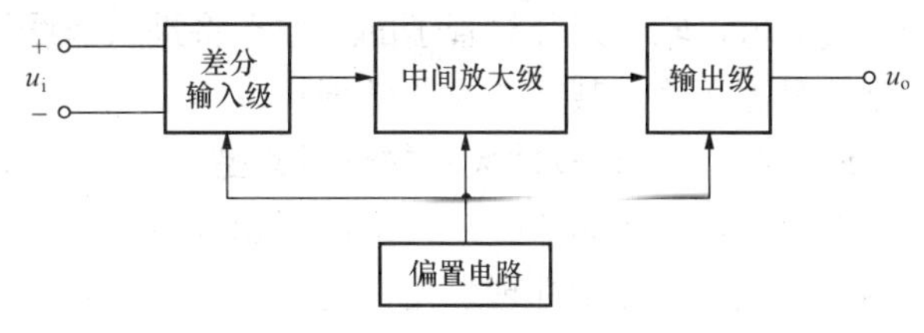

图 8-4 集成运放的基本组成框图

1. 输入级

集成运放的输入级又称为前置级，是决定运放性能好坏的关键，通常由一个高性能的双端输入差动放大器组成。输入级要求输入电阻高，差模电压放大倍数大，共模抑制比大，静态电流小，利用差动放大电路的对称特性来提高整个电路的共模抑制比和电路性能。

2. 中间放大级

中间放大级是整个集成运放的主放大器，其性能的好坏直接影响集成运放的放大倍数。在集成运放中，通常采用复合管的共发射极电路作为中间级电路，主要作用是提高电压增益。

3. 输出级

输出级又称功率放大级，要求有较小的输出电阻以提高带负载能力，通常采用电压跟随器或互补的电压跟随器组成，一般由 PNP 和 NPN 两种极性的三极管或复合管组成，以获得正负两个极性的较大输出电压或电流，目的是降低输出电阻，提高带负载能力。

4. 偏置电路

集成运放工作在线性区时，其外部常常接有偏置的反馈电路，以便向集成运放内部各级电路提供合适又稳定的静态工作点电流，一般由各种电流源电路构成。

此外，集成运放电路中还有一些辅助环节，如电平移动电路、过载保护电路等。

集成运放的符号如图 8-5 所示。它有两个输入端，一个输出端。两个输入端中，一个为同相输入端，另一个为反相输入端，在符号图中分别用“+”、“-”表示。所谓同相输入端是指反相输入端接地，输入信号加到同相输入端，则输出信号和输入信号极性相同。所谓反相输入端是指同相输入端接地，输入信号加到反相输入端，则输出信号和输入信号极性相反。

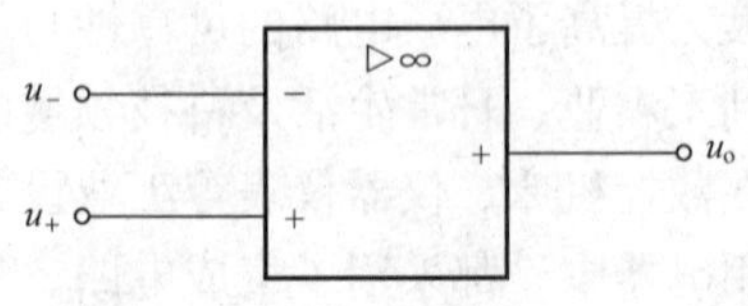

图 8-5 集成运放的符号

8.2.3 集成运算放大器的主要技术指标

1. 开环差模电压放大倍数 A_{uo}

开环电压放大倍数 A_{uo} 是指运放在无外加反馈条件下，输出电压与输入电压的变化量之比。一般集成运放的开环电压放大倍数 A_{uo} 很高，可达 $10^4 \sim 10^7$。

2. 差模输入电阻 r_i

电路输入差模信号时，运放的输入电阻，其值很高，一般可达几十千欧至几十兆欧。

3. 输出电阻 r_o

r_o 是集成运放开环工作时，从输出端向里看进去的等效电阻，其值越小，说明集成运放带负载的能力越强。

4. 最大共模输入电压 U_{ICM}

最大共模输入电压是指在保证运放正常工作条件下允许输入的最大共模信号。共模电压若超过此值，输入差分对管子的工作点将进入非线性区，使放大器失去共模抑制能力，共模抑制比显著下降，甚至造成器件损坏。

8.2.4 集成运算放大器的理想模型

在分析运算放大器时，为了使问题分析简化，通常把它看成一个理想元件，即将实际运放的一些技术性能指标理想化，这在工程上是允许的。理想运放具有以下主要参数：开环差模电压放大倍数 $A_{uo}=\infty$，差模输入电阻 $r_i=\infty$，输出电阻 $r_o=0$，共模抑制比 $K_{CMR}=\infty$。

集成运算放大器可以工作在线性区，也可以工作在非线性区。工作在不同区域，所遵循的规律是不相同的。为了使集成运算放大器工作在线性区，通常把外部电阻、电容、半导体器件等，跨接在集成运算放大器的输出端与输入端之间构成闭环负反馈工作状态，限制其电压放大倍数。

工作在线性区域的理想集成运算放大器有两个重要结论：

(1) 同相输入端和反相输入端的电位相等（虚短）。

在线性工作范围内，集成运算放大器两个输入端之间的电压为 $u_i=u_+-u_-=\dfrac{u_o}{A_{uo}}$。而理想集成运放的 $A_{uo}=\infty$，输出电压 u_o 又是一个有限值，所以有

$$u_i = u_+ - u_- = 0, \quad 即 \quad u_+ = u_- \tag{8-6}$$

我们把集成运放两个输入端电位相等称为虚短。“虚短”的意思就是，$u_+=u_-$ 包含有同

相端与反相端两者短路的含义，但并非真正的短路。

（2）同相输入端和反相输入端的输入电流等于零（虚断）。

因为理想集成运放的 $r_i=\infty$，所以由同相输入端和反相输入端流入集成运放的信号电流为零，即

$$i_+ = i_- = 0 \tag{8-7}$$

理想集成运放的两个输入端不从外部电路取用电流，两个输入端之间好像断开一样，但又不能真正的断开，故这种现象称为虚断。对于理想集成运算放大器，无论它工作在线性区，还是工作在非线性区，式（8-7）总是成立的。

应用上述两个结论，可以使集成运放应用电路的分析大大简化，因此，这两个结论是分析具体运算放大器组成电路的依据。

运算放大器工作在饱和区时，输出电压 u_o 只有两种可能，或等于 u_{o+} 或等于 u_{o-}，而 u_+ 与 u_- 不一定相等：

当 $u_+ > u_-$ 时，$u_o = u_{o+}$；

当 $u_+ < u_-$ 时，$u_o = u_o$。

8.3 运算放大器的基本运算电路

输出与输入模拟信号之间构成一定的数学运算关系的电路称为运算电路，利用负反馈技术，采用集成运算放大器就可以构成各种运算电路。

8.3.1 比例运算电路

1. 反相比例运算电路

反相比例运算电路（又称反相输入放大器）的基本形式如图 8-6 所示。输入信号 u_i 经电阻 R_1 加至集成运放反相端，反馈支路由 R_F 构成，将输出电压 u_o 反馈至反相输入端。R_F 为反馈电阻，构成深度电压并联负反馈。同相端通过电阻 R_2 接地，R_2 称为直流平衡电阻，其作用是使集成运算放大器两输入端的对地直流电阻相等，从而避免运算放大器输入偏置电流在两输入端之间产生附加的差模输入电压，故要求 $R_2 = R_1 // R_F$。

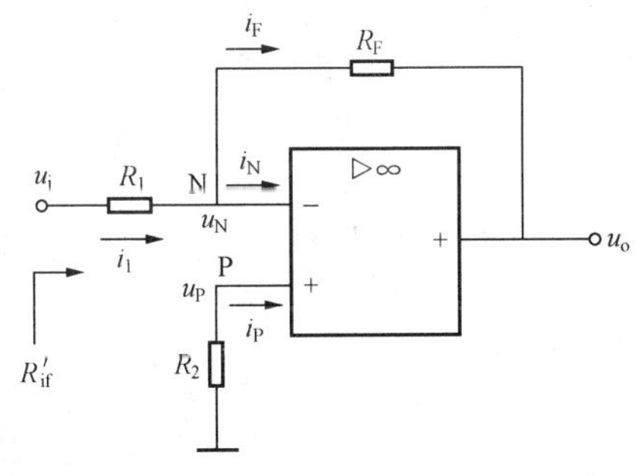

图 8-6 反相比例运算电路

根据运算放大器输入端“虚断”可得 $i_P \approx 0$，故 $u_P \approx 0$；根据两输入端“虚短”可得 $u_N \approx u_P \approx 0$。因此，可求得

$$i_1 = \frac{u_i - u_N}{R_1} \approx \frac{u_i}{R_1}$$

$$i_F = \frac{u_N - u_o}{R_F} \approx -\frac{u_o}{R_F}$$

根据运算放大器输入端“虚断”，可知 $i_N \approx 0$，故有 $i_1 \approx i_F$，所以

$$\frac{u_i}{R_1} \approx -\frac{u_o}{R_F}$$

故可得输出电压与输入电压的关系为

$$u_o = -\frac{R_F}{R_1}u_i \tag{8-8}$$

可见，u_o与u_i成比例，输出电压与输入电压反相，因此称为反相比例运算电路，其比例系数为

$$A_{uf} = \frac{u_o}{u_i} = -\frac{R_F}{R_1} \tag{8-9}$$

由于$u_N \approx 0$，由图可得该反相比例运算电路的输入电阻为

$$R'_{if} \approx R_1 \approx R_1 \tag{8-10}$$

因此，反相比例运算电路主要有如下工作特点：

(1) 它是深度电压并联负反馈电路，可作为反相放大器，调节R_F、R_1比值即可调节比例系数A_{uf}；A_{uf}绝对值可大于1也可小于1。

(2) 输入电阻等于R_1；输出电阻近似等于零，电路带负载后运算关系不变。

(3) $u_N \approx u_P \approx 0$，所以运算放大器共模输入信号$u_{ic} \approx 0$，对集成运算放大器$K_{CMR}$的要求较低。这也是所有反相运算电路的特点。另外，根据反相运算电路中$u_N \approx u_P \approx 0$这种情况，常将集成运算放大器输入端N称为“虚地”端。

2. 同相比例运算电路

同相比例运算电路如图8-7所示。输入信号u_i通过电阻R_2加到集成运算放大器的同相输入端，而输出信号通过反馈电阻R_F回送到反相输入端，构成深度电压串联负反馈，反相端则通过电阻R_1接地。R_2同样是直流平衡电阻，应满足$R_2 = R_1 // R_F$。

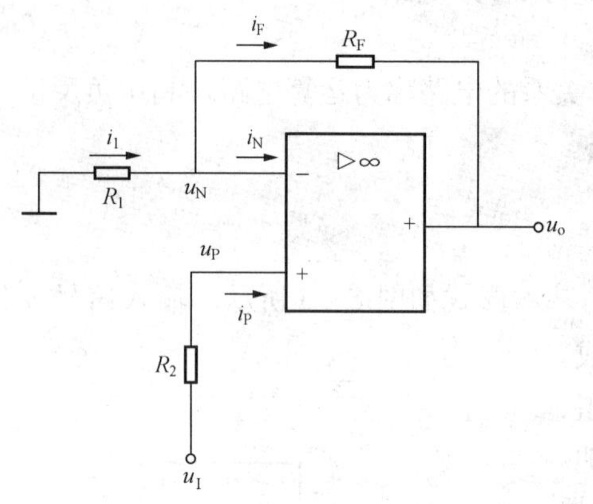

图8-7 同相比例运算电路

根据运算放大器输入端“虚断”可得$i_N \approx 0$，故有$i_1 \approx i_F$，因此由图8-7可得

$$\frac{0 - u_N}{R_1} \approx \frac{u_N - u_o}{R_F}$$

由于$U_N \approx U_P \approx U_i$，所以可求得输出电压$u_o$与输入电压$u_i$的关系为

$$u_o = \left(1 + \frac{R_F}{R_1}\right)u_P = \left(1 + \frac{R_F}{R_1}\right)u_i \tag{8-11}$$

可见u_o与u_i同相且成比例，故称为同相比例运算电路，其比例系数为

$$A_{uf} = \frac{u_o}{u_i} = 1 + \frac{R_F}{R_1} \tag{8-12}$$

如果取$R_1 = \infty$或$R_F = 0$，则由式(8-12)可得$A_{uf} = 1$，这种电路称为电压跟随器，如图8-8所示。

根据运算放大器同相端“虚断”可得，同相比例运算电路的输入电阻为

$$R_{if} \approx \infty \tag{8-13}$$

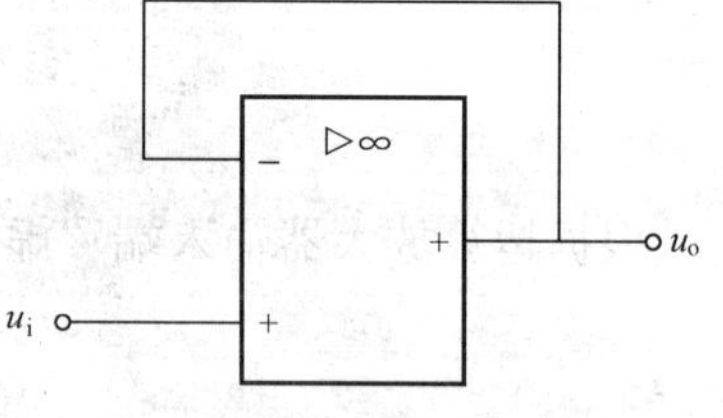

图8-8 电压跟随器

综上所述，同相比例运算电路主要有如下工作特点：

(1) 它是深度电压串联负反馈电路，可作为同相放大器，调节 R_F、R_1 比值即可调节比例系数 A_{uf}，其值可大于 1 或等于 1。

(2) 输入电阻趋于无穷大，输出电阻趋于零。

(3) $u_N \approx u_P \approx u_i$，说明此时运算放大器的共模信号不为零，而等于输入信号 u_i，因此在选用集成运算放大器构成同相比例运算电路时，要求运算放大器应有较高的最大共模输入电压和较高的共模抑制比。

8.3.2 加减运算电路

1. 求和运算电路

求和运算即对多个输入信号进行加法运算，根据输出信号与求和信号反相还是同相分为反相求和运算和同相求和运算两种方式。

(1) 反相求和运算电路。图 8-9 所示为反相输入求和运算电路，它是利用反相比例运算电路实现的。图中输入信号 u_{i1}、u_{i2} 分别通过电阻 R_1、R_2 加至运算放大器的反相输入端，R_3 为直流平衡电阻，要求 $R_3 = R_1 /\!/ R_2 /\!/ R_F$。

根据运算放大器反相输入端虚断可知 $i_F \approx i_1 + i_2$，而根据反相运算时运算放大器输入端虚地可知 $u_N \approx 0$，因此由图 8-9 可得

$$-\frac{u_o}{R_F} \approx \frac{u_{i1}}{R_1} + \frac{u_{i2}}{R_2}$$

故可求得输出电压为

$$u_o = -R_F\left(\frac{u_{i1}}{R_1} + \frac{u_{i2}}{R_2}\right) \tag{8-14}$$

由此可见实现了反相加法运算。若 $R_F = R_1 = R_2$，则

$$u_o = -(u_{i1} + u_{i2})$$

由式 (8-14) 可见，这种电路在调一路输入端电阻时并不影响其他路信号产生的输出值，因而调节方便，使用得比较多。

(2) 同相求和运算电路。图 8-10 所示为同相输入求和运算电路，它是利用同相比例运算电路实现的。图中，输入信号 u_{i1}、u_{i2} 均加至运算放大器同相输入端。为使直流平衡电阻，要求 $R_2 /\!/ R_3 = R_1 /\!/ R_F$。

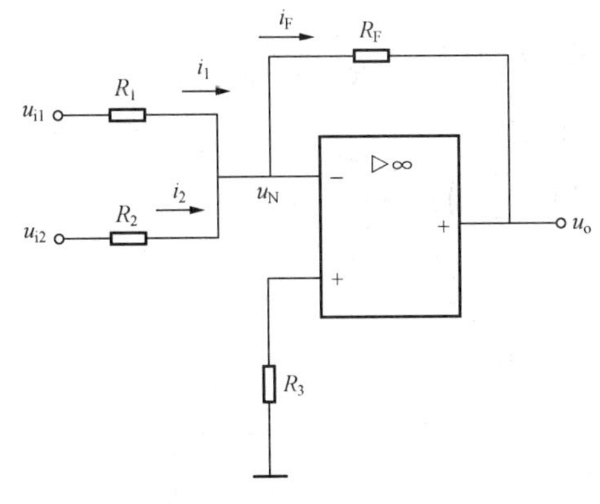

图 8-9 反相输入求和运算电路

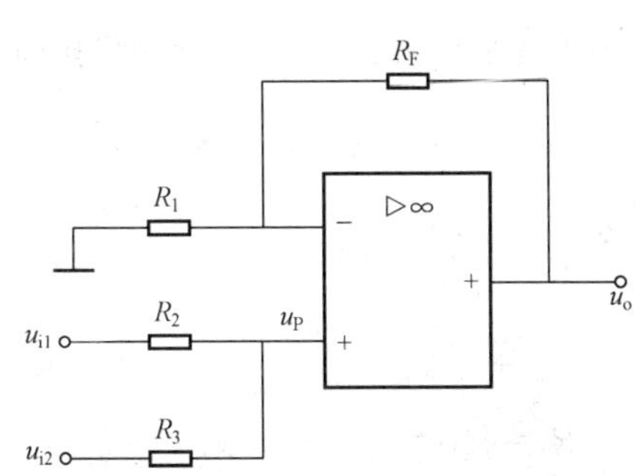

图 8-10 同相输入求和运算电路

根据运算放大器同相端虚断，对 u_{i1}、u_{i2} 应用叠加定理可求得

$$u_P = \frac{R_3}{R_2+R_3}u_{i1} + \frac{R_2}{R_2+R_3}u_{i2}$$
$$= \frac{R_2R_3}{R_2+R_3}\frac{u_{i1}}{R_2} + \frac{R_2R_3}{R_2+R_3}\frac{u_{i2}}{R_3}$$
$$= (R_2 /\!/ R_3)\left(\frac{u_{i1}}{R_2} + \frac{u_{i2}}{R_3}\right) \tag{8-15}$$

根据同相输入时输出电压与运算放大器同相端电压 u_P 的关系式，可得

$$u_o = \left(1+\frac{R_F}{R_1}\right)u_P = \left(1+\frac{R_F}{R_1}\right)(R_2 /\!/ R_3)\left(\frac{u_{i1}}{R_2} + \frac{u_{i2}}{R_3}\right) \tag{8-16}$$

将式（8-16）进行变换，得

$$u_o = \frac{R_1+R_F}{R_1R_F}R_F\,(R_2 /\!/ R_3)\left(\frac{u_{i1}}{R_2} + \frac{u_{i2}}{R_3}\right)$$
$$= \frac{R_2 /\!/ R_3}{R_1 /\!/ R_F}R_F\left(\frac{u_{i1}}{R_2} + \frac{u_{i2}}{R_3}\right)$$

因 $R_2 /\!/ R_3 = R_1 /\!/ R_F$，所以

$$u_o = R_F\left(\frac{u_{i1}}{R_2} + \frac{u_{i2}}{R_3}\right) \tag{8-17}$$

若 $R_2=R_3=R_F$，则 $u_o = u_{i1}+u_{i2}$。应当指出，只有在 $R_2 /\!/ R_3 = R_1 /\!/ R_F$ 的条件下，式（8-17）才成立，否则应利用式（8-16）求解。与反相求和运算比较，同相求和运算电路共模输入电压较高。且不方便调节，但其输入电阻大，常用于要求输入电阻较大的场合。

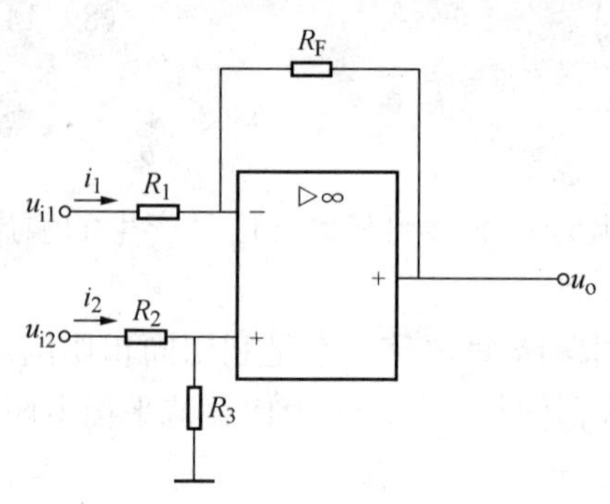

图 8-11 减法运算电路

2. 减法运算电路

减法运算电路如图 8-11 所示，由叠加定理可以得到输出与输入的关系。

u_{i1} 单独作用时，为反相比例运算电路，输出电压为

$$u_o' = -\frac{R_F}{R_1}u_{i1}$$

u_{i2} 单独作用时，为同相比例运算电路，输出电压为

$$u_o'' = \left(1+\frac{R_F}{R_1}\right)\frac{R_3}{R_2+R_3}u_{i2}$$

根据叠加定理，u_{i1} 和 u_{i2} 共同作用时，输出电压为

$$u_o = u_o' + u_o'' = -\frac{R_F}{R_1}u_{i1} + \left(1+\frac{R_F}{R_1}\right)\frac{R_3}{R_2+R_3}u_{i2}$$

若 $\frac{R_F}{R_1} = \frac{R_3}{R_2}$，则

$$u_o = \frac{R_F}{R_1}(u_{i2} - u_{i1})$$

若 $R_1=R_2=R_3=R_F$，则

$$u_o = u_{i2} - u_{i1}$$

由此可见，输出电压与两个输入电压之差成正比，实现减法运算。该电路也称为差分放大电路。

【例8-1】 使用两只集成运算放大器构成的减法运算电路如图8-12所示，试求出输出电压与输入电压的运算关系。

解 在多个运算电路相连接时，由于前级电路的输出电阻均为零，其输出电压仅受控于它自己的输入电压，后级电路并不影响前级电路的运算关系。所以在分析多级运算电路运算关系时，只需逐级将前级电路的输出电压作为后级电路的输入电压代入后级电路的运算关系式，就可以得到整个电路的运算关系式。

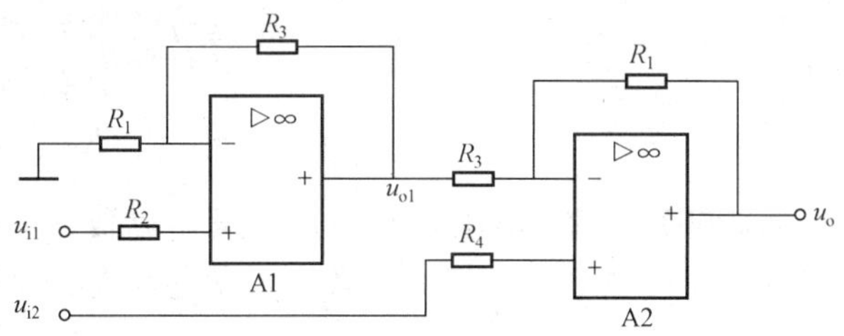

图8-12 高输入电阻减法运算电路

由图8-12可见，A1构成同相比例运算电路，因而有

$$u_{o1} = \left(1+\frac{R_3}{R_1}\right)u_{i1}$$

利用叠加定理可得A2的输出电压为

$$u_o = \left(1+\frac{R_1}{R_3}\right)u_{i2} - \frac{R_1}{R_3}u_{o1}$$

将u_{o1}代入u_o的表达式，即可得到电路的运算关系式为

$$u_o = \left(1+\frac{R_1}{R_3}\right)u_{i2} - \frac{R_1}{R_3}\frac{R_1+R_3}{R_1}u_{i1} = \left(1+\frac{R_1}{R_3}\right)(u_{i2}-u_{i1})$$

由此可见，电路输出电压与两输入电压之差成正比例。由图8-12可以看出，无论对于u_{i1}还是u_{i2}均可认为输入电阻为无穷大。

8.3.3 积分和微分运算电路

1. 积分运算电路

将反相比例运算电路的反馈电阻R_F用电容C替换，则构成积分运算电路，如图8-13所示。由理想运放的“虚短”和“虚断”条件可知

$$i_1 = i_F = \frac{u_i}{R_1}$$

$$u_o = -u_C = -\frac{1}{C}\int i_F\,dt = -\frac{1}{C}\int i_1\,dt = -\frac{1}{C}\int \frac{u_i}{R_1}dt$$

即

$$u_o = -\frac{1}{R_1C}\int u_i\,dt$$

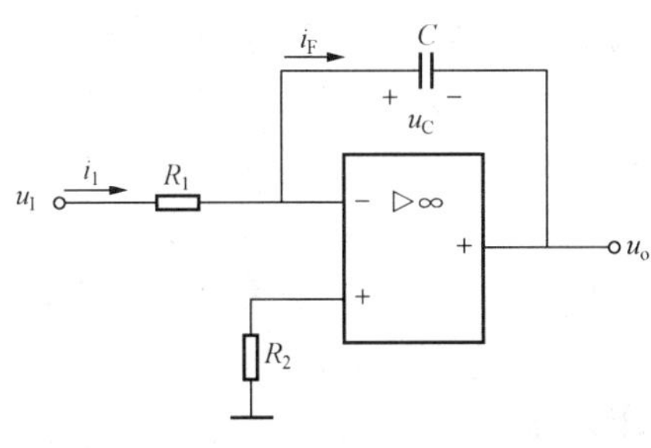

图8-13 积分运算电路

由此可见，输出电压u_o与输入电压u_i成积分关系，实现了积分运算。其比例常数取决于积分时间常数$\tau=R_1C$，其值大小决定积分作用的强弱。R_1C越小，积分作用越强；反之积分作用越弱。其中，“—”表示输出与输入反相。

2. 微分运算电路

将积分运算电路的R_1与C位置对调，即为微分运算电路，如图8-14所示。

微分电路当输入信号频率较高时，电容的容抗较小，放大倍数增大，因而对输入信号中的高频干扰非常敏感。

由理想运放的“虚短”和“虚断”条件可得

$$i_1 = C\frac{du_C}{dt} = C\frac{du_i}{dt}$$

$$u_o = -R_F i_F = -R_F i_1 = -R_F C\frac{du_i}{dt}$$

由此可见，输出电压 u_o 与输入电压 u_i 成微分关系，实现了微分运算。电路中的比例常数取决于时间常数 $\tau = R_F C$。当输入信号为矩形波电压时，输出信号为尖脉冲电压，如图 8-15所示。

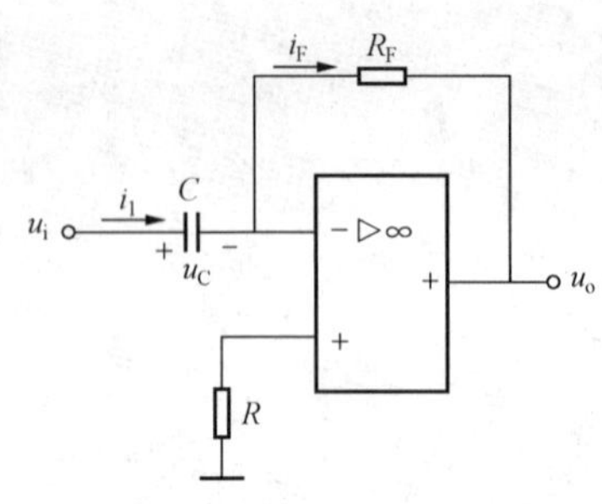

图 8-14 微分运算电路

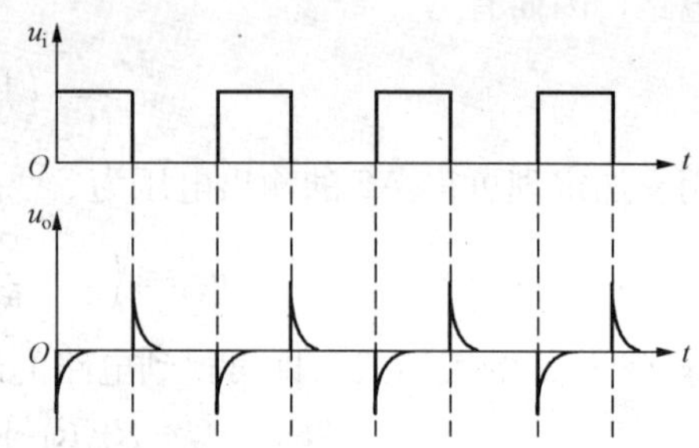

图 8-15 微分电路的波形变化

8.4 集成运算放大器在汽车上的应用

8.4.1 实用电路

1. 电桥信号放大电路

如果需要对温度、压力、形变等进行检测，可采用如图 8-16 所示的电桥信号放大电路。图中电桥的一个臂是由传感器构成的。

当传感器的电阻值没有变化时，即 $\Delta R = 0$ 时，由于电桥平衡，则运放电路输出电压 $u_o = 0$；若当传感器因温度、压力或其他变化而使传感器的电阻值发生变化时（用 ΔR 表示），电桥就失去了平衡，变化的电信号使运放产生输出电压 u_o，输出电压 u_o 一般很小，需要经过放大器进行放大。

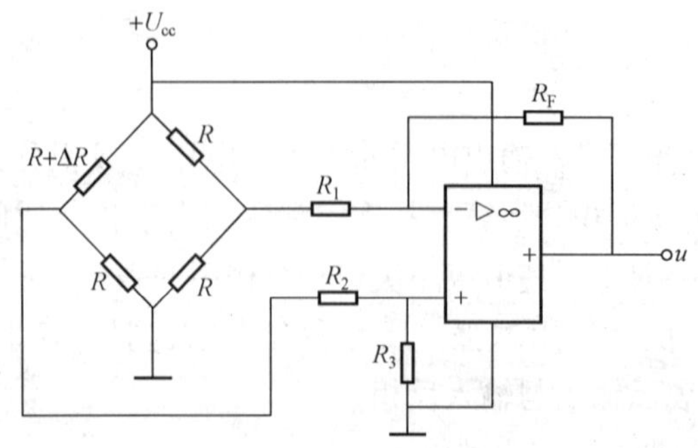

图 8-16 电桥信号放大电路

在汽车电喷发动机中，用来测量进气量的进气压力传感器就是由压敏电阻和集成运放制成的。这种传感器被美国通用、日本丰田等汽车公司广泛采用，国产桑塔纳 2000GLi 型轿车也是采用该传感器。图 8-17 所示为压敏电阻式进气压力传感器的结构示意和工作原理。

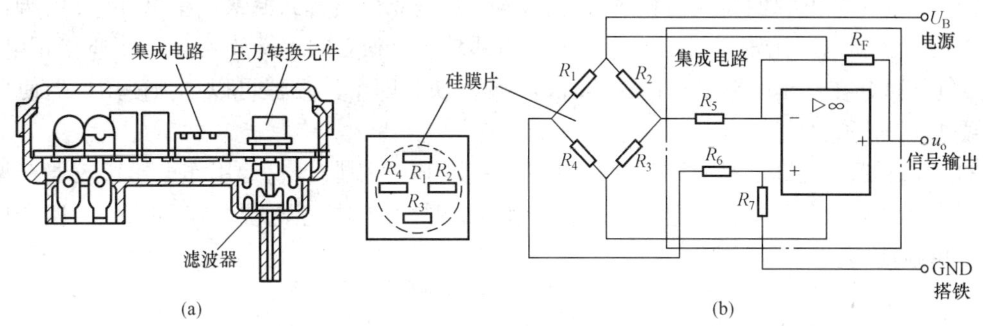

图 8-17 压敏电阻式进气压力传感器

该传感器有一个通气口与进气管相通，进气压力通过该口加到压力转换元件上。压力转换元件是由 4 个压敏电阻构成的硅膜片。硅膜片受压力变形后，电桥输出信号，压力越大，输出信号越强。该信号经集成运放放大后传送给 ECU（electronic control unit）电子控制单元，该进气压传感器与进气温度传感器制成一体。

2. 光电测量电路

光电二极管、光电三极管或其他光电器件能够将光信号转变为电信号。图 8-18 所示为一种最简单的光电测量电路。

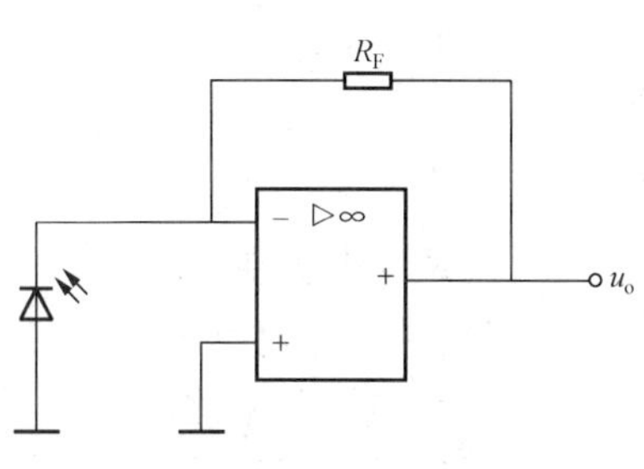

图 8-18 光电测量电路

当无光照时，光电二极管的反向电流很小，集成运放的输出电压 $u_o=0$。有光照时，二极管有光电流流过，光的照度越大，光电流就越大，经过集成运放后的输出电压 u_o就越大。在汽车自动空调控制系统中，用作检测日照量的传感器就是经过设置在 ECU 内部的上述电路进行信号放大的。

3. 电压比较器在汽车中的应用

(1) 汽车中常用的几种典型电压比较器。集成运放被用作电压比较器时，常见于汽车电子电路中，最常用的比较器有以下几种：LM741、LM324 和 LM339。

1) LM741 双电源单集成运算放大器。LM741 是双列直插式封装，一共 8 个引脚（见图 8-19）。可以用作放大器也可以用作电压比较器。7 脚接正电源，4 脚接负电源，在放大交流信号时接负电位信号，保证信号的完整性，在汽车电路中用作放大器或电压比较器时直接搭铁。2 脚是放大器的反相输入端，3 脚是同相输入端，6 脚是放大器输出端，1、5 脚是在放大交流信号时电路调零端，在汽车电路中不用，8 脚是空脚。LM741 是双列直插式封装，一共 8 个引脚，可以用作放大器也可以用作电压比较器，7 脚接正电源，4 脚接负电源，在放大交流信号时接负电位信号，保证信号的完整性，在汽车电路中用作放大器或电压比较器时直接搭铁。2 脚是放大器的反相输入端，3 脚是同相输入端，6 脚是放大器输出端，1、5 脚是在放大交流信号时电路调零端，在汽车电路中不用，8 脚是空脚。

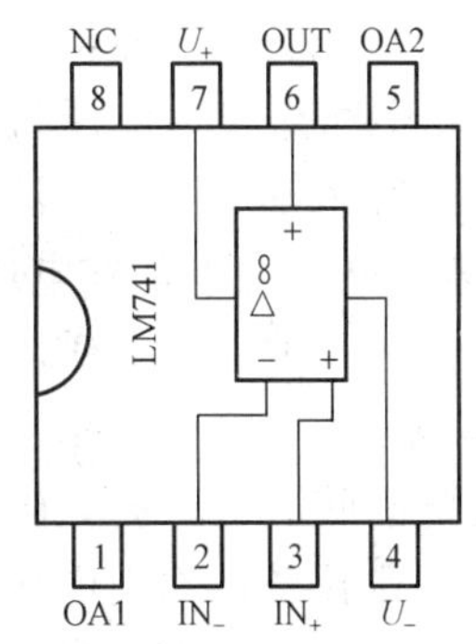

图 8-19 LM741 引脚图

2）LM324 双电源四集成运算放大器。LM324 是双列直插式封装，一共 14 个引脚，可以用作放大器和电压比较器（见图 8-20）。内部是四个独立的运算放大器。11 脚接正电源，4 脚接负电源，在汽车电路中作比较器时，4 脚搭铁。四个比较器可以单独使用，但使用时一定要加上电源。

3）LM339。LM339 是双列直插式封装，一共 14 个引脚，它专用作电压比较器（见图 8-21）。内部是四个独立比较器，而且只需接单电源。3 脚接正电源，12 脚搭铁。四个比较器可以单独使用。

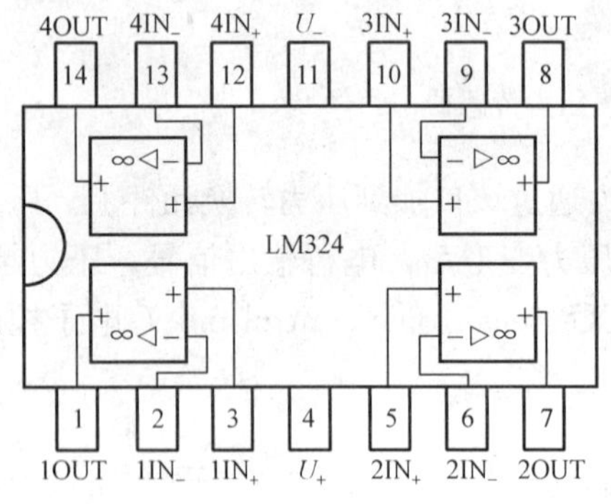

图 8-20 LM324 引脚图

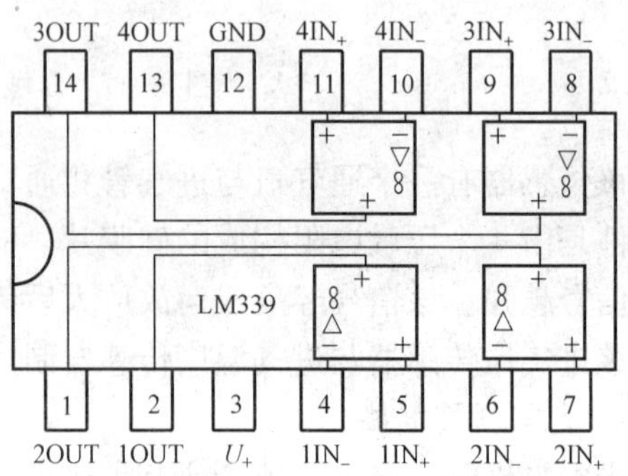

图 8-21 LM339

（2）电压比较器在汽车电子电路中的应用。

1）氧传感器通过电压比较器与 ECU 之间进行信号传递。电喷发动机的主要目的就是控制发动机在理论空燃比附近工作，保证排放合乎法规要求。在电喷发动机闭环控制系统中，氧传感器承担着向 ECU 传递发动机是否工作在理论空燃比附近的任务。控制系统根据氧传感器的输出信号对喷油量进行修正。

控制系统规定，当氧传感器输出电压大于 0.5V 时，认为混合气过浓；小于 0.5V，认为混合气过稀。氧传感器与 ECU 之间就是通过电压比较器进行信号传递的。图 8-22 所示为氧传感器与 ECU 连线原理图。

ECU 设定 0.45V 为基准电压，当氧传感器信号电压大于基准电压时，比较器输出 $u_o \approx 0$，送给 ECU 进行判断为可燃混合气过稀，增加喷油量；当氧传感器信号电压小于基准电压时，比较器输出 $u_o \approx 0.5V$，送给 ECU 判断为可燃混合气过浓，减少喷油量。

2）蓄电池电压过低报警电路。电阻 R_2 与稳压管 VS 组成电压基准电路，向比较器提供 5V 的基准电压；基准电压接在反相输入端。R_1、R_3 组成分压电路，中间点作为电压检测点，即输入信号接在同相输入端。当蓄电池电压高于 10V 时，输入信号电压大于基准电压，则比较器输出电压为蓄电池电压（10～12V），发光二极管因承受反向电压不发光，表示蓄电池电压正常；当蓄电池电压低于 10V 时，输入信号电压小于基准电压，则比较器输出电压为零，发光二极管承受正向电压导通而发光，指示蓄电池电压过低。

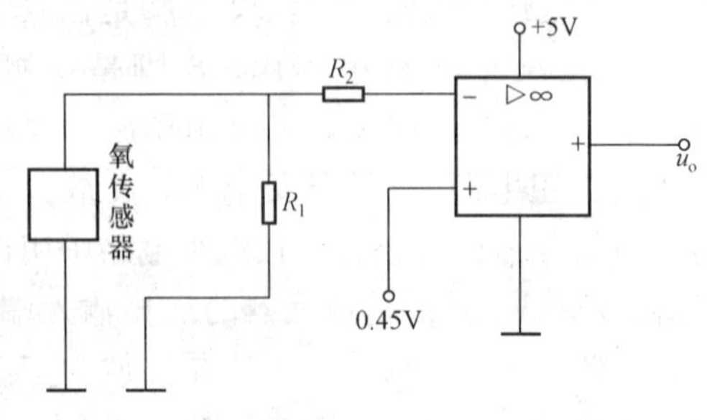

图 8-22 氧传感器与 ECU 的连接

8.4.2 汽车专用集成电路

在汽车上采用运算放大器的控制部件很多，如夏利和丰田轿车用的交流发电机调节器、发动机爆燃控制电路、怠速控制电路及各种信号比较电路等都采用了运算放大器。

部分汽车专用集成电路的用途和性能见表 8-1。

表 8-1　部分汽车专用集成电路的用途和性能

电路名称	型号	用途及性能	封装形式和代号
汽车电压调节器 IC	MC3325	外搭铁型交流发电机配用；具有过压保护、温度补偿、断路报警等功能	塑封，646
低压差电压调节器 IC	LM2931 LM2931C	外搭铁型交流发电机配用；具有调节允差小、温度补偿、过压保护、断路报警等功能	塑封，29、221A、314D
点火控制器 IC	MC3334	用于高能可变导通角磁感应式电子点火系统，能自动调整导通角和火花能量	塑封，626
发动机转速检测器 IC	MC3344	用于检测发动机转速，输入频率范围宽（10Hz～100kHz），电源电压允许范围宽（7～24V），磁滞阻尼可调	塑封 646 陶瓷封装，632
喷油器驱动器 IC	MC3484	用于电控发动机燃油喷射系统，驱动喷油器	塑封，314D
驱动开关 IC	MC3399T	用于接通负载电路，防止产生瞬时高压	塑封，314B
汽车转向闪光器 IC	UAA1041	用于控制转向灯闪光；具有过压保护、短路保护、转向灯故障报警等功能	塑封，626

8.5 技　能　训　练

8.5.1 集成电路的识别

使用集成电路前，必须认真查对和识别集成电路的引脚，确认电源、地、输入、输出及控制等相应的引脚号，以免因错接而损坏器件。引脚排列的一般规律如下：

圆形集成电路：识别时，面向引脚正视。从定位销顺时针方向依次为 1、2、3、4、…。圆形多用于模拟集成电路。

扁平和双列直插型集成电路：识别时，将文字符合标记正放（一般集成电路上有一缺口，将缺口或圆点置于左方）。由顶部俯视，从左下脚起，按逆时针方向数，依次为 1、2、3、4、…。扁平型多用于数字集成电路，双列直插型广泛应用于模拟和数字集成电路。

常用集成电路的引脚排列图和识别方法见表 8-2。

表 8-2　常用集成电路的引脚排列图和识别方法

封装形式	封装标记及引脚识别	引脚识别方法
金属圆形	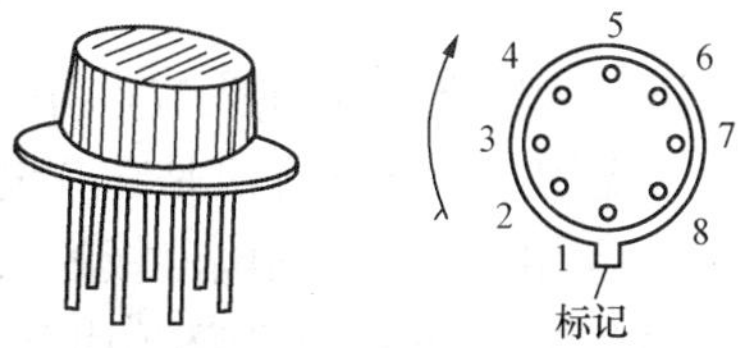 5 4 6 3 7 2 8 1 标记	将引脚朝上，从管键（凸起的定位销）开始，顺时针计数

续表

封装形式	封装标记及引脚识别	引脚识别方法
单列直插式	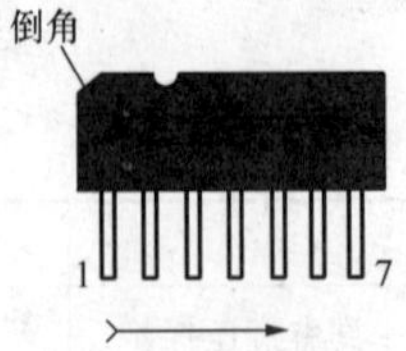 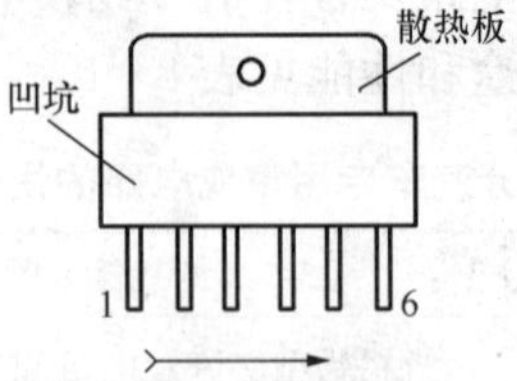 倒角 1 7 散热板 凹坑 1 6	把引脚朝下，面对型号或定位标记，自定位标记一侧的第一只引脚开始计数，依次为1、2、3…
双列直插式	 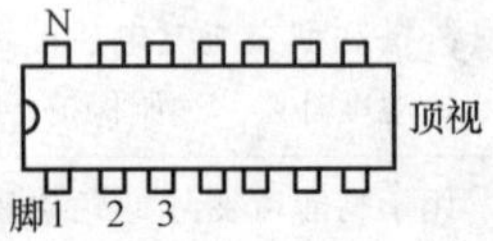 N 顶视 脚1 2 3	将运放正面的字母、代号对着自己，使定位标记（凹坑、倒角、缺角、色点或色带）朝左下方，则处于最左下方的引脚为第一脚，然后按逆时针方向依次计数
双列表面安装	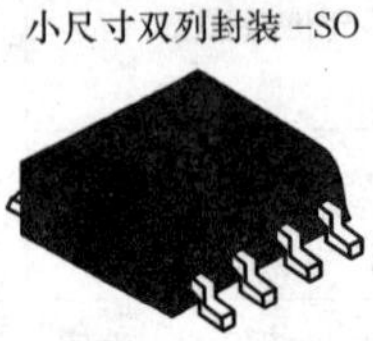 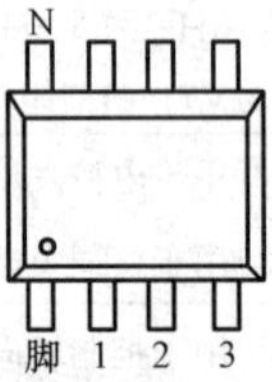 小尺寸双列封装-SO N 脚 1 2 3	将运放正面的字母、代号对着自己，使定位标记（凹坑、倒角、缺角、色点或色带）朝左下方，则处于最左下方的引脚为第一脚，然后按逆时针方向依次计数
扁平矩形	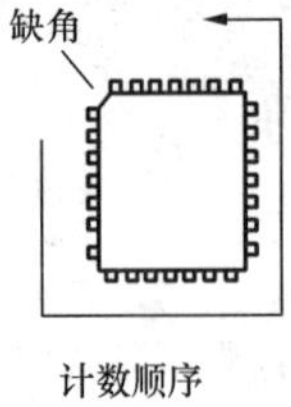  缺角 计数顺序 AI89C51ED2 -UM 0518 046054	从缺角处逆时针依次计数

8.5.2 集成电路的检测

1. 集成电路的基本检测方法

集成电路基本检测方法分为在线检测与脱机检测。

在线检测是测量集成电路各脚的直流电压，与集成电路各引脚直流电压的标称值比较，根据比较结果来判断集成电路的好坏。

脱机检测是测量集成电路各脚间的直流电阻，与集成电路各引脚直流电阻的标称值比较，判断集成电路的好坏。

测得的数据与集成电路资料上数据相符，则可判定集成电路是好的。

2. 在线检测的技巧

在线检测集成电路各引脚的直流电压。为防止表笔在集成电路各引脚间滑动造成短路，可将万用表的黑表笔与直流电压的“地”端固定连接，方法是在“地”端焊接一段带有绝缘层的铜导线，将铜导线的裸露部分缠绕在黑表棒上，放在电路板的外边，防止与板上的其他地方连接。这样用一只手握住红表棒，找准欲测量集成电路的引脚，另一只手可扶住电路板，保证测量时表笔不会滑动。

3. 集成电路的替换检测

当集成电路整机线路出现故障时，检测者往往用替换法来进行集成电路的检测。用同型号的集成块进行替换试验，是见效最快的一种检测方法。

但是要注意，若因负载短路的原因，使大电流流过集成电路造成的损坏，在没有排除故障短路的情况下，用相同型号的集成块进行替换实验，其结果是造成集成块的又一次损坏。因此，替换实验的前提是必须保证负载不短路。

本章小结

1. 直流放大器的作用是可以放大缓慢变化的直流信号。它采用直接耦合的方式，从而产生零点漂移的突出问题，温度对三极管参数的影响是产生零点漂移的主要原因。采用差分放大电路作为多级放大电路的输入级是抑制零点漂移常用的方法。

2. 差分放大电路的主要特点是电路结构对称，能抑制零漂。其基本作用是能放大差模信号，同时能抑制共模信号。共模抑制比反映了差分放大电路的性能。

3. 集成运算放大器是一种内部采用直接耦合的线性集成电路，具有高放大倍数、高输入阻抗和低输出阻抗的特点。在分析集成运放电路时，常常将实际集成运放看成是理想运放。

4. 集成运放实现线性应用的必要条件是接成负反馈形式。工作在线性放大状态时，运放两个输入端之间的电压几乎等于零，称为虚短（若有一端为地电位，则又称为虚地）；运放两个输入端的电流几乎等于零，称为虚断。虚短和虚断是两个十分重要的概念。

5. 在运算电路中，比例、加减运算电路的输出与输入关系是线性关系；积分、微分运算等电路的输出与输入之间是非线性关系，但组件本身工作在线性区。在分析电路的输入、输出关系时，主要利用“虚短”和“虚断”的特点。

习 题

8-1 填空题。

（1）多级放大电路的级间耦合方式一般有__________、__________、__________。

（2）共模信号是指__________，差模信号是指__________。

（3）抑制直流放大器中零点漂移的有效电路是__________，通常用__________作为衡量差动放大电路性能优劣的指标。

（4）理想集成运放的输出电阻应为__________。

（5）运算放大器工作在线性区时，具有__________和__________两个特点，凡是线性电路都可利用这两个概念来分析电路的输入、输出关系。

（6）__________运算电路可将三角波电压转换成方波电压；__________运算电路可将方波电压转换成三角波电压。

8-2 什么是零点漂移？产生零点漂移的主要因素是什么？零点漂移对放大器工作有何影响？差分放大电路为何能抑制零点漂移？

8-3 差分放大电路有何特点？什么是差模、共模输入信号？若 $u_{i1}=3.02V$，$u_{i2}=2.98V$，差模和共模输入电压各为多大？

8-4 集成运放一般由哪几部分组成？各部分的作用如何？

8-5 集成运放的理想化条件主要有哪些？

8-6 已知差分放大电路的输入信号 $u_{i1}=2.01V$，$u_{i2}=2.99V$，试求差模和共模输入电压。若 $A_{ud}=-60$，$A_{uc}=-1.05$，试求该差分放大电路的输出电压 u_o 及 K_{CMR}。

8-7 如图 8-23 所示的电路中，已知 $R_1=3k\Omega$，$R_F=6k\Omega$，$R_2=3k\Omega$，$R_3=18k\Omega$，$U_i=1V$，求输出电压 U_o。

8-8 如图 8-24 所示的电路中，$u_{i1}=2.6V$，$u_{i2}=2.2V$，$R_1=R_2=10k\Omega$，$R_3=R_F=100k\Omega$，求电压放大倍数及输出电压。

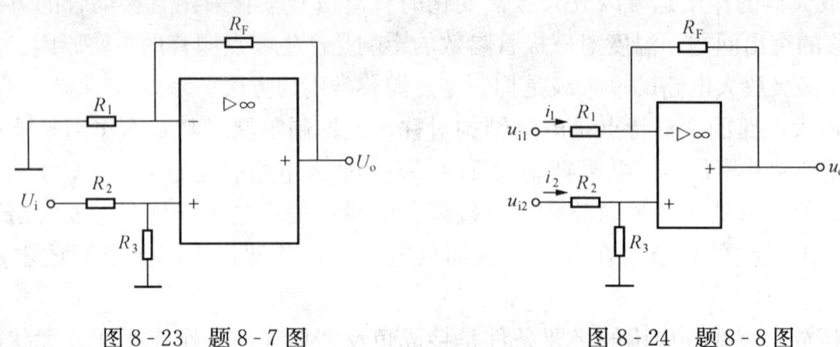

图 8-23 题 8-7 图　　图 8-24 题 8-8 图

8-9 如图 8-25 所示的电路中，已知电阻 $R_F=5R_1$，输入电压 $U_i=5mV$，求输出电压 U_o。

8-10 如图 8-26 所示的电路中集成运放是理想的，试求出它的输出与输入电压的关系。

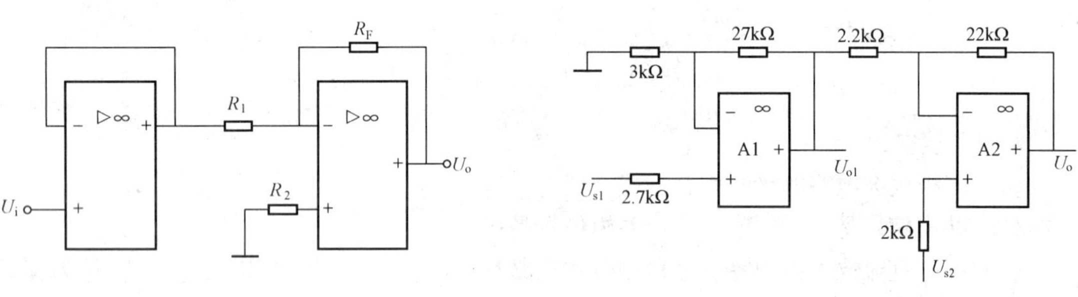

图 8-25 题 8-9 图　　图 8-26 题 8-10 图

8-11 由集成运放组成的晶体管 β 测量电路如图 8-27 所示，试求：(1) 三极管 C、B、E 各极的电位值；(2) 若电压表读数为 200mV，试求被测三极管 β 值。

8-12 分别设计实现下列各运算关系的运算电路。

(1) $u_o=-3u_i(R_F=39k\Omega)$；

(2) $u_o=6u_i(R_F=30k\Omega)$；

(3) $u_o=10u_{i1}+8u_{i2}-20u_{i3}(R_F=240k\Omega)$。

8 - 13 证明图 8 - 28 中运放的电压放大倍数 $A_{uf}=\dfrac{u_o}{u_i}=-\dfrac{1}{R_1}\left(R_{F1}+R_{F2}+\dfrac{R_{F1}R_{F2}}{R_{F3}}\right)$。

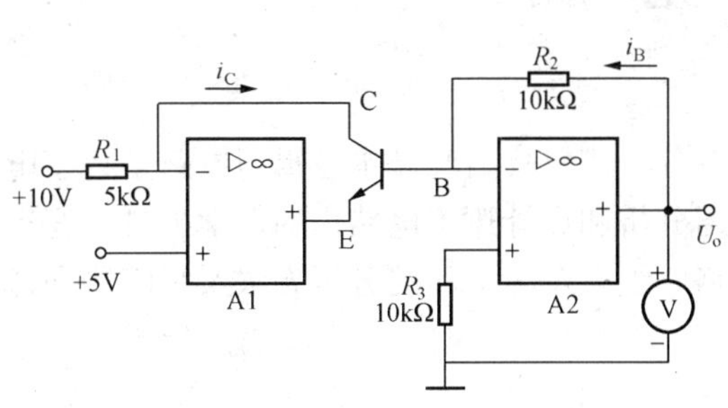

图 8 - 27 题 8 - 11 图

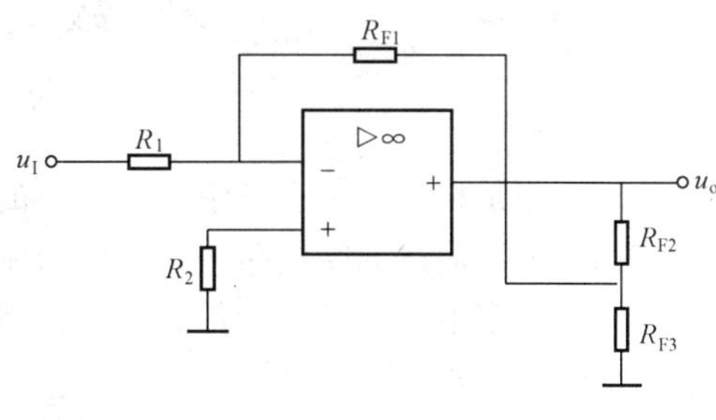

图 8 - 28 题 8 - 13 图

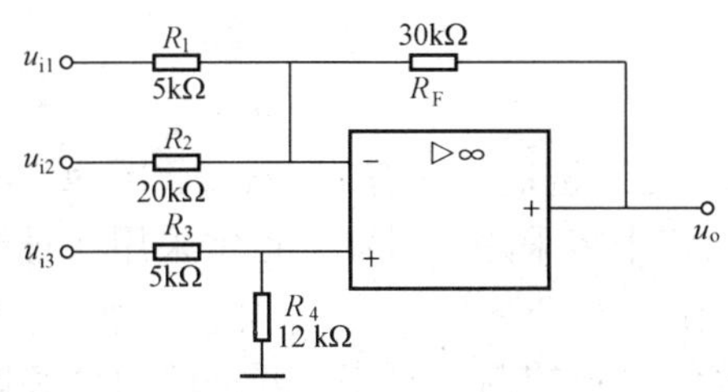

图 8 - 29 题 8 - 14 图

8 - 14 求解如图 8 - 29 所示的运算电路的运算关系。

8 - 15 在如图 8 - 30 所示的电路中：(1) 写出输出电压 u_o与输入电压 u_i的运算关系；(2) 若输入电压 $u_i=1$V。电容器两端的初始电压 $u_C=0$V，求输出电压 u_o变为 0V 所需要的时间。

8 - 16 基本积分电路如图 8 - 31 (a) 所示，输入信号 u_i为一对称方波，如图 8 - 31 (b) 所示，运算放大器最大输出电压为±10V，$t=0$ 时电容器上的电压为零，试画出理想情况下的输出电压波形。

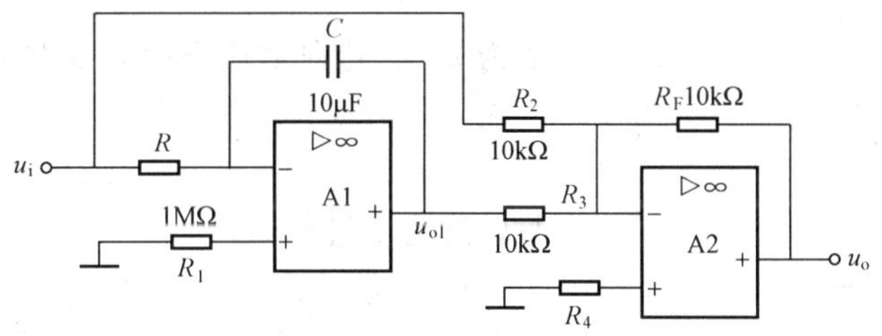

图 8 - 30 题 8 - 15 图

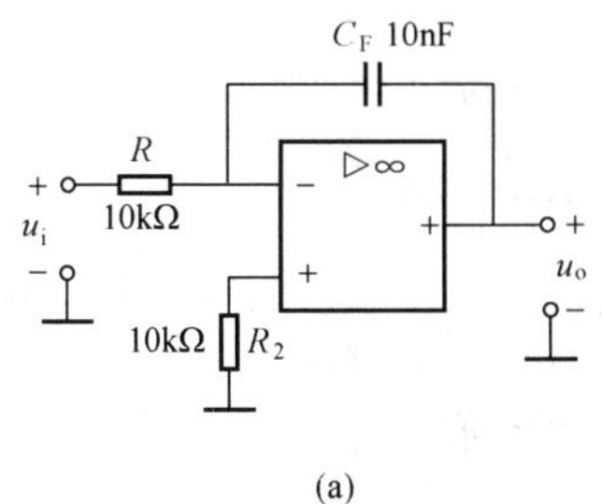

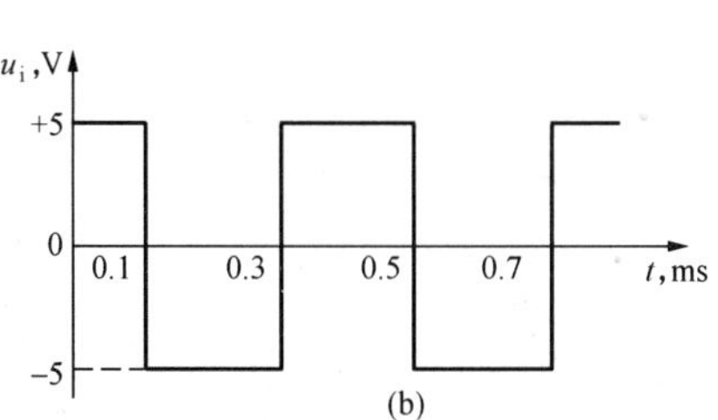

图 8 - 31 题 8 - 16 图

(a) 积分电路；(b) 输入电压波形

9 数 字 电 路

数字电路是现代电气设备中不可缺少的重要部分，逻辑代数和基本逻辑门电路是数字电路的基础。本章简述数字电路中常用的数制，介绍分析和设计逻辑电路用的数学工具，逻辑代数，组成数字电路的基本元件，基本逻辑门电路，组合逻辑电路的分析方法及编码器和译码器。

9.1 数 字 电 路 基 础

9.1.1 数制和编码

1. 数制

所谓数制就是计数的方法。在日常生活中最常用的是十进制，它有0、1、2、3、4、5、6、7、8、9十个数码，用来组成不同的数。在数字电路中多采用二进制，也常采用八进制和十六进制。下面我们将对二进制和十六进制进行介绍。

(1) 二进制。二进制有两个数码0和1，它们表示电路的两个状态，开关的闭合和断开、电路的高电平和低电平，使用比较方便。

二进制与十进制的进位规则不同。十进制是逢十进一，基数为10，十进制数用下标2或D表示。例如十进制数325可写成

$$325 = 3 \times 10^2 + 2 \times 10^1 + 5 \times 10^0$$

二进制的进位规则是逢二进一，基数为2，二进制数用下标2或B表示。例如二进制数11011可写成

$$(11011)_2 = 1 \times 2^4 + 1 \times 2^3 + 0 \times 2^2 + 1 \times 2^1 + 1 \times 2^0 = (27)_{10}$$

利用上述关系可把任意一个二进制数转换为十进制数。

若要将十进制数转换为二进制数，可采用十进制数除以基数2，直至商为0，将所有余数从低位到高位顺序排列。例如将$(27)_{10}$转换为二进制，27除2的余数是1，其商再除2的余数为1，这样除下去，直到商为0为止：

```
2 | 27  ……………………余1  ↑
2 | 13  ……………………余1
2 | 6   ……………………余0
2 | 3   ……………………余1
2 | 1   ……………………余1
    0
```

$$(27)_{10} = (11011)_2$$

(2) 十六进制。十六进制有0、1、2、3、4，5、6、7、8、9、A、B、C、D、E、F十

六个数码，其中 A～F 分别代表十进制的 10～15。为与十进制区别，规定十六进制数注有下标 16 或 H，十六进制的进位规则是逢十六进一，其基数是 16。例如十六进制数为

$$(4E6)_{16}=(4E6)_H=4\times16^2+14\times16^1+6\times16^0=(1254)_{10} \quad (9-1)$$

式（9-1）是十六进制数转换为十进制数的方法。反过来，要将十进制数转换为十六进制数，可先转换为二进制数，再由二进制数转换为十六进制数。因为每一个十六进制数码都可以用 4 位二进制数来表示，例如 $(1011)_2$ 表示十六进制的 B，$(0101)_2$ 表示十六进制的 5 等。故可将二进制数从低位开始，每 4 位为一组写出其值，从高位到低位读写，就是十六进制数。例如：

$$(27)_{10}=(00011011)_2=(1B)_{16}$$

若要将十进制转换为十六进制，可采用十进制数除以基数 16，直至商为 0，将所有余数从低位到高位顺序排列。例如将十进制数 2803 转换为十六进制数：

16 | 2803 ………………… 余数=3，$H_0=3$

16 | 175 ………………… 余数=15，$H_1=F$

16 | 10 ………………… 余数=10，$H_2=A$

0

$$2803=H_2H_1H_0=AF3H$$

三种数制之间的转换关系见表 9-1。

表 9-1　三种数制之间的转换关系

十进制	二进制	十六进制	十进制	二进制	十六进制
0	000	0	8	1000	8
1	001	1	9	1001	9
2	010	2	10	1010	A
3	011	3	11	1011	B
4	100	4	12	1100	C
5	101	5	13	1101	D
6	110	6	14	1110	E
7	111	7	15	1111	F

2. 编码

在数字电路和计算机内部，数据和信息都是以二进制形式存在的，对于各种字符如字母、标点符号、汉字等信息，机器是如何识别和处理的呢？这就要涉及编码问题。用若干位二进制数按一定的组合方式组合起来以表示数（包括大小和符号）、字符等信息，这就是编码。

编码方式即码制有多种，用若干位二进制数码表示一位十进制数的编码方法为二一十进制编码，简称 BCD 码。常见的 BCD 码有 8421 码、2421 码等。8421BCD 码是最基本最常见

的一种 BCD 码，它是将十进制数的每个数字符号用四位二进制数码来表示。8421 分别代表对应二进制位的权，即当哪一位二进制位为 1 时，所代表的十进制数为相应的权。8421 码与十进制数的对应关系见表 9-2。

表 9-2　8421 码与十进制数的对应关系

十进制数码	8421 码	十进制数码	8421 码
0	0000	5	0101
1	0001	6	0110
2	0010	7	0111
3	0011	8	1000
4	0100	9	1001

任何一个十进制数要用 8421 码表示时，只要把该十进制数的每位转换成相应的 8421 码即可。例如：

$$(129)_{10} = (0001\quad 0010\quad 1001)_{8421}$$

9.1.2　逻辑代数及应用

1. 逻辑代数及其基本运算

逻辑代数也称布尔代数，它是分析和设计逻辑电路的一种数学工具，用来描述数字电路和数字系统的结构和特性。

逻辑代数有 1 和 0 两种逻辑值，它们并不表示数造的大小，而是表示两种对立的逻辑状态，例如电平的高低，晶体管的导通和截止，脉冲信号的有无，事物的是非等。所以，逻辑 1 和逻辑 0 与自然数的 1 和 0 有本质的区别。

在逻辑代数中，输出逻辑变量和输入逻辑变量的关系，称为逻辑函数，可表示为

$$F = f(A、B、C、\cdots)$$

其中，A、B、C…为输入逻辑变量；F 为输出逻辑变量。下面介绍基本逻辑运算。

（1）逻辑乘。逻辑乘是描述与逻辑关系的，又称与运算。逻辑表达式为

$$F = A \cdot B$$

其意义是仅当决定事件发生的所有条件 A、B 均具备时，事件才能发生。例如把两个开关和一盏电灯串联到电源上，只有当两个开关均闭合时，灯才能亮，两个开关中有一个不闭合灯就不能亮。在此例中，两个开关相当于 A 和 B，而灯相当于 F，开关闭合为 1、断开为 0，灯亮为 1，灭为 0。在 A 和 B 分别取 0 或 1 值时，F 的逻辑状态见表 9-3。表 9-3 称为真值表。其运算规律为“有 0 为 0，全 1 为 1”。

（2）逻辑加。逻辑加是描述或逻辑关系的，也称或运算。逻辑表达式为

$$F = A + B$$

其意义是当决定事件发生的各种条件 A、B 中，只要有一个或一个以上的条件具备，事件 F 就发生。仍以上述灯的情况为例，把两个开关并联与一盏电灯串联到电源上，当两个开关中有一个或一个以上闭合时，灯均能亮。只有两个开关全断开灯才不亮。当 A 和 B 分别取 0 或 1 值时，F 的逻辑状态见表 9-4。其运算规律为“有 1 为 1，全 0 为 0”。

表 9-3 逻辑乘真值表

A	B	F
0	0	0
0	1	0
1	0	0
1	1	1

表 9-4 逻辑加真值表

A	B	F
0	0	0
0	1	1
1	0	1
1	1	1

(3) 逻辑非。逻辑非是对一个逻辑变量的否定，也称非运算。逻辑表达式为

$$F=\overline{A}$$

其意义是当条件 A 为真，事件发生的结果必然是这种条件相反的结果。仍以灯的情况为例，一个在面板上标有“开”和“关”字样的开关与一盏电灯串连接到电源上，但由于安装这只开关的电工粗心，当开关打向“开”时灯灭，而打向“关”时灯亮。当 A 取 0 或 1 值时，F 的逻辑状态见表 9-5。其运算规律为“入 1 出 0，入 0 出 1”。

表 9-5 逻辑非真值表

A	F
0	1
1	0

2. 逻辑代数的运算法则

(1) 基本运算法则。

$0\cdot A=0$

$1\cdot A=1$

$A\cdot \overline{A}=0$

$A\cdot A=A$

$0+A=A$

$1+A=1$

$A+\overline{A}=1$

$A+A=A$

(2) 交换律。

$A\cdot B=B\cdot A$

$A+B=B+A$

(3) 结合律。

$ABC=(AB)C=A(BC)$

$A+B+C=A+(B+C)=(A+B)+C$

(4) 分配律。

$A(B+C)=AB+AC$

$A+BC=(A+B)(A+C)$

(5) 吸收律。

$A(B+C)=A$

$A(\overline{A}+B)=AB$

$A+AB=A$

$A+\overline{A}B=A+B$

$AB+A\overline{B}=A$

$(A+B)(A+\overline{B})=A$

（6）包含律。

$AB+\overline{A}C+BC=AB+\overline{A}C$

$AB+\overline{A}+BCD=AB+\overline{A}C$

（7）摩根定律（反演律）。

$\overline{A+B}=\overline{A}\cdot\overline{B}$

$\overline{AB}=\overline{A}+\overline{B}$

【例 9-1】 用逻辑代数运算法则化简逻辑函数式 $F=ABC+ABD+\overline{A}B\overline{C}+CD+B\overline{D}$。

解
$$
\begin{aligned}
F&=ABC+\overline{A}B\overline{C}+CD+B(\overline{D}+DA)\\
&=ABC+\overline{A}B\overline{C}+CD+B\overline{D}+BA\\
&=AB(C+1)+\overline{A}B\overline{C}+CD+B\overline{D}\\
&=AB+\overline{A}B\overline{C}+CD+B\overline{D}\\
&=B(A+\overline{A}\,\overline{C})+CD+B\overline{D}\\
&=B(A+\overline{C})+CD+B\overline{D}\\
&=AB+B(\overline{C}+\overline{D})+CD\\
&=AB+B\,\overline{CD}+CD\\
&=AB+CD+B\\
&=B+CD
\end{aligned}
$$

【例 9-2】 化简逻辑函数表达式 $F=AB+\overline{A}\,\overline{C}+B\overline{C}$。

解
$$
\begin{aligned}
F&=AB+\overline{A}\,\overline{C}+B\overline{C}\\
&=AB+\overline{A}\,\overline{C}+B\overline{C}(A+\overline{A})\\
&=AB+\overline{A}\,\overline{C}+AB\overline{C}+\overline{A}B\overline{C}\\
&=(AB+AB\overline{C})+(\overline{A}\,\overline{C}+\overline{A}B\overline{C})\\
&=AB(1+\overline{C})+\overline{A}\,\overline{C}(1+B)\\
&=AB+\overline{A}\,\overline{C}
\end{aligned}
$$

9.1.3 晶体管的开关特性

晶体管具有截止、放大和饱和三种工作状态，在数字电路中主要工作在截止与饱和状态，其作用相当于开关的断开和闭合，利用晶体管的开关作用就能够制作很多用于数字电路中的元件。

在模拟电路分析时我们已经知道，晶体管的输出特性曲线有三个区，即放大区、饱和区、截止区，如图 9-1（b）所示。

1. 晶体管工作于放大区

晶体管工作于放大区，此时，发射结正向偏置，集电结反向偏置，晶体管的电压与电流有如下关系：

$$I_C=\beta I_B$$
$$|U_{CE}|>|U_{BE}|$$
$$U_{CE}=U_{CC}-R_C I_C$$

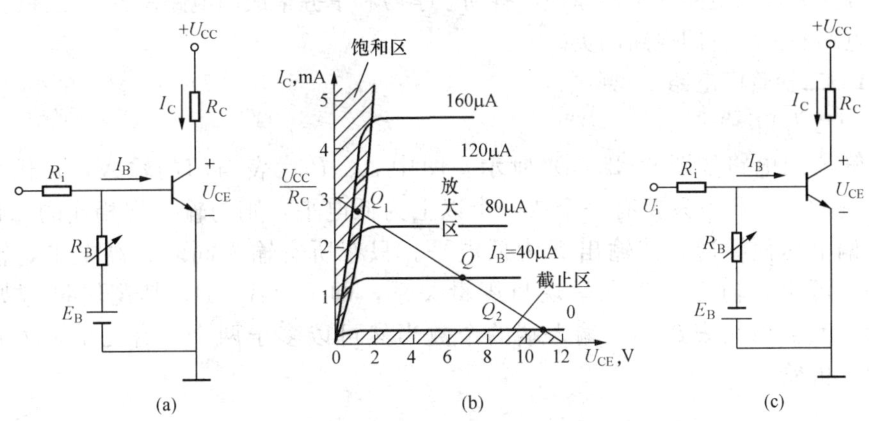

图 9-1 NPN 型硅晶体管输出特性曲线
(a) 电路；(b) 输出特性；(c) 电路

2. 晶体管工作于饱和区

从图 9-1 (a) 可看出当减小图中电阻 R_B时，会使 I_B增加，工作点将上移，当上移至 Q_1点时，即进入饱和区。此时，发射结和集电结均处于正向偏置，I_B和 I_C不再满足线性关系。各电压与电流关系为

$$I_B > \frac{I_C}{\beta}$$

$$I_C = I_{C(sat)} = \frac{U_{CC} - U_{CE(sat)}}{R_C} \approx \frac{U_{CC}}{R_C}$$

$$U_{CE} = U_{CE(sat)} \approx 0.3V < U_{BE}(\approx 0.7V)$$

3. 晶体管工作于截止区

如果增大图 9-1 (a) 中 R_B，会使 I_B减小，工作点将下移。当 $I_B=0$ 时，工作点为 Q_2，这时晶体管工作于截止区，有

$$I_C = I_{CE0} \approx 0$$

$$U_{CE} = U_{CC}$$

为了可靠截止，常给发射结加反向电压如图 9-1 (c) 所示，所以

$$U_{BE} < 0, \quad I_B < 0$$

此时发射结和集电结都处于反向偏置。

由上述可知，晶体管饱和时 $U_{CE(sat)}$ 约等于 0，集电极与发射极之间如同一个开关的闭合，其间电阻很小；当晶体管截止时 I_B约等于 0 或小于 0，所以 I_C为 0，发射极与集电极之间如同一个开关的断开，其间电阻很大。这就是晶体管的开关作用，数字电路就是利用晶体管的开关作用进行工作的。

9.2 基本逻辑门电路

在集成技术迅速发展和广泛运用的今天，分立元件门电路已经很少使用了，但不管功能多么强，结构多么复杂的集成门电路，都是以分立元件门电路为基础，经过改造演变过来

的，了解分立元件门电路的工作原理，有助于学习和掌握集成门电路。分立元件门电路包括二极管门电路和晶体管门电路两类。

9.2.1　二极管门电路

1. 二极管与门

二极管与门电路如图 9-2（a）所示。图中 A、B 代表与门的输入，F 代表与门的输出，在输入 A、B 中只要有一个或一个以上为低电平，则与输入端相连的二极管必然因获得正偏电压而导通，使输出 F 为低电平。只有所有输入同时为高电平，输出 F 才是高电平。可见，输出和输入呈现与逻辑关系，即 $F=A\cdot B$，其逻辑符号如图 9-2（b）所示，其真值见表 9-6。输入端的个数当然可以多于两个，有几个输入端就有几个对应的二极管。

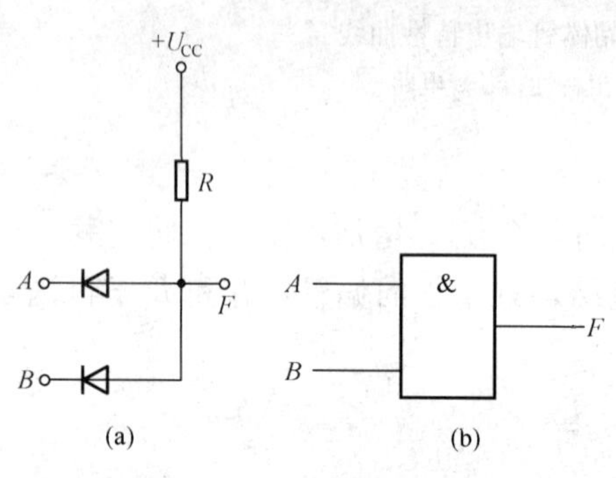

图 9-2　二极管与门电路

表 9-6　二极管与门真值表

A	B	F
0	0	0
0	1	0
1	0	0
1	1	1

2. 二极管或门

二极管或门电路如图 9-3（a）所示。根据上述分析方法可得，只要输入 A、B 之中有一个为高电平，相应的二极管就会导通，输出 F 就是高电平；只有输入 A、B 同时为低电平，F 才是低电平。显然，输出和输入呈现或逻辑关系，逻辑式为 $F=A+B$。逻辑符号如图 9-3（b）所示，其真值见表 9-7。

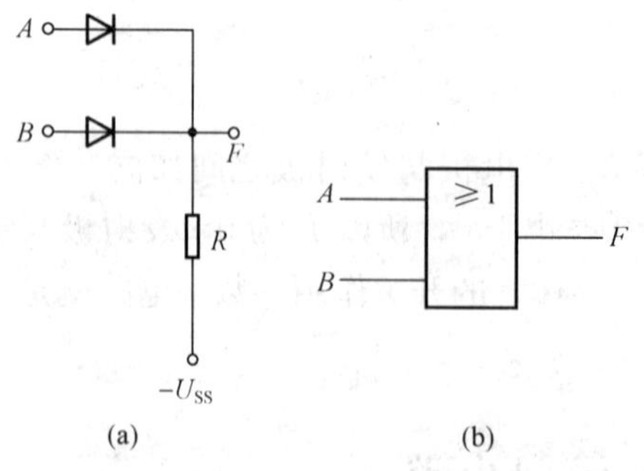

图 9-3　二极管或门电路

表 9-7　二极管或门真值表

A	B	F
0	0	0
0	1	1
1	0	1
1	1	1

9.2.2 晶体管门电路

1. 晶体管非门

对图 9-4（a）的晶体管开关电路分析可知，当输入 A 为高电平时，晶体管饱和导通，输出 F 为低电平；当输入 A 为低电平时，晶体管截止，输出 F 为高电平，所以输出与输入之间呈现非逻辑关系，为非门，也称为反相器，其逻辑式为 $F=\overline{A}$。

在实际电路中，为了使输入低电平时晶体管能可靠的截止，一般采用如图 9-4（a）所示的电路形式。只要电阻 R_1、R_2 和负电源电压 U_{SS} 参数配合适当，则当输入为低电平信号时，晶体管将可靠截止，使输出为高电平。实现非运算。非门的逻辑符号如图 9-4（b）所示，其真值见表 9-8。

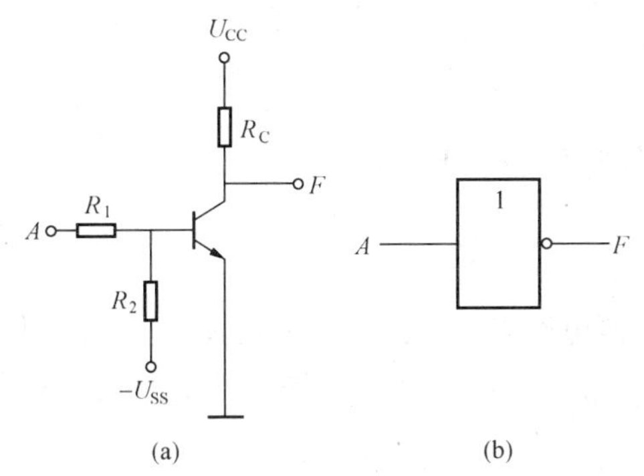

图 9-4 晶体管非门电路

表 9-8 晶体管非门真值表

A	F
0	1
1	0

2. 晶体管与非门

将二极管与门和反相器连接起来，就可以构成与非门，电路图如图 9-5（a）所示。从前面对与门和非门的分析，可以得出与非门的逻辑式为 $F=\overline{A \cdot B}$，逻辑符号如图 9-5（b）所示，其真值见表 9-9。

表 9-9 晶体管与非门真值表

A	B	F
0	0	1
0	1	1
1	0	1
1	1	0

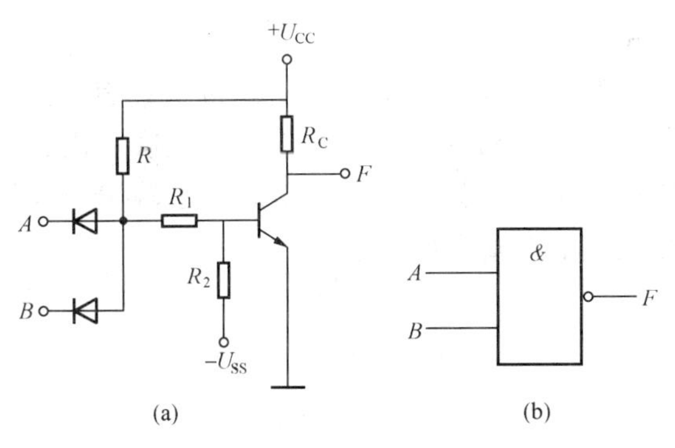

图 9-5 晶体管与非门电路

3. 晶体管或非门

将二极管或门和反相器连接起来，就可以构成或非门，电路图如图 9-6（a）所示。从前面对或门和非门的分析，可以得出或非门的逻辑式为 $F=\overline{A+B}$，逻辑符号如图 9-6（b）所示，其真值见表 9-10。

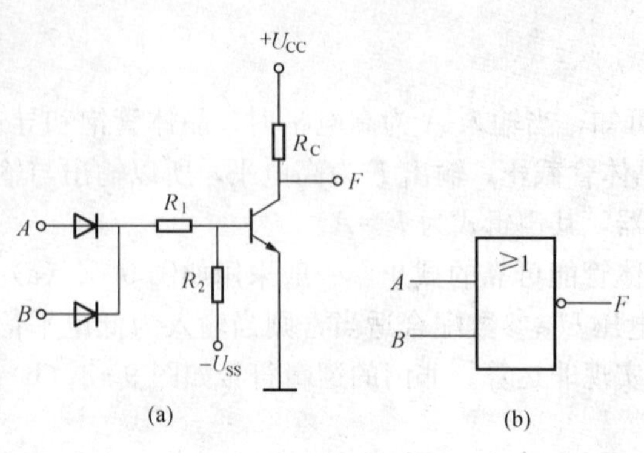

图 9-6 晶体管或非门电路

表 9-10 晶体管或非门真值表

A	B	F
0	0	1
0	1	0
1	0	0
1	1	0

9.3 常用集成组合逻辑电路

9.3.1 组合逻辑电路的分析

对组合逻辑电路分析时，就是找出给定逻辑电路输出与输入之间的逻辑关系，并用最简洁的逻辑函数表达式给予表示，以确定该电路的功能，或检查和评价该电路设计得是否合理、经济等。

组合逻辑电路分析的步骤如下：

(1) 根据给定电路的逻辑结构，逐级写出每个门电路的输出和输入逻辑式，将逻辑式依次代入，最后得到整个电路的输出和各输入量的逻辑式。

(2) 运用布尔（逻辑）代数化简或变换。

(3) 由逻辑式列出逻辑状态表。

(4) 分析逻辑功能或改进方案。

下面通过实例说明组合逻辑电路的分析方法。

【例 9-3】 分析图 9-7 所示的组合逻辑电路。

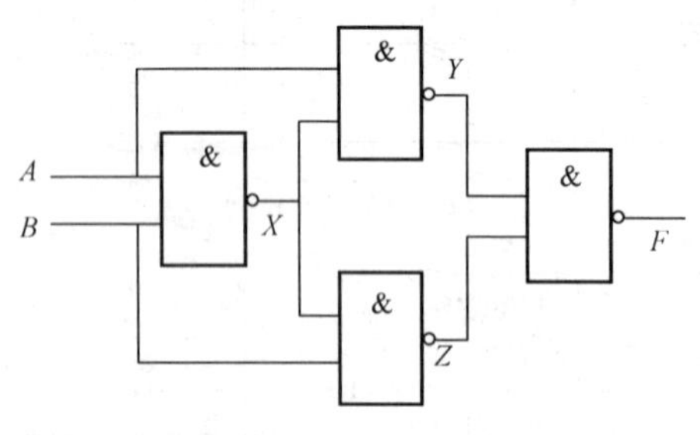

图 9-7 ［例 9-3］图

解 (1) 由逻辑图写出逻辑函数表达式。从每个门电路的输入端到输出端，依次写出各个逻辑门的逻辑函数表达式，最后写出输出与各输入量之间的逻辑函数表达式。

$$X=\overline{A\cdot B}$$

$$Y=\overline{AX}=\overline{A\cdot\overline{AB}}$$

$$Z=\overline{BX}=\overline{B\cdot\overline{AB}}$$

$$F=\overline{YZ}=\overline{\overline{A\cdot\overline{AB}}\cdot\overline{B\cdot\overline{AB}}}$$

(2) 利用逻辑代数化简。

$$\begin{aligned}F&=\overline{YZ}=\overline{\overline{A\cdot\overline{AB}}\cdot\overline{B\cdot\overline{AB}}}\\&=A(\overline{A}+\overline{B})+B(\overline{A}+\overline{B})\end{aligned}$$

(3) 由逻辑函数表达式列出逻辑状态表，见表 9-11。

表 9-11　[例 9-6] 真值表

A	B	F
0	0	0
0	1	1
1	0	1
1	1	0

(4) 分析逻辑功能。由逻辑函数表达式和逻辑状态表可知，图 9-7 是由四个与非门组成的异或门，其逻辑表达式也可写成

$$F = A\overline{B} + B\overline{A} = A \oplus B$$

9.3.2 常用集成组合逻辑电路

在数字系统与计算机中实际使用的组合逻辑电路种类很多，包括编码器、译码器、数据选择器、运算器、比较器、奇偶校验器/发生器等。这些集成电路具有通用性强、兼容性好、功耗小、工作稳定等优点，所以得到广泛采用。应当了解其工作原理，掌握其功能和使用方法。

1. 编码器

数字电路中，用文字、符号或者数码表示特定信息的过程称为编码。例如计算机键盘，上面的每一个键都对应着一个编码，一旦按下某个键，计算机内部的编码电路就将该键的电平信号转换成对应的编码，实现编码操作的电路称为编码器。

在数字系统中，是采用若干个二进制码 0 和 1 来进行编码的，要表示的信息越多，二进制代码的位数越多。n 位二进制代码有 2^n 个状态，可以表示 2^n 个信息，对 N 个信号进行编码时，按公式 $2^n \geqslant N$ 来确定需要使用的二进制代码的位数 n。

常用的编码器有二进制编码器、二—十进制编码器、优先编码器等。

二进制进制编码器是由 n 位二进制数表示 2^n 个信号的编码电路。以 8 线—3 线编码器为例说明其工作原理，电路如图 9-8 所示，8 个输入端 $\overline{I}_0 \sim \overline{I}_7$ 为低电平有效，$Y_0 \sim Y_2$ 为输出端，当某一个输入端为低电平时，就输出与该输入端相对应的 3 位二进制代码，其真值见表 9-12。

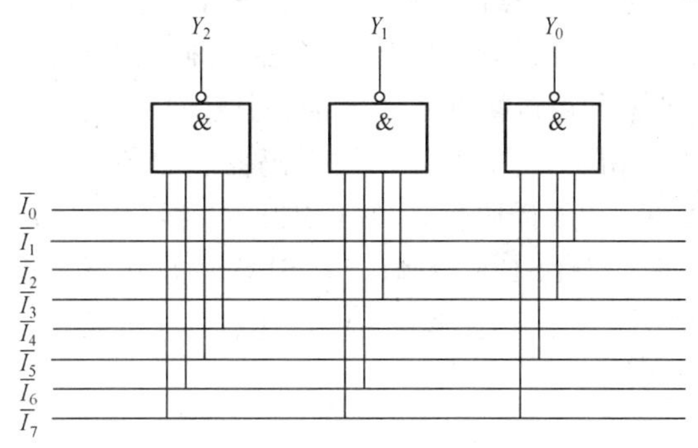

图 9-8　8 线—3 线编码器电路

表 9-12　8 线—3 线编码器真值表

输入								输出		
$\overline{I}_0$	$\overline{I}_1$	$\overline{I}_2$	$\overline{I}_3$	$\overline{I}_4$	$\overline{I}_5$	$\overline{I}_6$	$\overline{I}_7$	Y_2	Y_1	Y_0
0	1	1	1	1	1	1	1	0	0	0
1	0	1	1	1	1	1	1	0	0	1
1	1	0	1	1	1	1	1	0	1	0
1	1	1	0	1	1	1	1	0	1	1
1	1	1	1	0	1	1	1	1	0	0
1	1	1	1	1	0	1	1	1	0	1
1	1	1	1	1	1	0	1	1	1	0
1	1	1	1	1	1	1	0	1	1	1

由图 9 - 8 所示的电路可以看出，输出与输入的逻辑关系表达为

$$Y_2 = \overline{\overline{I_4}\,\overline{I_5}\,\overline{I_6}\,\overline{I_7}}$$

$$Y_1 = \overline{\overline{I_2}\,\overline{I_3}\,\overline{I_6}\,\overline{I_7}}$$

$$Y_0 = \overline{\overline{I_1}\,\overline{I_3}\,\overline{I_5}\,\overline{I_7}}$$

在实际应用时，可以把 8 个按钮或开关作为 8 个输入，而把 3 个输出组合分别作为对应 8 个输入状态的编码，实现 8 线—3 线编码功能。

例如，$\overline{I}_0 \sim \overline{I}_7$ 为控制某生产线 8 种工作状态的开关，而该生产线采用计算机控制，但计算机仅能为这 8 个开关量提供 3 条信号输入线。这时就可以采用上述的编码器，以 8 个开关量作为输入信号将其编成的 3 位二进制数码作为输出，再将这 3 位输出的二进制数码与计算机的 3 条输入信号线连接，计算机将会根据 3 位二进制数码判断出是哪个控制开关在起作用，从而控制生产线进入相应的工作状态。

2. 译码器

译码是编码的逆过程，是将给定的二进制代码翻译成编码时赋予的原意，完成这种功能的电路称为译码器。译码器是数字系统和计算机中常用的一种逻辑部件。例如，计算机中需要将指令的操作码“翻译”成各种操作命令，就要使用指令译码器。存储器的地址译码系统，则要使用地址译码器。LED 显示电路需要七段显示译码器等，下面介绍几种常用译码器。

（1）二进制译码器。二进制译码器是将输入的二进制代码转换成特定的输出信号，二进制译码器的逻辑特点是，有 n 个变量输入的情况下，则有 2^n 个不同的组合输出状态，所以也称这种译码器为 n 线—2^n 线译码器。目前市场上有多种译码器电路的典型产品，如 74LS139（2 线—4 线译码器）、74LS138（3 线—8 线译码器）、74LS154（4 线—16 线译码器）等。

以 74LS138 为例，74LS138 内部逻辑原理图如图 9 - 9 所示，74LS138 有 3 个输入端 C、B、A，8 个输出端 $\overline{Y_0} \sim \overline{Y_7}$，还有 3 个允许端 E_1、$\overline{E}_{2A}$、$\overline{E}_{2B}$。

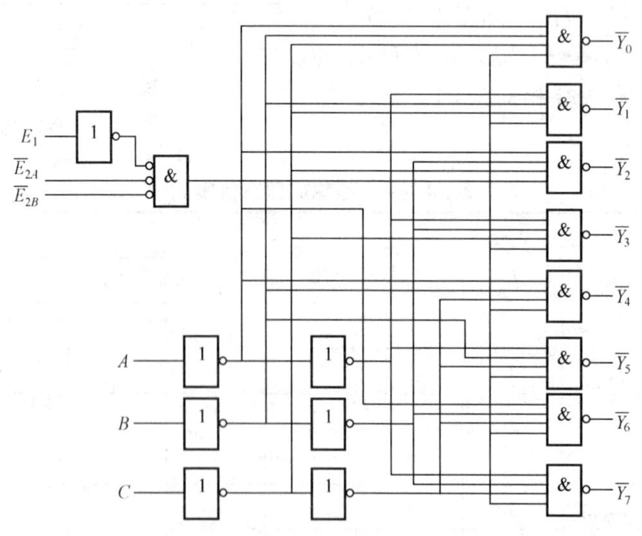

图 9 - 9　74LS138 译码器原理图

74LS138 译码器真值表见表 9 - 13，引脚图如图 9 - 10 所示。当 E_1 端为高电平，$\overline{E}_{2A}$ 和 $\overline{E}_{2B}$ 为低电平时，该译码器才进行译码。

在微机系统中经常使用 3 线—8 线译码器作地址译码。

表 9 - 13　　74LS138 译码器真值表

允许端			输入端			输出端
E_1	$\overline{E}_{2A}$	$\overline{E}_{2B}$	C	B	A	$\overline{Y}_0\sim\overline{Y}_7$
1	0	0	0	0	0	$\overline{Y}_0=0$，其余为 1
			0	0	1	$\overline{Y}_1=0$，其余为 1
			0	1	0	$\overline{Y}_2=0$，其余为 1
			0	1	1	$\overline{Y}_3=0$，其余为 1
1	0	0	1	0	0	$\overline{Y}_4=0$，其余为 1
			1	0	1	$\overline{Y}_5=0$，其余为 1
			1	1	0	$\overline{Y}_6=0$，其余为 1
			1	1	1	$\overline{Y}_7=0$，其余为 1
0	×	×	×	×	×	$\overline{Y}_0\sim\overline{Y}_7$ 全为 1
×	1	×				
×	×	1				

74LS139 是 2 线—4 线译码器，其输入为 B、A，输出为$\overline{Y}_0\sim\overline{Y}_3$，控制端为 $\overline{E}$，当 $\overline{E}=0$ 时，输出对输入进行译码。74LS139 内部有两组 2 线—4 线译码器，故称为双 2 线—4 线译码器。74LS139 的真值表及引脚图见表 9 - 14 和图 9 - 11。

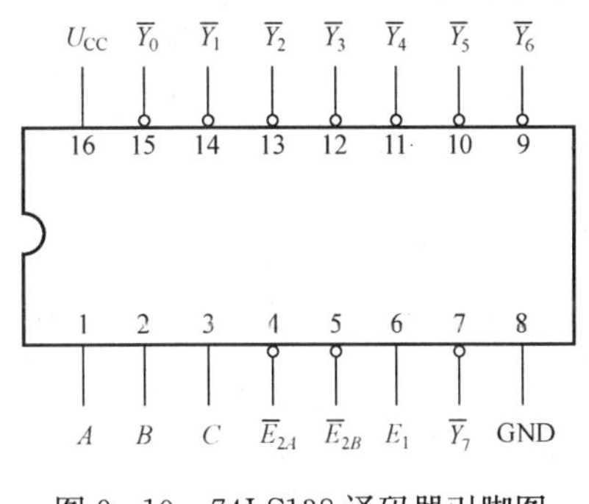

图 9 - 10　74LS138 译码器引脚图

表 9 - 14　　74LS139 译码器真值表

控制端	输入端		输出端
$\overline{E}$	B	A	$\overline{Y}_0\sim\overline{Y}_7$
0	0	0	$\overline{Y}_0=0$，其余为 1
	0	1	$\overline{Y}_1=0$，其余为 1
	1	0	$\overline{Y}_2=0$，其余为 1
	1	1	$\overline{Y}_3=0$，其余为 1
1	×	×	$\overline{Y}_0\sim\overline{Y}_3$ 全为 1

(2) 七段显示译码器。在各种电子仪器和设备中，经常需要用显示器将处理和运算结果显示出来，较常采用的显示器有 LED 发光二极管显示器，LCD 液晶显示器和 CRT 阴极射线显示器。以七段 LED 显示器为例，如图 9 - 12 (a) 所示，它是由七段笔画所组成，每段笔画就是一个用半导体材料做成的发光二极管（LED）。这种显示器电路通常有两种接法：一种是将发光二极管的负极全部接地，如图 9 - 12 (b) 所示，即“共阴极”显示器；另一种是将发光二极管的正极全部接正电压，如图 9 - 12 (c) 所示，即“共阳极”显示器”。对于共阴

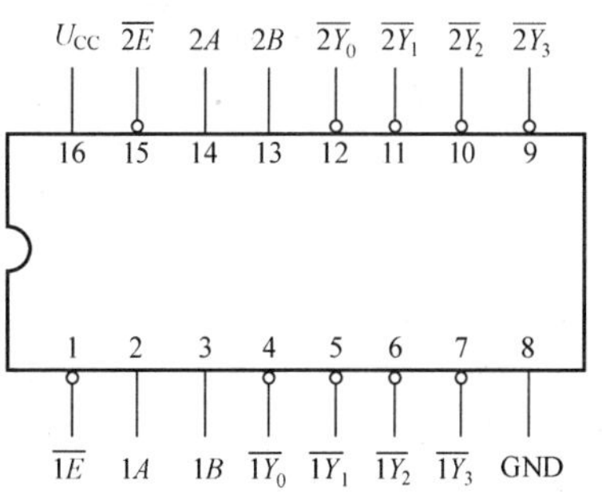

图 9 - 11　74LS139 译码器引脚图

极显示器，只要在某个二极管的正极加高电平，相应的笔画就发亮；对于共阳极显示器，只要在某个二极管的负极加低电平，相应的笔画就发亮。

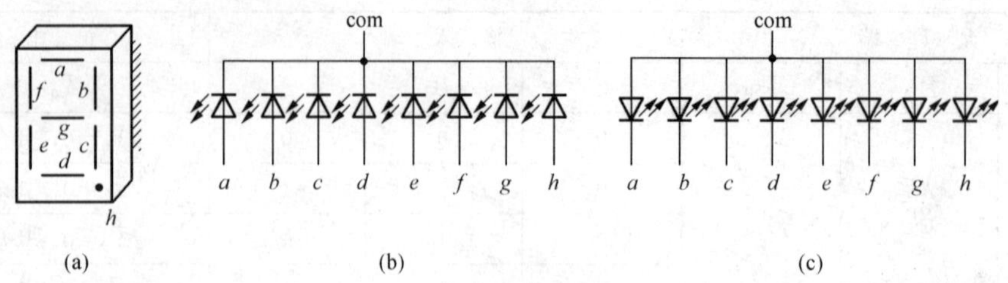

图 9 - 12 七段数字显示器

(a) 七段显示器笔画结构；(b) 共阴极；(c) 共阳极

由图 9 - 12 (a) 可见，不同的笔画发亮，可构成相应的字符，显示器所显示的字符与其输入二进制代码（又称段码），即 a、b、c、d、e、f、g 七位代码之间存在一定的对应关系。以共阴极显示器为例，这种对应关系见表 9 - 15。

表 9 - 15 共阴极七段 LED 显示字型段码表

显示字符	段码 *abcdefg*	显示字符	段码 *abcdefg*
0	1111110	5	1011011
1	0110000	6	0011111
2	1101101	7	1110000
3	1111001	8	1111111
4	0110011	9	1110011

要使发光二极管发亮，还需要提供一定的驱动电流，所以这两种显示器也需要有相应的驱动电路，如共阳极译码驱动器 74LS47、共阴极译码驱动器 74LS48 等。

74LS47、74LS48 是七段显示译码驱动器，其输入为 BCD 码，输出为七段显示器的段码。74LS47 的译码驱动电路如图 9 - 13 所示，真值表见表 9 - 16。

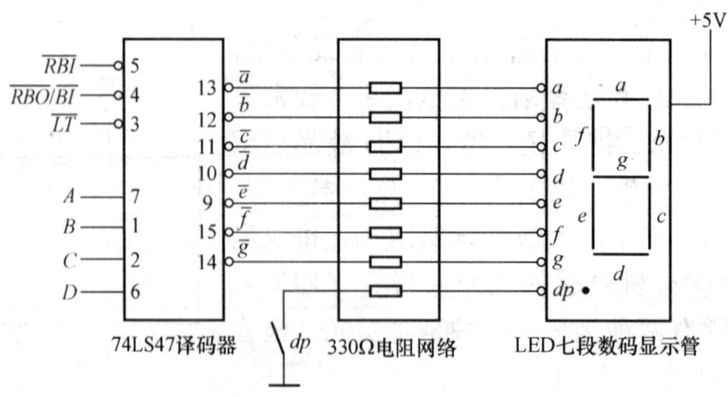

图 9 - 13 LED 七段显示译码驱动电路逻辑图

表 9-16 共阳极七段显示译码器 74LS47 真值表

输入						$\overline{BI}/\overline{RBO}$	输出							显示数字
$\overline{LT}$	$\overline{RBI}$	D	C	B	A		a	b	c	d	e	f	g	
1	1	0	0	0	0	1	0	0	0	0	0	0	1	0
1	×	0	0	0	1	1	1	0	0	1	1	1	1	1
1	×	0	0	1	0	1	0	0	1	0	0	1	0	2
1	×	0	0	1	1	1	0	0	0	0	1	1	0	3
1	×	0	1	0	0	1	1	0	0	1	1	0	0	4
1	×	0	1	0	1	1	0	1	0	0	1	0	0	5
1	×	0	1	1	0	1	1	1	0	0	0	0	0	6
1	×	0	1	1	1	1	0	0	0	1	1	1	1	7
1	×	1	0	0	0	1	0	0	0	0	0	0	0	8
1	×	1	0	0	1	1	0	0	0	1	1	0	0	9
×	×	×	×	×	×	0	1	1	1	1	1	1	1	全灭
1	0	0	0	0	0	0	1	1	1	1	1	1	1	全灭
0	×	×	×	×	×	1	0	0	0	0	0	0	0	全亮

其工作过程是：BCD 码（A、B、C、D）经 74LS47 译码，产生 7 个低电平输出（a、b、c、d、e、f、g），经限流电阻分别接至共阳极显示器对应的 7 个段，当这 7 个段有一个或几个为低电平时，该低电平对应的段点亮。dp 为小数点控制端，当 dp 端为低电平时，小数点亮。$\overline{LT}$ 为灯测试信号输入端，可测试所有端的输出信号；$\overline{RBI}$ 为消隐输入端，用来控制发光显示器的亮度或禁止译码器输出；$\overline{BI}/\overline{RBO}$为消隐输入或串行消隐输出端，具有自动熄灭所显示的多位数字前后不必要的"零"位的功能，在进行灯测试时，$\overline{BI}/\overline{RBO}$信号应为高电平。

9.4 数字电路在汽车电子电路中的应用

9.4.1 非门在汽车电子电路中的应用

汽车水箱水位过低报警器电路如图 9-14 所示。汽车水箱中水量的减少，不仅直接影响发动机的冷却，也影响汽车正常行驶。本报警器能在水箱水位低于最低水位时发出声光报警，提醒驾驶员加水。

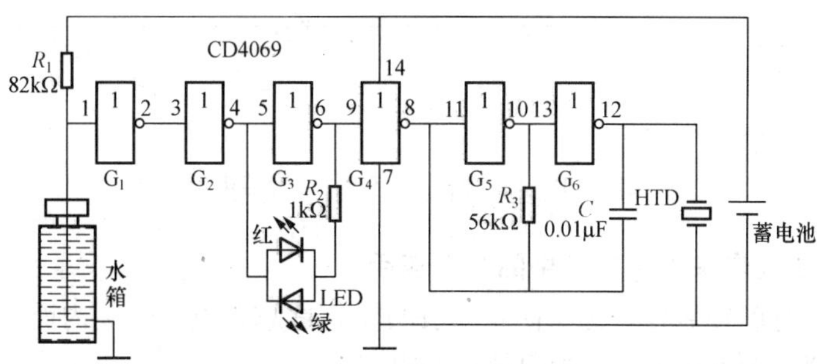

图 9-14 汽车水箱水位过低报警器

9.4.2 与非门在汽车电子电路中的应用

图9-15所示为制动灯故障检测器，在图中S为制动灯开关，HL1和HL2为汽车尾部制动信号灯，LED1和LED2为驾驶室内制动信号灯的工作指示灯，其工作状况与尾部制动信号灯相对应，即LED1和HL1相对应，LED2和HL2相对应。

当信号灯HL1、HL2完好时，由于灯丝阻值较小，故二极管和与非门1、与非门3的输入端全为低电平，与非门2、与非门4的输出端也为低电平，发光二极管LED1和LED2均不亮。当HL1或HL2断路时，与非门1或与非门3的输入端由于R_1、R_2的接入变高电平，故与非门2或与非门4的输出端为高电平，相应的发光二极管亮，提示制动灯有断路故障。

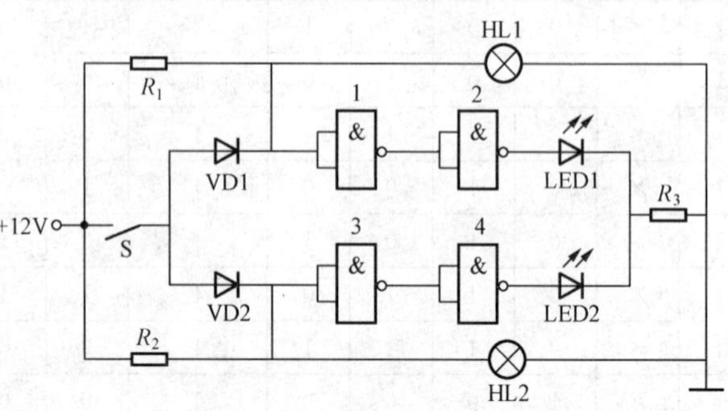

图9-15 制动灯故障检测器

9.4.3 或非门在汽车电子电路中的应用

利用集成门电路构成的数字电路具有很强的逻辑性，多用来构成汽车防盗报警电路。图9-16所示为福特牌汽车防盗报警器电路原理图。

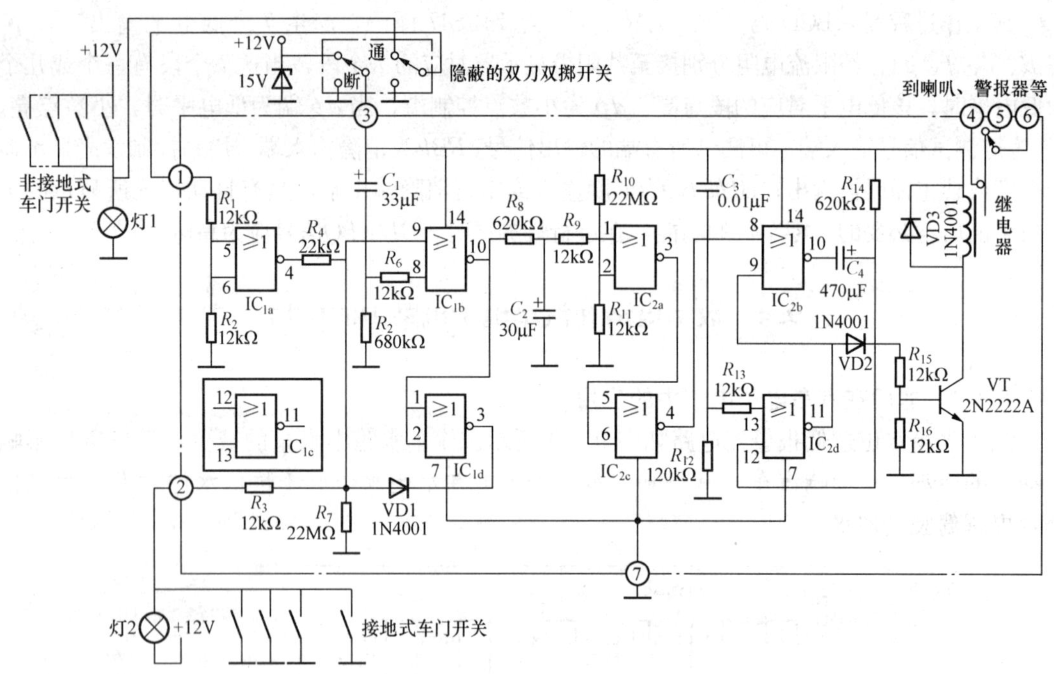

图9-16 福特牌汽车防盗报警器电路

9.4.4 门电路在汽车电子电路中的综合应用

现代轿车都装有门锁装置，为了防止驾驶员将钥匙忘在点火开关内而下车关门，专门设计了门锁控制电路。图9-17所示为门锁控制电路。

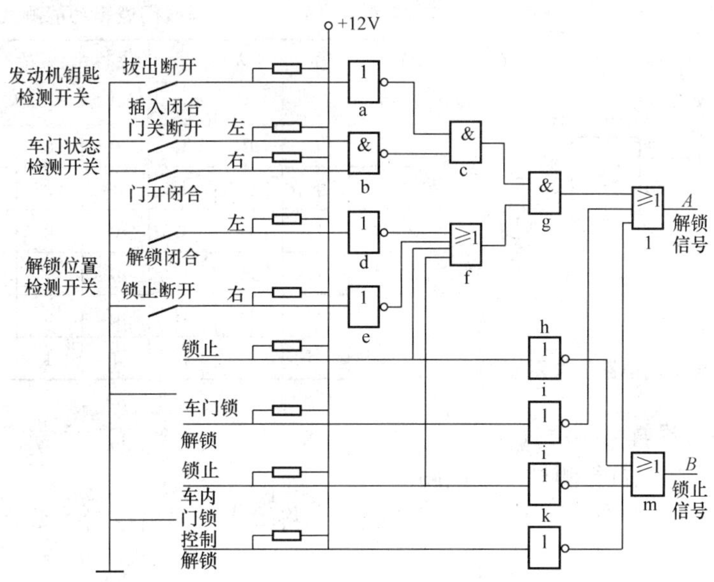

图 9-17 门锁控制

9.5 技 能 训 练

9.5.1 门电路逻辑功能及测试

1. 与非门逻辑电路功能测试

(1) 选用双四输入与非门 74LS20 一只，按图 9-18 接线，输入端 1、2、4、5 分别接到 K1～K4 的逻辑开关输出插口，输出端接电平显示发光二极管 VD1～VD4 任意一个。

(2) 将逻辑开关按表 9-17 的状态，分别测输出电压及逻辑状态。

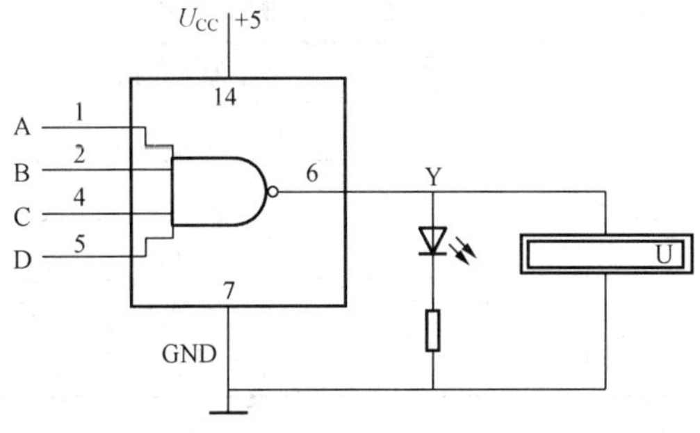

图 9-18 与非门电路连线示意

表 9-17 与非门电路逻辑功能测试表

输入				输出	
1	2	4	5	Y	电压值（V）
H	H	H	H	0	148.9m
L	H	H	H	1	4.17
L	L	H	H	1	4.17
L	L	L	H	1	4.17
L	L	L	L	1	4.17

2. 异或门逻辑电路功能测试

(1) 选二输入四异或门电路 74LS86，按图 9-19 接线，输入端 1、2、4、5 接逻辑开关（K1～K4），输出端 A、B、Y 接电平显示发光二极管。

(2) 将逻辑开关按表 9-18 的状态，将结果填入表 9-18 中。

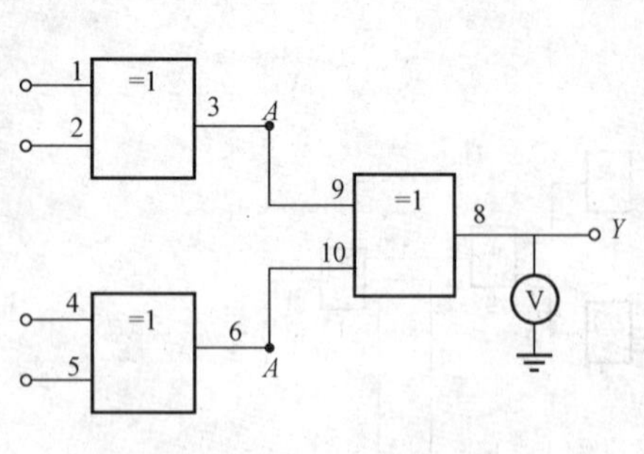

图 9 - 19　异或门电路连线示意

表 9 - 18　　异或门逻辑功能测试表

输　入				输　出			
1	2	3	4	A	B	Y	电压值
L	L	L	L	0	0	0	129.1mV
H	L	L	L	1	0	1	4.06V
H	H	L	L	0	0	0	128.9mV
H	H	H	L	0	1	1	4.14V
H	H	H	H	0	0	0	128.9mV
L	H	L	H	1	1	0	133.4mV

3. 逻辑电路的逻辑关系测试

根据以上所学知识自行测试一下电路。

(1) 用 74LS00，按图 9 - 20 和图 9 - 21 接线、将输入、输出逻辑关系分别填入表 9 - 19 和表 9 - 20 中。

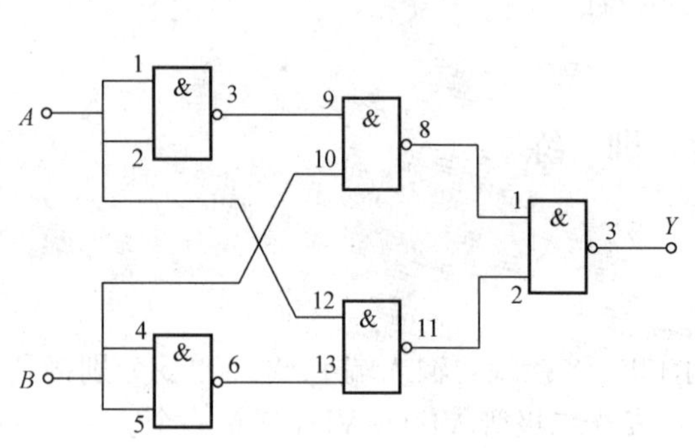

图 9 - 20　逻辑电路逻辑关系测试 1 电路连线图

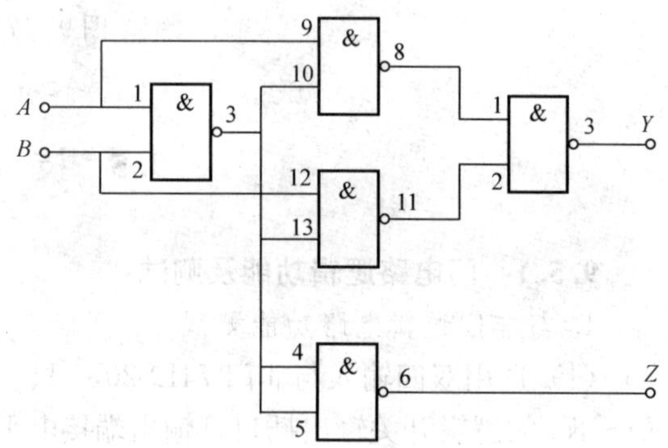

图 9 - 21　逻辑电路逻辑关系测试 2 电路连线图

表 9 - 19　逻辑电路逻辑关系测试 1 表

输　入		输出
A	B	Y
L	L	
L	H	
H	L	
H	H	

表 9 - 20　　逻辑电路逻辑关系测试 2 表

输　入		输　出	
A	B	Y	Z
L	L		
L	H		
H	L		
H	H		

(2) 写出上面两个电路逻辑表达式，并画出等效逻辑图。

9.5.2　交通信号灯故障的检测

交通信号灯有红灯 (R)、黄灯 (Y) 和绿灯 (G) 三种。正常工作时只能有一个灯亮，如果灯全亮或两个灯同时亮，则为故障状态。设计电路实现交通信号灯故障检测功能（用适当的门电路实现）。

设计过程分 3 个步骤进行。

步骤 1：逻辑抽象。

假定：输入变量为 1，表示灯亮；输入变量为 0，表示灯不亮。有故障时，输出为 1；正常时，输出为 0。由此，逻辑真值表见表 9 - 21。

表 9 - 21 交通信号灯故障的逻辑真值表

R	Y	G	F
0	0	0	1
0	0	1	0
0	1	0	0
0	1	1	1
1	0	0	0
1	0	1	1
1	1	0	1
1	1	1	1

步骤 2：利用真值表分析函数功能。

由逻辑状态表写出故障时的逻辑式

$$F = \overline{R}\,\overline{Y}\,\overline{G} + \overline{R}YG + R\overline{Y}G + RY\overline{G} + RYG \qquad (9-2)$$

应用逻辑运算法则化简式（9 - 2），得

$$F = \overline{R}\,\overline{Y}\,\overline{G} + YG + RG + RY \qquad (9-3)$$

为了减少所用门数，将式（9 - 3）变换为

$$F = \overline{\overline{\overline{R}\,\overline{Y}\,\overline{G}}} + R(G+Y) + YG = \overline{R+Y+G} + R(G+Y) + YG \qquad (9-4)$$

步骤 3：设计电路。由式（9 - 4）可画出交通信号灯故障检查电路，如图 9 - 22 所示。发生故障时，组合电路输出 F 为高电平，晶体管导通，继电器 KA 通电，其触电闭合，故障指示灯 HL 亮。

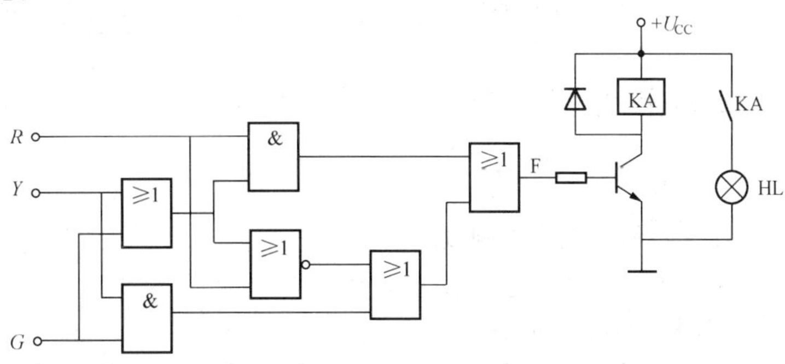

图 9 - 22 交通信号灯故障检测电路

本章着重掌握和理解以下几个问题：

1. 数字电路中常用的数制是二进制和十六进制。二进制数换算成十进制数，可以用二

进制数各位的权与相应位上的数的乘积和获得。而十进制数换算成二进制数，可以用下除法求得。二进制数换算成十六进制数，是把二进制数从低位到高位四位分成一组，各组可以转换成十六进制数各相应位上的数。把十六进制数换算成二进制时，每位十六进制数转换成四位二进制数把其组合到一起即可，十六进制数和十进制数之间的转换要借助于二进制数。

2. 逻辑代数的运算法则有基本运算法则、交换律、结合律、分配律、吸收律和反演律。

3. 由二极管可以构成与门和或门，由晶体管构成非门。与非门是由与门和非门构成，或非门是由或门和非门构成。对于与门只要有一个输入端为低电平输出就为低电平，只有各输入端均为高电平输出才为高电平，对于或门只要有一个输入端为高电平输出就为高电平，只有各输入端均为低电平输出才为低电平，与非门、或非门刚好分别与与门、或门的结果相反。

4. 组合逻辑电路的分析步骤：已知逻辑图—根据逻辑图写逻辑函数表达式—运用逻辑代数化简或变换—列逻辑状态表—分析逻辑功能。

5. 用文字、符号或者数码表示特定信息的过程称为编码，实现编码操作的电路称为编码器。n 位二进制代码有 2^n 个状态，可以表示 2^n 个信息，对 N 个信号进行编码时，按公式 $2^n \geqslant N$ 来确定需要使用的二进制代码的位数 n。常用的编码器有二进制编码器、二—十进制编码器、优先编码器等。

6. 译码是编码的逆过程，是将给定的二进制代码翻译成编码时赋予的原意，完成这种功能的电路称为译码器。译码器是数字系统和计算机中常用的一种逻辑部件。常用译码器有地址译码器、指令译码器、七段显示译码器。

习　题

9-1　填空题。

（1）将下列各数转换成十进制。

$(1001)_2=$__________，$(011010)_2=$__________

$(10010010)_2=$__________，$(EC)_{16}=$__________，$(16)_{16}=$__________

（2）将下列十进制数转换为二进制数、十六进制数。

51=__________，98=__________，64=__________

128=__________，4095=__________

（3）将下列 8421BCD 码写成十进制数。

$(0010\quad 0011\quad 1000)_{8421BCD}=$__________

$(0111\quad 1001\quad 0101\quad 0011)_{8421BCD}=$__________

（4）在数字电路中晶体管主要工作在截止和饱和状态，其作用相当于开关的__________、__________。

（5）基本逻辑关系包括__________、__________、__________。

9-2　分别说明二进制、十进制、十六进制的特点及相互转换方法。

9-3　将下列各数转换成十进制：

$(1001)_2$、$(011010)_2$、$(10010010)_2$、$(EC)_{16}$、$(16)_{16}$。

9-4　将下列十进制数转换为二进制数、十六进制数：

51、98、64、128、4095。

9-5 将下列 8421BCD 码写成十进制数：

$(0010\ \ 0011\ \ 1000)_{8421BCD}$、$(0111\ \ 1001\ \ 0101\ \ 0011)_{8421BCD}$。

9-6 什么是真值表？试写出两个变量进行与运算、或运算及非运算的真值表。

9-7 化简下列各式。

(1) $F = A\overline{B}C + \overline{A} + B + \overline{C}$；

(2) $F = ABC + AC\overline{D} + A\overline{C} + CD$；

(3) $F = \overline{A}\,\overline{B}\,\overline{C} + \overline{A}BC + ABC + AB\overline{C}$；

(4) $F = A(B + \overline{C}) + \overline{A}(\overline{B} + C) + BCD + \overline{B}\,\overline{C}D$。

9-8 应用逻辑代数的基本定理证明下列各式。

(1) $AB + \overline{A}C + \overline{B}C = AB + C$；

(2) $A\overline{B} + BD + \overline{A}D + DC = A\overline{B} + D$；

(3) $BC + D + \overline{D}(\overline{B} + \overline{C})(AD + B) = B + D$；

(4) $ABC + \overline{A} + \overline{B} + \overline{C} = 1$；

(5) $\overline{A}B + \overline{A}BCD(E + F) = \overline{A}B$。

9-9 输入 A、B 的波形如图 9-23 所示，分别画出与门、或门、与非门、或非门、异或门的输出波形图。

9-10 如图 9-24 所示的与非门电路，输入为 A、B，输出为 F，B 端为连续的矩形脉冲信号。若希望 B 端每输入 5 个脉冲，与非门就关闭一次，A 端应给何种信号？

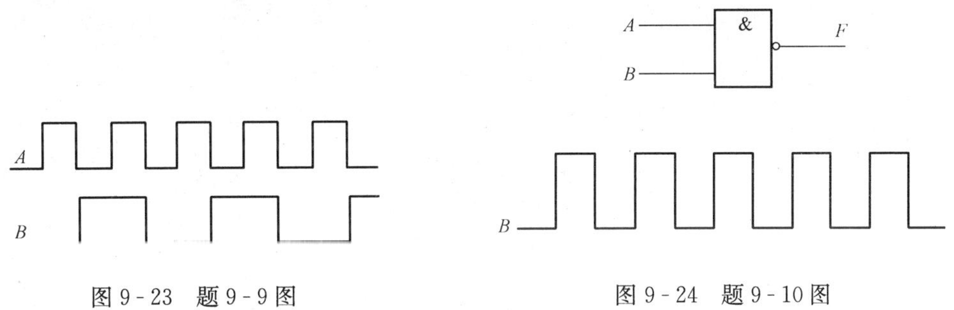

图 9-23 题 9-9 图　　图 9-24 题 9-10 图

9-11 写出如图 9-25 所示电路的真值表及逻辑表达式。

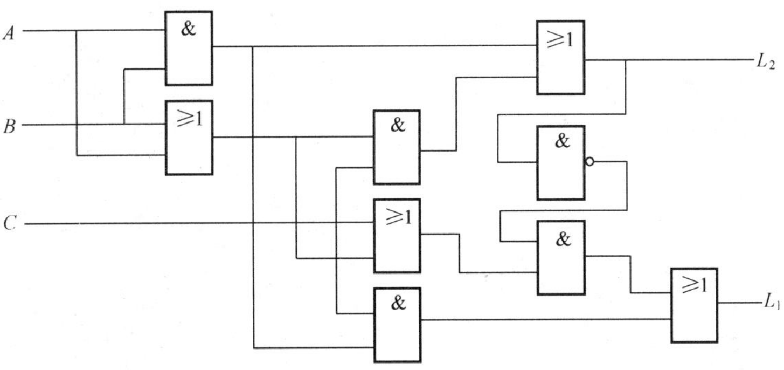

图 9-25 题 9-11 图

9 - 12　分析如图 9 - 26 所示的组合逻辑电路，写出其输出逻辑函数表达式，指出该电路执行的逻辑功能。

9 - 13　图 9 - 27 所示为 74LS138 3 线—8 线译码器和与非门组成的电路。写出图示电路的输出函数 Y_1 和 Y_2 的逻辑表达式。

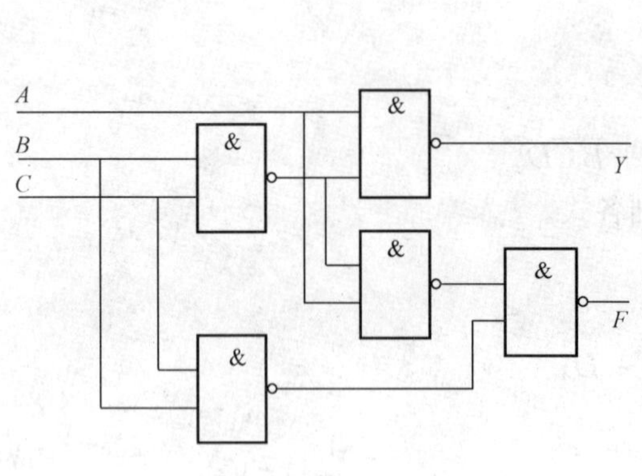

图 9 - 26　题 9 - 12 图

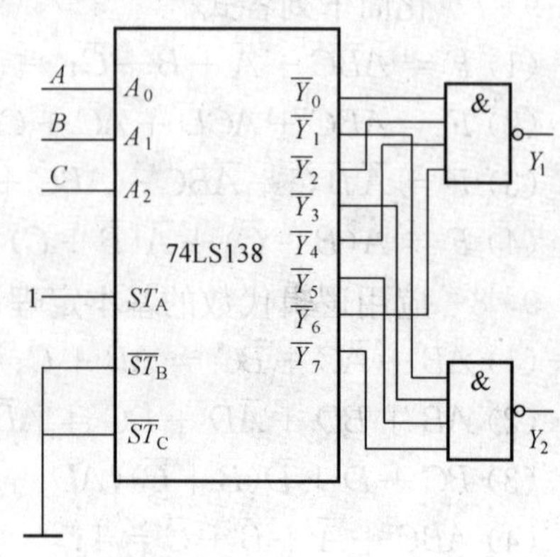

图 9 - 27　题 9 - 13 图

10 触 发 器

数字电路一般分为两大类，一类是上一章介绍过的门电路及由门电路组成的组合逻辑电路，另一类是下面要介绍的时序逻辑电路；两类电路的区别在于组合逻辑电路的输出变量状态仅由输入变量的组合状态来决定，与原来状态无关，即该电路没有记忆功能；而时序逻辑电路的输出状态不仅决定于当时的输入状态，而且还与电路的原来状态有关，也就是具有记忆功能。

触发器就是一种时序逻辑电路，由基本逻辑门电路按照一定方式连接而成，有输入端与输出端。触发器逻辑电路的逻辑状态由输出端的逻辑状态决定，其逻辑状态简称触发器的状态。

10.1 RS 触 发 器

RS 触发器分为基本 RS 触发器和可控 RS 触发器。

10.1.1 基本 RS 触发器

1. 电路组成

图 10-1 (a) 所示为由两个与非门组成的基本 RS 触发器有 $\overline{R}_D$、$\overline{S}_D$ 两个输入端，Q 和 $\overline{Q}$ 两个输出端。正常情况下 Q 和 $\overline{Q}$ 两个输出端的状态是相反的，所以常用一个字母表示输出状态。如 $Q=1$、$\overline{Q}=0$ 时，称触发器的状态为"1"态；$Q=0$、$\overline{Q}=1$ 时，称触发器的状态为"0"态。

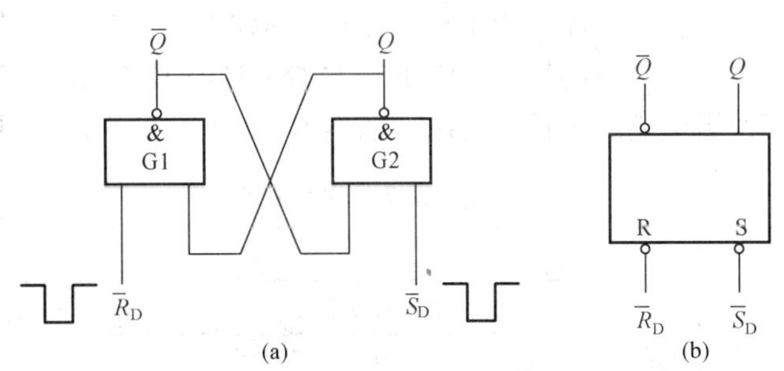

图 10-1 基本 RS 触发器的组成和符号

(a) 触发器的组成；(b) 符号

2. 工作原理

因为输入端 $\overline{R}_D$ 和 $\overline{S}_D$ 的逻辑状态有四种组合，所以分以下四种情况来讨论：

(1) 当输入端 $\overline{R}_D=0$、$\overline{S}_D=1$ 时，与非门 G1 有 0 出 1，所以 $\overline{Q}=1$；$\overline{Q}=1$ 反馈到与非门 G2 的输入端，则 G2 两个输入端都为 1，与非门 G2 全 1 出 0，则 $Q=0$。无论触发器原来状态如何，只要符合上述输入条件，触发器均为置 0 功能。因此，常把 $\overline{R}_D$ 端称为复位端。

（2）当输入端$\overline{R}_D=1$、$\overline{S}_D=0$时，与非门G2有0出1，所以$Q=1$；$Q=1$反馈到与非门G1的输入端，则G1两个输入端都为1，与非门G1全1出0，则$\overline{Q}=0$。无论触发器原来状态如何，只要符合上述输入条件，触发器均为置1功能。因此，常把$\overline{S}_D$端称为置位端。

（3）当输入端$\overline{R}_D=1$、$\overline{S}_D=1$时，若触发器原来的状态为$Q=0$、$\overline{Q}=1$，在反馈线作用下，与非门G1有0出1，输出端$\overline{Q}$仍为1；与非门G2全1出0，输出端Q仍为0。

若触发器原来的状态为$Q=1$、$\overline{Q}=0$，在反馈线作用下，与非门G2有0出1，输出端Q仍为1；与非门G1全1出0，输出端$\overline{Q}$仍为0。

显然，只要输入端$\overline{R}_D=1$、$\overline{S}_D=1$，无论触发器原来状态如何，均具有存储或记忆功能。

（4）当输入端$\overline{R}_D=0$、$\overline{S}_D=0$时，两个与非门G1和G2均会有0出1，这种情况显然破坏了输出端子Q和$\overline{Q}$的互非性，从而造成逻辑混乱，使基本RS触发器不能正常工作，触发器的这种输入状态称为不定态。不定态在电路中禁止发生。

综上所述，基本RS触发器具有置1（置位）、置0（复位）和存储或记忆的功能。需置0时，在直接复位端（$\overline{R}_D=0$）加负脉冲即可；需置1时，在直接置位端（$\overline{S}_D=0$）加负脉即可。低电平除去后，置位端和复位端都处于“1”态（平时固定接高电平），此时触发器具有负脉冲去掉之前的状态，实现存储或记忆功能，但不允许在$\overline{R}_D$、$\overline{S}_D$端同时加低电平。

在如图10-1（b）所示的基本RS触发器符号中，输入端引线上靠近方框的小圆圈表示触发器用负脉冲（0电平）来置位或复位，即低电平有效。

3. 逻辑功能的描述

触发器的逻辑功能通常可用特征方程、真值表、状态图、波形图等进行描述。

（1）特征方程。表示触发器次态Q^{n+1}与现态Q^n之间关系的逻辑表达式，称为触发器的特征方程。基本RS触发器的特征方程为

$$\begin{cases}Q^{n+1}=\overline{S}_D+\overline{R}_DQ^n\\ \overline{R}_D+\overline{S}_D=1\text{(约束条件)}\end{cases}\tag{10-1}$$

由于基本RS触发器不允许输入同时为低电平，因此加一个约束条件。

（2）真值表。真值表以表格的形式反映了触发器从现态Q^n向次态Q^{n+1}转移的规律。这种方法很适合在时序逻辑电路的分析中使用。基本RS触发器的真值表见表10-1。

表10-1　基本RS触发器的真值表

$\overline{R}_D$	$\overline{S}_D$	Q	功能
1	1	保持原状态	记忆功能
0	1	0	复位（置0）
1	0	1	置位（置1）
0	0	$\overline{R}_D$、$\overline{S}_D$同时由0变为1时，状态不定	应禁止出现此状态

（3）时序波形图。描述触发器输入信号取值和状态之间对应的图形称为时序图。基本RS触发器时序图如图10-2所示。

4. 基本RS触发器的应用

图10-3所示为触发器的应用实例，用于消除键盘按键时产生的抖动，这种抖动常给系统造成错误操作。在图10-3（a）中，开关在1和2之间转换，当它转接到任意一边时，都

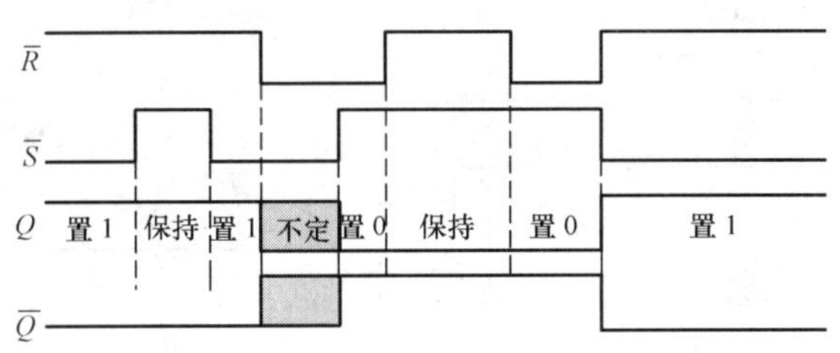

图 10-2 基本 RS 触发器时序波形图

会产生抖动，形成如图 10-3（b）所示的带有“毛刺”的 $\overline{R}_D$ 和 $\overline{S}_D$ 的波形，但经过基本 RS 触发器后，Q 端无“毛刺”，从而消除了抖动。

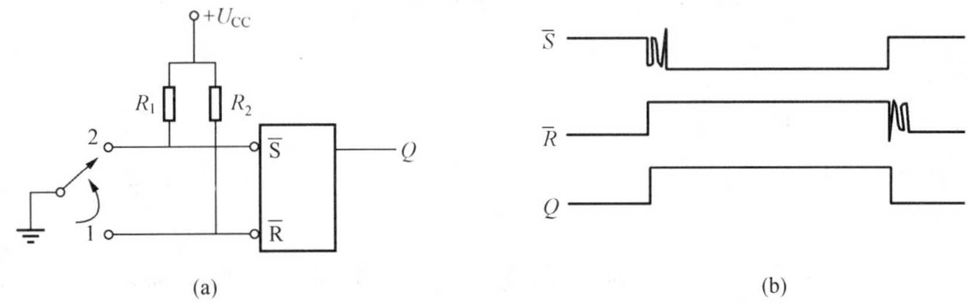

图 10-3 消除键盘抖动的实例

（a）消除键盘抖动示意；（b）消除键盘抖动的输入/输出波形

在数字电路中，凡是根据输入信号情况的不同，具有置 0、置 1 和保持功能的电路，都称为 RS 触发器。常用的集成 RS 触发器芯片有 74LS279 和 CC4044，管脚排列图如图 10-4 所示。

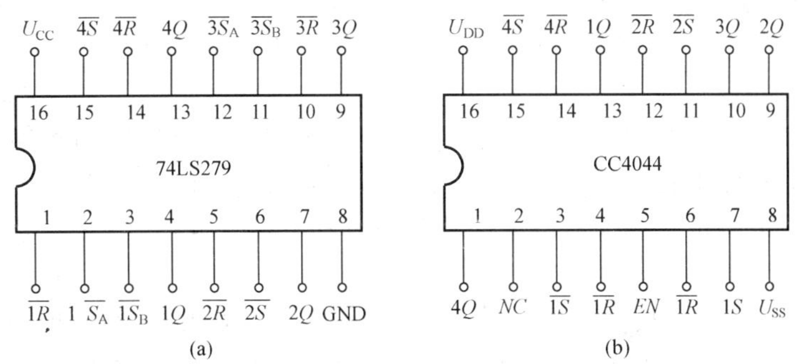

图 10-4 集成 RS 触发器管脚排列图

（a）74LS279 管脚排列图；（b）CC4044 管脚排列图

10.1.2 可控 RS 触发器

1. 电路组成

图 10-5 所示为可控 RS 触发器的组成和符号，可控 RS 触发器由 4 个与非门组成。其中，G1、G2 组成基本 RS 触发器，$\overline{R}_D$、$\overline{S}_D$ 为两个输入端；G3、G4 组成引导电路，R、S 为输入端。时钟脉冲 CP 作为脉冲输入端，在脉冲数字电路中，所使用的触发器往往用一种正脉冲来控制触发器的翻转时刻，这种正脉冲就称为时钟脉冲，它也是一种控制命令。

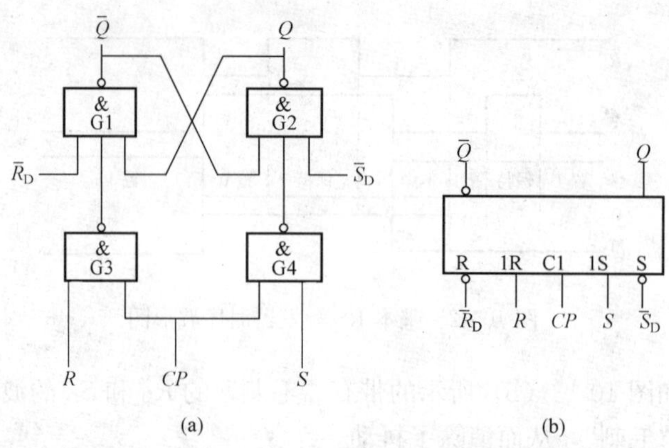

图 10-5 可控 RS 触发器的组成和符号

(a) 触发器的组成；(b) 符号

可控 RS 触发器与基本 RS 触发器的最大不同点就是电路输出状态的变化只能在 $CP=1$ 期间发生。因此，只要 $CP=0$，不论 R、S 为何种电平，电路均保持原来的状态不变。

$\overline{R}_D$、$\overline{S}_D$ 是直接复位和直接置位端，就是不受时钟脉冲 CP 的控制，就可以对触发器的输出端置 0 和置 1。主要用于在工作之初，预先使触发器处于某一给定状态，在工作过程中不使用它们，让它们处于 1 态（高电平）。

2. 工作原理

当时钟脉冲正脉冲来到之后，CP 变为 1，R 和 S 的状态开始起作用。

（1）当 $R=0$、$S=1$ 时，G3 门有 0 出 1，G4 门全 1 出 0，则基本 RS 触发器 G2 门接收 0 输入出 1，G1 门全 1 出 0，即输出状态为 1。也就是说，无论可控 RS 触发器的输出端原来为何种状态，只要在 $CP=1$ 期间 S 端为高电平，触发器均实现置位功能。因此，称 S 端为置位端，高电平有效。

（2）当 $R=1$、$S=0$ 时，G4 门有 0 出 1，G3 门全 1 出 0，则基本 RS 触发器接收 0 输入出 1，全 1 出 0，即输出状态为 0。也就是说，无论可控 RS 触发器的输出端原来为何种状态，只要在 $CP=1$ 期间 R 端为高电平，触发器均实现复位功能。因此，称 R 端为复位端，高电平有效。

（3）当 $R=0$、$S=0$ 时，G4 门、G3 门均有 0 出 1，则基本 RS 触发器的输入端为全 1 状态，保持原来的状态。也就是说，无论可控 RS 触发器的输出端原来为何种状态，只要在 $CP=1$ 期间 R 端、S 端均为低电平，触发器均实现保持的功能。

（4）当 $R=1$、$S=1$ 时，G4 门、G3 门均有 1 出 0，则 G1 门、G2 门也会均有 0 出 1，破坏了输出端的互非状态，因此，这种状况应避免出现。

3. 逻辑功能的描述

（1）特征方程。

$$\begin{cases} Q^{n+1} = S + \overline{R}Q^n \\ SR = 0\text{（约束条件）} \end{cases} \tag{10-2}$$

（2）真值表。可控 RS 触发器的真值表见表 10-2。

表 10 - 2 **可控 RS 触发器的真值表**

S	R	Q^n	Q^{n+1}	功能
0	0	0	0	保持
		1	1	
0	1	0	0	置 0
		1	0	
1	0	0	1	置 1
		1	1	
1	1	0	×	禁止
		1	×	

(3) 时序波形图。可控 RS 触发器是时钟脉冲 CP 控制的触发器，只要 $CP=0$，无论输入为何种状态，触发器的输出均不改变。只有当 $CP=1$ 时，触发器的输出才随着输入的变化而变化。图 10 - 6 所示为可控 RS 触发器的时序波形图。

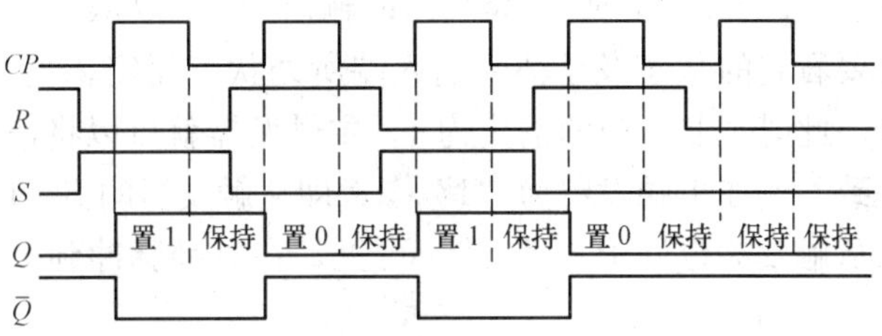

图 10 - 6 可控 RS 触发器的时序波形图

10.2 边沿触发器

可控 RS 触发器采用的是电位触发方式。此类触发器存在的主要问题，就是在时钟脉冲 $CP=1$ 期间，若输入端 R 或 S 发生多次变化，输出将随着输入而相应发生多次翻转。这种情况下一般无法确切地判断触发器的状态，由此造成触发器工作的不可靠。我们把一个 CP 脉冲为 1 期间触发器发生多次翻转的情况称为空翻。

为确保数字系统的可靠工作，要求触发器在一个 CP 脉冲期间至多翻转一次，即不允许空翻现象的出现。为此，人们研制出了边沿触发方式的主从型 JK 触发器和维持阻塞型的 D 触发器等。这些触发器由于只在时钟脉冲边沿到来时发生翻转，从而有效地抑制了空翻现象。

10.2.1 JK 触发器

1. 电路组成

图 10 - 7 (a) 所示为主从型 JK 触发器的机构原理图，它由两个可控的 RS 触发器组成，两者分别称为主触发器和从触发器。此外，还通过一个“非”门将两个触发器联系起来。这就是触发器的主从型结构。时钟脉冲的前沿使主触发器翻转，而后沿使从触发器翻转，主从之名由此而来。

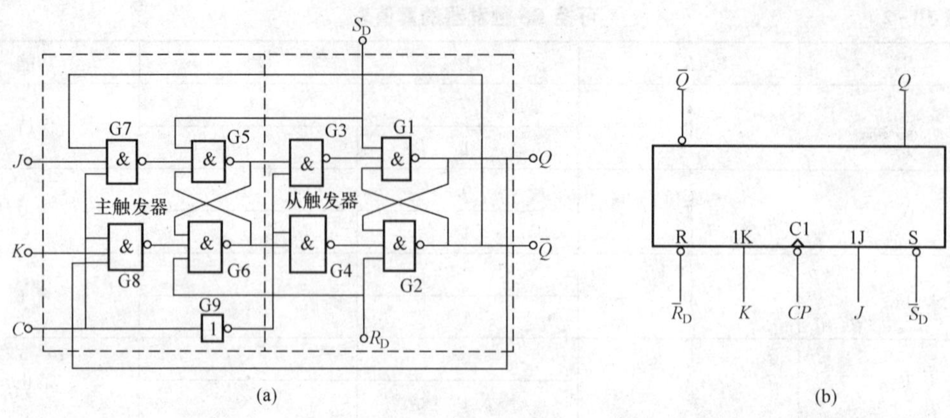

图 10-7 主从型 JK 触发器的组成和符号

(a) 触发器的组成；(b) 符号

2. 工作原理

当时钟脉冲来到后，即 $CP=1$ 时，"非"门的输出为 0，故从触发器的状态不变，这时主触发器是否翻转，要看它的状态及 J、K 输入端所处状态而定。当 CP 从 1 跳变为 0 时，主触发器的状态不变。此时"非"门的输出为 1，主触发器就可以将信号送到从触发器的输入端，使两者状态一致。例如主触发器为"1"态，即从触发器的 $S=1$、$R=0$，当"非"门的输出跳变为 1 时，从触发器也处于"1"态。可见，在时钟脉冲到来之前，触发器的状态与从触发器的状态是一致的。

下降沿之后的 $CP=1$ 期间，因为从触发器被封锁而主触发器的输入状态不再发生变化，所以触发器保持下降沿时的状态不变。因此，这种主从型 JK 触发器只在 CP 脉冲下降沿到来时触发工作，从而有效地抑制了"空翻"现象，保证了触发器工作的可靠性。

这种边沿触发的主从型 JK 触发器，在时钟脉冲 CP 下降沿到来时，其输出、输入端子之间对应关系如下：

设时钟脉冲到来之前，即 $CP=0$ 时，触发器的初始状态为"0"态，这时触发器的 $S=1$，$R=0$。

(1) 当 $J=1$、$K=1$ 时，无论触发器原来为何种状态，输出状态均与原来的状态相反，即具有翻转功能。

(2) 当 $J=1$、$K=0$ 时，无论触发器原来为何种状态，输出状态均为 1，既具有置 1 功能。

(3) 当 $J=0$、$K=1$ 时，无论触发器原来为何种状态，输出状态均为 0，既具有置 0 功能。

(4) 当 $J=0$、$K=0$ 时，无论触发器原来为何种状态，输出状态均与原来的状态相同，即具有保持功能。

综上所述，主从型 JK 触发器，只有在 CP 的下降沿才触发的特点，具体保持、置 0、置 1、翻转四种逻辑功能。

图 10-7 (b) 所示为 JK 触发器的逻辑符号。其中，CP 引线上端的"∧"符号，表示边沿触发；如果没有∧符号，表示电平触发。CP 引线上端既有∧符号又有小圆圈时，表示

触发器下降沿触发；反之，没有小圆圈，表示触发器上升沿触发。

3. 逻辑功能的描述

（1）特征方程。

$$Q^{n+1} = J\overline{Q}^{n} + \overline{K}Q^{n} \tag{10-3}$$

（2）真值表。上述功能表述为真值表见表 10-3。

表 10-3　　JK 触发器的真值表

J	K	Q^{n}	Q^{n+1}	功能
0	0	0	0	保持
		1	1	
0	1	0	0	置 0
		1	0	
1	0	0	1	置 1
		1	1	
1	1	0	1	翻转
		1	0	

（3）时序波形图。图 10-8 所示为 JK 触发器的时序波形图。

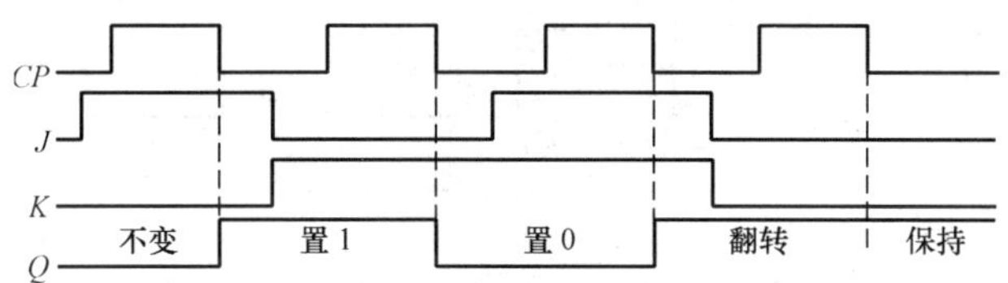

图 10-8　JK 触发器的时序波形图

10.2.2　D 触发器

维持阻塞型 D 触发器是一种只有一个输入端的边沿触发方式的触发器。D 触发器的输出状态仅取决于时钟脉冲触发边沿到来前控制信号 D 端的状态。当 $D=0$ 时，在时钟脉冲到来后，输出的状态 $Q^{n+1}=0$；当 $D=1$ 时，在时钟脉冲到来后，输出的状态 $Q^{n+1}=1$。即 D 触发器的特征方程为

$$Q^{n+1} = D \tag{10-4}$$

D 触发器的逻辑符号如图 10-9 所示，逻辑功能真值表见表 10-4。

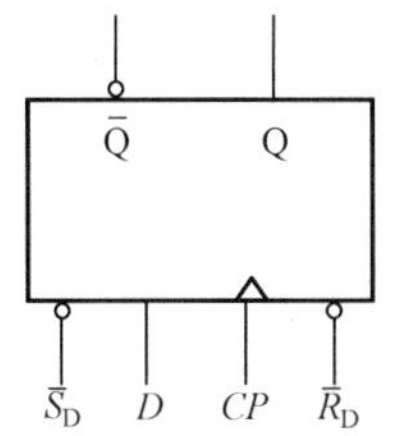

图 10-9　D 触发器逻辑符号

表 10-4　　D 触发器真值表

D	Q^{n+1}
0	0
1	1

10.3 触发器的应用

触发器具有时序逻辑特征，可以由它组成各种时序逻辑电路，下面主要介绍由触发器构成的计数器和寄存器。

10.3.1 计数器

计数器是数字电路中的一个基本部件，应用非常广泛，它的种类很多，可从不同的角度分类。按计数增减来分：有加法计数器、减法计数器以及两者兼有的可逆计数器。按时钟脉冲作用的方式来分：有异步计数器和同步计数器。按进位制来分，有二进制计数器、十进制计数器、N进制计数器等。这里只介绍异步二进制、异步十进制加法计数器，以便了解触发器的应用和计数器的基本工作原理。

1. 二进制计数器

一个触发器可以构成1位二进制计数器，能记录2个脉冲数，n个触发器可以构成n位二进制计数器，能记录2^n个脉冲数，也可以称为1位2^n进制计数器。

【例10-1】 图10-10所示时序逻辑电路，其输出信号由各触发器的Q端取出。设触发器初始为“0”态，试分析电路的逻辑功能。

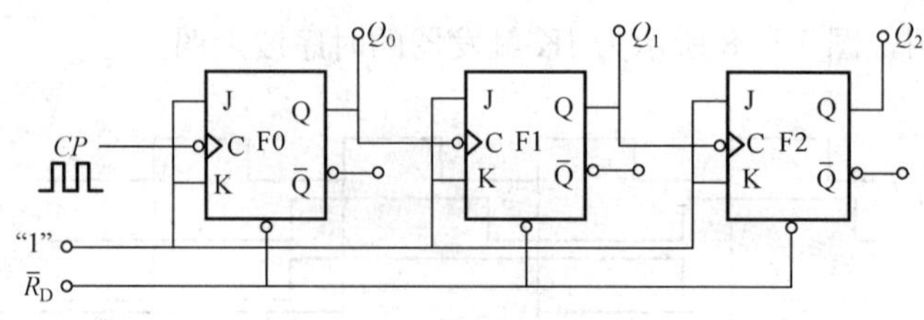

图10-10 ［例10-1］图

解 (1) 判断电路类型。时序逻辑电路中如果除CP时钟脉冲外，无其他输入信号，就属于莫尔型，若有其他输入信号时为米莱型；各位触发器的时钟脉冲共用同一个CP脉冲时称同步时序逻辑电路，若不是用同一个CP作为脉冲触发则称为异步时序逻辑电路。显然，此计数器电路是莫尔型异步时序逻辑电路。

(2) 写出时序逻辑电路分析时所需的相应方程。该时序逻辑电路的各位均为CP下降沿到来时发生状态翻转的JK触发器，其输入端均恒为高电平1，因此电路的驱动方程为

$$J_0 = K_0 = 1,\quad J_1 = K_1 = 1,\quad J_2 = K_2 = 1$$

将驱动方程代入JK触发器的次态方程，可得

$$Q_0^{n+1} = J_0\,\overline{Q_0^n} + \overline{K}_0 Q_0^n = \overline{Q_0^n}$$

$$Q_1^{n+1} = J_1\,\overline{Q_1^n} + \overline{K}_1 Q_1^n = \overline{Q_1^n}$$

$$Q_2^{n+1} = J_2\,\overline{Q_2^n} + \overline{K}_2 Q_2^n = \overline{Q_2^n}$$

电路的时钟方程为

$$CP_0 = CP$$

$$CP_1 = Q_0^n$$

$$CP_2 = Q_1^n$$

(3) 根据上述方程对电路进行分析。若电路的初始状态为 000 时，第一个 CP 脉冲下降沿来到时，根据触发器 F0 的次态方程 $Q_0^{n+1}=\overline{Q}_0^n=1$，触发器 F0 的输出状态由 0 翻转为 1。此变化使 F1 的时钟 CP_1 出现上升沿，因此 F1 的状态不变，$Q_1^{n+1}=0$，F2 的状态因 CP_2 不变也不发生变化，$Q_2^{n+1}=0$。所以，$Q_2Q_1Q_0$ 由初始状态 000 变为 001，代表十进制数是 1。

第二个 CP 脉冲下降沿来到时，F0 的状态再次翻转，$Q_0^{n+1}=0$。此时，F1 的时钟 CP_1 由 1 变为 0，而得到一个下降沿，故有 $Q_1^{n+1}=\overline{Q}_1^n=1$，F1 发生一次翻转。此变化使 F2 的时钟 CP_2 出现上升沿，因此 F2 的状态不变，$Q_2^{n+1}=0$。所以，$Q_2Q_1Q_0$ 由 001 变为 010，代表十进制数是 2。

第三个 CP 下降沿来到时，F0 的状态又发生翻转，$Q_0^{n+1}=1$。此时，F1 的时钟 $CP_1=1$，故保持原状态 $Q_1^{n+1}=1$。因为 F1 的输出不变，CP_2 也不变化，故 $Q_2^{n+1}=0$。所以，$Q_2Q_1Q_0$ 由 010 变为 011，代表十进制数是 3。

第四个 CP 下降沿来到时，F0 的状态又发生翻转，$Q_0^{n+1}=0$。此时，F1 的时钟 CP_1 由 1 变为 0，而得到一个下降沿，故有 $Q_1^{n+1}=\overline{Q}_1^n=0$，F1 又发生一次翻转。F2 的时钟 CP_2 也得到一个下降沿，故有 $Q_2^{n+1}=\overline{Q}_2^n=1$。所以，$Q_2Q_1Q_0$ 由 011 变为 100，代表十进制数是 4。

上述过程，直至第八个 CP 脉冲的下降沿来到时，$Q_2Q_1Q_0$ 由 111 又重复转换为 000 状态。以后电路将周而复始的重复上述循环。

根据上面的分析，可以画出表示输入计数脉冲数与各个触发器输出端 Q 相对应的工作波形图，如图 10 - 11 所示。

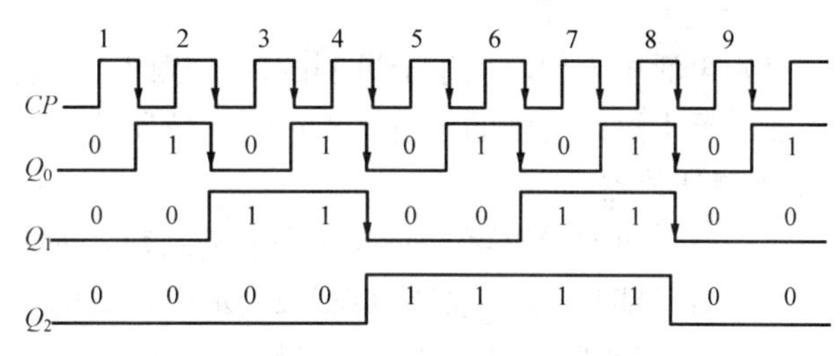

图 10 - 11 [例 10 - 1] 工作波形图

根据波形图还可以列出表示输入计数脉冲与各触发器状态转换真值表，见表 10 - 5。

表 10 - 5 [例 10 - 1] 逻辑电路状态转换真值表

计数脉冲	Q_2 Q_1 Q_0	计数脉冲	Q_2 Q_1 Q_0
0	0 0 0	5	1 0 1
1	0 0 1	6	1 1 0
2	0 1 0	7	1 1 1
3	0 1 1	8	0 0 0
4	1 0 0		

无论是时序波形图还是状态转换真值表，都反映了该计数器是从状态 000 开始计数，每来一个计数脉冲，二进制数值便加 1，输入第 8 个计数脉冲时计满归零。通常将一次循环所包含的状态总数称为计数器的模。所以，该时序逻辑电路是一个异步三位二进制模 8 加计数器。

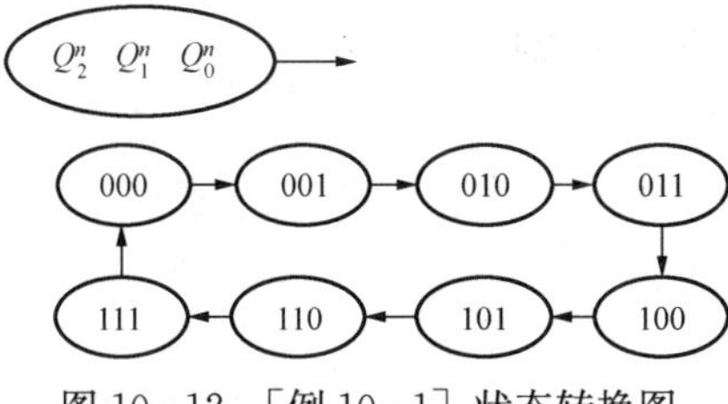

图 10 - 12 [例 10 - 1] 状态转换图

异步三位二进制模 8 加计数器的状态转换还可用如图 10 - 12 所示的状态转换图来表示。

从状态转换图 10-12 又可直观地看到计数器计数的顺序及模数。由于该计数器循环体中的 8 个二进制数就是三位触发器输出组合的全部，因此在计数开始前不清零就工作时，也可以由任何一个状态进入有效循环体。我们把这种能够在启动后自动进入有效循环体的能力称为自启动能力。如果计数器启动后状态不能够自行进入有效循环体，则称为不具有自启动能力。

从［例 10-1］可以归纳出时序逻辑电路的一般分析步骤：

（1）确定时序逻辑电路的类型。根据电路中各位触发器是否采用同一个时钟脉冲 CP 进行触发，可判断电路是同步时序逻辑电路还是异步时序逻辑电路；根据时序逻辑电路除 CP 端子外是否还有输入信号判断电路是米莱型还是莫尔型。

（2）写出已知时序逻辑电路的各相应方程。包括驱动方程、次态方程、输出方程（莫尔型电路不包含输出方程）。当所分析电路属于异步时序逻辑电路时，还需写出各位触发器的时钟方程。

（3）绘制状态转换真值表或状态转换图。依据是步骤（2）所写出的各种方程。

（4）指出时序逻辑电路的功能。主要根据状态转换真值表或状态转换图的结果。

2. 十进制计数器

日常生活中人们习惯于十进制的计数规则，当利用计数器进行十进制输入计数时，就必须构成满足十进制规则的电路。十进制计数器就是在二进制数的基础上得到的，因此也称为二-十进制计数器。

用四位二进制代码可以表示一位十进制数，如最常用的 8421BCD 码。8421BCD 码对应十进制数时只能从 0000 取到 1001 来表示十进制的 0～9 十个数码，而后面的 1010～1111 六个 8421BCD 代码则在对应的十进制数中不存在，称它们为无效码。因此，采用 8421BCD 码计数时，计至第十个时钟脉冲时，十进制计数器的输出应从 1001 跳变到 0000，完成一次十进制数的有效码循环。

【例 10-2】 如图 10-13 所示的时序逻辑电路，其输出信号由各触发器的 Q 端取出。设触发器初始为“0”态，试分析电路的逻辑功能。

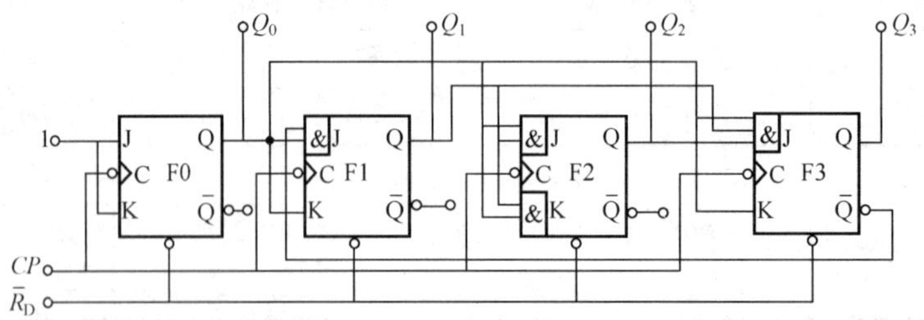

图 10-13 十进制加法计数器的逻辑图

解 （1）判断电路类型。此计数器电路是莫尔型同步时序逻辑电路。

（2）写出时序逻辑电路分析时所需的相应方程。

图中各触发器的驱动方程为

$$J_0 = K_0 = 1$$

$$J_1 = \overline{Q}_3 Q_0, \quad K_1 = Q_0$$

$$J_2=K_2=Q_1Q_0$$

$$J_3=Q_2Q_1Q_0,\quad K_3=Q_0$$

电路的次态方程为

$$Q_0^{n+1}=\overline{Q}_0$$

$$Q_1^{n+1}=Q_0\overline{Q}_3\overline{Q}_1+\overline{Q}_0Q_1$$

$$Q_2^{n+1}=Q_0Q_1\overline{Q}_2+\overline{Q_0Q_1}Q_2$$

$$Q_3^{n+1}=Q_0Q_1Q_2\overline{Q}_3+\overline{Q}_0Q_3$$

由次态方程可写出同步十进制计数器的状态转换真值表，见表 10 - 6。

表 10 - 6　　十进制逻辑电路状态转换真值表

CP	Q_3	Q_2	Q_1	Q_0	Q_3^{n+1}	Q_2^{n+1}	Q_1^{n+1}	Q_0^{n+1}
1↓	0	0	0	0	0	0	0	1
2↓	0	0	0	1	0	0	1	0
3↓	0	0	1	0	0	0	1	1
4↓	0	0	1	1	0	1	0	0
5↓	0	1	0	0	0	1	0	1
6↓	0	1	0	1	0	1	1	0
7↓	0	1	1	0	0	1	1	1
8↓	0	1	1	1	1	1	0	0
9↓	1	0	0	0	1	0	0	1
10↓	1	0	0	1	回零进位			
无效码	1	0	1	0	1	0	1	1
	1	0	1	1	0	1	0	0
	1	1	0	0	1	1	0	1
	1	1	0	1	0	1	0	0
	1	1	1	0	1	1	1	1
	1	1	1	1	0	1	0	0

由状态转换真值表可画出该计数器的状态转换图如图 10 - 14 所示。

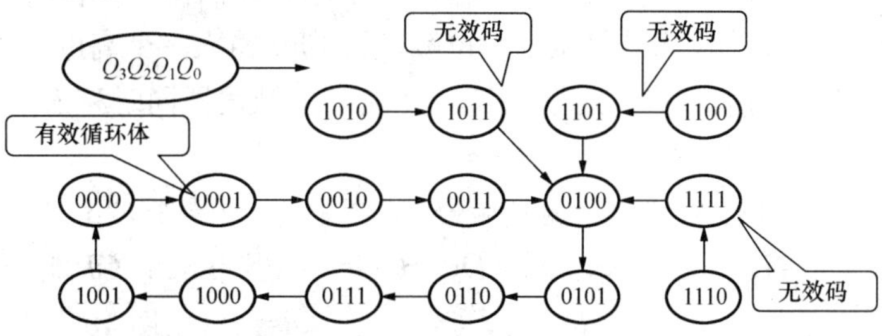

图 10 - 14　十进制加计数器状态图

观察状态转换图可知，该计数器如果在计数开始时处在无效码状态，可自行进入有效循环体，具有自启动能力。因此，图 10 - 14 所示的莫尔型模 10 计数器是一个具有自启动能力的十进制同步计数器。

10.3.2 寄存器

在数字电路中，常使用寄存器来暂时存放运算数据、运算结果、指令等。寄存器由具有记忆功能的触发器组成。一个触发器只能存放 1 位二进制数，要存放 N 位二进制数，需要用 N 个触发器组成的寄存器。寄存器存入和取出数据的方式有并行和串行两种。并行方式就是多位数码的存入和取出同时完成；串行方式就是多位数码的存入和取出通过移位方式完成。寄存器常分为数码寄存器和移位寄存器两种，它们的区别在于有无移位的功能。

1. 数码寄存器

图 10 - 15 所示为用 D 触发器组成的寄存 4 位二进制的数码寄存器，数码 D3～D0 依次接到 4 个触发器的数据输入端。

其工作原理如下：当同步复位端 $\overline{R}$ 为低电平时，寄存器清零，输出 $Q_3Q_2Q_1Q_0=0000$；同步复位端 $\overline{R}$ 为高电平时，无 CP 脉冲到来寄存器保持原状态；若送脉冲的控制信号 CP 上升沿到来后，数码寄存器将需要寄存的数据 $D_3D_2D_1D_0$ 并行送入寄存器中寄存，此时，$Q_3Q_2Q_1Q_0=D_3D_2D_1D_0$。

在如图 10 - 15 所示的数码寄存器中，数码是同步存入、同步取出的，这种工作方式称为并行输入、并行输出。

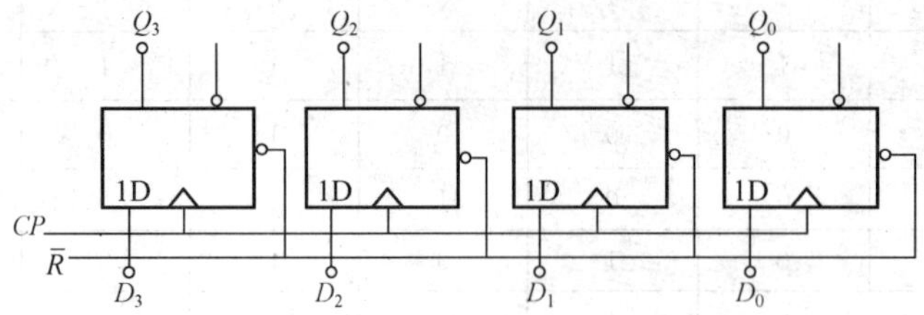

图 10 - 15 D 触发器组成的数码寄存器

2. 移位寄存器

移位寄存器不仅能寄存数码，还能在移位指令的作用下使寄存器中的各位数码依次向左或向右移动。

图 10 - 16（a）所示为四位单向右移移位寄存器的逻辑电路图。由图 10 - 16（a）可以看出，后一位触发器的输入总是和前一位触发器的输出相连，四位触发器时钟脉冲为同一个，构成同步时序逻辑电路。当输入信号从第一位触发器 FF0 输入一个高电平“1”时，其输出 Q_0，在时钟脉冲上升沿到来时移入这个“1”，其他三位触发器同时移入前一位的输出，好比它们的输出同时向右移动一位。

假设右移寄存器的现态是 0101，输入端为 1。当第一个 CP 脉冲上升沿到达后，$Q_0=1$，$Q_1=D_1=Q_0=0$，$Q_2=D_2=Q_1=0$，$Q_3=D_3=Q_2=0$；当第二个 CP 脉冲上升沿到达后，$Q_0=0$，$Q_1=D_1=Q_0=1$，$Q_2=D_2=Q_1=0$，$Q_3=D_3=Q_2=0$；由图 10 - 16（b）工作波形可见，经过 4 个移位脉冲，数据 0101 将全部被移进寄存器中。右移寄存器的状态转换表见表 10 - 7。

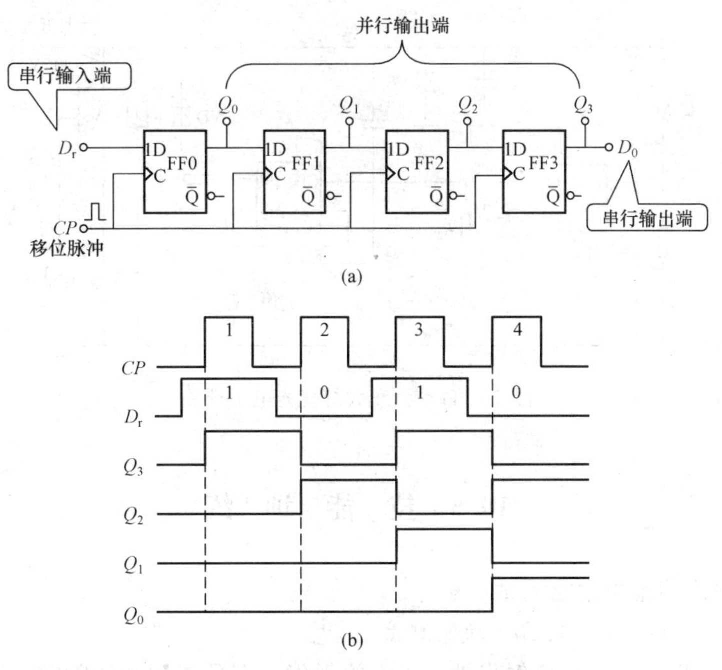

图 10 - 16　四位单向右移移位寄存器

(a) 电路图；(b) 工作波形

表 10 - 7　　右移寄存器的状态转换表

移位脉冲	输入数据	各触发器状态			
		Q_0	Q_1	Q_2	Q_3
1	1	1	0	0	0
2	0	0	1	0	0
3	1	1	0	1	0
4	0	0	1	0	1

10.4　触发器在汽车电子电路中的应用

图 10 - 17 所示为由双 D 触发器构成的汽车大灯变光电子开关。

开关 S 为不带锁按键开关，当开关 S 按动一下时，触发器 D1 的 S_1 为高电位，使 D1 的 Q 输出高电位，经 R_2 对 C_1 充电，触发器 D1 的 R 端电位慢慢升高，当 R 端电位升高达到阀值电平时，D1 触发器复位，使 D1 的 Q 变为低电平“0”。这样开关按下一次，保证输出只有一个等宽的脉冲去触发 D2。

图中 C_2、R_3 为上电复位电路，使开机时触发器 D2 输出端 Q 为低电平，三极管 VT 截止，继电器 J 不吸合，处在近光位置。每按一次开关，触发器 D2 在脉冲作用下翻转一次，继电器 J 改变一次状态，由吸合变为放开或由释放变为吸合，起到了远光、近光切换的作用。

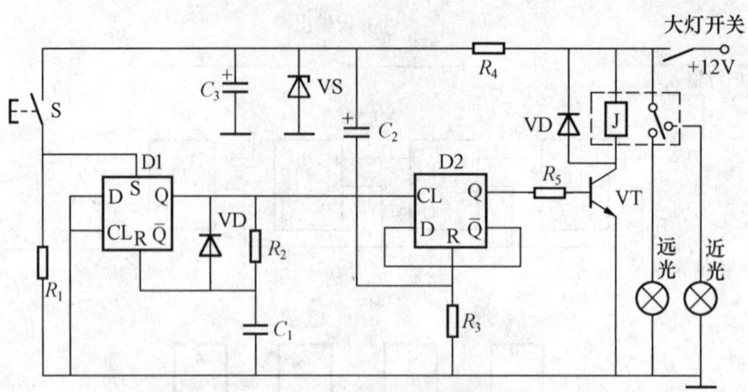

图 10-17　汽车大灯变光电子开关

10.5　技　能　训　练

10.5.1　触发器基本功能测试

1. 双上升沿 D 触发器 74LS74 功能测试

74LS74 内含两个相同的 D 触发器，上升沿触发，有预置端和清除端（即直接置位端和直复位端）。其电路符号和引脚排列和逻辑符号如图 10-18 所示，特性表见表 10-8。图 10-18中，D 为控制信号端；CP 为时钟信号端，上升沿有效；S_D是直接置位端、R_D直接复位端，都是低电平有效。

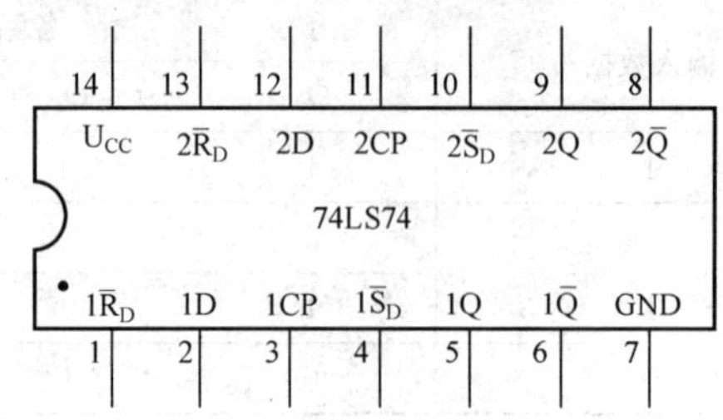

(a)

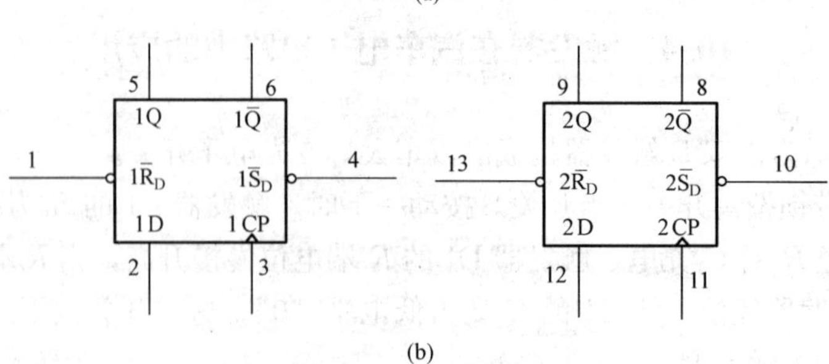

(b)

图 10-18　74LS74 的管脚排列图

(a) 管脚排列；(b) 逻辑符号

表 10-8 **74LS74 逻辑功能真值表**

控制端			输入端	原态	次态	触发器功能
$\overline{S}_D$	$\overline{R}_D$	CP	D	Q^n	Q^{n+1}	
0	1	×	×	×	1	置 1
1	0	×	×	×	0	置 0
0	0	×	×	×	不定	禁止
1	1	↑	0	0 或 1	0	置 0
1	1	↑	1	0 或 1	1	置 1

(1) 按图 10-19 所示，D 触发器实验线路图接线，其 $1D$、$1S_D$、$1R_D$ 分别接逻辑开关 K_1、K_2 和 K_3，$1CP$ 接单次脉冲信号。输出端 $1Q$ 和 $1\overline{Q}$ 分别接二只状态指示灯。注意 U_{CC} 连接+5V，GND 连接地线。

(2) 接通电源，按以下要求验证 D 触发器功能：

1) 直接置 0：将 $1\overline{S}_D(K_2)=1$，$1\overline{R}_D(K_3)=0$，则 Q 置为 0，按动单次脉冲按钮，输入单次脉冲（产生上升沿↑），Q 和 $\overline{Q}$ 状态应不变，改变 $1D(K_1)$，Q 和 $\overline{Q}$ 仍不变。

2) 直接置 1：将 $1\overline{S}_D(K_2)=0$，$1\overline{R}_D(K_3)=1$，则 Q 置为 1，输入单次脉冲（产生上升沿↑），Q 和 $\overline{Q}$ 状态应不变，改变 $1D(K_1)$，Q 和 $\overline{Q}$ 仍不变。

3) 置 1 和置 0：将 $1\overline{S}_D(K_2)=1$，$1\overline{R}_D(K_3)=1$，若 $1D(K_1)=1$，输入单次脉冲（产生上升沿↑），则 Q 置为 1；若 $1D(K_1)=0$，输入单次脉冲（产生上升沿↑），则 Q 置为 0。

4) 翻转：将 $1D$ 接到 K_1 的导线去掉，而把 $\overline{Q}$ 和 $1D$ 相连接，输入（按动）单次脉冲，观察 Q 在脉冲上升沿时翻转，即 $Q^{n+1}=\overline{Q}^n$。

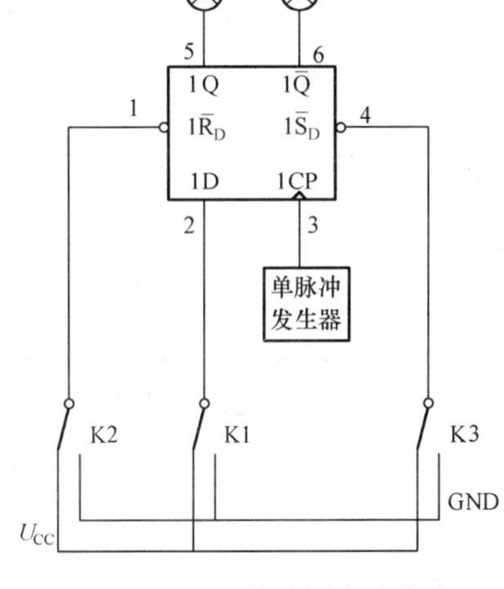

图 10-19 D 触发器实验线路

2. 双下降沿 JK 触发器 74LS112 功能测试

74LS112 内含两个相同的 JK 触发器，下降沿触发，有预置和清除端（即直接置位、复位端）。其电路符号和引脚排列和逻辑符号如图 10-20 所示。图中 J、K 为控制信号端；CP 为时钟信号端，下降沿有效；$\overline{S}_D$ 是直接置位端、$\overline{R}_D$ 是直接复位端，都是低电平有效。特性表见表 10-9。

(1) 按图 10-21 所示的 JK 触发器线路图接线，其中 $1CP$ 接单次脉冲信号，$1\overline{R}_D$、$1\overline{S}_D$、$1J$、$1K$ 分别接逻辑开关 K_1、K_2、K_3、K_4，U_{CC} 接+5V，GND 接地。验证以下逻辑功能。

(2) 接通电源，按以下步骤验证下降沿 JK 触发功能：

1) 直接置 0：将 $1\overline{S}_D(K_2)=1$，$1\overline{R}_D(K_1)=0$，则 $Q=0$。

2) 直接置 1：将 $1\overline{S}_D(K_2)=0$，$1\overline{R}_D(K_1)=1$，则 $Q=1$。

3) 置 0：当 $1\overline{S}_D(K_2)=1$，$1\overline{R}_D(K_1)=1$，将 $1J(K_3)=0$，$1K(K_4)=1$，输入单次脉冲，则在 CP 下降沿时，Q 输出为 0。继续输入单次脉冲，Q 保持 0 不变。

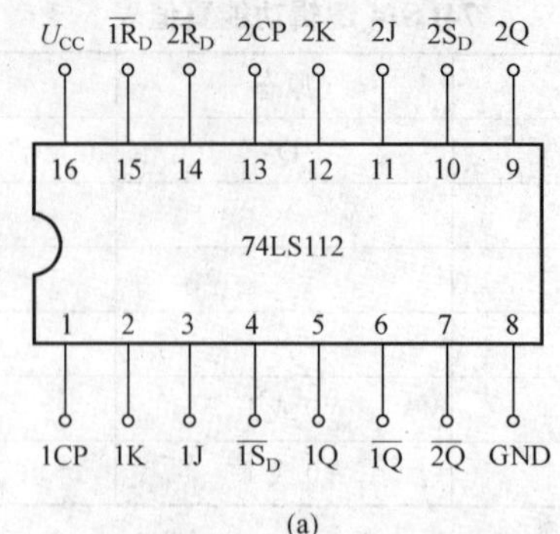

(a)

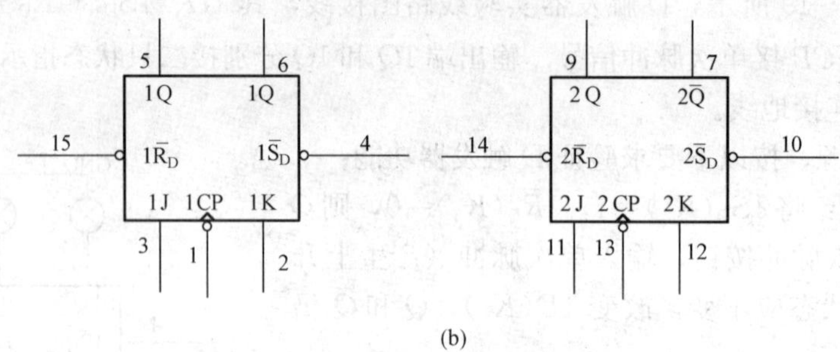

(b)

图 10-20 集成 JK 触发器的管脚排列

(a) 管脚排列；(b) 逻辑符号

表 10-9　　74LS112 触发器的真值表

控制端			输入端		原态	次态	触发器功能
$\overline{S}_D$	$\overline{R}_D$	CP	J	K	Q^n	Q^{n+1}	
0	1	×	×	×	×	1	置 1
1	0	×	×	×	×	0	置 0
0	0	×	×	×	×	不定	禁止
1	1	↓	0	0	0 或 1	0 或 1	保持
1	1	↓	0	1	0 或 1	0	置 0
1	1	↓	1	0	0 或 1	1	置 1
1	1	↓	1	1	0 或 1	1 或 0	翻转

4）置 1：将 $1J(K_3)=1$，$1K(K_4)=0$，输入单次脉冲，则在 CP 下降沿时，Q 输出为 1。继续输入单次脉冲，Q 保持 1 不变。

5）保持：将 $1J(K_3)=0$，$1K(K_4)=0$，输入单次脉冲，Q 输出不变，状态保持。

6）翻转：将 $1J(K_3)=1$，$1K(K_4)=1$，输入单次脉冲，则在 CP 下降沿时，Q 输出翻转。$Q^{n+1}=\overline{Q}^n$。连续输入单次脉冲，则连续翻转。

10.5.2 触发器逻辑功能的转换

1. 转换的概念与步骤

所谓转换就是把一种已有的触发器加入转换逻辑电路，使之成为另外一种逻辑功能的触发器。

不同类型触发器之间进行转换的步骤如下：

（1）写出已有触发器和待求触发器的特性方程。

（2）变换待求触发器的特性方程，使之形式与已有触发器的特性方程一致。

（3）比较已有和待求触发器的特性方程，根据两个方程相等的原则求出转换逻辑。

（4）根据转换逻辑画出逻辑电路图。

下面分别介绍几种常用的触发器间的转换方法。

2. 将 JK 触发器转换为 D 触发器

写出 D 触发器的特性方程，并进行变换，使其形式与 JK 触发器的特性方程一致：$Q^{n+1}=D=D(\overline{Q}^n+Q^n)=D\overline{Q}^n+DQ^n$，与 JK 触发器的特性方程比较，可得驱动方程：$\begin{cases}J=D\\K=\overline{D}\end{cases}$，画出逻辑电路如图 10 - 22 所示。

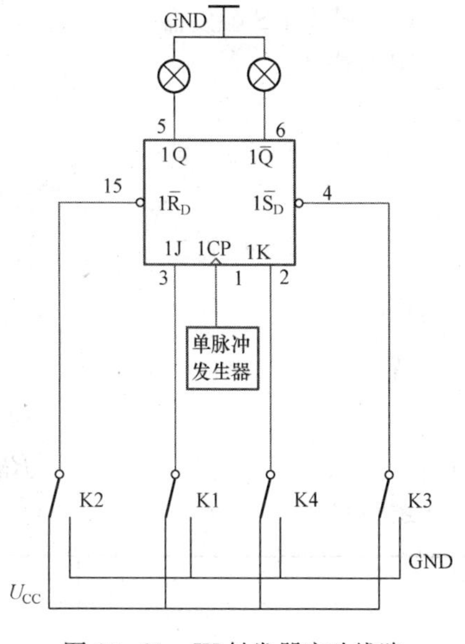

图 10 - 21 JK 触发器实验线路

3. 将 D 触发器转换为 JK 触发器

首先写出 D 触发器的特性，$Q^{n+1}=D$；再写出待求的 JK 触发器特性方程，$Q^{n+1}=J\overline{Q}^n+\overline{K}Q^n$。比较两触发器特性方程，可得驱动方程，$D=J\overline{Q}^n+\overline{K}Q^n=\overline{\overline{J\overline{Q}^n}\cdot\overline{\overline{K}Q^n}}$，画出逻辑电路如图 10 - 23 所示。

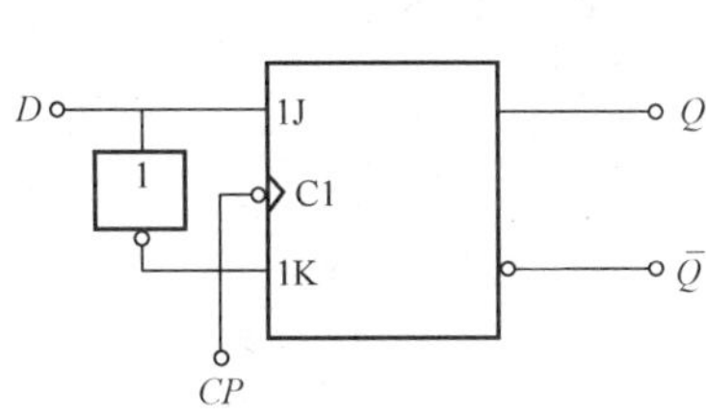

图 10 - 22 JK 触发器—D 触发器逻辑电路

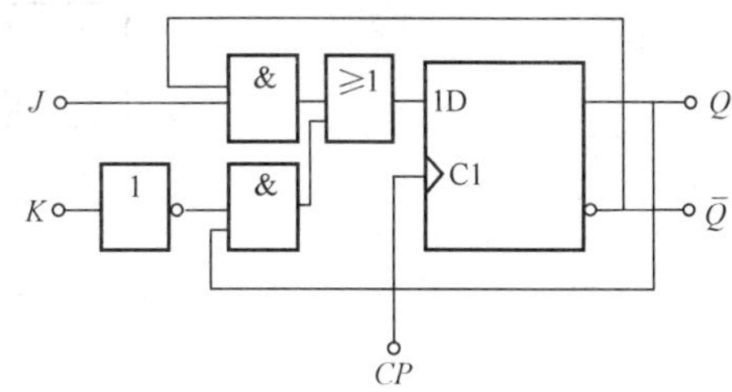

图 10 - 23 D 触发器—JK 触发器逻辑电路

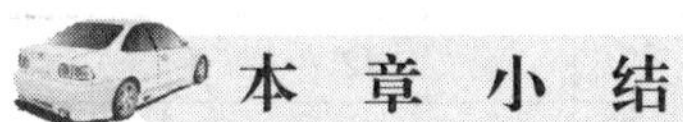

本 章 小 结

1. 组合逻辑电路的输出变量状态仅由输入变量的组合状态来决定，与原来状态无关，即该电路没有记忆功能；而时序逻辑电路的输出状态不仅决定于当时的输入状态，而且还与电路的原来状态有关，也就是具有记忆功能。

2. 触发器就是一种时序逻辑电路，由基本逻辑门电路按照一定方式连接而成，有输入端与输出端。触发器逻辑电路的逻辑状态由输出端的逻辑状态决定，其逻辑状态简称触发器的状态。

RS 触发器分为基本 RS 触发器和可控 RS 触发器。

(1) 基本 RS 触发器。

图形符号

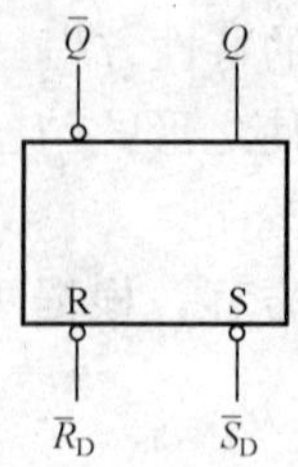

特征方程

$$\begin{cases} Q^{n+1} = \overline{S}_D + \overline{R}_D Q^n \\ \overline{R}_D + \overline{S}_D = 1(\text{约束条件}) \end{cases}$$

逻辑状态表

$\overline{R}_D$	$\overline{S}_D$	Q	功　能
1	1	保持原状态	记忆功能
0	1	0	复位（置 0）
1	0	1	置位（置 1）
0	0	$\overline{R}_D$、$\overline{S}_D$ 同时由 0 变为 1 时，状态不定	应禁止出现此状态

(2) 可控 RS 触发器。

图形符号

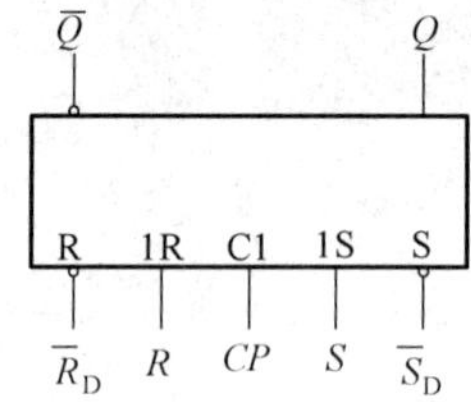

特征方程

$$\begin{cases} Q^{n+1} = S + \overline{R}Q^n \\ SR = 0(\text{约束条件}) \end{cases}$$

逻辑状态表

S	R	Q^n	Q^{n+1}	功能
0	0	0	0	保持
		1	1	
0	1	0	0	置 0
		1	0	
1	0	0	1	置 1
		1	1	
1	1	0	×	禁止
		1	×	

(3) JK 触发器。

图形符号

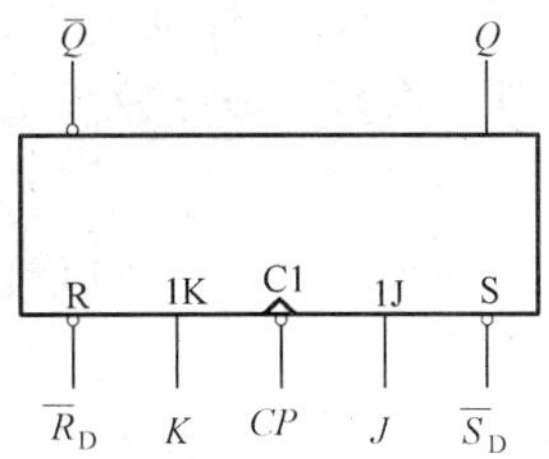

特征方程

$$Q^{n+1}=J\overline{Q}^{n}+\overline{K}Q^{n}$$

逻辑状态表

J	K	Q^n	Q^{n+1}	功能
0	0	0	0	保持
		1	1	
0	1	0	0	置 0
		1	0	
1	0	0	1	置 1
		1	1	
1	1	0	1	翻转
		1	0	

(4) D 触发器。

图形符号

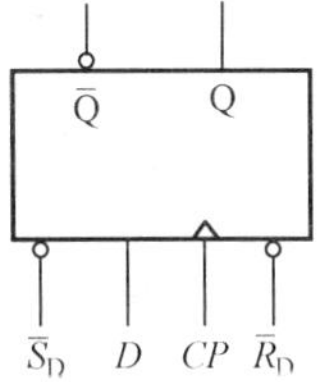

特征方程

$$Q^{n+1}=D$$

逻辑状态表

D	Q^{n+1}	D	Q^{n+1}
0	0	1	1

比较以上四种触发器，主要区别如下：基本 RS 触发器的输出仅与输入有关，且不可控；可控 RS 触发器是用 *CP* 脉冲的高电平触发翻转；JK 触发器是用 *CP* 脉冲的下降沿触发翻转；D 触发器是用 *CP* 脉冲的上升沿触发翻转。

电平触发方式会出现“空翻”现象，造成触发器工作的不可靠。而边沿触发方式只在时钟脉冲边沿到来时发生翻转，从而有效地抑制了“空翻”现象。

3. 计数器能累计输入脉冲的个数，不需要外部输入信号，仅靠时钟脉冲改变状态。如果触发器的时钟信号共用一个时钟源，称为同步计数器；相反如果触发器的时钟脉冲来源不同，称为异步计数器。

4. 数码寄存器，由触发器构成的并行输入、并行输出的寄存器；移位寄存器，由触发器构成的串行输入或串行输出的寄存器。

5. 分析时序逻辑电路的步骤。

(1) 确定时序逻辑电路的类型。

(2) 写出已知时序逻辑电路的各相应方程。包括驱动方程、次态方程、输出方程。当所分析电路属于异步时序逻辑电路时，还需写出各位触发器的时钟方程。

(3) 绘制状态转换真值表或状态转换图。

(4) 指出时序逻辑电路的功能。

习　题

10-1 填空题

(1) 两个与非门构成的基本 RS 触发器的功能有__________、__________和__________。电路中不允许两个输入端同时为__________，否则将出现逻辑混乱。

(2) __________触发器具有“空翻”现象，且属于__________触发方式的触发器；为抑制“空翻”，人们研制出了__________触发方式的 JK 触发器和 D 触发器。

(3) JK 触发器具有__________、__________、__________和__________四种功能。欲使 JK 触发器实现 $Q^{n+1}=\overline{Q}^n$ 的功能，则输入端 J 应接__________，K 应接__________。

(4) D 触发器的输入端子有__________个，具有__________和__________的功能。

(5) JK 触发器的次态方程为__________；D 触发器的次态方程为__________。

(6) 寄存器可分为__________寄存器和__________寄存器。用四位移位寄存器构成环形计数器时，有效状态共有__________个。

(7) 构成一个六进制计数器最少要采用__________位触发器，这时构成的电路有__________个有效状态，__________个无效状态。

10-2 电路及时钟脉冲、输入端 D 的波形如图 10-24 所示，设起始状态为 000。试分析电路的逻辑功能，并画出各触发器的输出时序波形图。

10-3 写出如图 10-25 所示逻辑图中各电路的次态方程。

10-4 设如图 10-26 所示各触发器的初始状态为 0，试画出在 CP 的作用下各触发器 Q 的波形。

10-5 设如图 10-27 所示各触发器的初始状态为 0，试画出在 CP 的作用下各触发器 Q 的波形。

10-6 设如图 10-28 所示各触发器的初始状态为 0，试画出在 D 和 CP 的作用下各触发器 Q 的波形。

10-7 如图 10-29 所示电路是由 JK 触发器组成的一位寄存器，设待存数码是 1101。

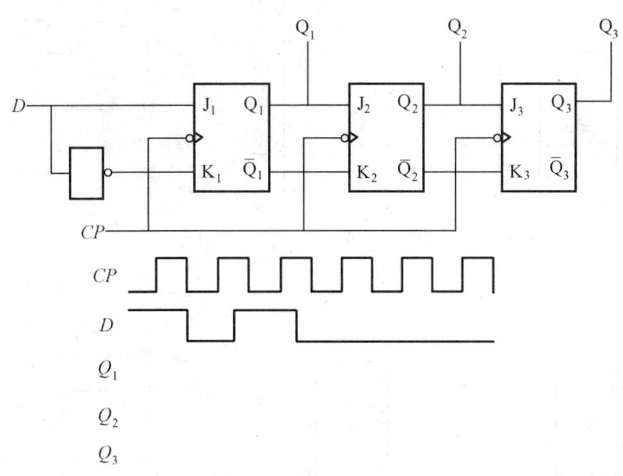

图 10-24 题 10-2 图

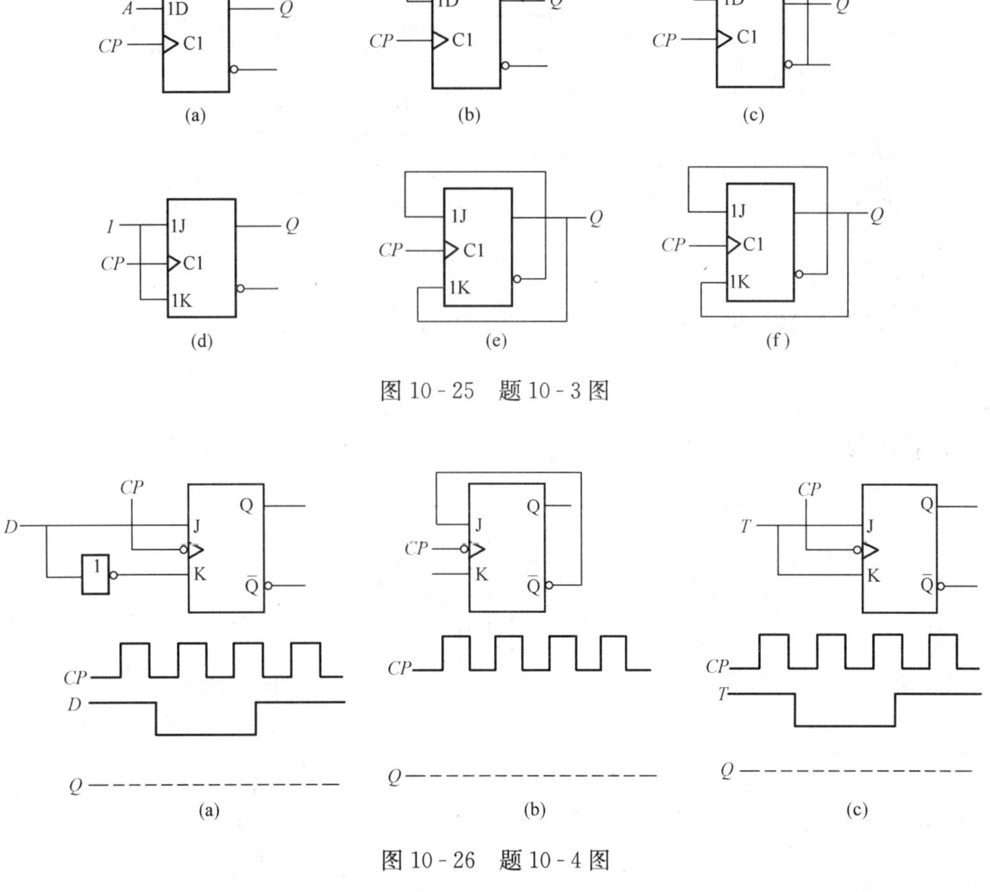

图 10-25 题 10-3 图

图 10-26 题 10-4 图

（1）试画出在 CP 的作用下各触发器 Q 的波形。

（2）该寄存器是在左移还是右移？其数码输入和输出（由 Q_2 输出）属于什么方式？

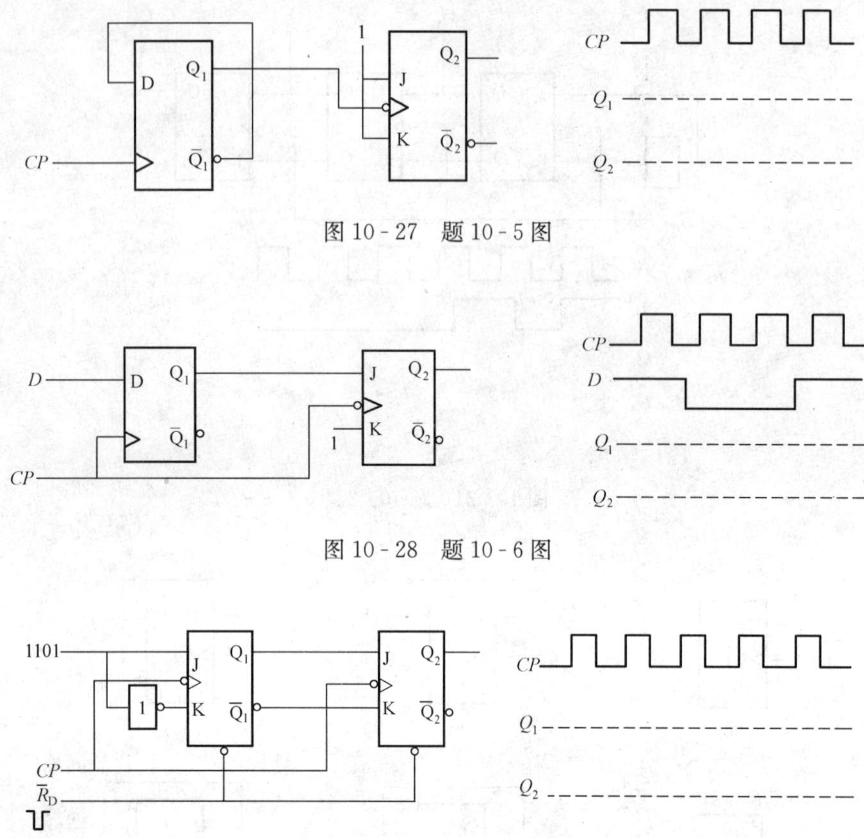

图 10-27 题 10-5 图

图 10-28 题 10-6 图

图 10-29 题 10-7 图

10-8 设如图 10-30 所示各触发器的初始状态为 0。

(1) 试填写图示计数器的状态转换表。

(2) 试画出在计数脉冲作用下各触发器输出 Q 的波形。

(3) 指出该图的逻辑功能。

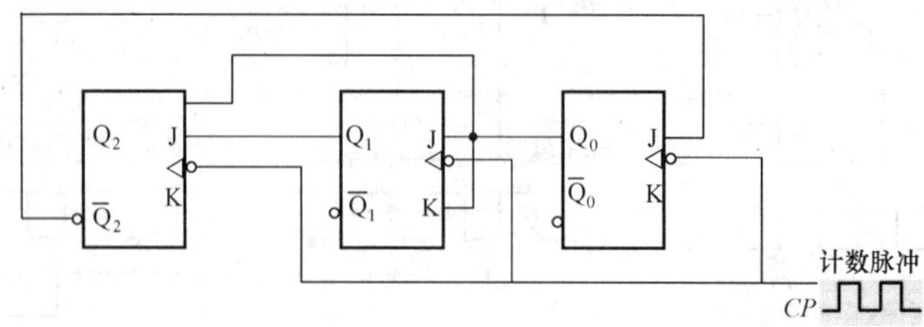

图 10-30 题 10-8 图

11 传感器在汽车上的应用

传感器作为现代汽车上电子控制系统的重要组成部分，担负着发动机的燃油喷射、电子点火、怠速控制、进气控制、废气再循环、蒸汽回收，以及底盘部分的传动、行驶、转向、制动、电子悬架、车身部分的防盗、中央门锁、自动空调等汽车各大电子控制系统的信息采集和传输，是电子控制系统中非常重要的元件。

其中，发动机控制系统用传感器是整个汽车传感器的核心，包括温度传感器、压力传感器、位置和转速传感器、流量传感器、气体浓度传感器、爆震传感器等；底盘控制用传感器是指用于变速器控制系统、悬架控制系统、动力转向系统、制动防抱死系统等底盘控制系统中的传感器；车身控制用传感器主要用于提高汽车的安全性、可靠性、舒适性等，有用于自动空调系统的温度传感器、湿度传感器、风量传感器、日照传感器，用于安全气囊系统中的加速度传感器，用于门锁控制的车速传感器，用于亮度自动控制的光传感器，用于倒车控制的超声波传感器或激光传感器，用于保持车距的距离传感器，用于消除驾驶员盲区的图像传感器等。随着基于 GPS/GIS（全球定位系统和地理信息系统）的导航系统在汽车上的应用，导航用传感器这几年得到迅速发展。总之，随着电子技术的发展，传感器在汽车中的应用将越来越广泛，因此学习好汽车传感器的结构和工作原理对于掌握现代汽车技术具有重要的意义。

11.1 传感器概述

11.1.1 传感器的定义与组成

传感器是一种以测量为目的，以一定精度把被测量转换为与之有确定关系的，便于处理的另一种物理量的测量装置、器件或元件。因此，传感器直接与被测对象发生联系，采集并获取被测对象的信息。由于一般的被测对象是非电信号，如位移、速度、温度、压力、流量等，所以传感器还必须将上述信号转换成便于传输和处理的电信号。

传感器一般由敏感元件和转换元件两部分组成，有时也将转换电路及辅助电源作为传感器的组成部分，其组成框图如图 11-1 所示。

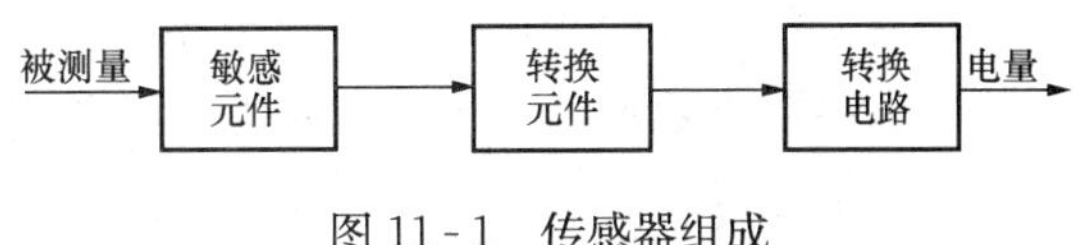

图 11-1 传感器组成

敏感元件是指传感器中能直接感受被测量的部分。转换元件是指能将感受到的非电量直接转换成电量的器件或元件。转换电路是指将传感器输出的电参数量经过处理转换成标准电量。

11.1.2 传感器的基本特性

传感器的基本特性是指传感器的输入与输出关系特性。是传感器内部结构参数作用关系的外部表现。传感器的特性参数有很多，且不同类型的传感器，其特性参数的要求和定义也各有差异，但都可以通过其静态特性和动态特性进行全面描述。

1. 传感器的静态特性

静态特性表示传感器在被测各量值处于稳定状态时的输入与输出的关系，主要包括精确度、线性度、灵敏度、迟滞、重复性、漂移等。

(1) 精确度（精度）。精确度用来表示仪表测量结果可靠程度最重要的指标。在自动化仪表中，以最大相对百分误差（引用误差）来定义仪表的精度等级：

$$\delta=\pm\frac{\Delta_{max}}{测量范围上限-测量范围下限}\times100\% \tag{11-1}$$

仪表的δ越大，表示它的精确度越低；反之，δ越小，表示它的精确度越高。对于两台测量范围不同的仪表，如果它们的绝对误差相等，测量范围大的仪表精确度比测量范围小的高。

(2) 灵敏度。灵敏度是传感器静态特性的一个重要指标。其定义为输出量的增量Δy与引起该增量的相应输入量增量Δx之比。它表示单位输入量的变化所引起传感器输出量的变化，显然，灵敏度K值越大，表示传感器越灵敏。

$$K=\frac{输出量增量}{输入量增量}=\frac{\Delta y}{\Delta x} \tag{11-2}$$

(3) 线性。线性度即非线性误差，是传感器的校准曲线与理论拟合直线之间的最大偏差（ΔL_{max}）与满量程值（$y_{F.S}$）的百分比

$$\gamma_L=\pm\frac{\Delta L_{max}}{y_{F.S}}\times100\% \tag{11-3}$$

拟合直线：对传感器特性线性化，用一条理论直线代替标定曲线，即拟合直线。

(4) 变差（回差、迟滞）。变差是在外界条件不变的情况下，当输入变量由小变大和由大变小时，仪表对于同一输入所给的两相应输出值不相等，二者在全行程范围内的最大差值即为变差。其数值为对应同一输入量的正行程和反行程输出值间的最大偏差ΔH_{max}与满量程输出值的百分比，用γ_H表示为

$$\gamma_H=\pm\frac{\Delta H_{max}}{Y_{F.S}}\times100\% \tag{11-4}$$

(5) 重复性。重复性是指在同一工作条件下，输入量按同一向在全测量范围内连续变化多次所得特性曲线的不一致性。从误差的性质讲，重复性误差属于随机误差。

(6) 漂移。零点漂移是指输入电压为零，输出电压偏离零值的变化，简称零漂。温度漂移一般是指，环境温度变化时会引起半导体参数的变化，这样会造成静态工作点的不稳定，使电路动态参数不稳定，甚至使电路无法正常工作。

(7) 测量范围与量程。在允许误差范围内，传感器能够测量的下限值（y_{min}）到上限值（y_{max}）之间的范围称为测量范围，表示为$y_{min}\sim y_{max}$；上限值与下限值的差称为量程，表示为$y_{F.S}=y_{max}-y_{min}$。例如某温度计的测量范围是－20～＋80℃，量程则为100℃。

(8) 分辨率。传感器能检测到输入量最小变化量的能力称为分辨力。对于某些传感器，如电位器式传感器，当输入量连续变化时，输出量只做阶梯变化，则分辨力就是输出量的每个“阶梯”所代表的输入量的大小。对于数字式仪表，分辨力就是仪表指示值的最后一位数字所代表的值。当被测量的变化量小于分辨力时，数字式仪表的最后一位数不变，仍指示原值。当分辨力以满量程输出的百分数表示时，则称为分辨率。

(9) 环境特性。周围环境对传感器影响最大的是温度。目前，很多传感材料采用灵敏度

高且信号易处理的半导体。然而，半导体对温度最敏感，实际应用时要特别注意。除温度外，还有气压、湿度、振动、电源电压、频率等都影响传感器的特性。

2. 传感器的动态特性

在实际工作中，传感器要检测输入信号是随时间而变化的，传感器的特性应能跟踪这输入信号的变化，这样可以获得准确的输出信号。如果变化太快，就可能跟踪不上，这就是响应特性，即为动态特性。动态特性是传感器的重要特性之一。

11.2 传感器结构和原理

11.2.1 温度传感器

现代汽车发动机、自动变速器、空调等系统均使用温度传感器，它们用于测量发动机的冷却液温度、进气温度、自动变速器油温度、空调系统环境温度等，为发动机的燃油喷射、自动变速器的换挡、离合器锁定、油压控制及空调自动控制提供了重要依据。

温度传感器的种类很多，如热电阻式、半导体式、热电偶式等。汽车上的冷却水温度传感器（THW）和进气温度传感器（THA），主要用来测量冷却水温度、进气温度和排气温度。

1. 热电阻

（1）热电阻的结构和类型。常用的热电阻有铂热电阻和铜热电阻。但在汽车中，一般的水箱温度是用铜热电阻实现检测功能的。一般情况下，在测量精度不太高、测量范围不大时，可采用铜热电阻来代替铂热电阻，这样可降低成本（因为铂为贵金属），同时也能达到精度要求。在温度为－50～＋150℃范围内，铜热电阻与温度呈线性关系，可用特性方程表示：

$$R_t = R_0(1+\alpha_{Cu}t) \tag{11-5}$$

R_t为温度为t℃时的电阻值；R_0为温度为t_0℃时的电阻值；α_{Cu}为铜的电阻温度系数，$\alpha_{Cu}=4.25\times10^{-3}\sim4.28\times10^{-3}$/℃。

铜热电阻的优点是：①输出—输入特性近似线性；②工艺性好，价格便宜。其缺点是：①电阻率小，仅为铂的1/6，故体积大，热惯性大；②当温度高于100℃时，易氧化、测量范围小，不适于在腐蚀性介质或高温下工作。

铜热电阻的结构如图11-2所示，通常用直径为0.1mm的漆包线或丝包线双线绕制在绝缘基片上，浸以酚醛树脂成为铜电阻体，再以镀银铜线作引出线。

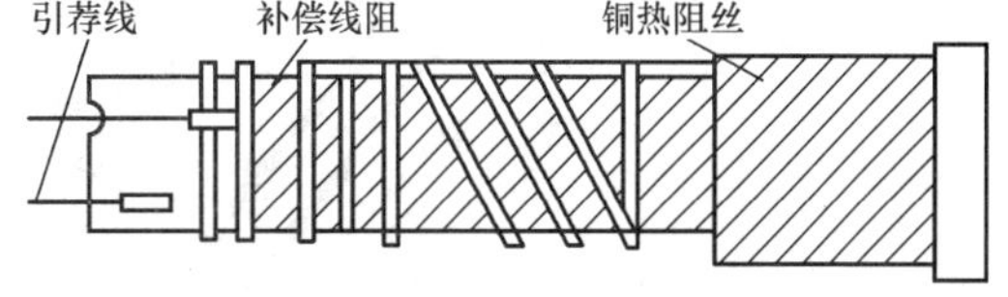

图11-2 铜热电阻体结构

（2）热电阻的基本原理。利用导体或半导体的电阻值随温度的变化而变化的特性来测量温度的感温元件称为热电阻。它可用于测量－200～500℃的温度。但工业上热电阻安装在生产现场，与其安装在控制室指示或记录仪表之间的引线很长，如果仅用两根导线接在热电阻两端，导线本身的阻值必然和热电阻的阻值串联在一起，由于热电阻的阻值变化较小，势必造成较大的测量误差。且导线阻值是随其所处环境温度而变的，这种误差很难修正，因此，两线制连接方式不宜在工业热电阻上的应用。

常采用三线制和四线制的测量电路来解决此问题。

所谓三线制接法，即热电阻的一端与一根导线相接，另一端同时接两根导线。三线制的接法如图 11-3 所示。图 11-3 中，连接热电阻 R_t 的三根导线，直径和长度均相同，阻值都是 r，其中一根串联在电桥的电源上，对电桥的平衡与否毫无影响，另外两根分别串联在电桥的相邻两臂里，则相邻两臂的电阻都增加相同的阻值。

当电桥平衡时，可写出下列关系式，即

$$(R_t + r)R_1 = (R_4 + r)R_0 \tag{11-6}$$

由此可以得出

$$R_t = \frac{R_2 R_4}{R_1} + \left(\frac{R_2}{R_1} - 1\right)r \tag{11-7}$$

设计电桥时如满足 $R_1 = R_2$，则有 $R_t = R_4$，这种情况下连线电阻 r 对桥路平衡毫无影响，即可以消除热电阻测量过程中 r 的影响。但必须注意，只有在对称电桥（$R_1 = R_2$），且在平衡状态下才如此。

工业热电阻有时用不平衡电桥指示温度，例如动圈仪表是不平衡电桥原理指示温度的。这种情况下，三线制接法并不能完全消除连接导线电阻 r 对测温的影响，但会减小它的影响。四线制的接法如图 11-4 所示。

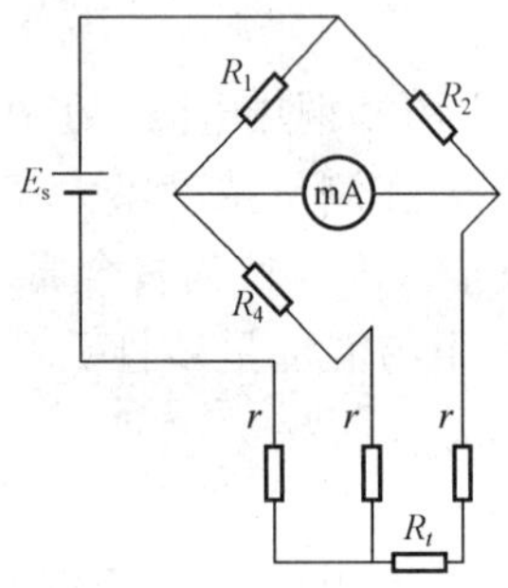

图 11-3　热电阻的三线制接法

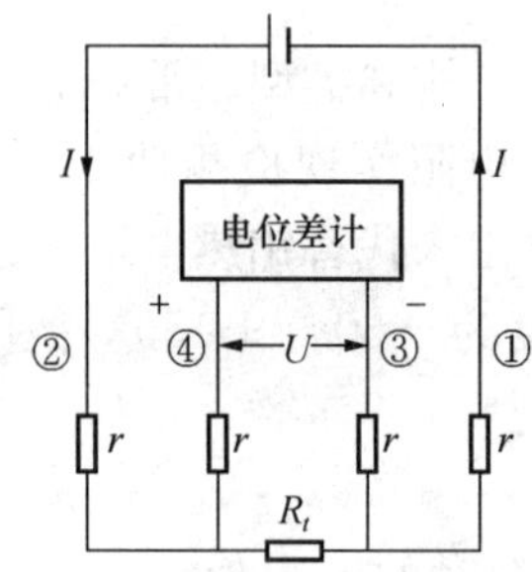

图11-4　热电阻的四线制接法

2. 热敏电阻

(1) 热敏电阻的结构和类型。热敏电阻是由一些金属氧化物，如钴、镍、锰等的氧化物，采用不同的比例配方，经高温烧结而成，然后采用不同的封装形式制成珠状、片状、杆状、垫圈状等各种形状，其结构形式如图 11-5 所示。它主要由热敏元件、引线和壳体三部分组成。

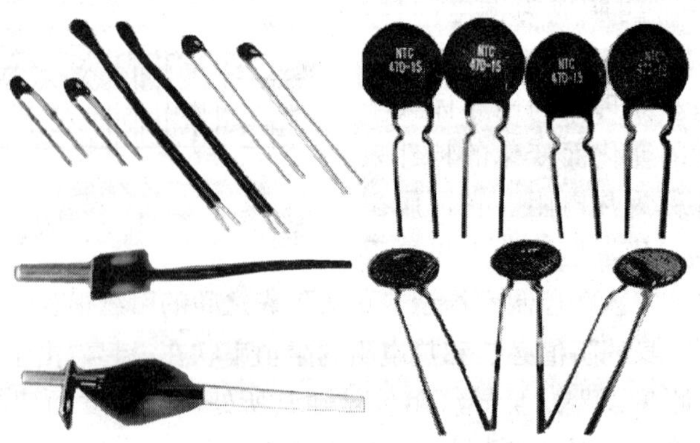

图 11-5　热敏电阻

所谓热敏电阻，是指这种电阻对温度敏感，当作用在这种电阻上的温度变化时，其阻值会随温度的变化而变化。根据电阻率随温度变化的典型特性不同，热敏电阻基本分为三种类型：负温度系数热敏电阻（NTC）、正温度系数热敏电阻（PTC）和临界温度热敏电阻（CTR）。它们的特性曲线如图 11 - 6 所示。

1）负温度系数热敏电阻（NTC）。电阻率随着温度升高而均匀减小的电阻，称负温度系数（NTC）热敏电阻。NTC 热敏电阻一般采用负电阻温度系数很大的固体多晶半导体氧化物的混合物制成。例如铜、铁、铝、锰、钴、镍、铼等氧化物，取其中两种或两种以上，按一定的比例混合进行研磨后，烧结成坚固的整块，最后烧上金属粉末，作为焊接引线的接触点。改变这些混合物的成分和配比，就可获得测温范围、阻值和温度系数不同的 NTC 热敏电阻。

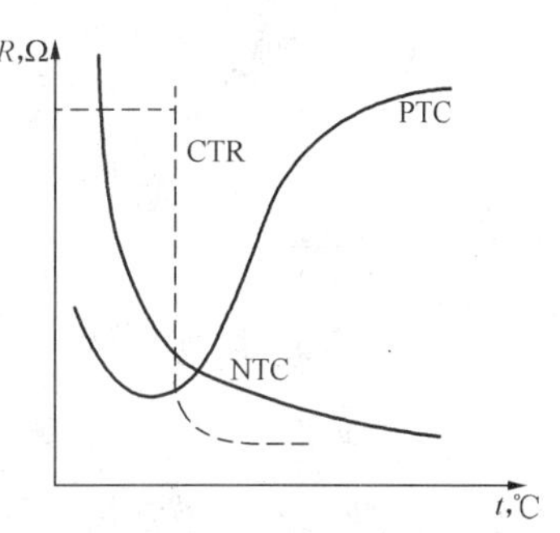

图 11 - 6 热敏电阻类型及温度特性

NTC 热敏电阻的温度特性符合指数规律：

$$R_t = R_0 e^{B\left(\frac{1}{T}-\frac{1}{T_0}\right)} = R_0 e^{B\left(\frac{1}{273+t}-\frac{1}{273+t_0}\right)} \tag{11 - 8}$$

式中：R_t、R_0分别为热敏电阻在绝对温度 T、T_0 时的阻值；T_0、T 分别为介质的起始温度和变化温度，K；t_0、t 分别为介质的起始温度和变化温度，℃；B 为热敏电阻材料常数，一般为 2000～6000K，其大小取决于热敏电阻的材料。

热敏电阻在其本身温度变化 1℃时，电阻值的相对变化量为

$$\alpha = \frac{1}{R_t}\frac{dR_t}{dT} = -\frac{B}{T^2} \tag{11 - 9}$$

式中：α 为热敏电阻的电阻温度系数。

2）正温度系数热敏电阻（PTC）。电阻率随温度升高而减小，但过某一温度后急剧增加的电阻称为正温度系数（PTC）热敏电阻。它的基本材料是强电介质材料钛酸钡（$BaTi0_3$），在掺杂后具有导电性。其居里点为 120℃，通常掺铅或锶部分取代钡离子后，可以在一个很宽的范围内调节居里点。这类电阻材料是陶瓷材料，在空温下是半导体，所以又称为铁电半导体陶瓷。

由于 PTC 热敏电阻具有正温度系数，可以利用其自控作用，做成各种恒温器、限流保护元件或温控开关，还可以组成发热元件，功率一般为几瓦到数百瓦。

3）临界温度热敏电阻（CTR）。当温度接近某一数值（约 68℃）时，电阻率下降产生突变的电阻，称为临界温度热敏电阻（CTR）。突变数量级为 2～4。CTR 热敏电阻是以三氧化二钒与钡、硅等氧化物，在磷、硅氧化物的弱还原气体中混合烧制而成的，呈玻璃状。通常，CTR 热敏电阻用树脂包封成珠状或厚膜形使用，其阻值为 1kΩ～10MΩ。它随温度变化的特性，不能像 NTC 热敏电阻那样用于宽范围内的温度控制，只能在特定温区内实现温度控制。

在温度测量中，主要采用 NTC 和 PTC 型热敏电阻。在温控开关中使用最多的是 CTR 热敏电阻。

(2) 热敏电阻的基本原理。半导体参加导电的是载流子（为自由电子和空穴两种异性电荷），由于半导体中的载流子数目仅为原子数目的几千分之一甚至几万分之一，相邻自由电

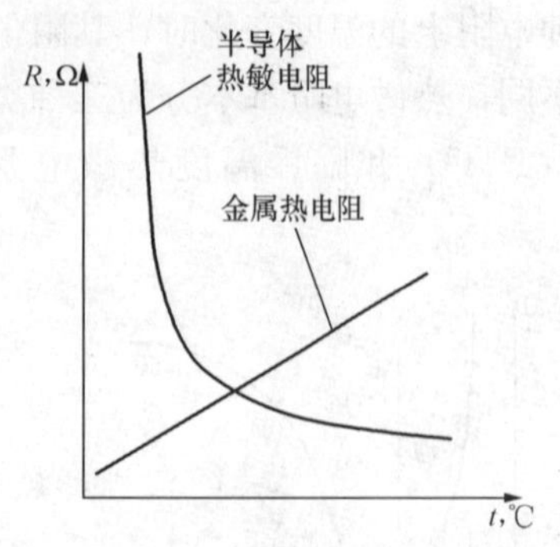

图 11-7 热敏电阻温度特性

子之间的距离是原子之间距离的几十倍到几百倍，所以在一般情况下它的电阻值很大。当温度升高时，半导体中更多的价电子获得热能而激发，挣脱核束缚成为载流子，因而参加导电的载流子数目增加了，所以半导体的电阻值随温度升高而急剧减小，且按指数规律下降，呈非线性。热敏电阻与热电阻的温度特性如图 11-7 所示。

热敏电阻正是利用半导体这种载流子数随温度变化而显著变化的特性制成的一种温度敏感元件。在一定的测温范围内，根据所测量的热敏电阻值的变化，便可知被测介质的温度变化。

3. 热电偶

热电偶是工业上最常用的一种利用热电效应制成的温度传感器，具有信号易于传输和变换、测温范围宽、测温上限高等优点。新近研制的钨铼-钨铼系列热电偶的测温上限可达 2800℃以上。在机械工业的多数情况下，这种温度传感器主要用于 500～1500℃的温度测量。

(1) 热电偶结构及分类。热电偶结构形式很多，按热电偶结构划分有普通热电偶、铠装热电偶、薄膜热电偶、表面热电偶。

1) 普通热电偶。如图 11-8 所示，工业上常用的热电偶一般由热电极、绝缘套管、保护套管、接线盒、接线盒盖组成。这种热电偶主要用于气体、蒸汽、液体等介质的测温。这类热电偶已经制成标准形式，可根据测温范围和环境条件来选择合适的热电极材料及保护套管。

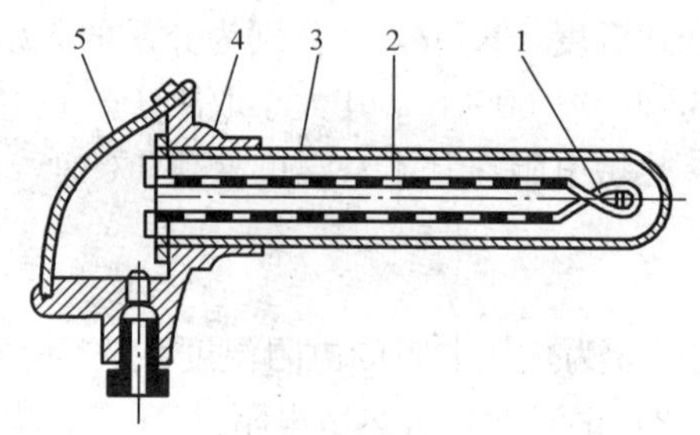

图 11-8 普通热电偶
1—热电极；2—绝缘管；3—保护套管；4—接线管；5—接线盒盖

2) 铠装热电偶。如图 11-9 所示，根据测量端结构形式，可分为碰底型、不碰底型、裸露型、帽型等。铠装热电偶由热电偶丝、绝缘材料（氧化铁）、不锈钢保护管经拉制工艺制成。其主要优点是：外径细、响应快、柔性强，可进行一定程度的弯曲；耐热、耐压、耐冲击性强。

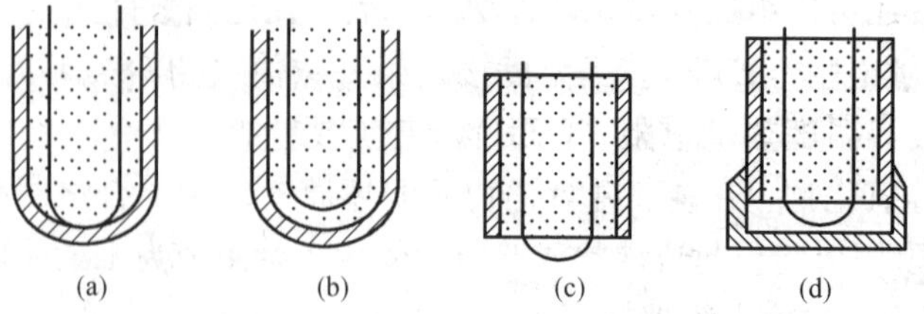

图 11-9 铠装热电偶结构示意图
(a) 碰底型；(b) 不碰底型；(c) 裸露型；(d) 帽型

3) 薄膜热电偶。薄膜热电偶是用真空蒸镀的方法，将热电极材料蒸镀到绝缘基板上而成的热电偶。因采用蒸镀工艺，所以热电偶可以做得很薄，而且尺寸可做得很小。其结构可分为片状、针状等。这种热电偶的特点是热容量小、动态响应快，适宜测量微小面积和瞬变温度，测温范围为$-200\sim300$℃。

4）表面热电偶。表面热电偶有永久性安装和非永久性安装两种，主要用来测金属块、炉壁、涡轮叶片、轧辊等固体的表面温度。

（2）热电效应及测温原理。一般来说，将任意两种不同材料的导体A和B首尾依次相接就构成了一个闭合回路，如图11-10（a）所示。当两接触点温度不同时，在回路中就会产生热电动势，这种现象称为热电效应，如图11-10（b）。这两种不同导体的组合就称为热电偶，A、B称为热电极，温度高的接点称为热端，温度低的接点称为冷端，形成的回路称为热电回路。热电动势由两种导体的接触电动势和单一导体的温差电动势组成。

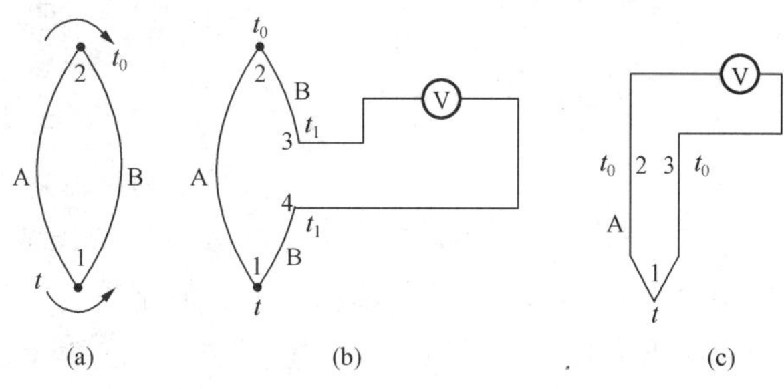

图11-10 热电回路及热电动势的检测

1）接触电动势。由于各种金属导体都存在有大量的自由电子，不同的金属，其自由电子密度是不同的。当A、B两种金属接触在一起时，在接点处就要发生电子扩散，即电子浓度大的金属中的自由电子就向电子浓度小的金属中扩散，这样电子浓度大的金属因失去电子而带正电；相反，电子浓度小的金属由于接收到了扩散来的多余电子而带负电。这时在接触面两侧的一定范围内形成一个电场，电场的方向由A指向B，如图11-11（a）所示。该电场将阻碍电子的进一步扩散，最后达到了动态平衡状态，从而得到一个稳定的接触电动势。如图11-11（b）所示，当接触点温度为t时，该接触电动势用$e_{AB}(t)$表示。

2）温差电动势。单一导体中，如果两端温度不同，在两端间会产生电动势，即单一导体的温差电动势。这是由于导体内高温端（设温度为t）的自由电子具有较大的动能，因而向低温端扩散，结果高温端因失去电子带正电荷，低温端因得到电子而带负电荷，从而形成一个静电场，如图11-12所示。该电场反过来阻碍自由电子的继续扩散，当达到动态平衡时，在导体两端便产生一个相应的电位差，该电位差称为温差电动势，其大小表示为

$$e_A(t,t_0)=\int_0^t\sigma \mathrm{d}T \tag{11-10}$$

式中：$e_A(t,t_0)$为导体A两端温度为t、t_0时形成的温差电动势；σ为汤姆逊系数。

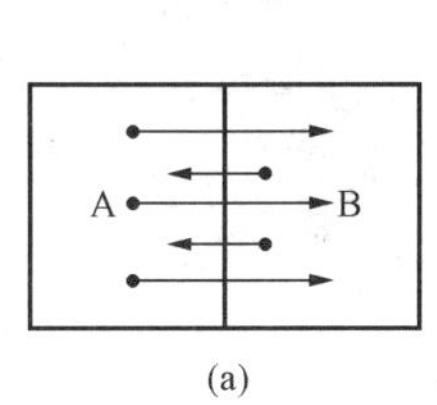

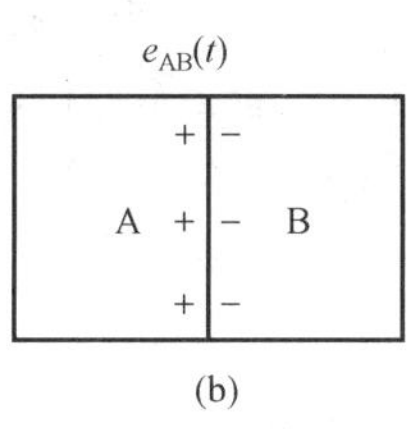

图11-11 接触电动势的形成过程

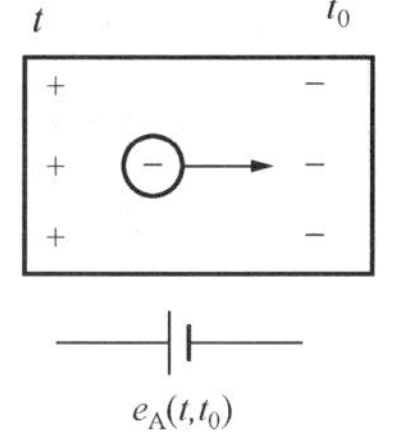

图11-12 温差电动势的形成过程

3）热电偶回路热电动势。对于由导体A、B组成的热电偶闭合回路，产生热电动势可用图11-13表示。当温度$t>t_0$，导体A的自由电子密度n_A大于导体B的自由电子密度n_B时，闭合回路总的热电动势为

$$E_{AB}(t,t_0)=[E_{AB}(t)-E_{AB}(t_0)]+[-E_A(t,t_0)+E_B(t,t_0)] \tag{11-11}$$

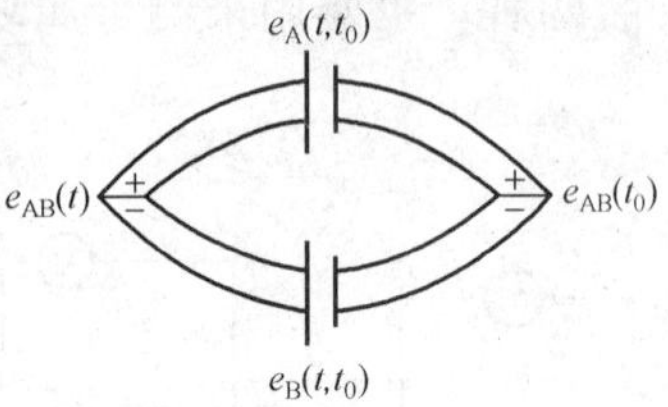

实际上，在同一种金属体内，温差电动势极小，可以忽略，因此该回路中总的热电动势可表示为

$$E_{AB}(t,t_0)=e_{AB}(t)+e_{BA}(t_0) \tag{11-12}$$

或

$$E_{AB}(t,t_0)=e_{AB}(t)-E_{AB}(t_0) \tag{11-13}$$

图 11-13 热电回路

式（11-13）表明，热电偶回路中总的热电动势为两接点热电动势的代数和。当热电极材料确定后，热电偶的总的热电动势 $E_{AB}(t, t_0)$ 成为温度 t 和 t_0 的函数之差。如果使冷端温度固定不变，则热电动势就只是温度 t 的单值函数了。这样只要测出热电动势的大小，就能判断测温点温度 t 的高低，这就是利用热电现象测温的基本原理。

同时可得如下结论：

a. 如果热电偶两电极材料相同，则虽两端温度不同，但总输出电动势仍为零，因此，必须由两种不同的金属材料才能构成热电偶。

b. 如果热电偶两接点温度相同，则回路中的总电动势必然等于零。

c. 热电动势的大小只与材料和接点温度有关，与热电偶的尺寸、形状及沿电极温度分布无关。应注意，如果热电极本身性质为非均匀的，由于温度梯度存在将会有附加电动势产生。

（3）热电偶的基本定律。

1）均质导体定律。由一种均质导体组成的闭合回路，不论导体的截面和长度如何，都不能产生热电动势。

这条定律说明：

a. 热电偶必须由两种材料不同的均质热电极组成。

b. 热电动势与热电极的几何尺寸（长度、截面积）无关。

c. 由一种导体组成的闭合回路中存在温差时，如果回路中产生了热电动势，那么该导体一定是不均匀的，由此可检查热电极材料的均匀性。

d. 两种均质导体组成的热电偶，其热电动势只决定于两个接点的温度，与中间温度的分布无关。

2）中间温度定律。如图 11-14 所示，一支热电偶的测量端和参考端的温度分别为 t 和 t_1 时，其热电动势为 $E_{AB}(t, t_1)$；温度分别为 t_1 和 t_0 时，其热电动势为 $E_{AB}(t_1, t_0)$；温度分别为 t 和 t_0 时，该热电偶的热电动势 $E_{AB}(t, t_0)$ 为前二者之和，这就是中间温度定律，其中 t_1 称为中间温度。

即有

$$E_{AB}(t,t_0)=E_{AB}(t,t_1)+E_{AB}(t_1,t_0) \tag{11-14}$$

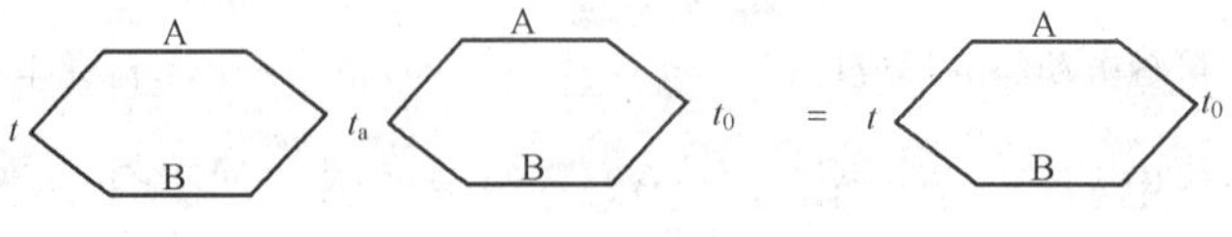

图 11-14 中间温度定律

由此定律可以得到以下结论：

a. 已知热电偶在某一给定冷端温度下进行的分度，只要引入适当的修正，就可以在另外的冷端温度下使用。这就为制定和使用热电偶分度表奠定了理论基础。

b. 为使用补偿导线提供了理论依据。一般把在0～100℃范围内和所配套使用的热电偶具有同样热电特性的两根廉价金属导线称为补偿导线。则有：

• 当热电偶回路中分别引入与材料A、B有同样热电性质的材料A′、B′，即引入所谓的补偿导线，也就是$E_{AB}(t_0', t_0) = E_{A'B'}(t_0', t_0)$。

• 回路总电动势为

$$E_{AB}(t, t_0) = E_{AB}(t, t_0') + E_{A'B'}(t_0', -t_0) = E_{AB}(t, t_0') + E_{AB}(t_0', t_0) \quad (11-15)$$

• 只要t、t_0不变，接A′、B′后不论接点温度如何变化，都不会影响总热电动势，这就是引入补偿导线的原理。

3）中间导体定律。该定律也称为第三导体定律，由不同材料组成的闭合回路中，若各种材料接触点的温度都相同，在回路中热电动势的总和等于零。图11-15中的导体C即为接入的第三种导体。在这种情况下共有三个接点，所以回路中的热电动势为

$$E_{ABC}(t, t_0) = e_{AB}(t) + e_{BC}(t_0) + e_{CA}(t_0) \quad (11-16)$$

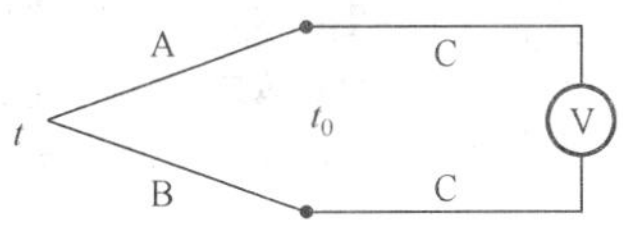

图11-15　中间导体连接的测温系统

由此定律可以得到以下结论：在热电偶回路中，接入第三、第四种或者更多种均质导体，只要接入的导体两端温度相等，则它们对回路中的热电动势没有影响。利用热电偶测温时，只要热电偶连接显示仪表的两个接点温度相同，那么仪表的接入对热电偶的热电动势没有影响。而且对于任何热电偶接点，只要它接触良好，温度均匀，不论用何种方法构成接点，都不影响热电偶回路的热电动势。

根据这条定律，只要仪表处于稳定的环境温度中，我们就可以在热电偶回路中接入显示仪表、冷端温度补偿装置、连接导线等，组成热电偶温度测量系统，也表明两个电极间可以用焊接的方式构成测量端而不必担心它们会影响回路的热电动势。在测量一些等温导体温度时，甚至可以借助该导体本身连接作为测量端。

11.2.2　流量传感器

1. 汽车流量传感器的作用

车用空气流量传感器（或称空气流量计）是用来直接或间接检测进入发动机汽缸空气量大小，并将检测结果转变成电信号输入电子控制单元ECU。电子控制汽油喷射发动机为了在各种运转工况下都能获得最佳浓度的混合气，必须正确地测定每一瞬间吸入发动机的空气量，以此作为ECU计算（控制）喷油量的主要依据。如果空气流量传感器或线路出现故障，ECU得不到正确的进气量信号，就不能正常地进行喷油量的控制，将造成混合气过浓或过稀，使发动机运转不正常。空气流量传感器安装位置如图11-16所示。

2. 汽车流量传感器工作原理及分类

电子控制汽油喷射系统的空气流量传感器有多种形式。目前常见的空气流量传感器按其结构形式可分为翼片（叶片）式、卡尔曼涡流式、热膜式等。

（1）翼片式空气流量传感器。图11-17所示为翼片式空气流量计工作原理图。该空气流量传感器在主进气道内安装有一个可绕轴旋转的翼片。在发动机工作时，空气经空气滤清

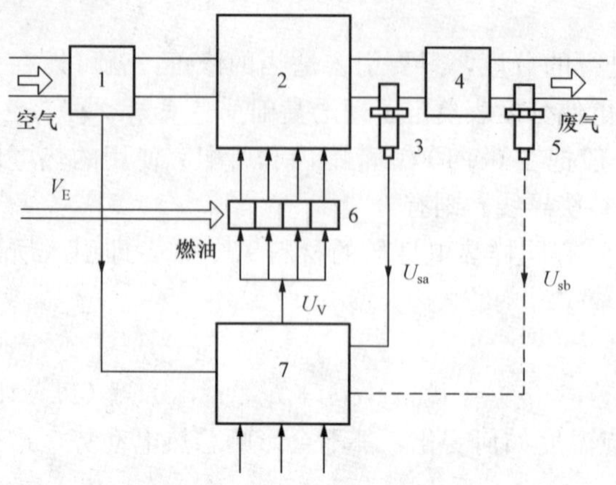

图 11-16 空气流量传感器安装位置示意

1—空气流量传感器；2—发动机；3—上游氧传感器；4—三效催化转化器；5—下游氧传感器；6—喷油器；7—电子控制单元（ECU）

U_{sa}—上游氧传感器信号电压；U_{sb}—下游氧传感器信号电压；U_V—喷油器控制电压；V_E—喷油量

器过滤后，进入空气流量传感器并推动翼片旋转，使其开启。翼片开启角度由进气量产生的推力大小和安装在翼片轴上复位弹簧弹力的平衡情况决定。当驾驶员操纵加速踏板来改变节气门开度时，进气量增大，进气气流对翼片的推力也增大，这时翼片开启的角度也增大。在翼片轴上安装有一个与翼片同轴旋转的电位计，这样在电位计上滑片的电阻的变化转变成电压信号 U_S。

当空气量增大时，其端子 VC 和 VS 之间的电阻值减小，两端子之间输出的信号电压 U_S降低；当进气量减小时，进气气流对翼片的推力减小，推力克服弹簧弹力使翼片偏转的角度也减小，端子 VC 与 VS 之间的电阻值增大，使两端子间输出的信号电压 U_S升高。ECU 通过变化的信号电压 U_S控制发动机的喷油和点火时间。

（2）卡门涡旋式空气流量传感器。为了克服动片式空气流量传感器的缺点，即在保证测量精度的前提下，扩展测量范围并且取消滑动触点，人们又开发出小型轻巧的空气流量传感器，即卡门涡旋式空气流量传感器。野外的架空电线被风吹时会嗡嗡发出声响，风速越高声音频率越高，这是因气流流过电线后形成涡旋所致，液体、气体等流体中均会发生这种现象，利用这一现象可以制成涡旋式流量传感器。在管道里设置柱状物，使流体流过柱状物之后形成两列涡旋，根据涡旋出现的频率就可以测量流量。因为涡旋呈两列平行状，并且交替出现，与街道两旁的路灯类似，所称为涡街。因为这种现象首先为卡门发现，所以也称为卡门涡街。

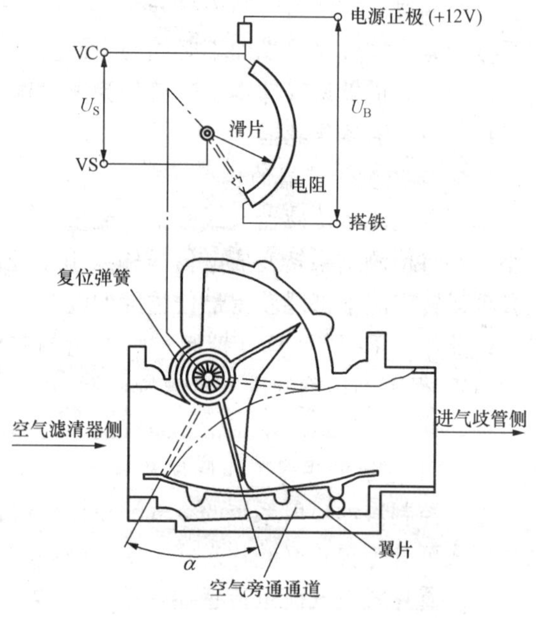

图 11-17 翼片式空气流量计工作原理

如图 11-18（a）所示，在流动的流体中放入一个非流线形的对称形状的物体，则在其下游会出现很规律的卡门涡街。当涡街稳定时，涡街发生频率（单侧）和流速之间有如下关系

$$f = Sr\frac{v}{d} \tag{11-17}$$

式中：f 为频率；v 为流速；d 为旋涡发生体宽度；Sr 为无量纲数，在旋涡发生体形状确定后，在一定的雷诺数范围内为常数，称为斯特劳哈尔数。

由式（11-17）可知，流速与频率成正比，测出旋涡的发生频率，便可测得流量，

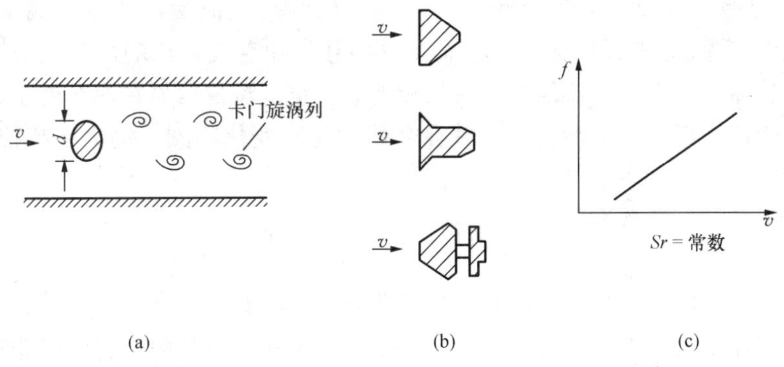

图 11-18 卡门涡街原理

(a) 卡门涡街形成图；(b) 涡流发生体；(c) f 与 v 关系图

利用这种原理制成的流量计称为旋涡流量计或涡街流量计。例如运用光学、超声波可以检测流场内局部速度或压力的变化获得涡街频率，制成卡门涡旋式空气流量传感器。

(3) 热式空气流量传感器。20 世纪 80 年代后生产的日本日产公爵轿车和美国福特车系轿车，多采用热式空气流量传感器。热式空气流量传感器的主要元件是热线电阻，可分为热线式和热膜式两种类型，其结构和工作原理基本相同。下面以热线式空气流量传感器为例进行阐述。

热线式空气流量传感器的工作原理如图 11-19 所示。安装在控制电路板上的精密电阻 R_A 和 R_B 与热线电阻 R_H 及和温度补偿电阻 R_K 组成惠斯登电桥电路。当空气流经热线电阻 R_H 时，使热线温度降低，热线电阻值减小，则 R_A 分压增高，a 点电位升高，运算放大器 A 的同相端电位也就升高，于是运算放大器的输出电压 U_0 升高（即 b 点的电压升高），这就使得桥体的电流增加。其作用一是补偿 R_H 的电流，使其不至于因空气流量增加造成温度过低；二是可使 R_A 的分压进一步升高，增加信号电压 U_0 的值，增强了测量电路的灵敏度。反之，过程与上述相反。流经热线的空气量不同，热线的温度变化量不同，热线电阻的变化量也就不同。控制电路将电阻 R_A 两端变化的电压输送给 ECU，便可计算出进气量。

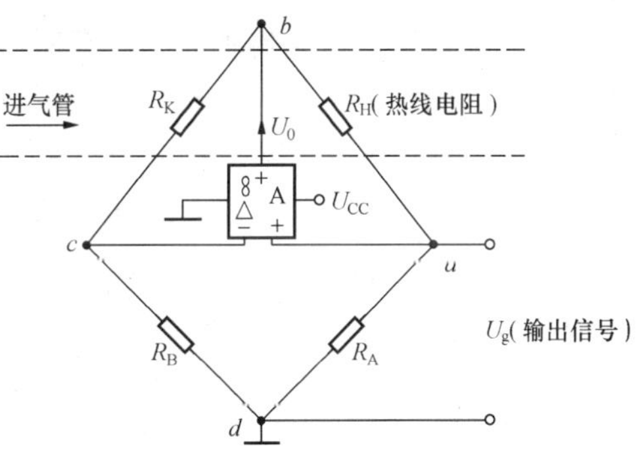

图 11-19 热线式空气流量传感器工作原理图

空气流量传感器的热线积垢之后，传给 ECU 的电压信号便会不准，此时污物会影响辐射，使冷却效果降低。当空气流量增大时，热线温度降低缓慢，其电阻值的变化量也相应减小，因而电压和流过热线的电流不能相应的增加，以致传给 ECU 的信号电压偏低，造成混合气过稀。虽然热线式空气流量传感器都加装了烧净电路，即在每次停机时，ECU 会自动给热线高温 1000℃加热 1s，以烧掉热线上的污物和灰尘。但部分地区，尤其是我国边远地区，由于使用燃油品质过低，进气管产生回火，造成过多的杂质和积炭胶结在金属铂丝上，故单加温热线的净化装置也难以清除。因此，必须拆下空气流量传感器直接喷洗，才能恢复其正常功能。

空气流量传感器以 g/s 为单位测量进入发动机的空气流量，产生的测量信号为 32～150Hz。空气流量测量值是反映发动机负荷节气门开度和空气容积的，与发动机负荷、进气管绝对压力传感器或真空传感器信号的关系相类似。空气流量信号在汽车处于定速时应保持相对稳定，随着节气门开度逐渐变化，并在突然加速时变化剧烈。动力系统控制模块 PCM 使用空气流量的信息控制燃油供给。

11.2.3 节气门位置传感器

1. 基本概念

节气门位置传感器又称为节气门开度传感器或节气门开关。其主要功用是检测出发动机是处于怠速工况还是负荷工况，是加速工况还是减速工况。节气门位置传感器实质上是一只可变电阻器和几个开关，安装于节气门体上，外形及内部结构如图 11-20 所示。

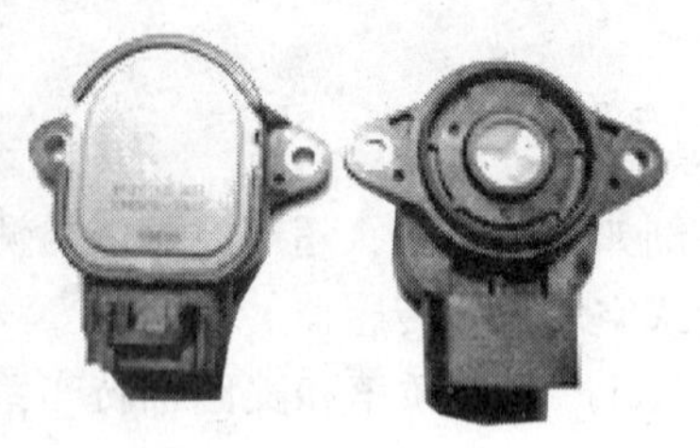

图 11-20 节气门位置传感器

电阻器的转轴与节气门联动，它有两个触点：全开触点和怠速触点。当节气门处于怠速位置时，怠速触点闭合，向计算机输出怠速工况信号；当节气门处于其他位置时，怠速触点张开，输出相对于节气门不同转角的电压信号，计算机便根据信号电压值识别发动机的负荷；根据信号电压在一定时间内的变化增减率识别是加速工况还是减速工况。计算机根据这些工况信息来修正喷油量，或者进行断油控制。

2. 结构及原理

节气门位置传感器主要分为开关量输出型位置传感器和线性可变电阻输出型节气门位置传感器两种。

(1) 开关量输出位置传感器结构及原理。

开关量输出型节气门位置传感器又称为节气门开关。它有两副触点，分别为怠速触点 (IDL) 和全负荷触点 (PSW)。由一个和节气门同轴的凸轮控制两开关触点的开启和闭合。当节气门处于全关闭的位置时，怠速触点 IDL 闭合，ECU 根据怠速开关的闭合信号判定发动机处于怠速工况，从而按怠速工况的要求控制喷油量；当节气门打开时，怠速触点打开，ECU 根据这一信号进行从怠速到小负荷的过渡工况的喷油控制；全负荷触点在节气门由全闭位置到中小开度范围内一直处于开启状态，当节气门打开至一定角度（丰田 1G-EU 车为 55°）的位置时，全负荷触点开始闭合，向 ECU 送出发动机处于全负荷运转工况的信号，ECU 根据此信号进行全负荷加浓控制。丰田 1G-EU 发动机电子控制系统用的开关量输出型节气门位置传感器。

(2) 线性可变电阻输出型节气门位置传感器。

1) 线性可变电阻位置传感器结构。线性可变电阻型节气门位置传感器是一种线性电位计，电位计的滑动触点由节气门轴带动。其结构和电压信号输出特性如图 11-21 所示。

2) 线性可变电阻位置传感器原理工作。在不同的节气门开度下，电位计的电阻也不同，从而将节气门开度转变为电压信号输送给 ECU。ECU 通过节气门位置传感器，可以获得表示节气门由全闭到全开的所有开启角度的、连续变化的电压信号，以及节气门开度的变化速率，从而更精确地判定发动机的运行工况。一般在这种节气门位置传感器中，也设有一怠速触点 IDL，以判定发动机的怠速工况。

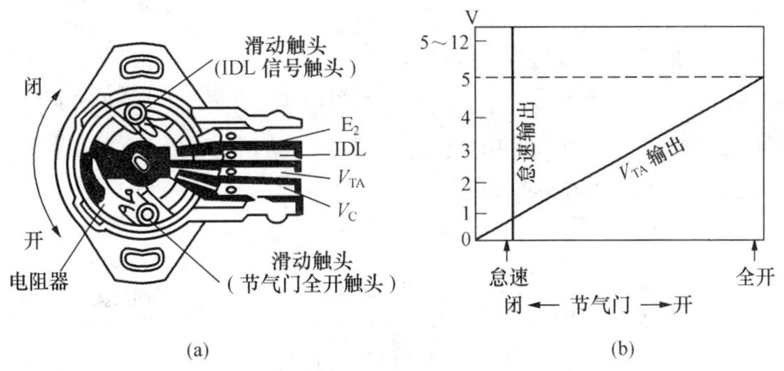

图 11-21　线性可变电阻型节气门位置传感器结构与特性

(a) 结构；(b) 特性

11.2.4　曲轴位置传感器

1. 曲轴位置传感器概述

曲轴位置传感器通常安装在分电器内，是控制系统中最重要的传感器之一。其作用有：检测发动机转速，因此又称为转速传感器；检测活塞上止点位置，故也称为上止点传感器，包括检测用于控制点火的各缸上止点信号、用于控制顺序喷油的第一缸上止点信号。

曲轴位置传感器安装在变速箱离合器壳体上（见图 11-22 和图 11-23），位于发动机缸体左侧后面，曲轴位置传感器是用两个螺栓紧固的，用带胶纸垫或纸板垫垫到曲轴位置传感器的底面上，以调节传感器的深度，一旦发动机启动之后（在曲轴位置传感器装好之后），纸垫的多余部分应被剪掉。新出厂的备用传感器将带着这种垫，如果原来的曲轴位置传感器被重新装过，或更换变速箱和离合器壳体，就必须装一个新的垫片。

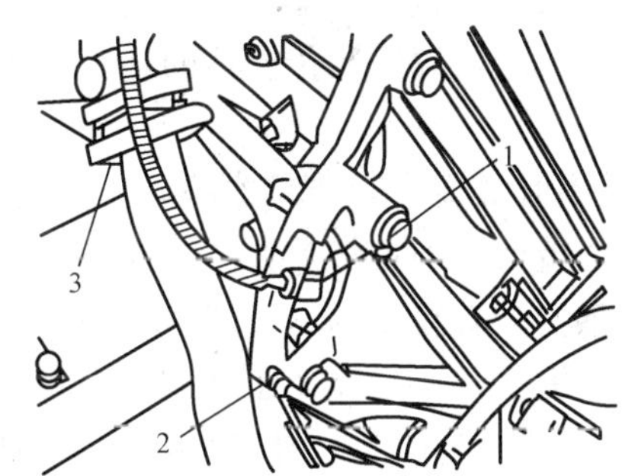

图 11-22　曲轴位置传感器（2.5L 发动机）

1—曲轴位置传感器；2—变速箱壳；3—前排气管

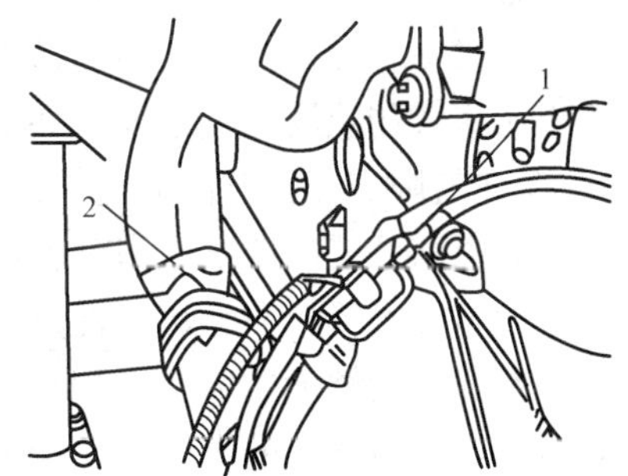

图 11-23　曲轴位置传感器（4.0L 发动机）

1—曲轴位置传感器；2—变速箱壳

2. 曲轴位置传感器构成及基本工作原理

曲轴传感器主要有三种类型：磁电感应式、霍尔效应式和光电式。

(1) 磁电感应式。图 11-24 (a) 所示为电磁式转速传感器的工作原理图，它由永久磁铁、感应线圈、信号盘等组成。在信号盘上加工有齿形凸起，信号盘装在被测转轴上，与转轴一起旋转。当转轴旋转时，信号盘的凸凹齿形将引起信号盘与永久磁铁间气隙大小的变化，从而使永久磁铁组成的磁路中磁通量随之发生变化。磁路通过感应线圈，当磁通量发生突变时，感应线圈会感应出一定幅度的脉冲电动势，其频率为

$$f = zn \tag{11-18}$$

式中：z 为信号盘的齿数；n 为信号盘的转速（转/秒）。

由式（11－18）可知，转数越大，感应线圈感应的脉冲电动势的频率就越高，如图 11－24（b）所示。如果将这些脉冲电压信号输入发动机 ECU，通过计算单位时间内脉冲电压的数目，即可确定发动机的转速。

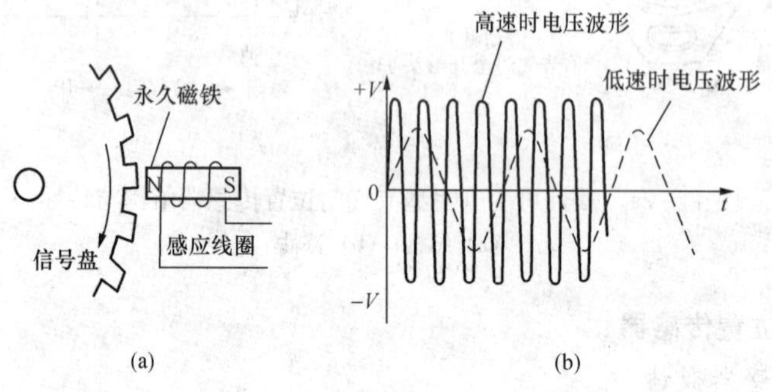

图 11－24　磁电式转速传感器的工作原理及输出波形

磁电感应式转速传感器和曲轴位置传感器分上、下两层安装在分电器内。传感器由永磁感应检测线圈（是一个产生恒定直流磁场的磁路系统，包括工作气隙和磁铁）和转子（正时转子和转速转子）组成，由它与磁场中的磁通交链产生感应电动势。转子随分电器轴一起旋转。正时转子有一、二或四个齿等多种形式，转速转子为 24 个齿。永磁感应检测线圈固定在分电器体上。若已知转速传感器信号和曲轴位置传感器信号，以及各缸的工作顺序，就可知道各缸的曲轴位置。磁电感应式转速传感器和曲轴位置传感器的转子信号盘也可安装在曲轴或凸轮轴上。

因此，必须合理地选择它们的结构形式、材料和结构尺寸，以满足传感器的基本性能要求。磁电感应式传感器的基本要求如下：

1）工作气隙。工作气隙大，线圈窗口面积就大，线圈匝数就多，传感器的灵敏度就高。但气隙大，磁路系统的磁感应强度就低，传感器灵敏度也越低，而且气隙大易造成气隙磁场分布不均匀，导致传感器输出特性为非线性。为了使传感器具有较高的灵敏度和较好的线性度，必须在保证足够大的窗口面积所需加工安装精度的前提下，尽量减小工作气隙 d。工作气隙宽度 l_d 也与传感器的灵敏度、线性度有关。l_d 越大，灵敏度越高，线性度就越好，但传感器体积和重量就较大，因此，一般取 $d/l_d \approx 1/4$。

2）永久磁铁。永久磁铁是用永磁合金材料制成的，可提供工作气隙磁能的能源。不同的永磁合金的磁性能不相同。为了提高传感器的灵敏度和减小传感器的体积，应选用具有较大磁能面积的永磁合金。永久磁铁必须进行各种稳定性处理，如时间、温度、组织结构等稳定性处理，以使其磁性能稳定，否则将直接影响传感器的精度。

3）线圈组件。线圈组件由线圈和线圈骨架组成。通常线圈骨架由金属材料，如铜、铝、不锈钢等制成，起到与磁场发生相对作用时产生电磁阻尼作用。但当传感器精度要求较高时，因电磁阻尼使传感器的非线性增加，所以必须采用其他阻尼器。这时改用非金属材料（如有机玻璃等）做线圈骨架。为减小尺寸，也可以不用线圈骨架。

当线圈组件工作气隙相对于永久磁铁运动时，要保证两者之间没有摩擦。除此之外，还必须保证在测量范围内，传感器灵敏度恒定。最后还应核算线圈的测量是否还在允许的范围内。

(2) 霍尔效应式。霍尔传感器是利用霍尔效应来实现磁电转换的一种传感器。霍尔传感器具有灵敏度高、线性度好、稳定性高、体积小、耐高温等特点，它已广泛应用于非电量测量、自动控制、计算机装置和现代军事技术等各个领域。

1) 霍尔效应。金属或半导体薄片置于磁场中，当有电流流过时，在垂直于电流和磁场的方向上将产生电动势。这种物理现象称为霍尔效应。从物理本质上说，霍尔效应是半导体中的载流子受磁场中洛仑兹力作用而产生的。

2) 霍尔传感器结构。霍尔元件的结构很简单，它由霍尔片、引线和壳体组成。霍尔片是一块半导体（多用 N 型半导体）矩形薄片，见图 11 - 25（a）。在短边的两个端面上焊上两根控制电流端（称控制电极或激励电极）引线 a 和 b，在元件长边的中间以点的形式焊上两根霍尔输入端（称霍尔电极）引线 c 和 d。在焊接处要求接触电阻小，而且呈纯电阻性质（欧姆接触）。

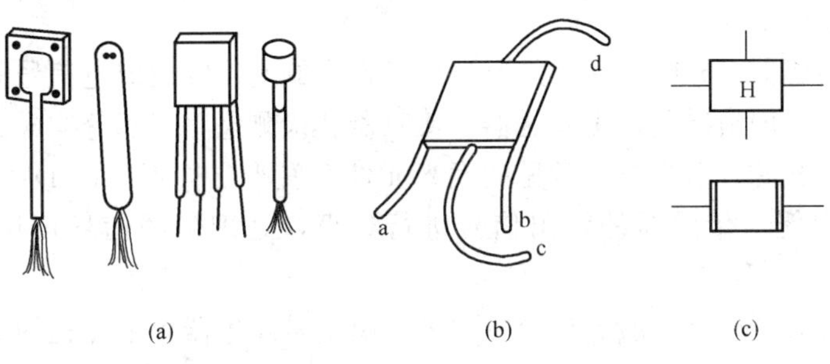

图 11 - 25　霍尔元件外形、结构及其符号

（a）外形；（b）结构；（c）符号

霍尔电动势除了与材料的载流子迁移率和电阻率有关外，同时还与霍尔元件的几何尺寸有关。一般要求霍尔元件灵敏度越大越好；霍尔元件的厚度 d 与 K_H 成反比，因此，霍尔元件的厚度越小，其灵敏度越高。

3) 霍尔传感器工作原理。将一块 N 型半导体薄片，置于磁感应强度为 B 的磁场中，使磁场方向垂直于薄片，如图 11 - 26 所示。若在薄片左、右两端通以电流 I（称为控制电流），那么半导体中的载流子（电子）将沿着与电流 I 的相反方向运动。由于外磁场 B 的作用，使电子受到磁场力 F_L（洛仑兹力）作用而发生偏转，结果在半导体的后端面上产生电子积累而带负电，前端面因缺少电子而带正电。在前、后端面形成电场。该电场产生的电场力 F_H 阻止电子继续偏转。当 F_L 与 F_H 相等时，电子积累达到动态平衡。这时，在半导体前后端之间（即垂直于电流和磁场方向）建立电场，称为霍尔电场 E_H，相应的电动势称为霍尔电动势 U_H。

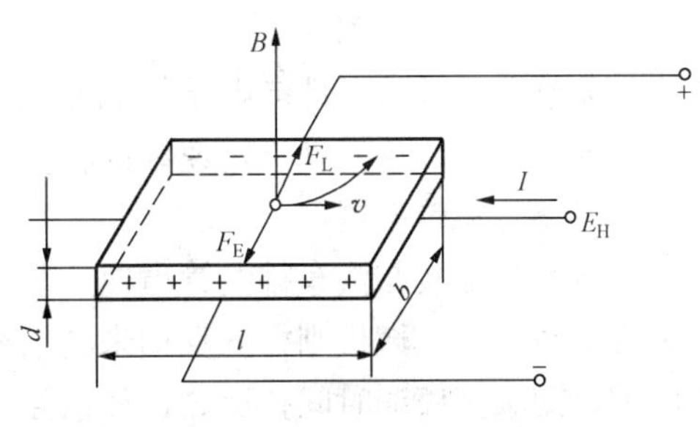

图 11 - 26　霍尔效应示意

若电子都以均一的速度 v 按如图 11 - 26 所示方向运动，那么在磁场的作用下，半导体的电子受到磁场中的洛仑兹力 F_L 的大小为

$$F_L = -q_0 v B \tag{11-19}$$

式中：q 为电子的电荷量，$q=1.602\times10^{-19}$；v 为半导体中电子运动速度；B 为外磁场的磁感应强度。

使电子向垂直于磁场和电子运动的方向偏转，其方向符合右手规则。电子运动的结果便形成电荷积累，产生静电场，也称为霍尔电场 E_H。

同时，电场 E_H 作用于电子的力 F_H 大小为

$$F_H = -q_0 E_H \tag{11-20}$$

式（11-20）中的负号表示力的方向与电场方向相反。

霍尔效应式转速传感器和曲轴位置传感器是一种利用霍尔效应的信号发生器。霍尔信号发生器安装在分电器内，与分火头同轴，由封装的霍尔芯片和永久磁铁做成整体固定在分电器盘上。触发叶轮上的缺口数和发动机汽缸数相同。当触发叶轮上的叶片进入永久磁铁与霍尔元件之间，霍尔触发器的磁场被叶片旁路，这时不产生霍尔电压，传感器无输出信号；当触发叶轮上的缺口部分进入永久磁铁和霍尔元件之间时，磁力线进入霍尔元件，霍尔电压升高，传感器输出电压信号。

（3）光电式传感器。光电传感器是通过把光强度的变化转换成电信号的变化来实现控制的。光电传感器在一般情况下，由发送器、接收器和检测电路三部分构成。

一般用半导体光源发射光束，常见的发光元件有发光二极管（LED）、激光二极管及红外发射二极管。它能对传感器的输出信号进行处理，处理后的信号可用于显示、记录和控制。

光电式曲轴位置传感器一般装在分电器内，由信号发生器和带光孔的信号盘组成，如图11-27所示。其信号盘与分电器轴一起转动，信号盘外圈有360条光刻缝隙，产生曲轴转角1°的信号；稍靠内有间隔60°均布的6个光孔，产生曲轴转角120°的信号，其中1个光孔较宽，用以产生相对于1缸上止点的信号。信号发生器安装在分电器壳体上，由二只发光二极管、二只光敏二极管和电路组成。发光二极管正对着光敏二极管。信号盘位于发光二极管和光敏二极管之间，由于信号盘上有光孔，则产生透光和遮光交替变化现象。当发光二极管的光束照到光敏二极管时，光敏二极管产生电压；当发光二极管光束被挡住时，光敏二极管电压为0。这些电压信号经电路部分整形放大后，即向电子控制单元输送曲轴转角为1°和120°时的信号，电子控制单元根据这些信号计算发动机转速和曲轴位置。

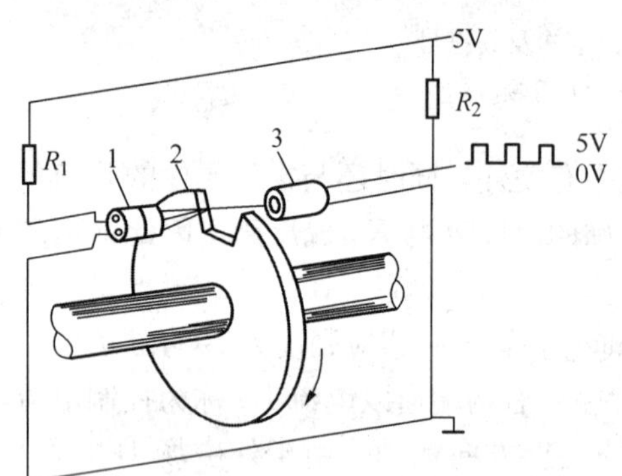

图11-27 光电式传感器

1—发光二极管（LED）；2—信号盘；3—光敏晶体管

11.2.5 氧传感器

氧传感器安装在汽车排气管道内，氧传感器随时检测排气中的氧浓度，并随时向微机控制装置反馈信号。微机则根据反馈来的信号及时调整喷油量（喷油脉宽），如信号反映混合气较浓，则减少喷油时间；反之，如信号反映较稀，则延长喷油时间。从而使混合气的空燃比始终保持在理论空燃比附近。这就是燃料闭环控制或称燃料反馈控制。

常用的氧传感器有氧化锆式和氧化钛式两种。以氧化锆式为例，正常情况下当闭环控制时氧传感器的电压信号大约在0～1V波动，平均值为450mV。当混合气体浓度稍浓于理论空燃比时，氧传感器产生约800mV的高电压信号；当混合气浓度稍稀于理论空燃比时，氧传感器产生接近100mV的低电压信号。因此可以说，氧传感器是一个随时向微机反馈空燃比信息的“通信员”。其外部形态如图11-28所示。

1. 氧化锆式氧传感器的构造

汽车用氧化锆型氧化传感器构造如图11-29所示。

图11-28　氧化锆型氧化传感器

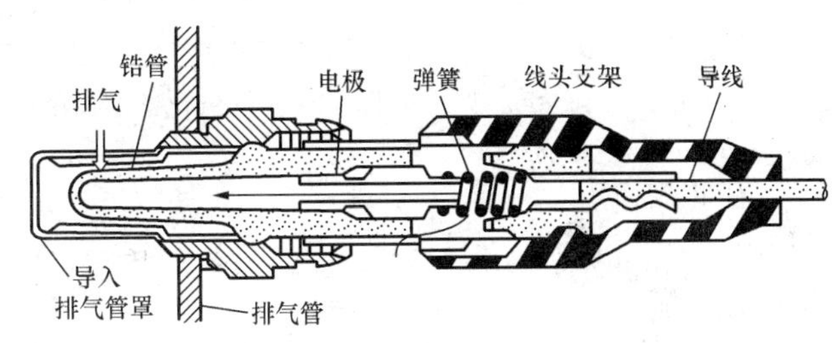

图11-29　氧化锆型氧化传感器构造

在使用三元催化转换器以减少排气污染的发动机上，氧传感器是必不可少的元件。氧传感器位于排气管的第一节，在催化转化器的前面。氧传感器有个二氧化锆（一种陶瓷）制造的元件，其里外都镀有一层很薄的白金。陶瓷化锆体在一端用镀薄铂层来封闭。后者被插到保护套中，并安装在一个金属体内。保护套起到进一步保护作用并使传感器得以安装到排气歧管上。陶瓷体外部暴露在排气中，而内部与环境大气相通。

这个元件低温时有很高的电阻，所以温度低时不允许电流通过。但高温时，由于空气中和废气中氧的浓度差异，氧离子却能通过这个元件。这就产生了电位差，白金将其放大。这样，空燃比低于理论空燃比（较浓）时，在氧传感器元件内（废气）外（大气）之间有较大的氧气浓度差。于是，传感器产生一相对较强的电压（约翰逊伏）。另一方面，如果混合气稀，大气和废气之间氧浓度差很小，传感器也就只产生一相对较弱的电压（接近0伏）。

由于混合气的空燃比一旦偏离理论空燃比，三元催化剂对CO、HC和NO_x的净化能力将急剧下降，故在排气管中安装氧传感器，用以检测排气中氧的浓度，并向ECU发出反馈信号，再由ECU控制喷油器喷油量的增减，从而将混合气的空燃比控制在理论值附近。

2. 汽车氧传感器的工作原理

氧化锆氧传感器是采用氧化锆固体电解质组成的氧浓度差电池来测氧的传感器。在ZrO_2中添加的二价或三价立方对称氧化物，如CaO、MgO和其他三价稀土氧化物时，在适当的加热和冷却条件下，可以使ZrO_2在600℃以上时成为氧的快离子导体。这种陶瓷材料对氧具有高度的敏感性，选择性也十分好，用它做成的氧探头（又称氧传感器）广泛应用于工业炉和环境保护。其导电机理如图11-30所示。

在氧化锆电解质（ZrO_2管）的两侧面分别烧结上多孔铂（Pt）电极，在一定温度下，当电解质两侧氧浓度不同时，高浓度侧（Ⅱ侧）的氧分子被吸附在铂电极上与电子（4e）结合形成氧离子O^{2-}，使该电极带正电，O^{2-}离子通过电解质中的氧离子空位迁移到低氧浓度侧（Ⅰ侧）的Pt电极上放出电子，转化成氧分子，使该电极带负电。两个电极的反应式分别为

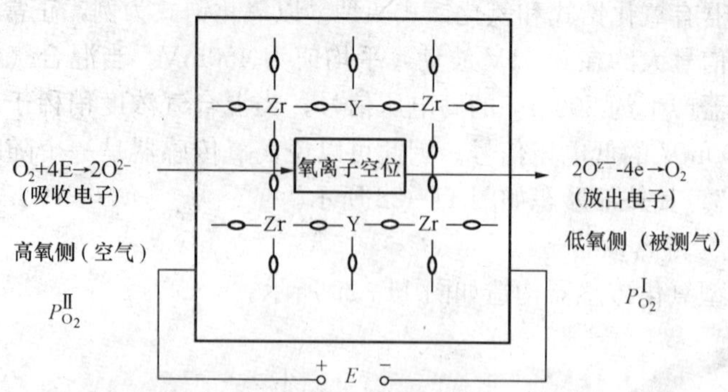

图 11-30 氧化锆固体电解质的导电机理

在Ⅱ侧：

$$O_2 + 4e \longrightarrow 2O^{2-} \tag{11-21}$$

在Ⅰ侧：

$$2O^{2} \longrightarrow O_2 + 4e \tag{11-22}$$

在实际应用中，通过检测气体的氧电动势及温度，通过以能斯特公式为基础的数学模型，就可以推算出被测气体的氧含量（百分比）。这就是氧化锆氧探头的基本检测原理。

氧传感器安装在排气歧管上，它可以检测废气中的氧气浓度，据此计算空燃比，并将结果传送到 ECU，如图 11-31 所示。

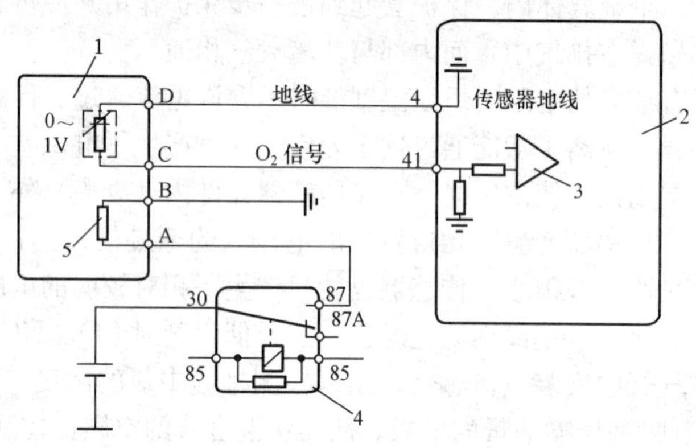

图 11-31 加热型氧化传感器工作电路图

1—氧化传感器；2—ECU；3—比较器；4—燃油泵继电器；5—加热元件

(1) 废气中氧气浓度高。当废气中氧气的百分比很大时，ECU 将据此判定空燃比大，即混合气很稀。

(2) 废气中氧气浓度低。当废气中氧气的百分比很小时，ECU 将据此判定空燃比小，即混合气很浓。温度高于 300℃时，所采用的陶瓷材料，用作氧化铁的导体。在此条件下，如果传感器两侧氧的百分比含量不同，就会在两端产生电压变化。两种环境（空气侧和排气侧）中不同含氧量测量值的这种变化告诉 ECU，在排气中剩余的氧含量，对保证燃烧有害废气生成是不合适的百分比。陶瓷材料在低于 300℃温度时是非线性的，因而传感器不输送有用信号。ECU 有一个特殊功能，即在暖机时（开环运转）停止对混合气的调整。传感器装有加热元件以尽快达到工作温度。当电流流过加热元件时，它缩短了使陶瓷成为铁的导体的时间，而且使得传感器可以装在排气管较后的部位。

在三元催化净化器中，ECU利用来自氧传感器的数据，调节空燃比，但其方法EFI装置各标准化油器多少有些不同。

在EFI装置中，EFI的ECU通过增减从喷油喷入汽缸的燃油量调节空燃比。如果ECU从氧传感器检测到混合气太浓，就会逐渐减少燃油喷射量，于是混合气就变稀了。实际空燃比因此变得比理论空燃比大些（稀些）。发生这种情况时，ECU通过氧传感器测出这个事实，就会开始逐渐增加喷射量。这样，空燃比就会变得低些（浓些），直到低于理论空燃比。于是，这样循环反复，ECU主要以这种方式，不断地增减空燃比，使实际空燃比接近理论空燃比。

在使用化油器的装置中，是用调节进入进气口的空气量调节空燃比。混合气通常保持略浓的理论空燃比。ECU内氧传感器不断得到空燃比的信息，并要据实际空燃比操纵EBCU（电控进气阀）调节进入化油器进气口的空气量。如果混合气太浓，就允许较多空气进入，使其变稀：如果混合气太稀，就允许较少空气进入，使其变浓些。

11.2.6　爆震传感器

爆震传感器就装在发动机缸体中间，以四缸机为例，就装在2缸和3缸之间，或者1、2缸中间一个，3、4缸中间一个。爆震传感器是用来测定发动机抖动度的，当发动机产生爆震时用来调整点火提前角。

1. 爆震传感器构造

爆震传感器有很多种，其中应用最早的当属磁致伸缩式爆震传感器，它主要由磁芯、永久磁铁、感应线圈等组成，如图11-32所示。当机体振动时，磁心受振偏移，使感应线圈内的磁通量发生变化，而在感应线圈内产生感应电动势。其他种类如压电陶瓷式的，当发动机有抖动时里面的陶瓷受到挤压产生一个电信号，因为这个电信号很弱，所以一般的爆震传感器的连接线上都用屏蔽线包裹。

其中，压电式共振型传感器应用最多，其结构如图11-33所示，它一般安装在发动机机体上部，利用压电效应把爆震时产生的机械振动转变为信号电压。当产生爆震时的振动频率（约6000Hz左右）与压电效应传感器自身的固有频率一致时，即产生共振现象。这时传感器会输出一个很高的爆震信号电压送至ECU，ECU及时修正点火时间，避免爆震的产生。

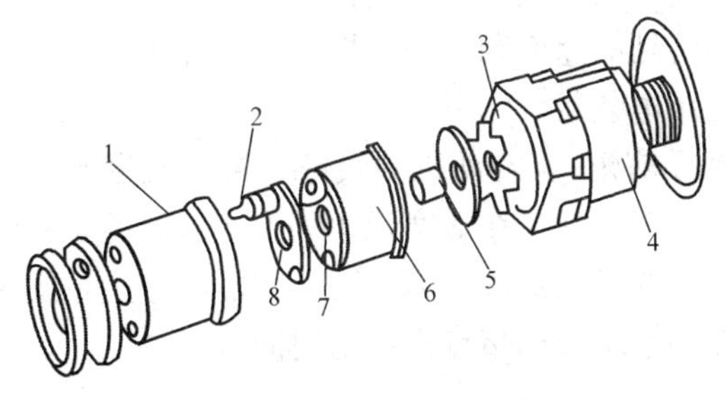

图11-32　磁致伸缩式爆震传感器

1—软磁套；2—端子；3—弹簧；4—外壳；5—永久磁铁；6—绕组；7—磁致伸缩杆；8—电绝缘体

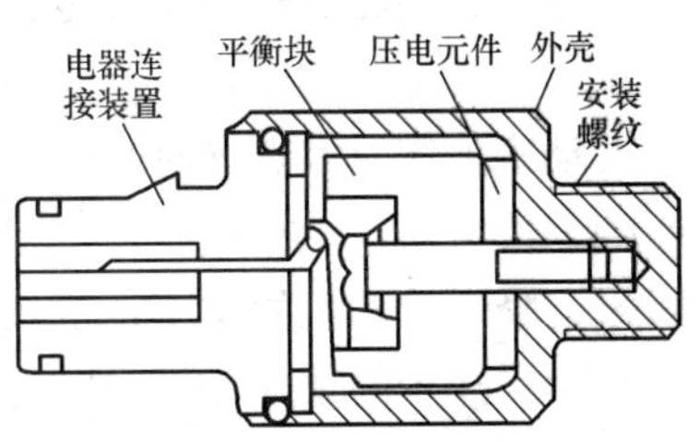

图11-33　压电式共振型传感器

低标号燃油、点火过早等原因引起的发动机爆震会造成发动机损坏。爆震传感器的作用是将发动机爆震以电信号的形式传递给电子控制模，作为控制模块调整点火正时，以阻止进一步爆震的重要依据。

2. 爆震传感器工作原理

压电传感器在力的测量中应用也十分广泛。某些晶体受一定方向外力作用而发生机械变形时，相应地在一定的晶体表面产生符号相反的电荷，外力去掉后，电荷消失。力的方向改变时，电荷的符号也随之改变，这种现象称为压电效应。具有压电效应的晶体称为压电晶体。下面以石英晶体为例讲述压电元件的工作原理。

通常情况下，晶格上的正、负电荷中心重合，表面呈电中性。当在 x 轴向施加压力时，如图 11 - 34（b）所示，各晶格上的带电粒子均产生相对位移，正电荷中心向 B 面移动，负电荷中心向 A 面移动，因而 B 面呈现正电荷，A 面呈现负电荷。当在 x 轴向施加拉伸力时，如图 11 - 34（c）所示，晶格上的粒子均沿 x 轴向外产生位移，但硅离子和氧离子向外位移大，正负电荷中心拉开，B 面呈现负电荷，A 面呈现正电荷。在 y 方向施加压力时，如图 11 - 34（d）所示，晶格离子沿 y 轴被向内压缩，A 面呈现正电荷，B 面呈现负电荷。沿 y 轴施加拉伸力时，如图 11 - 34（e）所示，晶格离子在 y 向被拉长，x 向缩短，B 面呈现正电荷，A 面呈现负电荷。

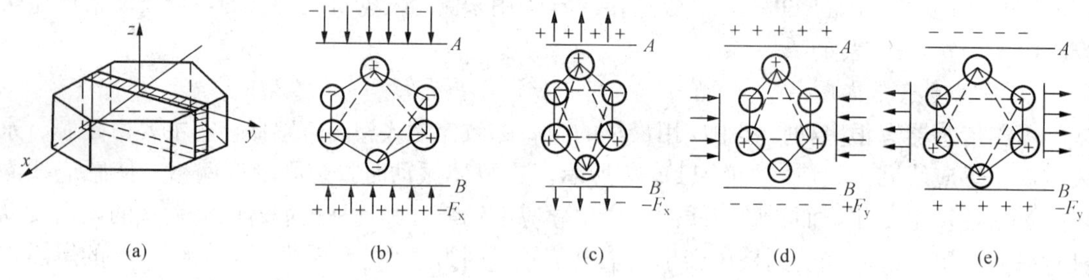

图 11 - 34　石英晶体结构及压电效应

（a）石英晶体结构；（b）轴施加压力；（c）轴施加拉伸力；（d）轴施加压力；（e）轴施加拉伸力

压电式爆燃传感器就是利用压电元件的压电效应进行工作的，在每缸火花塞的垫圈部位各装上一个压电元件，根据燃烧压力直接检测爆燃信息，并将压力转换电压信号输入 ECU，进行计算后控制点火时刻。

爆震传感器是交流信号发生器，但它们与其他大多数汽车交流信号发生器大不相同。除了像磁电式曲轴和凸轮轴位置传感器一样探测转轴的速度和位置，爆震传感器也探测振动或机械压力。与定子和磁阻器不同，它们通常是压电装置。

发动机工作时因点火时间提前过度（点火提前角）、发动机的负荷、温度及燃料的质量等影响，会引起发动机爆震。发生爆震时，由于气体燃烧在活塞运动到上止点之前，轻者产生噪声、降低发动机的功率，重者会损坏发动机的机械部件。为了防止爆震的产生，爆震传感器是不可缺少的重要部件，以便通过电子控制系统去调整点火提前时间。

11.3　传感器的应用及检测实例

11.3.1　丰田 1S-E 和 2S-E 开关量输出型节气门传感器检测

1. 丰田 1S-E 和 2S-E 开关量节气门位置传感器检测及调整

（1）输出型节气门位置传感器端子间的导通性能检测。检测方法及接线如图 11－35 所示。

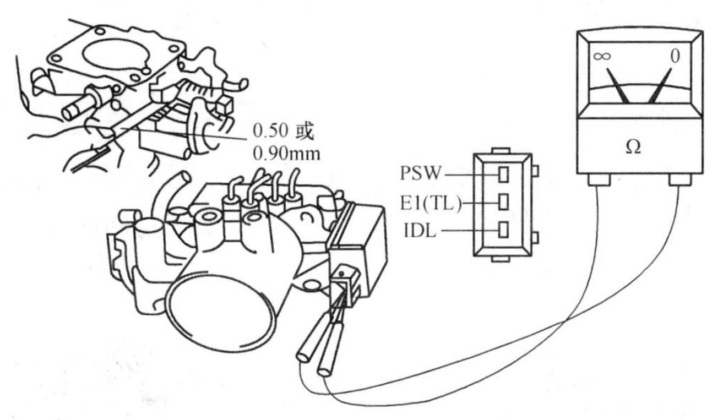

图 11－35　节气门位置传感器端子间导通性检查

1）点火开关置于 OFF 位置，拔下节气门位置传感器连接器，在节气门限位螺钉和限位杆之间插入适当厚度的厚薄规；用万用表 Ω 挡在节气门位置传感器连接器上测量怠速触点和全负荷触点的导通情况。

2）当节气门全闭时，怠速触点 IDL 应导通；当节气门全开或接近全开时，全负荷触点 PSW 应导通；在其他开度下，两触点均应不导通。否则，应调整或更换节气门位置传感器。

3）电压检查。插好节气门位置传感器的导线连接器，当点火开关置 ON 位置时，发动机 ECU 连接器上 IDL、VC、VTA 三个端子处应有电压并符合要求。

汽车发动机节气门由驾驶员通过加速踏板来操纵，以改变发动机的进气量，从而控制发动机的运转。不同的节气门开度标志着发动机的不同运转工况。

为了使喷油量满足不同工况的要求，电子控制汽油喷射系统在节气门体上装有节气门位置传感器。它可以将节气门的开度转换成电信号输送给 ECU，作为 ECU 判定发动机运转工况的依据。节气门位置传感器有开关量输出型和线性可变电阻输出型两种。

（2）线性可变电阻型节气门位置传感器检测。

1）怠速触点导通性检测点火开关置于 OFF 位置，拔去节气门位置传感器的导线连接器，用万用表 Ω 挡在节气门位置传感器连接器上测量怠速触点 IDL 的导通情况。当节气门全闭时，IDL-E2 端子间应导通（电阻为 0）；当节气门打开时，IDL-E2 端子间应不导通（电阻为∞）。否则应更换节气门位置传感器。检测方法如图 11－36 所示。

2）测量线性电位计的电阻。点火开关置于 OFF 位置，拔下节气门位置传感器的导线连接器，用万用表的 Ω 挡测量线性电位计的电阻，该电阻应能随节气门开度增大而呈线性增大，如图 11－37 所示。

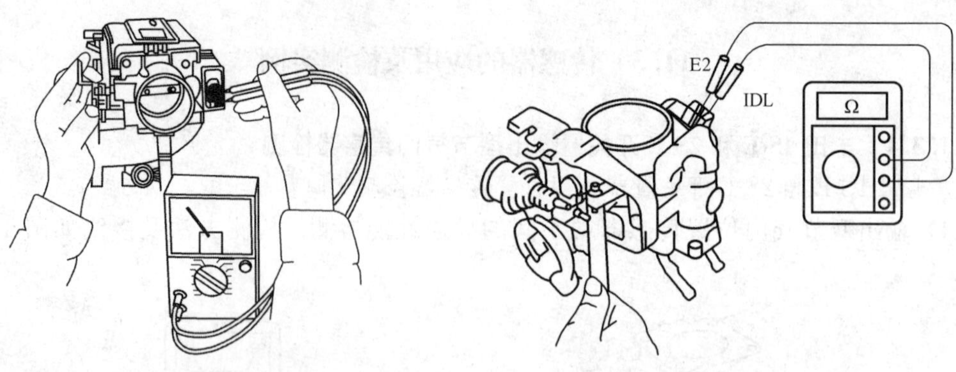

图11-36 检查怠速触点的导通情况　　图11-37 测量端子导通情况

(3) 节气门位置传感器调整。拧松节气门位置传感器的两个固定螺钉，如图11-38(a)所示，在节气门限位螺钉和限位杆之间插入0.50mm厚薄规，同时用万用表Ω挡测量IDL和E2的导通情况，如图11-38(b)所示。

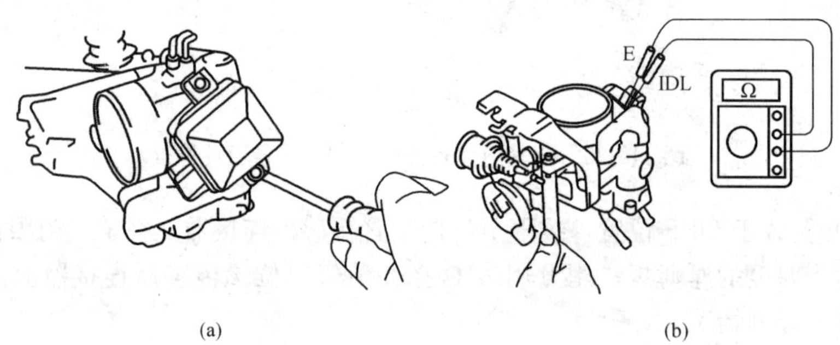

(a)　(b)

图11-38 节气门位置传感器调整

(a) 拧松(紧)固定螺钉；(b) 导通情况测量

逆时针转动节气门位置传感器，使怠速触电断开，然后按顺时针方向慢慢转动节气门位置传感器，直至怠速触点闭合为止(万用表有读数显示)，拧紧节气门位置传感器两个固定螺钉。

11.3.2 汽车氧气传感器检测

1. 氧传感器加热器电阻检测

拔下氧传感器线束插头，用万用表电阻挡测量氧传感器接线端中加热器接柱与搭铁接柱之间的电阻，如图11-39所示，其阻值为4～40Ω(参考具体车型说明书)。如果不符合标准，应更换氧传感器。

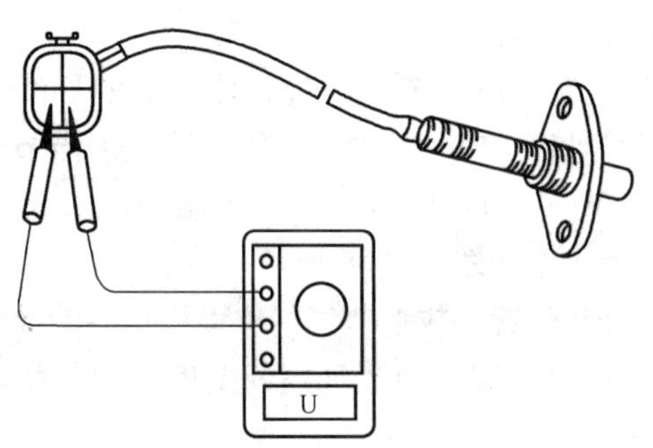

图11-39 测量氧传感器加热器电阻

2. 氧传感器反馈电压检测

测量氧传感器的反馈电压时，应拔下氧传感器的线束插头，对照车型的电路图，从氧传感器的反馈电压输出接线柱上引出一条细导线，然后插好线束插头，在发动机运转中，从引出线上测出反馈电压。有些车型也可以由故障检测插座内测得氧传感器的反馈电压，例如丰田汽车公司生产的系列轿车都可以从故障检测插座内的 OX1 或 OX2 端子内直接测得氧传感器的反馈电压。其接线如图 11-40 所示。

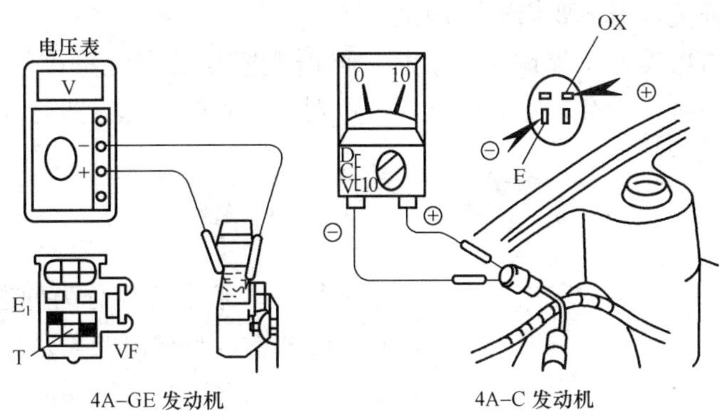

图 11-40 测量氧传感器时电压表接线

注意：对氧传感器的反馈电压进行检测时，最好使用具有低量程（通常为 2V）和高阻抗（内阻大于 10MΩ）的指针型万用表。具体的检测方法如下：

(1) 将发动机热车至正常工作温度（或启动后以 2500r/min 的转速运转 2min）。

(2) 将万用表电压挡的负表笔接故障检测插座内的 E1 或蓄电池负极，正表笔接故障检测插座内的 OX1 或 OX2 插孔，或接氧传感器线束插头上的引出线。

(3) 让发动机以 2500r/min 左右的转速保持运转，同时检查电压表指针能否在 0～1V 来回摆动，记下 10s 内电压表指针摆动的次数。在正常情况下，随着反馈控制的进行，氧传感器的反馈电压将在 0.45V 上下不断变化，10s 内反馈电压的变化次数应不少于 8 次。如果少于 8 次，则说明氧传感器或反馈控制系统工作不正常，其原因可能是氧传感器表面有积碳，使灵敏度降低所致。对此，应让发动机以 2500r/min 的转速运转约 2min，以清除氧传感器表面的积碳，然后再检查反馈电压。如果在清除积碳可后电压表指针变化依旧缓慢，则说明氧传感器损坏，或电脑反馈控制电路有故障。

另外，氧化钛式氧传感器在采用上述方法检测时，若是良好的氧传感器，输出端的电压应以 2.5V 为中心上下波动。否则可拆下传感器并暴露在空气中，冷却后测量其电阻值。若电阻值很大，说明传感器是好的，否则应更换传感器。

11.3.3 汽车共振型压电式爆震传感器检测

爆震传感器可用电脑检测仪或示波器检测。

1. 用电脑检测仪检测爆震传感器

其检测方法具体如下：

(1) 将电脑检测仪与汽车电脑故障诊断插座连接。

(2) 让发动机运转，并将电脑检测仪设定为数据传送状态。

(3) 在发动机运转过程中，用锤子敲击爆震传感器附近的缸体，同时观察电脑检测仪显示屏上数据表中发动机点火提前角的数值。若该数值在锤子敲击时有所下降，表明爆震传感器工作正常，否则，说明爆震传感器有故障。

2. 用示波器检测爆震传感器

其检测方法具体如下：

(1) 将示波器测头与爆震传感器信号输出线连接。

(2) 打开电门开关，但不要启动发动机。

(3) 用锤子敲击爆震传感器附近的缸体，同时观察示波器上爆震传感器的输出信号波形。在锤子敲击的同时，应有爆震波形出现，否则，说明爆震传感器有故障。

本 章 小 结

本章首先介绍了传感器的定义、组成及基本特性。基本特性分为静态特性和动态特性。静态特性表示传感器在各被测量值处于稳定状态时的输入与输出的关系。传感器的动态特性是针对输入信号进行跟踪并随输入信号变化而准确变化的，是传感器的重要特性之一。

其次详细介绍了温度传感器、汽车流量传感器、节气门位置传感器、曲轴位置传感器、爆震传感器、氧传感器的构成及原理。因为传感器是汽车最重要的感应控制部分的核心元件，因此要求通过原理学习掌握各传感器的作用：汽车温度传感器可对汽车水温、对冷却水温度、进气温度和排气温度起到很好的监控作用；汽车流量传感器是电喷系统的关键部件之一，它直接影响到车辆的正常行驶，它是将吸入的空气流量转换成电信号送至电控单元（ECU），作为决定喷油的基本信号之一，以此作为 ECU 计算（控制）喷油量的主要依据；汽车节气门位置传感器是将节气门的开度位置及大小，通过电路把这些信号传递给汽车上的 ECU 电子控制单元，并通过这个传递来的信号，判断分配给燃油系统燃料的数量；汽车曲轴位置传感器是检测发动机转速的，因此也称为转速传感器其作用是检测活塞上止点位置，故也称为上止点传感器，检测用于控制点火的各缸上止点信号、用于控制顺序喷油的第一缸上止点信号；汽车氧传感器是检测汽车排放尾气中的氧含量，通过检测氧含量的多少确定发动机混合气的浓或稀，产生的信号给发动机控制单元，然后发动机控制单元根据信号改变燃油喷射时间。最终目的就是能更好地控制排放，使排放达标的同时还能省油；爆震传感器是用来检测发动机是否发生爆震，而爆震是发动机的一种不正常的燃烧现象，是由燃烧室的炽热点点燃混合气与火花塞点燃的混合气发生撞击，产生冲击波，冲击波撞击汽缸产生的金属敲击声。

最后，为了提高对传感器应用的能力，提高传感器检测的实践能力，分别以丰田 1S-E 和 2S-E 开关量输出型节气门传感器检测、汽车氧气传感器检测、汽车共振型压电式爆震传感器检测及汽车交流发电机检测为例来训练检测技能，从而达到知识、素质、技能的全面提升。

习 题

11-1 填空题。

(1) 传感器是一种以__________为目的，以一定精度把被测量转换为与之有确定关系的，便于处理的另一种物理量的测量装置、器件或元件。

(2) 传感器一般由__________和__________两部分组成。

（3）汽车温度传感器可对汽车＿＿＿＿＿、＿＿＿＿＿、＿＿＿＿＿和＿＿＿＿＿起到很好的监控作用。

（4）汽车节气门位置传感器是将节气门的＿＿＿＿＿，通过电路把这些信号传递给汽车上的 ECU 电子控制单元，并通过这个传递来的信号，判断分配给燃油系统燃料的数量。

（5）汽车氧传感器是检测汽车排放尾气中的＿＿＿＿＿，通过检测氧含量的多少确定发动机混合气的浓或稀，产生的信号给发动机控制单元，然后发动机控制单元根据信号改变燃油喷射时间。最终目的就是能更好地控制 ＿＿＿＿＿，使排放达标的同时还能＿＿＿＿＿。

11-2　传感器是由哪几部分构成的？其基本特性有哪些？

11-3　温度传感器有哪几种？说明其在汽车中起到哪些作用。

11-4　说明汽车流量传感器作用及其构成。

11-5　汽车节气门位置传感器构成及具体作用是什么？

11-6　汽车曲轴位置传感器是如何进行分类的？安装在何处？

11-7　什么是霍尔效应？霍尔传感器有哪些优点？

11-8　汽车常用氧传感器有哪些？分别对汽车起到怎样的作用？

11-9　什么是汽车爆震？什么是爆震传感器？对汽车有何作用？

11-10　如何检查节气门传感器？如何判断其是否故障？

11-11　如何用万用表进行汽车氧传感器绝缘及反馈电压检测？

11-12　汽车爆震传感器检测有哪几种方法？分别是怎样进行的？

参 考 文 献

[1] 胡宴如，耿苏燕. 模拟电子技术基础 [M]. 北京：高等教育出版社，2004.
[2] 周定文，付植桐. 电工技术 [M]. 北京：高等教育出版社，2009.
[3] 陈昌建，王忠良. 汽车电工电子技术 [M]. 大连：大连理工出版社，2009.